Michaela Hellerforth

Immobilienmanagement Kompakt

2018
HDS-Verlag
Weil im Schönbuch

HDS
Verlag

Bibliografische Information der Deutschen Nationalbibliothek
Die Deutsche Nationalbibliothek verzeichnet diese Publikation
in der Deutschen Nationalbibliografie; detaillierte bibliografische Daten
sind im Internet über http://dnb.de abrufbar

Gedruckt auf säure- und chlorfreiem, alterungsbeständigem Papier

ISBN 978-3-95554-284-9

Dieses Werk einschließlich aller seiner Teile ist urheberrechtlich geschützt. Jede Verwertung außerhalb der engen Grenzen des Urheberrechtsgesetzes ist ohne Zustimmung des Verlages unzulässig und strafbar. Das gilt insbesondere für Vervielfältigungen, Übersetzungen, Mikroverfilmungen und die Einspeicherung und Verarbeitung in elektronischen Systemen.

© 2018 HDS-Verlag
www.hds-verlag.de
info@hds-verlag.de

Layout und Einbandgestaltung: Peter Marwitz – etherial.de
Druck und Bindung: Books on Demand GmbH

Printed in Germany

HDS-Verlag Weil im Schönbuch

Die Autorin

Michaela Hellerforth, Professor Dr. rer. pol. ist Autorin zahlreicher Fachbücher und unterrichtet und berät Unternehmen und Kommunen rund um Fragen, die die Immobilie betreffen. Sie hat eine Professur für Facility Management an der Westfälischen Hochschule in Gelsenkirchen und arbeitete bei verschiedenen Unternehmen der Immobilienwirtschaft. Sie war im Vorstand des Bundesverbandes Freier Wohnungsunternehmen (BFW) sowie im Verwaltungsrat der BIMA.

Vorwort

Professionelles Immobilienmanagement hat sich in den letzten Jahren mehr und mehr etabliert. Aus diesem Grund ist es sowohl für Studierende immobilienwirtschaftlicher Disziplinen als auch für alle, die Immobilien planen, erstellen, nutzen, bewirtschaften und verwerten empfehlenswert, sich mit den hiermit zusammenhängenden Konzepten zu beschäftigen. Damit sind auch Marktteilnehmer angesprochen, die sich mit Facility-Management im weitesten Sinn beschäftigen, denn auch Managementkonzeptionen, die eine optimale Berücksichtigung der internen und externen Schnittstellen ermöglichen, werden immer bedeutender.

Deshalb werden in diesem Buch die wichtigsten Aspekte des Immobilienmanagements dargestellt. Das Thema wird mithilfe zahlreicher Beispiele und Schaubilder sowie der Darstellung der Zusammenhänge zwischen den einzelnen Disziplinen illustriert, auf die an vielen Stellen des Buches in einzelnen Teilkapiteln hingewiesen wird.

Es werden erst einmal die Begriffe rund um den Betrachtungsgegenstand geklärt, wobei vor allem auf die Marktteilnehmer, ihre unterschiedlichen Aufgabenfelder und deren Integration eingegangen wird (Kapitel 1). Daran anschließend geht es um das Management der Immobilienorganisation im Sinne der Dienstleistungs- und Kundenorientierung sowie um die Wahrnehmung der Betreiberverantwortung in der Immobilienorganisation (Kapitel 2). Im 3. Kapitel werden die Wertschöpfungshebel bzw. Wertschöpfungsketten im Immobilienmanagement beleuchtet, was u.a. eine Darstellung der Prozesse und hieraus resultierend auch der Werthebel erfordert. Explizit eingegangen wird dann auf das Instandhaltungsmanagement, das professionelle Vertragsmanagement sowie das Flächenmanagement. Das 4. Kapitel betrachtet einen weiteren – für die Bewirtschaftung – wichtigen Teilaspekt nämlich die Due Diligence und das Transaktionsmanagement, damit der Einkauf bzw. die Einkaufprozesse möglichst gut auf die nachfolgende Bewirtschaftung abgestellt werden können. Weitere Beispiele wichtiger Analyse- und Controllinginstrumente werden in Kapitel 5 gegeben, so die SWOT-Analyse, das Portfolio-Management, Kennzahlen und Kennzahlensystem, Benchmarking sowie die Balanced Scorecard und das Controlling als wichtige Planungs-, Steuerungs- und Kontrollmöglichkeit in Immobilienorganisationen. Hier – wie im Kapitel 6, das die Finanzierung und das Risikomanagement umfasst – ist wiederum Wert darauf gelegt worden, die Zusammenhänge im Sinne des Prozess- und Wertmanagements herauszuarbeiten. Statt eines Resümees betrachtet das abschließende 7. Kapitel das Lebenszyklusmodell, die Lebenszyklusberechnung sowie Green Building und Nachhaltigkeit.

März 2018   Michaela Hellerforth

Inhaltsverzeichnis

Die Autorin V
Vorwort VII
Abkürzungsverzeichnis XIII

1.	**Immobilienmanagement im Überblick**	1
1.1	Einführung: Voraussetzungen des Immobilienmanagements	1
1.2	Eigentümer bzw. Investor	3
1.2.1	Immobilieninvestoren im Überblick	3
1.2.2	Investitionsstrategien im Überblick	7
1.2.3	Investitionssegmente in Abhängigkeit von der individuellen Rendite-Risiko-Neigung der Investoren	10
1.2.4	Ziele, Aufgaben und Beispiele	13
1.3	Real-Estate–Investment-Management	18
1.4	Fund-Management	18
1.5	Immobilien-Asset-Management	19
1.5.1	Aufgaben des Immobilien-Asset-Managements	19
1.5.2	Strategische und taktische Asset-Allocation mit Immobilien	20
1.5.3	Anforderungen und Handlungsfelder des strategischen und operativen Asset-Managements	20
1.5.4	Mögliches Leistungsbild für Real-Estate-Asset-Management	21
1.5.5	Real-Estate-Asset-Management in der Praxis	24
1.5.6	Gründe mangelhafter Performance von Immobilien und typische Aufgaben des Asset-Managers während der Phase des Immobilien-Managements ...	25
1.6	Property-Management	27
1.7	Weitere Begriffe	29
1.7.1	Corporate-Real-Estate-Management (CREM)	29
1.7.2	Corporate-Real-Estate-Asset-Management (CREAM)	30
1.7.3	Public-Real-Estate-Management	31
1.7.4	Facility-Management	33
1.7.5	Gebäudemanagement	33
2.	**Management der Immobilienorganisation**	34
2.1	Kunden- und Marktorientierung	34
2.1.1	Voraussetzungen	34
2.1.2	Kundenbeziehungspflege durch Customer-Relationship-Management	35
2.1.3	Total Customer Care: Nutzen einer Immobilie aus Kundensicht	37
2.1.4	Ohne Vision geht es nicht	38
2.1.5	Kundennutzen messen	39
2.1.6	Key-Account-Management	42
2.1.7	Beschwerdemanagement: wichtiger Erfolgsfaktor	42
2.2	Betreiberverantwortung und Immobilienorganisation	43
2.2.1	Einführung	43

2.2.2	Wer ist Betreiber?	44
2.2.3	Rechtliche Grundlagen	46
2.2.4	Verantwortung und Betreiben	49
2.2.5	Pflichtenübertragung bzw. Delegation	52
2.2.6	Spezielle Betreiberpflichten	54
2.2.7	Wer darf prüfen?	55
2.2.8	Dokumentationen	56
2.2.9	Exkulpation	56
3.	**Wertschöpfungshebel im Immobilienmanagement**	**58**
3.1	Einführung: Werthebel im Immobilienmanagement	58
3.1.1	Wertemanagement und Werthebel	58
3.1.2	Unternehmenswert als übergreifende Kategorie	58
3.1.3	Werthebel: Prozessoptimierungen am Beispiel	60
3.1.4	Prozessentwicklung und -management	62
3.1.5	Organisatorische Implementierung der Prozessorientierung	65
3.1.6	Von der Prozessbetrachtung zur Prozesskostenrechnung	67
3.1.7	Prozess-Erfolgsfaktoren	69
3.2	Instandhaltungsmanagement	69
3.2.1	Einführung	69
3.2.2	Begriff der Instandhaltung	70
3.2.3	Beispiel für typische Instandhaltungsaufgaben	73
3.2.4	Instandhaltungsziele und Instandhaltungsstrategien	75
3.2.5	Instandhaltungsorganisation	77
3.2.6	Instandhaltungsbudget	80
3.2.7	Exkurs: Haftung des Auftraggebers im Rahmen von Instandhaltungsleistungen: Wie kann eine wirksame Enthaftung aussehen?	82
3.3	Professionelles Vertragsmanagement	83
3.3.1	Einführung	83
3.3.2	Miet- und Pachtverträge: Die wichtigsten Klauseln	84
3.3.3	Vertragsmanagement	86
3.3.4	Vertragscontrolling	93
3.3.5	Abschlussphase	95
3.3.6	Beispiel: Real-Estate-Asset-Management- und Property-Management-Vertrag	95
3.3.7	Die wichtigen Vertragsklauseln für Dienstleistungsverträge	97
3.4	Flächenmanagement	102
3.4.1	Einführung	102
3.4.2	Grundsätzliches: Flächenarten und Flächenkosten	103
3.4.3	Flächenanalyse und -planung – Bestimmung des Flächenbedarfs und Abgleich mit dem Flächenbestand	107
4.	**Due Diligence und Transaktionsmanagement**	**110**
4.1	Einführung	110
4.2	Markt-, Standort- sowie Konjunkturanalysen	112

4.2.1	Einführung	112
4.2.2	Konjunkturanalysen	112
4.2.3	Standortanalyse	113
4.3	Die einzelnen Untersuchungsfelder einer Due Diligence	115
4.3.1	Wirtschaftliche bzw. kaufmännische Due Diligence	115
4.3.2	Rechtliche Due Diligence	119
4.3.3	Steuer(recht)liche Due Diligence	124
4.3.4	Umwelt-Due Diligence	125
4.3.5	Technische Due Diligence	126
4.3.6	Brandschutz	127
4.3.7	Portfolio-Due Diligence	128
4.3.8	Marktwert-Due Diligence	129
4.3.9	Zusammenfassung der wichtigsten Prüfungsfelder	129
4.3.10	Organisation des Due Diligence-Teams	130
4.3.11	Beispiel: Due Diligence aus der Sicht eines langfristig denkenden Investors	131
4.3.12	Das Ergebnis der erfolgreichen Due Diligence: Der Grundstückskaufvertrag	133
5.	**Ausgewählte Beispiele wichtiger Analyse- und Controllinginstrumente des Immobilienmanagements**	**138**
5.1	Einführung	138
5.2	SWOT-Analyse	139
5.2.1	Einführung	139
5.2.2	Nutzen und Vorgehen	139
5.2.3	Beispiele: SWOT-Analysen auf Objektebene	142
5.3	Portfolio-Management	145
5.3.1	Begriffe und Abgrenzungen	145
5.3.2	Strategisches Management der Geschäftsfelder eines Immobilienunternehmens	147
5.3.3	Portfolio-Management im Zusammenspiel mit anderen Disziplinen	148
5.3.4	Von der strategischen in die operative Ebene: Scoringmodell zur Einordnung der Immobilien	152
5.4	KPI, Kennzahlensysteme, Benchmarks und Balanced Scorecard (BSC)	156
5.4.1	Von KPIs zur Balanced Scorecard	156
5.4.2	Von Kennzahlen zu Kennzahlensystemen	158
5.4.3	Benchmarking	166
5.4.4	Die Balanced Scorecard	171
5.5	Controlling und Reporting im Immobilienmanagement	180
5.5.1	Reporting	180
5.5.2	Strategisches und operatives Controlling	181
5.5.3	Integration des strategischen und operativen Controllings	182
5.5.4	Controlling im Lebenszyklus	183
5.5.5	Nutzungskostencontrolling	184
5.5.6	Die Planungsfunktion des Controllings	185
5.5.7	Controlling bei Non-Property-Companies	188

6.	**Finanzierung und Risikomanagement von Immobilienobjekten**	189
6.1	Finanzierung	189
6.1.1	Rahmenbedingungen der Finanzierung	189
6.1.2	Veränderte regulatorische Anforderungen	189
6.1.3	Kunde oder Objekt?	192
6.1.4	Die Welt jenseits der herkömmlichen Bank- oder Versicherungsdarlehen	195
6.2	Immobilien- und Kreditratings	199
6.3	Risikomanagement	201
6.3.1	Einführung in das Risikomanagement	201
6.3.2	Immobilienwirtschaftliches Risikomanagementsystem	203
6.3.3	Beispiele für Risiken von Immobilienorganisationen	208
6.3.4	Risikomanagementsystem	209
6.3.5	Hilfsmittel bei der Risikosteuerung: Risikokarte und Risikomatrix	216
6.3.6	Beispiel: Risikostrategie im Zusammenhang mit dem Portfolio-Management	219
6.3.7	Risikomanagement im Zusammenspiel mit dem Prozessmanagement	220
7.	**Weitere Trends im Immobilienmanagement**	222
7.1	Einführung	222
7.2	Lebenszyklusphasenmodell von Immobilien	222
7.2.1	Einführung	222
7.2.2	LCC (Life Cycle Costing) und Prozessdenken	223
7.2.3	Beispiele für Diskontinuitäten im Lebenszyklus	224
7.3	Lebenszyklusberechnung	228
7.3.1	Arten der Lebenszykluskostenberechnung	228
7.3.2	LCC und Stoffströme	232
7.4	Green Building und Nachhaltigkeit: Die Themen der Zukunft?	233
7.4.1	Einführung	233
7.4.2	Aspekte der Nachhaltigkeit und Umsetzung in Unternehmen	233
7.4.3	Zertifizierungssysteme im Überblick bzw. im Vergleich	237

Literaturverzeichnis 239
Stichwortverzeichnis 247

Abkürzungsverzeichnis

ABS	Asset Backed Securities
Bafin	Bundesaufsichtsamt für Finanzdienstleistungen
BelWertV	Beleihungswertverordnung
BetrSV	Betriebssicherheitsverordnung
BIZ	Bank für internationalen Zahlungsausgleich
BREEAM	Building Research Establishment Environmental Assessment Method
BSC	Balanced Scorecard
CapEx	Capital Expenditure
C/D-Paradigma	Confirmation/Disconfirmation Paradigm
CMBS	Commercial Mortgage Backed Securities
CREAM	Corporate-Real-Estate-Asset-Management
CREM	Corporate-Real-Estate-Management
CRESS	Construction & Real Estate Sector Supplement
CRM	Customer-Relationship-Management
DD	Due Diligence
DIX	Deutscher Immobilienindex
DRS	Deutscher Rechnungslegungsstandard
D2R	Design to Result
EBIT	Earnings before Interests and Taxes
EBITDA	Earnings before Interests Taxes Depreciation and Amortization
EIOPA	European Insurance and Occupational Pensions Authority
EPRA	European Public Real Estate Association
EZB	Europäische Zentralbank
FM	Facility-Management
GdW	Gesamtverband der Wohnungswirtschaft
GEFMA	German Facility Management Association
GBRE	Green Building Real Estate
GM	Gebäudemanagement
GoB	Grundsätze ordnungsgemäßer Buchführung
GRE	Green Real Estate
GRI	Global Reporting Initiative
gif	Gesellschaft für immobilienwirtschaftliche Forschung
HNWI	High Net Worth Individuals
KPM	Kontinuierliches Prozessmanagement

KonTraG	Gesetz zur Kontrolle und Transparenz im Unternehmensbereich
IDD	Immobilien Due Diligence
IKS	Internes Kontrollsystem
IREM	Industrial Real-Estate-Management
LEED	Leadership in Environmental and Energy Design
LTV	Loan to Value
MBS	Mortgage Backed Securities
MIS	Management Informationssystem
NPL	Non Performing Loans
NPO	Non-Profit-Organisation
PM	Property-Management
PREM	Public Real-Estate-Management
REAM	Real Estate Asset-Management
REIM	Real-Estate-Investment-Management
REM	Real-Estate-Management
REIT	Real Estate Investment Trust
REPE	Real Estate Private Equity
RMBS	Residential Mortgage Backed Securities
ROCE	Return on Capital Employed
ROI	Return on Investment
SWOT	Strength-Weakness-Opportunities-Threats
TCC	Total Customer Care
TI	Tenant Improvement
TPM	Technischer Property Manager
USP	Unique Selling Proposition
WkP	Wiederkehrende Prüfungen
ZIA	Zentraler Immobilien Ausschuss
ZÜS	Zugelassene Überwachungsstelle

1. Immobilienmanagement im Überblick
1.1 Einführung: Voraussetzungen des Immobilienmanagements

Definition:
In diesem Buch wird **Immobilienmanagement** (auch: Real-Estate-Management – REM) als begriffliche Überordnung aller rund um die Immobilie notwendigen Tätigkeiten verstanden und zwar sowohl auf Einzelobjektebene als auch auf Portfolioebene. Im Idealfall ist Immobilienmanagement eine Konzeption, die den gesamten Lebenszyklus einer Immobilie umfasst.

Immobilienmanagement als Unternehmensaufgabe ist vor allem abhängig vom Leitbild des Immobilienunternehmens bzw. der Immobilienorganisation, von der Vision und der Art und Weise, wie diese Vision den Mitarbeitern, Vertragspartnern und Kunden vermittelt wird.

Ausgehend von der Vision des Unternehmens – seinem Wollen – und abhängig von seinen Kernkompetenzen, also der Frage, wo seine Unique Selling Proposition (USP) liegt, ist eine strategische Positionierung möglich. Dabei spielen die Grundwerte des Unternehmens eine besondere Rolle, wie Abb. 1.1, die das Leitbild eines Unternehmens als Voraussetzung für ein wertschöpfendes Immobilienmanagement aufzeigt.

Definition:
Die Unique Selling Proposition[1] ist ein Alleinstellungsmerkmal eines Unternehmens, mit dem sich sein Angebot von dem des Wettbewerbs abhebt. Eine andere Bezeichnung ist veritabler Kundenvorteil.

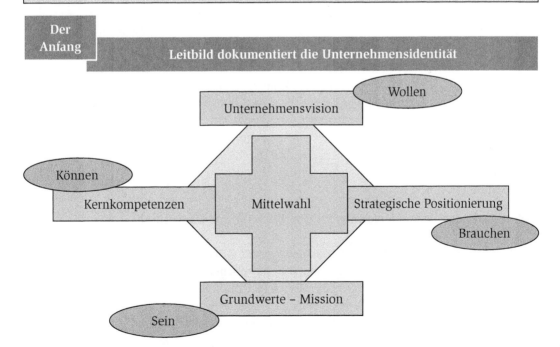

Abb. 1.1: Das Leitbild des Unternehmens als Voraussetzung für den Umgang mit seinen Immobilien, eigene Darstellung

---
[1] Einzelheiten vgl. Hellerforth, M., Marketing für Immobilienverwalter, 2013, S. 45 ff.

Aus diesem Leitbild resultiert dann auch die Immobilienstrategie, wie folgendes Beispiel zeigt, welches eine erste Vorauswahl in Bezug auf die Anlageart darstellt. In diesem Fall handelt es sich um ein Unternehmen, das nicht nur in Immobilien anlegt.

> **Beispiel:**
>
> **Ausgangssituation und Zusammensetzung der Anlagen der Immoanlagen AG[2]**
> Ziel der Anlage in Immobilien ist es, durch angemessene Beimischung der Assetklasse Immobilien im Rahmen einer den Grundsätzen von Sicherheit, Liquidität, Rentabilität, Mischung und Risikostreuung folgenden Kapitalanlagepolitik inflationssicher stetige Erträge zu erzielen und stille Reserven aufzubauen.
> Dabei wird eine langfristige Performance angestrebt, die über der Rendite festverzinslicher Anlagen liegt.
> Die eingeschränkte Fungibilität der Anlageart wird dabei bewusst in Kauf genommen.

In einer solchen Situation sollte auch beachtet werden, dass ein Unternehmen nicht nur die Möglichkeit hat, durch Direktinvestitionen in Immobilien anzulegen, sondern auch mithilfe indirekter Anlagen wie Immobilienaktien oder REITs als Spezialform oder durch Beteiligung an Immobilienunternehmen, z.B. in der Form von Private Equity.[3]

Die einzelnen Anlageformen zeigt Abb. 1.2 im Überblick:

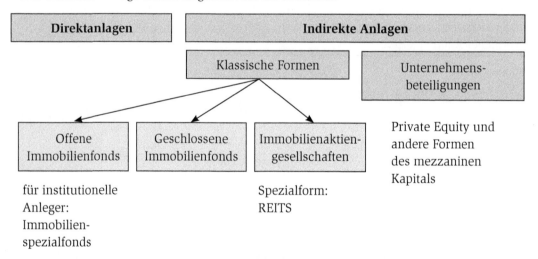

Abb. 1.2: Immobilienanlageformen im Überblick (eigene Darstellung)

Des Weiteren ist es notwendig, zu betrachten, welche Aufgabenbereiche des Immobilienmanagements von wem durchgeführt werden, d.h. an welcher Stelle der Leistungskette sich die Akteure rund um die Immobilie befinden. Die nächste Abbildung befasst sich mit den Managementdisziplinen, die in der Folge noch einzeln betrachtet werden, im Überblick. Dabei zeigt sich in der Reihenfolge der Darstellung, wie komplex und individualisiert und wie profitabel

---

[2] Die in diesem Buch gewählten Unternehmensbezeichnungen sind frei erfunden. Sollte es Unternehmen oder Personen mit identischem oder ähnlichem Namen geben, ist dies Zufall.
[3] In Bezug auf Immobilien spricht man von Real Estate Private Equity (REPE).

1.2 Eigentümer bzw. Investor

die Prozesse sind. Dies ist im oberen Bereich der Abbildung im besonderen Maße der Fall, während die rein ausführenden Prozesse im unteren Bereich einen hohen Standardisierungsgrad der Prozesse aufweisen und damit in der Regel auch eine geringe Profitabilität. Dabei ist es durchaus möglich, dass einige in einer Hand liegen. Ebenso sagt diese erste Grobeinteilung der noch zu behandelnden Aufgabenbereiche noch nichts darüber aus, wie die Aufgabenbeschreibung im Unternehmen oder auch die durch Vertrag festgelegte Aufgabenteilung in der Realität aussehen.

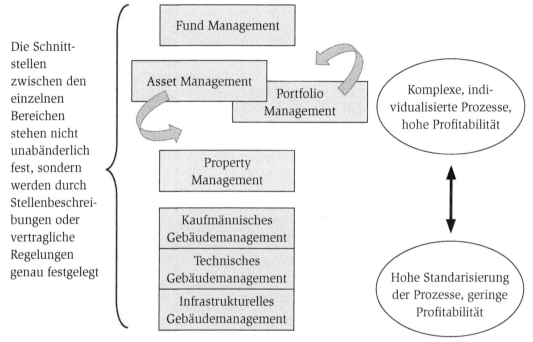

Abb. 1.3: Einordnung der immobilienwirtschaftlichen Managementdisziplinen, eigene Darstellung

1.2 Eigentümer bzw. Investor
1.2.1 Immobilieninvestoren im Überblick

Die Immobilieninvestoren zeichnen sich durch eine große Verschiedenheit in Größe, Professionalität und Anlegeverhalten aus. Die wichtigsten Marktteilnehmer werden im Folgenden kurz dargestellt.

Besonderheiten der Investoren und der Investitionen auf den Immobilienmärkten[4]

Allen Investoren ist gemeinsam, dass sie sensitiv auf Änderungen wirtschaftlicher und konjunktureller Rahmenbedingungen reagieren, dies jedoch in Abhängigkeit von ihren Investitionsmotiven bezüglich. unterschiedlicher Umweltveränderungen. Unterschiede ergeben sich im Hinblick auf die Zeit, in der sie ihre Investitionen tätigen und die Stetigkeit, mit der sie investieren. Aus der langsamen Kapitalumschlagsgeschwindigkeit verbunden mit der hohen Wertgröße der Immobilien ergibt sich für die Investoren ein Risiko bzw. ist die Kontinuität der

---

4 In Anlehnung an: Haber, G./Hellerforth, M., Wandel der Märkte, 2000, S. 194–227.

erwarteten Erträge bei einem langen Investitionszeitraum mit vielen Imponderabilien nicht immer gegeben.

Systematisierung der Investorengruppen

Versucht man eine Systematisierung der Immobilieninvestoren zu erreichen, kann man zwischen Privatanlegern, Wohnungs- und Immobilienunternehmen und sonstigen Anlegern unterscheiden. Für diese Obergruppen ergeben sich merkmalstypisch unterschiedliche Anlagemotive, Organisationsformen und Professionalisierungsgrade.

> **Definition:**
> **Institutionelle Investoren** sind solche Immobilienmarktteilnehmer, die als Institutionen Gelder (eigene oder die ihrer Kunden) verwalten, und die in der Regel über hohe Investitionsvolumina verfügen. Es handelt sich damit vor allem um Kreditinstitute, Investmentgesellschaften, Versicherungen und Investmentfonds. Nicht ganz überschneidungsfrei wird dieser Begriff auch für Institutionen und Organe der öffentlichen Hand (z.B. Bund oder Länder) verwendet.

Wichtiges Unterscheidungsmerkmal ist, an welche Stelle diese Investoren ihren Hauptanlagefokus legen. Im Kontext des Immobilienmanagements interessieren entsprechend vor allem immobilienanlagedominierte Portfolien.

Merkmale	Immobiliendominiertes Kapitalanlageportfolio	Gemischtes Kapitalanlageportfolio
Nicht natürliche Personen	Offene Immobilienpublikumsfonds (KAGs)	Versicherungsunternehmen
	Immobilienspezialfonds	Pensionskassen
	Geschlossene Immobilienfonds	Berufsständische Versorgungsunternehmen
Bestehen einer Organisation	Immobilien-AG	AS-Fonds (Altersvorsorge-Sondervermögen)
	REITs	Gemischte Wertpapier- und Immobilienfonds
Anlagemittel in erheblichem Umfang Professionalität bei der Kapitalanlage	Real-Estate-Private-Equity-Fonds	

Tabelle 1.1: Darstellung unterschiedlicher institutioneller Investoren[5]

Soweit institutionelle Kapitalanleger als Kapitalsammelstellen agieren, sind sie Finanzintermediäre, da sie Geldanlagen kollektiv für Kleininvestoren gegen ein Rückzahlungsversprechen sammeln und betreuen und den Kapitalnachfragern anbieten bzw. in unterschiedliche Anlage-

---

5 Vgl. Trübestein, M. (Hrsg.), Praxishandbuch Immobilieninvestments, Anlagevehikel, Märkte, Strategien in Deutschland und Österreich, 2012, S. 23.

1.2 Eigentümer bzw. Investor

vehikel investieren und zwar zur Realisierung ihrer Anlageziele und damit einhergehend ihres spezifischen Rendite-Risikoprofils.[6]

Versicherungen haben insbesondere Wohnimmobilien als Anlageobjekte für die ihnen anvertrauten Gelder genutzt. Ihr Mietwohnungsbau war i.d.R. eigenkapitalfinanziert. Heute investiert diese Gruppe auch in Gewerbeimmobilien. Wohnimmobilien sind aber auch noch wichtiger Bestandteil des Portfolios, da die Konjunkturanfälligkeit geringer ist als bei Gewerbeimmobilien und somit die Mindestverzinsung eher sichergestellt ist.

> **Hinweis!**
> Viele Marktteilnehmer, so auch Versicherungen investieren – u.a. aus Gründen der Grunderwerbsteuerersparnis – in den letzten Jahren verstärkt in Immobilienbeteiligungen, d.h. sie schließen Asset Deals ab. Dann befindet sich ein Teil des Immobilienvermögens nicht mehr in ihrer Bilanz unter der Position Grundstücke, sondern im langfristigen Beteiligungsvermögen. Ob bzw. in welchem Maße diese Möglichkeit noch erhalten bleibt, muss abgewartet werden.

Wohnungs- und Immobilienunternehmen
Die zweite große Investorengruppe im Wohnungs- und Gewerbebau besteht aus den Wohnungs- und Immobilienunternehmen, wobei man traditionell die ehemals gemeinnützigen Wohnungsunternehmen, die heute im Gesamtverband der Wohnungswirtschaft GdW organisiert sind, von den freien Wohnungsunternehmen unterscheidet. Die ehemals gemeinnützigen Wohnungsunternehmen sind auch heute noch häufig sehr eng mit der Kommune, in der sie tätig sind, verwoben, und ihr Aufgabenbereich besteht häufig nach wie vor darin, breiten Bevölkerungsschichten preisgünstigen Wohnraum zur Verfügung zu stellen. Auch Wohnungsgenossenschaften gehören zu den Unternehmen. Bei ihnen hat die Mitgliederorientierung in der Regel eine höhere Bedeutung als erwerbswirtschaftliche Motive. Die freien Unternehmen sind traditionell in höherem Maß erwerbswirtschaftlich orientiert, allerdings verschwimmen die Grenzen mehr und mehr.

Sonstige Marktteilnehmer
Zu den sonstigen Marktteilnehmern gehören Unternehmen anderer Branchen und Wirtschaftszweige und Bauherren. Unternehmen anderer Branchen investieren in Gewerbeimmobilien, die quasi Hüllen für ihren eigentlichen Unternehmenszweck darstellen. Investitionsmotiv ist das Sicherstellen des Produktionsprozesses, bei 1a-Lagen auch Prestige und Renommee des Unternehmens. Gerade im Rahmen des Industrial Real-Estate-Managements (IREM) rücken diese Immobilien aber mehr und mehr in den Vordergrund und werden als aktive Unternehmensreserve betrachtet. Insbesondere während der Gründerjahre waren diese Unternehmen aber auch im Werkwohnungsbau tätig, um die damals große Wohnungsnot ihrer Arbeiter zu mindern. Diese Beteiligung geschah entweder auf direkte Weise oder indirekt, indem sie zinsgünstige Darlehen zur Finanzierung des Mietwohnungsbaus gewährten und sich dafür Belegungsrechte sicherten. Investitionsmotiv war hier weniger die Rentabilität, es ging vielmehr um soziale Gründe. Viele dieser ehemals großen Bestände sind mittlerweile privatisiert oder verkauft.

---

[6] Trübestein, M. (Hrsg.), Praxishandbuch Immobilieninvestments, Anlagevehikel, Märkte, Strategien in Deutschland und Österreich, 2012, S. 22.

Öffentliche Hand und kirchliche Institutionen

Hierbei handelt es sich um zwei weitere Gruppen großer Immobilienbesitzer. Die öffentliche Hand erfüllt nicht das klassische Kapitalanlagekriterium. Öffentliche Investoren treten i.d.R. nicht am Markt auf, sondern bauen nur für ihre eigenen Bediensteten oder für den Eigenbedarf.

Kirchliche Institutionen investieren ähnlich wie andere Investoren in Immobilien als Kapitalanlagen, wie z.B. die katholische Kirche im Rahmen von Spezialfonds der Aachener Grundvermögen.[7] Gerade für das kirchliche Immobilienvermögen ergeben sich Besonderheiten aufgrund der Art der Immobilien, des mit ihnen verbundenen Images, das andere Nutzungen erschwert und auch wegen Verkaufsverboten, die eine Nutzung nur im Rahmen der Vergabe von Erbbaurechten ermöglicht.

Private Investoren

Die Gruppe der Privatinvestoren kann in zwei Typen unterteilt werden, nämlich in die Amateuranbieter und in die professionellen privaten Investoren. Die sogenannten Amateuranbieter besitzen in der Regel nur eine Wohnung oder weniger Wohneinheiten, selten Gewerbeimmobilien. Sie verwalten ihren Hausbesitz in eigener Regie und ihre wesentlichen Investitionsmotive sind Selbstversorgung, Altersvorsorge oder Vermögensanlage. Soweit ihre Immobilien wohnortnah liegen, besteht häufig enger Kontakt mit den Mietern, sie geben sich oft mit einer relativ geringen Eigenkapitalverzinsung zufrieden und setzen für ihre Tätigkeit üblicherweise keine Verwaltungskosten an. Stark motivprägend ist bei ihnen die Hoffnung auf Wertsteigerung. Häufig werden nicht alle Umlagemöglichkeiten bzw. Mieterhöhungsspielräume ausgenutzt, und zwar zum einen, um ein konfliktfreies Verhältnis mit den Mietern zu haben, zum anderen aber auch aufgrund der Komplexität des Mietrechts und der Mieterhöhungsverfahren. Zu den Amateuranlegern zählt auch der Personenkreis, der aus Steuersparmotiven eine oder mehrere Wohnungen erworben hat. Häufig liegen diese Immobilien nicht am Wohnort des Investors und seine Investitionsrechnung hat nach Auslaufen der steuerlichen Vorteile teilweise zu realen wirtschaftlichen Verlusten geführt.

Die Amateuranbieter können ihren fehlenden Professionalisierungsgrad dadurch ausgleichen, dass sie die Verwaltung ihres Wohnungsbestandes spezialisierten Dienstleistern, also Hausverwaltungen überlassen. Derartige Unternehmen üben häufig auch Beratungsfunktionen bei Neubau- oder Bestandsinvestitionen aus.

Professionelle private Investoren verwalten meist größere Wohn- oder Gewerbeimmobilienbestände in eigener Regie und zeichnen sich durch Spezialisierung und Professionalität aus. Häufig besteht bei diesen Investoren eine personelle oder kapitalmäßige Nähe zu einem Wohnungs- oder Immobilienunternehmen. Das Immobilienvermögen ist aus Haftungsgründen oder steuerlichen Motiven aus dem Unternehmen ausgegliedert worden.

Im Vergleich zu den institutionellen Investoren ist diese Gruppe verstärkt im Wohnungsmarkt engagiert.

Eine spezielle Gruppe der Privatanleger stellen die High Net Worth Individuals (HNWIs) dar, die über große Kapitalvolumina verfügen und vergleichbar mit institutionellen Investoren agieren. Diese Investoren, manchmal auch als Family Offices organisiert, verwalten ihr

---

7 Vgl. Trübestein, M. (Hrsg.), Praxishandbuch Immobilieninvestments, Anlagevehikel, Märkte, Strategien in Deutschland und Österreich, 2012, S. 24.

1.2 Eigentümer bzw. Investor

Privatvermögen. Teilweise erfolgt dies auch über Gesellschaften und Stiftungen in Immobilienanlagen.

> **Definition:**
> Der Begriff „**Family Office**" bezeichnet Organisationsformen und Dienstleistungen, die sich mit der Verwaltung privater Großvermögen befassen. Als Organisationsformen stehen dabei entweder familieneigene Gesellschaften, in denen das Familienvermögen gebündelt wird, oder Gesellschaften bzw. Abteilungen von Banken, die Finanzdienstleistungen für diese Kundengruppe erbringen, zur Verfügung.[8]

Family Offices scheinen gemäß einer Studie von Famos Immobilien[9] ein Drittel ihres durchschnittlichen Vermögens in Immobilien investiert zu haben. 80 % davon in direkten Immobilienanlagen. Der Eigenbetreuungsgrad liegt bei den Immobiliendirektinvestments mit 42 % im Vergleich zu den institutionellen Immobilienanlegern sehr hoch.

Private Investoren	Institutionelle Investoren	Unternehmen
Selbstnutzer Kapitalanleger	• Versicherungen/Pensionskassen • Offene Immobilienfonds • Geschlossene Immobilienfonds • Leasingfonds • Leasinggesellschaften • Immobilien-AGs • REIT • Immobilien-Holdings • Mischformen (Developer, Bauunternehmen) • Ausländische Investoren	Unternehmen der Wohnungs- und Immobilienwirtschaft (ehemals gemeinnützige und „freie") Non-Property-Companies Öffentliche Hand

Abb. 1.4: Systematik der Investoren in der Immobilienwirtschaft (eigene Darstellung)

Gerade bei Unternehmen anderer Wirtschaftszweige – Non-Property-Companies – ist in den durch eine Nachfragemarktsituation gekennzeichneten Ballungszentren wieder zu beobachten, dass sie den Werkswohnungsbau wiederentdecken, wobei nicht nur erschwingliche Wohnungen für den einfachen Mitarbeiter, sondern gerade auch solche für mittlere Führungskräfte und deren Familien erstellt werden – auch um das Unternehmen für diese interessante Mitarbeitergruppe attraktiver zu machen.

1.2.2 Investitionsstrategien im Überblick

Eine häufig anzutreffende Kategorisierung ist die Cashflow-Rendite und Wertsteigerungsrendite, die eine bestimmte Rendite-Risiko-Relation widergibt. Bei einer Schwerpunktsetzung

---

8 Vgl. http://de.wikipedia.org/wiki/Family_Office (letzter Abruf: 25.01.2018).
9 Vgl. http://www.private-banking-magazin.de/wie-family-offices-in-immobilie (letzter Abruf: 12.02.2014).

auf die Wertsteigerung, z.B. bei einer hohen Leerstandsrate, ist die Immobilienstrategie eine opportunistische.

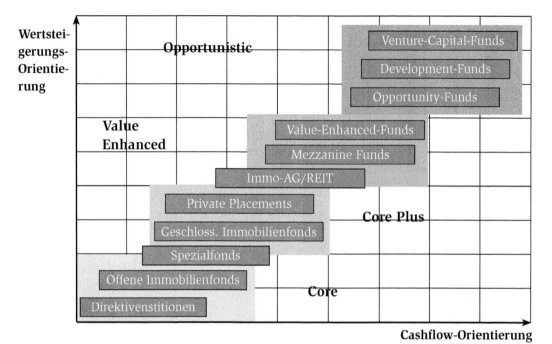

Abb. 1.5: Risiko-/Renditeerwartungen unterschiedlicher Investitionsarten[10]

Direktinvestitionen und ihr Management werden in Kapitel 2 noch ausführlich behandelt, weshalb hier kurz auf die Charakteristika der einzelnen Fonds eingegangen werden soll.

Offene Immobilienfonds in der Form von Publikumsfonds sind Kapitalanlagegesellschaften und halten ihre Immobilieninvestments als Sondervermögen. In sie investieren hauptsächlich Privatanleger, aber auch institutionelle Investoren. Das Fondsvolumen beträgt ein bis mehr als zehn Mrd. €. Unter Sicherstellung einer hohen Fondsliquidität wird in der Regel mit einem Leverage von unter 50 % gearbeitet. Offene Immobilienfonds legen das ihnen zur Verfügung gestellte Geld in hochwertigen Assets (1a), hauptsächlich Büro und Einzelhandelsimmobilien, an. Ihr strategischer Anlagefokus betont ein niedriges Risiko sowie einen stetigen Gewinn- und Wertzuwachs.[11] Gerade offene Immobilienfonds sind in die Kritik geraten, weil einige von ihnen für eine bestimmte Zeit „geschlossen" oder sogar abgewickelt werden mussten. Dies ist immer dann der Fall, wenn zu viele Anleger kurzfristig ihre Anteile liquidieren wollen. Wenn dann die dafür gehaltene Liquiditätsreserve der Fonds nicht ausreicht, können die Anleger erst bedient werden, wenn der Fonds seine Liquidität wieder verbessern konnte, so z.B. durch den Verkauf von Immobilien, ein Prozess, der Zeit in Anspruch nimmt.

---

10 Vgl. Trübestein, M. (Hrsg.), Praxishandbuch Immobilieninvestments, Anlagevehikel, Märkte, Strategien in Deutschland und Österreich, 2012, S. 32, eigene Darstellung.
11 Vgl. Boutonnet, B., u.a. (Hrsg.) Geschlossene Immobilienfonds, 2004, S. 33 ff.

1.2 Eigentümer bzw. Investor

Offene Fonds in der Form von **Spezialfonds** sind ebenfalls Kapitalanlagegesellschaften, die Immobilien im Sondervermögen halten. Es handelt sich um eine Form der Vermögensverwaltung für juristische Personen, i.d.R. als Kapitalsammelstellen. Spezialfonds werden gemäß den individuellen Anforderungen und Bedürfnissen der i.d.R. beteiligten institutionellen Investoren ausgerichtet und können – bei der Wahl eines geeigneten Fonds – gegenüber der Selbstverwaltung des Vermögens Kosten- und Steuervorteile bringen. Ihr Volumen beträgt meist weniger als eine Millarde €. Bei einem Leverage von in der Regel unter 50 %, ist die Liquidität solcher Fonds gering. Auch bei ihnen überwiegen hochwertige Assets (1a), hauptsächlich Büro und Einzelhandel, der strategische Fokus ist ebenfalls vergleichbar mit dem der Publikumsfonds.

Geschlossene Immobilienfonds nehmen in den Rechtsformen der GmbH & Co. KG oder der GbR (Gesellschaft bürgerlichen Rechts) am Geschäftsverkehr teil und werden vor allem von Privatanlegern erworben. Typische Laufzeiten solcher Fonds liegen bei über 10 bis 15 Jahren. Ihr Investitionsvolumen beträgt weniger als 500 Mio. € und sie arbeiten mit einem Leverage von 50 bis 70 % bei geringer Liquidität und investieren in hochwertige bis gute Assets (1a/1b), hauptsächlich Büro und Einzelhandel. Der strategische Fokus geschlossener Immobilienfonds wird maßgeblich beeinflusst durch vergleichsweise hohe und kontinuierliche Auszahlungen, die geleistet werden sollen, um die Beteiligung attraktiv zu machen. Der Zeichner eines geschlossenen Immobilienfonds erwirbt – anders als bei einem offenen Fonds – immer eine Unternehmensbeteiligung, mit den entsprechend anders gelagerten Risiken.

Ein **Private Placement** (Privatplatzierung) ist ein privater, nicht öffentlicher Verkauf von Vermögensgegenständen, d.h. sie finden unter Ausschluss einer Börse bzw. eines öffentlichen Handelsplatzes statt, indem einige wenige Privatpersonen oder Institutionen direkt angesprochen werden. Privatplatzierungen entbinden teilweise von Publizitätspflichten wie zum Beispiel von dem Wertpapierprospekt bei Kapitalerhöhungen.

Immobilienaktiengesellschaften (kurz Immobilien-AG) sind in der Rechtsform der Aktiengesellschaft geführten Unternehmen, die überwiegend in Immobilien investieren. Einige dieser Immobilienaktiengesellschaften sind börsennotiert.

Ein **German Real Estate Investment Trust** (G-REIT, deutsch: Deutsche Immobilien-Aktiengesellschaften mit börsennotierten Anteilen) ist eine Kapitalgesellschaft, deren Hauptgeschäftsfeld darin besteht, Immobilien zu besitzen oder zu verwalten. Auch Gesellschaften, die Immobilien finanzieren, können die Form eines REITs haben. Die Unternehmen schütten einen Großteil ihres Gewinns als Dividende aus. Auf der Ebene der Gesellschaft sind die Ausschüttungen steuerfrei, die Anteilseigner versteuern ihre Dividende nach ihrem Steuersatz. Die REITs dürfen nur in Wohnungen investieren, die nach dem 31. Dezember 2006 erbaut worden sind, was die Umwandlung von einer Immobilien-AG in einen REIT für viele Immobilienunternehmen uninteressant macht.

Ein **Mezzanine-Funds** stellt kapitalsuchenden Immobilienunternehmen, die sowohl als Bestandsverwalter als auch im Bereich der Projektentwicklung tätig sein können, derartige bankergänzende Finanzierungsquellen zur Verfügung. Die Investitionsdauer in solche Fonds ist kurz- bis mittelfristig.

> **Definition:**
> **Mezzanine-Kapital** besitzt eine Zwitterstellung zwischen dem Eigen- und Fremdkapital eines Unternehmens und füllt vor allem Finanzierungslücken, die sich z.B. aufgrund zu geringen Eigenkapitals eines Unternehmens ergeben. Je nach Ausgestaltung können die Mittel eigenkapital- oder fremdkapitalähnlich sein. Typische Formen des Mezzanine-Kapitals sind z.B. Genussrechte, stille Beteiligungen oder Wandelanleihen.

Bei den **Value-Enhanced-Fonds** ist die Strategie stark auf eine Wertsteigerung des Immobilieninvestments gerichtet. Entsprechend wird häufig in schlechtere Lagen oder Immobilien investiert, um bei gutem Management und entsprechender Strategie höhere Mieterträge zu generieren. Da es in solchen Immobilien auch Leerstände gibt bzw. Mieter, deren Bonität nicht so gut ist, ist das Risiko dieses Investments höher, passend zur höheren Renditeerwartung.

Development-Fonds sind typische Fondskonstruktionen für Projektentwicklungen, die als risikoreich aber lukrativ gelten können.

Opportunity-Fonds sind ebenfalls stark chancengeleitet und versuchen durch positive Auswertung dieser, eine überdurchschnittliche Rendite zu erreichen.

Venture-Capital – Risiko- oder Wagniskapital – ist außerbörsliches Beteiligungskapital, das eine Beteiligungsgesellschaft (Venture-Capital-Gesellschaft) zur Beteiligung an als besonders riskant geltenden Unternehmungen, z.B. eine Projektentwicklung in einem Entwicklungsland, bereitstellt, in diesem Fall ebenfalls als Fondslösung.

Mezzanine-Fonds, Value-Enhanced-Fonds, Development- sowie Venture-Capital-Fonds werden auch als **Real Estate Private Equity (REPE)** bezeichnet. Ihre Besonderheiten gegenüber den vorher genannten Fondslösungen sind vor allem, dass sie nicht selten als Limited Partnership agieren und sowohl institutionelle Investoren als auch HNWI ansprechen, bei einer Durchschnittslaufzeit des Investments von ca. sechs bis neun Jahren. Sie arbeiten mit einer sehr geringen Liquidität bei typischen Volumina zwischen ein und drei Mrd. € unter Ausnutzung eines Leverage-Hebels von 70 bis 90 %. Die Anlage der Mittel erfolgt in einzelnen Aktiva, Immobilien-Portfolios, Immobilien-Unternehmen, Projektenwicklungen aber auch NPL-Portfolios. Damit kann ihr Anlagefokus als höhere bis hohe Risiko-/Renditephilosophie, Exit-getrieben mit dem Schwerpunkt auf Eigenkapital-Maximierung während des Investitionszeitraums bezeichnet werden.

> **Definition:**
> **NPL** steht für Non-Performing Loans. Das sind notleidende Kredite. Nach der Definition der Bafin handelt es sich hierbei um einen Kredit, mit dessen Rückzahlung sich der Schuldner in Verzug befindet oder der bereits wertberichtigt wurde.[12]

1.2.3 Investitionssegmente in Abhängigkeit von der individuellen Rendite-Risiko-Neigung der Investoren

Wie bereits erwähnt, ist es nicht ausreichend, die Rendite ohne das damit zusammenhängende Risiko zu betrachten. Deshalb ist die Ableitung von Strategieprofilen zu empfehlen, um die allgemeinen Strategieausrichtungen darzustellen (s. Tabelle 1.2).

---

12 http://www.bafin.de/SharedDocs/Downloads.DE/Jahresbericht2010, S. 169 (letzter Abruf: 30.01.2013).

1.2 Eigentümer bzw. Investor

Strategie-ausrichtung	Englischsprachiger Begriff	Deutschsprachiges Synonym	Erläuterung
Core	Core	„Basis-/„Index-/ „Relevanz-Portfolio"	moderates Risiko eingehende Strategie, die die Performance eines langfristigen Referenzindex abbildet
Non-Core	„Core Plus"	„Basis Plus"	moderates Risiko eingehende Strategie mit immobilienbezogenen Basis-Risiko-Rendite-Verhältnis, aber mit erhöhtem Finanzierungsrisiko
Non-Core	Value-added/ Value-enhanced	„wertsteigernd"	erhöhtes Risiko eingehende Strategie durch substanzielle Steigerung von (Miet-)Einnahmen und Veräußerungswert
Non-Core	Opportunistic	„chancengeleitet"	unternehmerische Hochrisiko-Strategie, geleitet durch kurzfristig auftretende Chancen

Tabelle 1.2: Unterschiedliche Investitionsstrategien im Überblick[13]

Ein Investor wird sein Portfolio ggf. aus Immobilien unterschiedlicher Kategorien zusammensetzen, solange im Durchschnitt das von ihm gewünschte Risiko-Renditeprofil erreicht wird.

Die Core-Strategie zeichnet sich dadurch aus, dass der Investor konservative Renditeerwartungen hat, demgegenüber aber auch eine geringe Ergebnisvolatilität wünscht. Damit einher geht vor allem die Sicherung der Substanz des investierten Vermögens. Entsprechend findet man die Core-Strategie vor allem bei Versicherungen und Pensionskassen, aber auch bei offenen Immobilienfonds.[14]

Merkmal	Ausprägung im Rahmen der Core-Strategie
Typologische und physische Charakteristik	herkömmliche Immobilientypen mit Wettbewerbsstandard (Büro, Einzelhandel, Wohnen, Logistik)
	hohe typologische und geografische Diversifikation

---

13 Vgl. Rottke, N. B., Immobilienwirtschaftslehre, 2011, S. 45, eigene Darstellung.
14 Vgl. Gondring, H./Wagner, T., Real Estate Asset Management, 2010, S. 226.

Merkmal	Ausprägung im Rahmen der Core-Strategie
Mieterbasis	hohe Mieteranzahl mit hoher Bonität hohes Vermietungsniveau und langfristige Mietverträge hohe Mieter-Diversifikation gestaffelte Mietverträge zu Marktmieten
Marktbedingungen	überregionale Immobilienmärkte (Hochburgen) regionale Märkte mit USP in bestimmten Immobilientypen Top-Lagen hohe Liquidität
Einkommens- und Wertsteigerungspotenzial	substanzielles Einkommen geringe Wertsteigerung geringe Volatilität
Kapitalstruktur	0-60 % Leverage EK-orientiert (Versicherungen, offene Fonds) Kapitalstruktur erlaubt weitgehende Kontrolle des Investments
Eigentümerkompetenz	meist nur ein Eigentümer Joint Ventures nur bei Komplexität oder Größe Vermietungserfahrung
Risikograd des Investments	sehr geringes Risiko aufgrund des hohen Cashflows und der Lage

Tabelle 1.3: Die Core-Strategie

Merkmal	Ausprägung im Rahmen der Value-Added-Strategie
Typologische und physische Charakteristik	zusätzlich zu Core: Hotel, Seniorenimmobilien, Light Industrie Sanierungsaufwand notwendig geringe typologische und geografische Diversifikation
Mieterbasis	geringe Mieteranzahl mit hoher Bonität Klumpenrisiken bei Mietvertragslaufzeiten und Mietern Mietverträge, zum Teil substantiell über Marktmieten Leerstand auf Marktniveau oder darüber kurz- bis mittelfristige Mietverträge im gewerblichen Bereich
Marktbedingungen	B-Lagen in überregionalen Immobilienmärkten Top-Lagen in mittelgroßen, regionalen Märkten Märkte mit sich erholenden Ungleichgewichten geringe Liquidität
Einkommens- und Wertsteigerungspotenzial	geringes Einkommen höheres Wertsteigerungspotenzial moderate bis mittlere Volatilität

Merkmal	Ausprägung im Rahmen der Value-Added-Strategie
Kapitalstruktur	30–70 % Fremdfinanzierung substanzielle Fremdbestimmung durch Dritte (Banken etc.) unbesicherte Positionen
Eigentümer-kompetenz	vornehmlich Joint Ventures Management von Verträgen, die Incentives enthalten Turnaround-Erfahrung
Risikograd des Investments	höheres Risiko aufgrund des geringeren Einkommens und der schlechteren Lagen

Tabelle 1.4: Die Value-Added-Strategie

Value-Added-Investitionen versuchen, durch die Investition in z.B. deutlich unterbewertete Märkte und Objekte, die Immobilien so im Markt zu positionieren, dass signifikante Wertsteigerungen erreicht werden können. Dies kann z.B. durch Renovierung oder auch durch Mieterwechsel erfolgen. Damit verbunden ist eine Exit-Strategie, die kurz nach der Realisierung der Werterhöhungspotenziale greift. Hinzu kommt ein hoher Fremdkapitalanteil, der als Hebel für die Wertsteigerung fungiert.

Die **opportunistische Strategie** kann sowohl bei Bestandsimmobilien als auch Projektentwicklungen zum Einsatz kommen. Generell erfolgt – ohne, dass eine Eingrenzung auf bestimmte Nutzungsarten oder Mietergruppen möglich ist – eine Investition in Objekte mit besonders hohem Wertsteigerungspotenzial. Die vom Investor analysierte Unterbewertung bei bestehenden Objekten liegt über der der Value-Enhanced-Strategie. Gründe dafür können ein schwieriges Marktumfeld, fehlende bzw. schlechte Vermietung oder andere negative Faktoren sein. Auch hier gilt es, durch eine Repositionierung die Situation zu verbessern. Hinzu kommt eine besonders aggressive Nutzung des Leverage-Effekts, der bis zu 90 % betragen kann. Der Investor hat generell eine schnelle Exit-Strategie im Auge. Hohen Renditen stehen hier ebenso hohe spekulative Risiken gegenüber.

1.2.4 Ziele, Aufgaben und Beispiele

Der Eigentümer bzw. Investor hat demnach die Aufgabe, die Anlageziele und vor allem auch das Rendite-/Risikoprofil, mit der er die Anlagen durchführen möchte, festzulegen.

Dazu ist zunächst eine Betrachtung der Vor- und Nachteile der einzelnen Anlagemöglichkeiten in Immobilien in geografischer Verteilung in Abhängigkeit von der Art der Anlage notwendig. Weitere Segmentierungskriterien je nach dem Ergebnis seiner Analyse können sein: einzelne Objektmerkmale, wie Alter, Größe und Beschaffenheit des Objekts oder Mieterstruktur, insbesondere auch die Branchenzugehörigkeit der Mieter.

Beispiel:
Formulierung von Anlagezielen   **Beispiel:** Immoanlagen AG   **Anlagearten:**   Deutschland: Direktanlage   Europa: Direktanlage Fonds   Außereuropäisches Ausland: Immobiliengesellschafts-Beteiligungen, Fonds

Zusammensetzung der Anlagearten:

	Zielquote	Bandbreite
Direktanlage	50 %	40 %–60 % der Gesamt-Immobilienquote
indirekte Anlage	50 %	40 %–60 % der Gesamt-Immobilienquote

Einer solchen Zielformulierung liegt eine genaue Abwägung der Vor- und Nachteile der einzelnen Anlageformen zugrunde.

Beispiel:
Kurzexposee zur Entscheidungsfindung: Betrachtung der Vor- und Nachteile verschiedener Anlageformen als Voraussetzung der Festlegung einer Zielquote.

Direkte Immobilienanlagen

Der Vorteil direkter Anlagen in Europa liegt insbesondere in der Erzielung sicherer laufender Erträge in Märkten mit geringer Volatilität. Aufgrund des im Unternehmen breit aufgestellten Know-hows ist eine breite Marktkenntnis vorhanden und die zu investierenden Volumina sind ausreichend, um eine Marktpräsenz aufzubauen, die auch eine Risikostreuung ermöglicht. In Deutschland kommt hinzu, dass durch die HGB-Bilanzierung zu Buchwerten stille Reserven aufgebaut werden können. Durch die Ausnutzung der Effekte der auch steuerlich anerkannten Abschreibungen kommt eine Verminderung der Ertragssteuerlast hinzu.

Dem stehen folgende Nachteile direkter Anlagen gegenüber: Direktinvestments haben nur eine relativ niedrige Performance in der Betrachtung über mehrere Jahre, der niedrige Ertragsausweis ist auch nachteilig im Vergleich mit der Performance anderer Anlagen. Bei der Wertgröße einer Anlageimmobilie bleibt die Diversifikation durch Streuung immer eingeschränkt.

Indirekte Immobilienanlagen

Indirekte Immobilienanlagen ermöglichen demgegenüber die Erschließung des gesamten nationalen und internationalen Investitionsspektrums. Es muss kein Personal vorgehalten werden, und es ist der Einkauf des speziellen Know-hows für alle Teilmärkte möglich. Hierzu gehört es auch, die Netzwerke und örtliche Präsenz des jeweiligen Managers zu nutzen. Unter Risikogesichtspunkten gelingt so eine hohe Diversifikation, vor allem weil eine optimalere Ausnutzung unterschiedlicher regionaler und länderspezifischer Zyklen gelingt. Die höhere Rendite von Spezialimmobilien und Auslandsmärkten wird erschlossen. Da keine direkten Abschreibungen vorgenommen werden, bleibt das ausgewiesene Ergebnis ungeschmälert beim Investor. Durch den geschickten Fremdkapitaleinsatz ist auch die Möglichkeit der Ausnutzung des Leverage-Effekts zur Generierung zusätzlicher Erträge gegeben.

Der größte Nachteil indirekter Immobilienanlagen ist darin zu sehen, dass man von externen Managern, deren Qualifikation und Motivation abhängig ist. In vielen Auslandsmärkten ist die Volatilität größer als in deutschen und bekannten europäischen Märkten. Dies gilt umso mehr, je größer die Beimischung von Spezialimmobilien ist. Die Volatilität nimmt mit vermehrtem Fremdkapitaleinsatz zu (negativer Leverage-Effekt). Zudem sind die Kosten (fees) des externen Managements bei entsprechender Qualifikation und damit korrespondierendem guten Ruf hoch, sodass insoweit die Erträge geschmälert werden.

Kombination aus direkten Anlagen in bekannten und indirekten Anlagen in weniger bekannten Märkten

Die Vorteile einer solchen Kombination sind vor allem in der Risikostreuung bei beinahe optimaler Risiko-Rendite-Kombination zu sehen. Damit sind das Know-how der eigenen Mitarbeiter und die damit verbundenen niedrigen Kosten direkt nutzbar in Deutschland und im europäischen Ausland, und zwar sowohl für Büro- als auch für Wohnimmobilien. Andere Nutzungsarten, bei denen das Know-how im Unternehmen nicht vorhanden ist, bleiben trotzdem nicht unberücksichtigt, indem hier gezielt indirekte Investments getätigt werden. Damit ist eine Zielrendite von x % erreichbar.

Dies funktioniert jedoch nur unter bestimmten Voraussetzungen, die bei jedem Investment beachtet werden müssen. Bei den indirekten Anlagen ist dies vor allem die nachzuweisende Kompetenz des externen Managers im jeweiligen Marktsegment. Festgelegt wird zudem eine niedrige laufende Vergütung – geringe laufende Kosten – und der Rest soll erfolgsabhängig vereinbart werden. Es kommt nicht jeder Fonds in Frage, sondern es muss die Art der Ausschüttung und der Anlage des Fonds mit den strategischen Festlegungen des Unternehmens übereinstimmen. Damit dies auch nach dem Investment so bleibt, muss vertraglich ein Mitspracherecht im Anlageausschuss festgelegt werden. Des Weiteren muss der Fonds nachhaltig transparente Entscheidungsgrundlagen für den An- und Verkauf der Immobilien vorlegen und durch ein regelmäßiges ausführliches Reporting kontrollierbar sein.

Aus derartigen Vorgaben erfolgt dann die Festlegung des angestrebten Anteils an direkten und indirekten Anlageformen, wie in Abb. 1.6 als Anteil am Gesamtimmobilienvermögen des Unternehmens dargestellt.

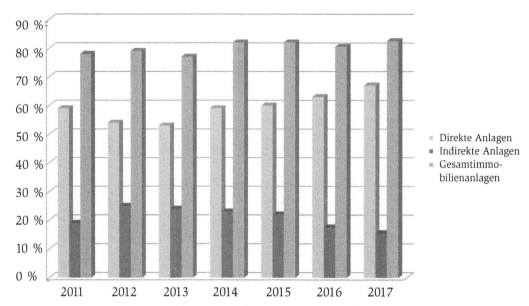

Abb. 1.6: **Indirekte und direkte Immobilienanalagen als Anteil des Gesamtimmobilienvermögens des Unternehmens, eigene Darstellung**

Hierbei erfolgte eine Bewertung zu Marktwerten, was Schwankungen, selbst bei unveränderter Aufteilung in direkte und indirekte Anlagen, erklärt. Insoweit handelt es sich um eine reine Darstellung des Status quo in der mehrjährigen Entwicklung.

Im Rahmen der Analyse des aktuellen Bestands interessieren natürlich neben der prozentualen Aufteilung auch die Aufteilung nach Marktwerten. Dies ist in Tabelle 1.5 für das Beispielunternehmen für das Jahr 2017 dargestellt.

Gesamtkapitalanlage	101.374.556,00 €	100 %
Immobilien gesamt	85.154.627,04 €	84 %
Direktinvestments eigengenutzt	2.027.491,12 €	2 %
Direktinvestments fremdgenutzt	66.907.206,96 €	66 %
Direktinvestments gesamt	68.934.698,08 €	68 %
Indirekte Investments	16.219.928,96 €	16 %

Tabelle 1.5: **Gesamtportfolio der Immoanlagen AG zum 31.12.2017**

Die Immobilienquote des Unternehmens beträgt 84 % des Gesamtanlagevermögens. Sie teilt sich in direkte und indirekte Investments auf. Bei den direkten Investments, mit einem Anteil von 68 % an der Gesamtkapitalanlage des Unternehmens, wird noch unterschieden zwischen den eigengenutzten Immobilien, also den für das Unternehmen notwendigen Verwaltungsgebäuden (2 %) und den vermieteten Immobilien, mit 68 % des Gesamtvermögens. Die indirekten Immobilienanlagen mit einem Marktwert von rund 16,2 Mio. € haben einen Anteil von 16 % zum 31.12.2017.

1.2 Eigentümer bzw. Investor

Für das Unternehmen ist bei der strategischen Planung von großer Bedeutung, wie sich die Direktanlagen zurzeit auf die unterschiedlichen Immobilientypen aufteilen. Hierbei muss die im Moment erreichte Aufteilung noch nicht das Optimum darstellen, sondern es ist möglich, dass – vielleicht auch aufgrund von Analysen des Asset-Managements – die Quote verändert werden soll. Dies ist aufgrund der Wertgröße der Immobilien und Marktwertschwankungen nur in einer bestimmten Spanne möglich, die in Abb. 1.7 als Spannbreite dargestellt ist.

Nutzungsart	31.12.2017	Zielportfolio	akutelle Abweichung	Spannbreite	Beurteilung
Wohnen	45,37 %	50,00 %	4,63 %	48–52 %	Zukauf
Büro	25,33 %	25,00 %	– 0,33 %	24–26 %	OK
Handel	12,35 %	10,00 %	– 2,35 %	9–11 %	OK
Logistik	4,55 %	5,00 %	0,45 %	4–6 %	OK
Sozialimmobilien	6,34 %	10,00 %	3,66 %	8–12 %	Zukauf
Freizeitimmobilien	6,06 %	0,00 %	– 6,06 %	0–0 %	Verkauf
Summe	100,00 %	100,00 %			

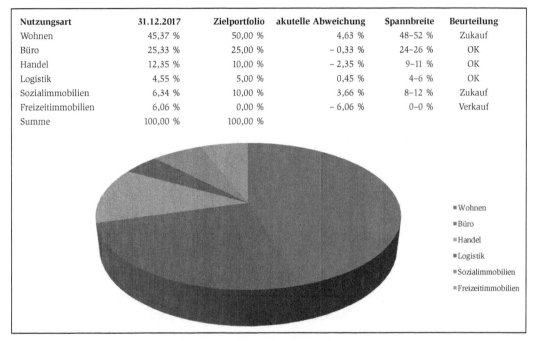

Abb. 1.7: Direkte Immobilienanlagen der Immoanlagen AG in Abhängigkeit von der Objektart zum 31.12.2017, eigene Darstellung

Ähnliche Analysen sind natürlich auch für die indirekten Anlagen möglich, bei denen in bestimmte Objektarten oder Regionen verstärkt investiert werden soll, und dies in Abhängigkeit von der zukünftigen Markteinschätzung, die ggf. in Zusammenarbeit mit dem Asset-Management erarbeitet wird.

Das Beispielunternehmen liegt mit dem aktuellen Direktanlagenportfolio schon relativ nah an dem Zielportfolio. Die hauptsächlich anzustrebende Veränderung liegt in der Aufgabe des Bereiches der Freizeitimmobilien sowie in der Aufstockung der Wohnimmobilieninvestments. Eine hierüber hinausgehende Bestandsplanung würde dann ausgehend vom in den nächsten Jahren möglichen bzw. erwarteten Investitionsvolumen erfolgen.

1.3 Real-Estate–Investment-Management

> **Definition:**
> Unter „**Real-Estate-Investment-Management**" (REIM) versteht man eine umfassende, an den Vorgaben des Eigentümers ausgerichtete Eigentümervertretung für ein Immobilienvermögen unter Kapitalanlagegesichtspunkten.

Die Gesellschaft für immobilienwirtschaftliche Forschung (gif e.V.)[15] definiert REIM etwas ausführlicher:

„Real-Estate-Investment-Management" ist die umfassende, an den Vorgaben des Investors ausgerichtete Eigentümervertretung für ein Immobilienvermögen unter Kapitalanlagegesichtspunkten. Dies kann neben Direktinvestitionen auch indirekte Investitionen sowie ergänzend zu fremdgenutzten Immobilien eigengenutzte oder nicht primär der Ertragserzielung dienende Immobilien umfassen."

Es handelt sich um die Sichtweise des Immobilieneigentümers, der das unternehmerische Risiko für seine Investition trägt, alle mit den Immobilien verbundenen Rechtsgeschäfte abschließt, die Finanzierung (Financial Engineering) verantwortet und die Haftung trägt.

> **Definition:**
> **Financial Engineering** steht für die konstruktive und innovative Lösung von Finanzbedarfen mithilfe konstruktivistischer Prinzipien. Damit geht es beim Financial Engineering rund um die Immobilie, um neuere Konzepte und Instrumente der Immobilienfinanzierung. Beispiele sind z.B. Verbriefungen oder Mezzanine-Finanzierungsinstrumente.

Im Investment-Management werden i.d.R. solche Entscheidungen getroffen, die der Eigentümer nicht delegieren kann. Aber die Grenzen zu den weiteren Disziplinen sind ebenfalls offen. Als Mindestaufgabe verbleibt beim Investor aber die Entscheidung über Investitionsstrategie, Finanzierung und die steuerliche Seite der Investition.

1.4 Fund-Management

Das Fund-Management findet auf Investorenebene statt. Hier wird der konzeptionelle und strategische Rahmen entwickelt, und es erfolgt eine Unterstützung des Investors bei den Entscheidungsprozessen. Bedeutsam ist die Konzeption des sogenannten Investment-Vehikels sowie das Fund-Raising. Des Weiteren erfolgt die Ausgestaltung des steuerlichen und rechtlichen Fondsmerkmals sowie der Finanzierungsstruktur. Mit diesem Aufgabenbereich hängt das Portfolio-Management natürlich eng zusammen.[16] Auch beim Fund-Management handelt es sich um eine typische Eigentümeraufgabe.

> **Definition:**
> Der Terminus „**Investment-Vehicle**" bezeichnet eine Zweckgesellschaft, in die Vermögenswerte eingebracht werden, um diese anschließend in geeigneter Form zu investieren, zu verbriefen o.Ä.

---

15 gif e.V., Richtlinie, Definition und Leistungskatalog REIM, gif Unterarbeitskreis REIM, 2004, S. 3.
16 In Anlehnung an: Gondring, H./Wagner, T., Real Estate Asset Management, 2010, S. 8.

> **Definition:**
> **Fund-Raising** ist die Mittelakquisition bzw. Mittelbeschaffung z.B. eines Fonds. Diese Aufgabe erfolgt einhergehend mit einer systematischen Analyse, Planung, Durchführung und Kontrolle sämtlicher Aktivitäten, die damit zusammenhängen.

1.5 Immobilien-Asset-Management
1.5.1 Aufgaben des Immobilien-Asset-Managements

> **Definition:**
> **Real-Estate-Asset-Management** (REAM) ist Vermögensmanagement, in diesem Fall für Immobilieninvestments mit dem Ziel der Performanceoptimierung des jeweils investierten Kapitals unter Berücksichtigung der Investitionsdauer. Hierbei spricht man auch vom Produkt des REAM.

Einfach gesagt fungiert der Asset-Manager als Übersetzer zwischen dem Investor und dem Property-Manager und im besten Fall auch als „Wirkungsbeschleuniger" bzw. hat er eine „Scharnierfunktion" bei der Durchführung von Aktionen, die der Wertsteigerung oder auch nur dem Werterhalt der Immobilien dienen.

Beim Asset-Management geht es zunächst einmal um die optimale Ausführung von Eigentümerfunktionen und darum, Möglichkeiten der Performancesteigerung zu nutzen. Inhalt des Asset-Managements ist die Entwicklung einer langfristig optimalen Investment-Strategie für ein Immobilien-Portfolio.

Asset-Management bündelt dabei die Tätigkeiten, die der Wertsteigerung einer Immobilieninvestition dienen. Die wichtigste Voraussetzung hierfür ist, dass übergeordnete Investmentziele definiert werden sowie ein Anlageprofil, aus denen kurz- bis mittelfristige Ziele abgeleitet werden. Im Unterschied zum Facility-Management wird beim Asset-Management der Fokus auf Immobilien als Kapitalanlage – häufig institutioneller Investoren – gelegt.

Der Ursprung des Asset-Managements liegt in der Vermögensverwaltung. Ein Asset-Manager übernimmt die Eigentümer- bzw. Anlegerposition durch einen Dritten auf Zeit. Dieser Ansatz ist für Immobilien erweitert worden, denn ihr Management erfordert mehr als die optimale Auswahl von Anlagen und das Finden des richtigen Zeitpunkts für den Kauf bzw. Verkauf. Aus diesem Grund gibt es häufig einen kaufmännischen und einen technischen Asset Manager Immobilienobjekte. Das Leistungsbild des REAM kann alle Phasen des Immobilieninvestments erfassen.

In den letzten Jahren ist zu beobachten, dass der Fokus immer mehr auf die immobilienwirtschaftliche Kompetenz gerichtet ist, und damit auf eine Optimierung und Stabilisierung der Erträge, mit der Folge, dass der Asset-Manager vermehrt interdisziplinäre Berufsqualifikationen benötigt. So soll entgegen kurzfristiger bzw. rein auf das Ergebnis einer Periode gerichteter Interessen eine Aktivierung von Wertsteigerungspotenzialen während der Haltedauer gelingen.[17] Das Asset-Management kann sowohl von eigenen Mitarbeitern als auch von fremden beauftragten Managern übernommen werden.

---
17 Vgl. Quante, R., Praxishandbuch Immobilien Asset Management, 2011, S. 17.

1.5.2 Strategische und taktische Asset-Allocation mit Immobilien

Im Rahmen der Asset-Allocation mithilfe von Immobilien werden die strategische und die taktische bzw. operative Ebene unterschieden.

Strategische Asset-Allocation

Aufgabe der strategischen Asset-Allocation ist die Asset-Klassen-Wahl als wesentlicher Teil des Anlageerfolgs. Dementsprechend ist die Betrachtungsweise eine langfristige. In der Regel soll durch entsprechende Entscheidungen erreicht werden, ein Portfolio aufzubauen, welches einen im Hinblick auf die Rendite-Risiko-Betrachtung des Investors bestimmten vorher festgelegten Wert erreicht (Benchmark, Benchmarkportfolio). Dabei spielen Erkenntnisse aus der Marktanalyse eine besondere Rolle. Der Analysezeitraum umfasst hier fünf Jahre und mehr, wiederum abgestimmt auf die Exit-Strategie des Investors. Damit geht es auf der strategischen Ebene insbesondere um die Festlegung der Eckpunkte der Portfolio-Strukturierung, um das optimale Portfolio für den Investor zu bestimmen.

Taktische bzw. operative Asset-Allocation

Die taktische bzw. operative Asset-Allocation beschäftigt sich mit der Portfoliostrukturierung auf der Mikroebene eines Marktes, hier mit der des Immobilienmarktes. In Bezug auf den Gesamtprozess scheint die taktische Asset-Allocation zwar nur eine geringe Bedeutung zu haben, jedoch werden Wettbewerbsvorteile gerade durch Entscheidungen in dieser Ebene erreicht.

Auch sie stellt einen Prozess dar, jetzt aber auf konkreterer Ebene. Entsprechend sind taktische Markt-, Angebots- und Wettbewerbsanalysen durchzuführen, Objekt- und Renditedaten auszuwerten und hieraus Handlungsoptionen abzuleiten. Das Tagesgeschäft und insoweit vor allem das Reporting, das Wertemanagement und die Umsetzung geplanter Maßnahmen sind zudem zu koordinieren.

> **Hinweis!** Die Asset-Allocation läuft optimalerweise mehrstufig ab. Sie beinhaltet in enger Definition lediglich die Festlegung der Anlagebereiche, wobei auch durchaus eine Mischung von Immobilienanlageformen mit anderen Anlagen denkbar ist,[18] so z.B. mit Aktien oder Beteiligungen. Die weitere Betrachtungsweise beinhaltet auch Wertsicherungsstrategien. In der Praxis werden in der Regel unter dem Stichwort „Gegenstromverfahren" der Top-down-Ansatz mit dem Bottom-up-Ansatz verbunden. Der Top-down-Ansatz beinhaltet die Gefahr, dass die Regionalität der Märkte nicht genügend Beachtung findet.

1.5.3 Anforderungen und Handlungsfelder des strategischen und operativen Asset-Managements

Einer der wesentlichen Erfolgsfaktoren des REAM ist die präzise Schnittstellendefinition sowohl zum Investment-Management als auch zum Property-Management (PM).

Für das Asset-Management ist es – trotz des übergreifenden Charakters dieser Disziplin – ein nicht zu unterschätzendes Erfolgspotenzial, sich auf die Individualität der Immobilien einzulassen, um wirklich Erfolgspotenziale heben zu können.

---

18 Vgl. Jacob, M., Asset Management, Anlageinstrumente, Marktteilnehmer und Prozesse, 2012, S. 168.

Im Idealfall agiert der Asset-Manager über den ganzen Investitionszyklus der Immobilien.

REAM ist nicht zuletzt in den Fokus gerückt aufgrund der durch die Internationalisierung eingeleiteten räumlichen Distanz zwischen Investoren und Immobilien, häufig verbunden mit dem Fehlen lokaler Marktkenntnisse und dem Einsatz begrenzter eigener Human Ressources, sodass eine weitgehende organisatorische Betreuung der Immobilien notwendig ist. Dies gilt in anderer Art auch für viele institutionelle Kapitalanleger, die ihre Kernkompetenz nicht im Tagegeschäft rund um die Betreuung von Immobilien sehen.

Eine in diesem Zusammenhang häufig erwähnte Disziplin ist das Corporate Real Estate Asset-Management, das für Unternehmen durchgeführt wird, deren Kerngeschäft nicht im Immobilienbereich liegt (Non-Property-Companies). Für diese Unternehmen geht es vor allem darum, das Kerngeschäft möglichst störungsfrei durchzuführen, mit geringen laufenden Immobilienkosten aber auch unter Beachtung langfristiger Trade-offs, so z.B. zwischen geringer Instandhaltung und Betriebssicherheit oder möglichem Veräußerungswert.

1.5.4 Mögliches Leistungsbild für Real-Estate-Asset-Management

Im Idealfall kann REAM den gesamten Zyklus einer Immobilieninvestition umfassen. Dann ist eine Einteilung in folgende in der Abbildung gezeigte fünf Stufen möglich (Phasenmodell in Abb. 1.8).[19]

---

[19] Vgl. Leistungsbild nach: Quante, R., Praxishandbuch Immobilien Asset Management, 2011, S. 67, ebenso gibt es 3 Phasenmodelle, in denen zwischen Einkauf, Haltephase und Verkauf unterschieden wird, vgl. Hoerr, P., Real Estate Asset Management, in: Rottke, N.B., Thomas, M. (Hrsg.), Immobilienwirtschaftslehre Management, Wiesbaden 2017, S. 639 f.

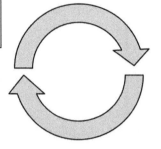

Abb. 1.8: Leistungsbild des REAM, eigene Darstellung

Die **Immobilienallokation** (Stufe 1) erfolgt vor dem Hintergrund der Ziele des Investors, des Financial Engineerings und unter Berücksichtigung der Vereinbarung von Standards für Kommunikation und Reporting, denen eine Schlüsselrolle im Gesamtprozess zukommt.

Das typische Leistungsbild bzw. Anforderungsprofil des REAM zur Unterstützung des Investment-Managements umfasst die Mitwirkung bei:[20]
- der Entwicklung, dem Vorschlag und der Festlegung der Investmentstrategie,
- der Entwicklung, dem Vorschlag und der Festlegung der Investitionsziele,
- der Entwicklung, dem Vorschlag und der Festlegung der Anforderungen an die Finanzierungsseite,
- dem Vorschlag und der Festlegung der Aufbau- und Ablauforganisation,
- den Anforderungen an das Risiko-Rendite-Profil, die es zu überprüfen gilt,
- dem Aufbau des Risiko-Renditeprofils und
- der Festlegung des Anforderungsprofils der Immobilien.

Die **Immobilienakquisition** (Stufe 2) beinhaltet die Investitionsvorprüfung mittels Immobilienmarkt-, Standort- sowie Objektanalysen. Der Asset-Manager muss dabei sowohl auf der Objekt- als auch auf der Portfolioebene agieren.[21]

In der Stufe der Immobilieninvestition (Stufe 3) begleitet der Asset-Manager das sogenannte Transaktionsmanagement, also die Ankaufsprüfung.

---
20 Vgl. h. u. i. F.: Quante, R., Praxishandbuch Immobilien Asset Management, 2011, S. 67 ff.
21 Vgl. Leistungsbild nach: Quante, R., Praxishandbuch Immobilien Asset Management, 2011, S. 68.

1.5 Immobilien-Asset-Management

> **Definition:**
> Die Komplexität des An- bzw. Verkaufsvorgangs rund um die Immobilie erfordert eine sorgfältige Planung und eine professionelle Durchführung. Kernleistungen des **Transaktionsmanagements** sind die Transaktionsvorbereitung, die Transaktionsbegleitung und die Transaktionsnachbereitung.

Auch in diesem Kontext stellt die Investmentstrategie den Ausgangspunkt der Aktivitäten dar. Die Voraussetzung der Ankaufsprüfung wird in der Due Diligence gelegt.[22] Bei positiver Ankaufsentscheidung beginnen die Kaufvertragsverhandlungen.

Der idealtypische Ablauf dieser dritten Phase gestaltet sich wie folgt:[23]
- Markt- und Standortanalyse,
- Unterstützung beim Finden einer optimalen Finanzierungskonstruktion,
- eventuelles Mitwirken bei der Kapitalbeschaffung,
- Durchführung/Unterstützung der Due Diligence,
- Analyse objekttypischer Kennzahlen,
- Vorbereitung des Kaufvertrags und der Ankaufsentscheidung,
- Durchführung der Objektübergabe.

> **Hinweis!** In der Praxis, z.B. bei Immobilienfonds, kann der Fall auftreten, dass der Ankaufs-Asset-Manager die Phase des Immobilienmanagements während der Haltephase nicht begleitet, sondern sich nach dem Ankauf neuen Projekten zuwendet. Dies unterstützt ein kontinuierliches und auf Wertsteigerung gerichtetes Asset-Management häufig nur unzureichend.

Das Leistungsbild der vierten Stufe ist besonders umfangreich. Hier geht es vor allem darum, die den Anlegern gegebenen oder von den Eigentümern erwarteten Performanceversprechen einzuhalten. Typische Aufgaben des REAMs während der Haltedauer der Immobilien sind:[24]
- Strategische Planung der Immobilien-Assets,
- Performanceoptimierung der Immobilieninvestition, z.B. durch Marketing, Vermietungsmanagement, Optimierung der Bewirtschaftungskosten, Immobilienweiterentwicklung, Projektmanagement,
- Koordination und Steuerung des Gebäudemanagements,
- Aufbau eines Managementinformationssystems (MIS) gemäß den Eigentümeranforderungen bzw.
- Controlling und Reporting,
- Kennzahlenanalyse,
- Risikomanagement,
- Laufende Markt- und Standortanalysen,
- Budgetplanung, insbesondere Investitionsplanung und Instandhaltungsplanung,
- Cashflow- und Liquiditätsmanagement.

Stufe 4 endet mit dem Verkauf, oder – in der Praxis ebenso oft – durch Ersatz des Asset-Managements.

---

22 Vgl. Kapitel 4.2
23 Vgl. Quante, R., Praxishandbuch Immobilien Asset Management, 2011, S. 73.
24 Vgl. Quante, R., Praxishandbuch Immobilien Asset Management, 2011, S. 75.

Stufe 5 umfasst die **Immobiliendesinvestition**. Interessant hierbei ist die Erstellung eines Datarooms, in dem die Daten über das zu verkaufende bzw. die zu verkaufenden Objekte gesammelt zur Verfügung gestellt werden. Hierzu gehören vor allem folgende Leistungen:[25]

- Markt- und Standortanalysen,
- Immobilienbewertung für den Verkauf,
- Zusammenstellung der Verkaufsunterlagen, ggf. über einen Datenraum,
- Vorbereitung des Kaufvertrags,
- Vorbereitung der Verkaufsentscheidung,
- Durchführung der Objektübergabe.

Die hier dargestellten typischen Aufgaben des REAMs können mehr oder weniger weitgehend ausgefüllt werden. Die genaue Aufgabenteilung ist immer vom konkreten Vertrag zwischen Eigentümer und Asset-Manager auf der einen und der Weitergabe eines Teils der Aufgaben an das kaufmännische, infrastrukturelle und technische Property-Management auf der anderen Seite abhängig. Insoweit zeigt die folgende Abbildung eine mögliche Art der Aufgabenteilung:

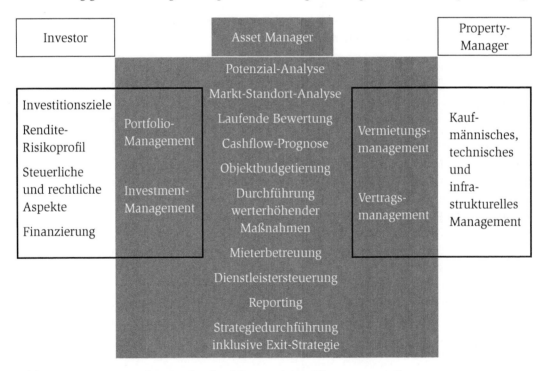

Abb. 1.9: Leistungsspektrum des Real-Estate-Asset-Managements[26]

1.5.5 Real-Estate-Asset-Management in der Praxis

In der Praxis geht es im Asset-Management nicht immer um neue Immobilien in 1a-Lagen, sondern gerade um Objekte, die in die Jahre gekommen sind. Diese sind häufig größeren

---

25 Vgl. hierzu Kapitel 4.
26 In Anlehnung an: Gondring, H./Wagner, T., Facility Management Handbuch für Studium und Praxis, 2007, S. 26.

1.5 Immobilien-Asset-Management

Portfolien beigemischt. Gerade derartige Immobilien sind besonders betreuungsintensiv und erfordern ein großes Know-how aller Akteure, aber vor allem desjenigen, der die Fäden in der Hand hält, also des Asset-Managers.

Auf der anderen Seite ist die gewünschte Langfristigkeit der Tätigkeit des Asset-Managers nicht immer gegeben, so entscheidet häufig die Länge des Vertrags über den Entscheidungshorizont.

Nicht immer sind die Asset-Manager, die den Transaktionsprozess begleiten, identisch mit denen, die in der Nutzungsphase (Stufe 4) tätig sind. Wenn dann in der Ankaufsphase Fehler begangen worden sind, ist es häufig für den Asset-Manager der Nutzungsphase sehr schwierig, die Immobilien noch „auf Kurs" zu bekommen. Dies umso mehr, wenn wie z.B. im Bereich der Immobilienfonds, bestimmte Renditeversprechen oder -vorschauen im Raum stehen, die dann nur unter Einbußen im Bereich der Instandhaltung o.Ä. gehalten werden können.

Auch an diesen Beispielen zeigt es sich, dass REAM eine Teamleistung darstellen sollte, und je besser das Team als solches funktioniert und sich nicht in Grabenkämpfen verfängt, umso besser ist das erreichbare Ergebnis.

1.5.6 Gründe mangelhafter Performance von Immobilien und typische Aufgaben des Asset-Managers während der Phase des Immobilien-Managements

Typische Gründe, warum gesteckte Ziele durch das Asset-Management nicht erreicht werden, sollen im Folgenden kurz erläutert werden:

Es ist dargestellt worden, dass der Investor unter Zuhilfenahme des Investment-Managements auf das Immobilienergebnis und auf bestimmte quotale Anteile der einzelnen Investitionsbereiche achtet. Eine der Kernleistungen des erfolgreichen Asset-Managements ist es, nicht auf der Portfolioebene stehenzubleiben, sondern die hier formulierten Ziele auf die einzelne Immobilie durch eine differenzierte Objektstrategie herunterzubrechen. Nur so kann die einzelne Immobilie in ihrer Heterogenität zum Erfolg geführt werden. Die hierbei besonders wichtigen Instrumente sind:[27] eine adäquate Objektbudgetierung, die insbesondere die Instandhaltungsplanung umfasst, eine Capex-Planung, eine Vermietungskonzeption und eine Marketingstrategie.

> **Definition**:
> **Capex** steht für Capital Expenditure und bezeichnet die Auszahlung für Investitionen, die ein Unternehmen in sein Anlagevermögen tätigt.
> Dabei spielt für deutsche Immobilienanlagen vor allem das Steuerrecht eine Rolle, denn die Nachholung unterlassener Instandhaltung führt nicht zu bilanzierungspflichtigen Investitionen. Es muss sich um eine Gebäudeerweiterung oder nachträgliche Herstellungskosten handeln.[28] Eine Capex-Planung korrespondiert insoweit mit der Steuerplanung des Immobilienunternehmens. Besonders interessante Kennzahlen, die aus dem Capex entwickelt werden, sind z.B. Capex zu Abschreibungen oder Capex zu Umsatz.[29]

---

27 Vgl. Quante, R., Praxishandbuch Immobilien Asset Management, 2011, S. 60.
28 Vgl. ausführlich: Hellerforth, M., BWL für die Immobilienwirtschaft, Eine Einführung, 2012, S. 181.
29 Vgl. Wiehle, U., u.a., 100 Finanzkennzahlen, 2011, S. 56 f.

Eng damit hängt eine fehlende Nutzerorientierung zusammen. Der Nutzer erwartet für die Zahlung der Miete und der Nebenkosten die störungsfreie Nutzung der Immobilie bzw. keine Beeinträchtigung bei der Durchführung seines Kerngeschäfts. Diese Anforderungen sind stark abhängig davon, welches Kerngeschäft er in welcher Art und Weise betreibt. Das Verständnis für den Kunden ist ein Faktor, der – gerade bei nicht optimalen Immobilien – besonders wichtig ist.[30]

Das weitere Problem, bei der Instandhaltung zu sparen, um ein besseres kurzfristiges Ergebnis zu erzielen, ist bereits erwähnt worden. Dabei ist im Markt festzustellen, dass häufig die infrastrukturellen FM-Leistungen, so die Reinigung oder die Außenanlagenpflege weiterhin in vertretbarem Maße erbracht werden, denn das Weglassen bzw. die Verminderung dieser Leistungen ist für den Gebäudenutzer sofort spürbar, während eine Vernachlässigung der technischen Seite des Gebäudes in der Regel nicht sofort auffällt. Wenn Asset-Management als ganzheitliches Wertemanagement verstanden wird, ist diese Strategie jedoch nicht zielführend. Selbst wenn eine Instandhaltungsplanung vorliegt, ist das Budget zur Erfüllung des Planungssolls nicht selten zu eng bemessen.

Die Investitionsstrategie vieler großer Player im Markt ist rein finanzwirtschaftlich gesteuert. In der anfänglichen Definition des Asset-Managements ist darauf hingewiesen worden, dass eine Immobilieninvestition mehr bedeutet, als nur den richtigen Kauf- und Verkaufszeitpunkt zu finden. Die Werthebel der Immobilie sind vom Asset-Manager nur optimal – wertsteigernd – im Lebenszyklus der Immobilien realisierbar.

Die Anforderungen an den Asset-Manager von Immobilien sind relativ hoch. Eine der Grundvoraussetzungen ist seine Interdisziplinarität verbunden mit dem Geschick im Umgang mit Menschen und widerstreitenden Interessen. An dieser Stelle, gerade wenn der Druck des Massengeschäfts hinzukommt, zeigt sich die besondere Qualifikation des Asset-Managers. Damit verbunden ist auch ein entsprechendes Know-how bzw. eine adäquate Weiterbildung und Qualifikation.

Da Motivation auch immer verbunden ist mit finanziellen Anreizen, ist auch die Ausgestaltung des Asset-Management-Vertrags von Bedeutung. Soweit erfolgsabhängige Vergütungselemente einbezogen sind, muss eine Möglichkeit gefunden werden, nicht nur auf kurzfristige Messgrößen abzustellen, sondern auf Mittel- bis Langfristige, soweit dies der Vertrag hergibt. Denkbar sind z.B.: Vermietungsprovisionen, Abbau der Leerstandsquote, Senkung der Bewirtschaftungskosten oder Steigerung der Mieterträge in Abhängigkeit von der Mieterbonität anstatt nur auf die typischen finanzwirtschaftlichen Kennzahlen, so besonders die CF-Struktur, oder die Internal Rate of Return zu achten.

In diesem Zusammenhang ist häufig zu beobachten, dass die Prozesse der Organisation des Asset-Managers nicht optimal abgestimmt sind, und zum anderen die Schnittstellen zu den anderen Beteiligten, namentlich Property-Managern und Dienstleistern, fehlen. Es ist erforderlich, Festlegungen in der Ablauf- und in der Aufbauorganisation zu treffen und dies allen Projektbeteiligten verbindlich mitzuteilen.

---

30 Vgl. hierzu Kapitel 2 dieses Buches.

1.6 Property-Management

> **Beispiel**:
> Umsetzung der geplanten Strategie in Zusammenarbeit zwischen Asset-Management und Portfolio-Management am Beispiel der Estate Invest AG
> Die Estate Invest AG hat in Abstimmung mit dem Asset-Management eine Analyse ihrer Immobilienportfolios durchgeführt. Dabei hat man versucht, die direkt gehaltenen Immobilien aufgrund ihrer Marktgängigkeit und des Einfügens in die Investitionsstrategie in eine Portfoliomatrix einzuordnen. Dies zeigt Abb. 1.10 im Überblick.

Kategorie 1:
Längerfristige Bestandsobjekte
Langfristig positive Performance-Erwartungen
Kein außerordentlicher Handlungsbedarf

Kategorie 2:
Längerfristige Bestandsobjekte
Zurzeit geringe Erträge, deshalb Überprüfung des Konzepts, der Technik und der genauen Situation der Immobilien

Kategorie 3:
Mittelfristige Bestandsobjekte/Verkaufsobjekte
Erträge, Bausubstanz, Lage nicht den Anforderungen entsprechend
Überprüfung, ob Relaunch oder Verkauf sinnvoller

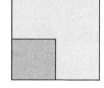

Kategorie 4:
Kurz- bis mittelfristige Verkaufsobjekte
Immobilien passen aus unterschiedlichen Gründen nicht ins Zielportfolio und sollen deshalb verkauft werden

Abb. 1.10: Beispiel für die geplante Strategie

1.6 Property-Management

Das Property-Management trägt die Verantwortung für das operative Objektergebnis. Es ist damit das operative Immobilienmanagement und beinhaltet alle Leistungen, die zum Betreiben und Bewirtschaften von Gebäuden einschließlich der baulichen und technischen Anlagen erforderlich sind. Zum Aufgabenbereich des Property-Managements gehört die wirtschaftliche Verantwortung für das kaufmännische, das technische und das infrastrukturelle Gebäudemanagement. Auch hier ist die Definition der Schnittstellen zwischen Property- und Asset-Management fließend.

> **Beispiel:**
> In Abb. 1.9 ist an der Schnittstelle von Asset- und Property-Management das Vermietungsmanagement aufgeführt. In der Praxis ist es häufig so, dass die besonders bedeutsamen Mieter vom Asset-Manager betreut werden, die Mieter kleinerer Flächen vom Property-Manager. Die genaue Aufteilung wird manchmal auch fallweise festgelegt.

Eine übliche Abgrenzung bezeichnet die Property-Managementkosten als immobilienbezogene Objektkosten. Die Kosten der Ebenen darüber, also der Investmentebene und der Real-Estate-Asset-Management-Ebene werden als Unternehmenskosten verbucht.

Eine Abgrenzung zwischen dem Asset-Management, dem Property-Management sowie dem Portfolio-Management in Bezug auf deren Schwerpunkt, deren Ausrichtung und der Ebene, auf der agiert wird, zeigt die Tabelle 1.6.

Ansatz	Property-Management	Asset-Management	Portfolio-Management
Schwerpunkt	technisch kaufmännisch	wertorientiert	strategisch-analytisch
Ausrichtung	operativ	strategisch, taktisch	strategisch
Ebene	Objekt-Ebene	Objekt- und Portfolio-Ebene	Portfolio-Ebene

Tabelle 1.6: Vergleich zwischen Asset-Management, Property-Management und Portfolio-Management[31]

Zurzeit sind zwei Trends im Schnittstellenbereich zwischen Investor- und Asset-Manager sowie zwischen Letztem und dem Property-Manager zu beobachten:[32] Es wird immer weitergehender versucht, Verantwortung vom Investor auf den Asset-Manager zu übertragen, und zwar vor allem in den Corporate Services, d.h. im Controlling, Accounting und Liquiditätsmanagement. Des Weiteren werden gerade im Wohnimmobilienbereich klassische Asset-Management-Leistungen verstärkt auf die Property-Manager übertragen, so z.B. die Erst- und Wiedervermietungsaufgaben.

> **Beispiel:**
> **Darstellung typischer Praxisprobleme im Property-Management in Bezug auf die Schnittstelle zum Asset-Management**
> Die FM-GmbH stellt das Property-Management für die Invest AG. Für die Invest AG arbeitet die Asset-Management AG. Aufgrund der Aufkäufe größerer Portfolien durch die Invest AG sind vor allem im Raum X-Stadt einige Immobilien erworben worden, die in die Jahre gekommen sind und bei denen die Erträge – gemessen an den Forderungen des Investors – zu niedrig sind. Die Invest AG setzt deshalb die Asset-Management AG enorm unter Druck, Kosten zu sparen. Der Property-Manager der FM-AG wird deshalb immer wieder vertröstet

---

31 Vgl. Gondring, H./Wagner, T., Real Estate Asset Management, 2010, S. 6, m.w.N.
32 Vgl. hierzu: Peyinghaus, M./Zeitner, R., Prozesse strukturieren, steuern und transformieren, 2013, S. 8 f.

> in Bezug auf die Durchführung notwendiger Reparaturen. Insgesamt eine für alle Beteiligten und nicht zuletzt für die Mieter unbefriedigende Situation.

1.7 Weitere Begriffe
1.7.1 Corporate-Real-Estate-Management (CREM)

> **Definition:**
> Das **CREM** ist ein Führungskonzept, um den Immobilienbereich von Non-Property-Companies systematisch zu steuern.

Es geht damit vor allem darum, die Ressource Immobilie in Nichtimmobilienunternehmen möglichst optimal einzusetzen und zwar zum einen, um die Notwendigkeiten des Kerngeschäfts zu erfüllen, zum anderen soll dabei aber der wertoptimierende Einsatz der Immobilien nicht vernachlässigt werden. Damit korrespondiert die Hauptzielsetzung der optimierten Ressourcennutzung, die letztlich ihren Eingang in den Shareholder Value[33] des Gesamtunternehmens findet.

Es geht um das aktive und ergebnisorientierte, strategische wie operative Management betriebsnotwendiger und nicht betriebsnotwendiger Immobilien der Nichtimmobilienunternehmen. Auch hier spielt der Werterhalt des Assets Immobilie eine besondere Rolle.

Die strategischen Ziele des CREM können zusammengefasst werden zu:[34]
- Langfristige Minimierung der Immobilienkosten,
- Vermeidung ungenutzter, überflüssiger oder ineffizient genutzter Immobilien,
- Schaffung von Optionen für kosteneffiziente und funktionelle zukünftige Expansion,
- Vertragsrecht mit möglichst großer Flexibilität und möglichst geringen Kosten,
- Generierung von Cashflows für nicht mehr benötigte Flächen,
- Effektive Nutzung von Steuervorteilen sowie
- Risikoeinschätzung und -vermeidung.

Dabei besteht insbesondere in den Non-Property-Companies das Problem, dass die Immobilien zu stark kapitalmarkttheoretisch angegangen werden, und dass die Organisation des Immobilienmanagements mangelhaft ist, verbunden mit einer unbefriedigenden Datenlage, womit die geforderte Ausrichtung der Immobilienstrategie auf die Unternehmensstrategie, wie in Abb. 1.11 idealtypisch dargestellt, nur unzureichend funktionieren kann. Dabei wird deutlich, dass optimale Ergebnisse nur zu erzielen sind, wenn Unternehmenspolitik und -strategie bestmöglich mit der Immobilienpolitik und -strategie verwoben bzw. aufeinander abgestimmt sind. Die Weichenstellungen hierzu, vor allem in der Aufbau- und Ablauforganisation werden also auf der normativen und der strategischen Ebene gelegt. Auf operativer Ebene im Rahmen des Facility-Managements geht es darum, dem Unternehmen Unterstützungsleistungen (Sekundärprozess) in allen Bereichen rund um das Gebäude zukommen zu lassen, um eine möglichst optimale Ausübung seines Kerngeschäfts (Primärprozess) zu ermöglichen.

---

33 Vgl. Pfnür, A., Modernes Immobilienmanagement, Facility Management und Corporate Real Estate Management, 2002, S. 59.
34 Vgl. Wendler, M., Flächenoptimierungs-Maßnahmen bei Büroimmobilien, Fallstudie am Beispiel eines Büroobjekts der Sireo Real Estate GmbH, 2012, S. 23.

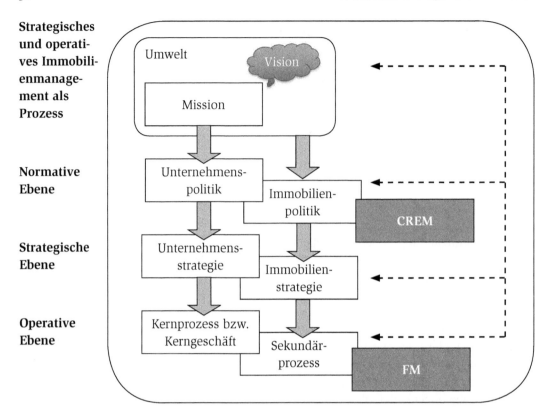

Abbildung 1.11: Die Verzahnung zwischen Unternehmens- und Immobilienstrategie in einer Non-Property-Company[35]

1.7.2 Corporate-Real-Estate-Asset-Management (CREAM)

Definition:
Das **CREAM** steht für das Immobilienmanagement eigen- oder fremdgenutzter Immobilien von Unternehmen der Privatwirtschaft, deren Kerngeschäft zu einer anderen Branche gehört. Bei diesen Non-Property-Companies steht das Immobilienmanagement im Dienst des Kerngeschäfts.

Typische Kunden des CREAMs sind damit:
1. Bestandshalter großer Immobilienbestände, die bisher das Immobilienmanagement in Eigenleistung erbringen, z.B. Immobiliengesellschaften und internationale Property-Companies diverser Rechtsformen, Versicherungsgesellschaften und Fondsgesellschaften.
2. Immobilieninvestoren, die die Immobilien mit der Absicht erworben haben, kurzfristig wieder zu verkaufen, denen dies aber nicht mit allen Beständen gelungen ist.
3. Institutionelle Investoren, die Immobiliendienstleistungen outgesourcst haben.
4. Banken und Kapitalgeber, die durchaus unfreiwillig, häufig aufgrund notleidender Kredite oder Zwangsverwaltungsmaßnahmen an Immobilien kommen.

---

35 Vgl. Hellerforth, M., Handbuch Facility Management für Immobilienunternehmen, 2006, S. 67.

1.7 Weitere Begriffe

1.7.3 Public-Real-Estate-Management

Unter Public-Real-Estate-Management (PREM) versteht man das Management der Immobilienbestände der Städte, der Gemeinden, der Länder und des Bundes mit dem Ziel, diese anforderungsadäquat und kostengünstig zur Verfügung zu stellen. Hierfür ist aufgrund der besonderen Restriktionen, die sich im öffentlichen Bereich ergeben, eine eigene Disziplin entstanden. Im Folgenden wird als Einstieg ein prozessorientiertes Aufgaben- und Leistungsmodell des PREMs dargestellt.[36]

Portfolio-Management	Immobilien-/Substanzbewertung	Energiemanagement	Standardservicelevel

Tabelle 1.7: Strategische Prozesse im PREM

1 Konzeption	2 Planung	3 Errichtung	4 Vermarktung	5 Beschaffung	6 Betrieb und Nutzung	7 Umbau und Sanierung	8 Sanierung	9 Verwertung
Bauprojekte, LzPh. 1	Bauprojekte LzPh. 2	Bauprojekte LzPh. 3	Objekte verkaufen	Objekte ankaufen	Objektbetrieb managen	Bauprojekte LzPh. 7	Leere Objekte managen	Objekte abbrechen/rückbauen
Planungsgrundlagen ermitteln	Objektplanungen durchführen	Bauleistungen überwachen	Objekte verlassen	Objekte leasen	Arbeit bereitstellen	Planungsgrundlagen ermitteln		Altlasten beseitigen
Grundstück erwerben	Bauleistungen ausschreiben und vergeben	Bauleistungen erbringen	Objekte/Flächen anmieten	Objekte/Flächen anmieten	Objekte betreiben und verwalten	Planungen durchführen		Reststoffe recyceln/entsorgen
Wettbewerbe durchführen					Objekte ver- und entsorgen	Bauleistung ausschreiben und vergeben		

---

36 Vgl. GEFMA 100-1.

1 Konzeption	2 Planung	3 Errichtung	4 Vermarktung	5 Beschaffung	6 Betrieb und Nutzung	7 Umbau und Sanierung	8 Sanierung	9 Verwertung
PE durchführen					Objekte reinigen und pflegen	Bauleistungen überwachen		
					Objekte schützen und sichern	Bauleistungen erbringen		
					Support bereitstellen			
					Projekte in LzPh. 6 durchführen			

Tabelle 1.8: Kernprozesse im Lebenszyklus

Unternehmensführung			Personal und Organisation					
Management Review	Bereitstellung der Ressourcen	Information, Kommunikation	Personalmanagement	Kundenanforderungen und -zufriedenheit	Internes Audit	Ständige Verbesserung	Korrektur- und Vorbeugemaßnahmen	Zentrale Dienste
Finanz- und Rechnungswesen								
Rewe	Controlling und Budgetierung	Kosten- und Leistungs-, Ergebnisrechnung						

Tabelle 1.9: Unterstützungsprozesse im PREM

1.7.4 Facility-Management

Facility-Management ist ein unternehmerischer Prozess, der durch die Integration von Planung, Kontrolle und Bewirtschaftung bei Gebäuden, Anlagen und Einrichtungen (Facilities) und unter Berücksichtigung von Arbeitsplatz und Arbeitsumfeld eine verbesserte Nutzungsflexibilität, Arbeitsproduktivität und Kapitalrentabilität zum Ziel hat. „Facilities" werden als strategische Ressourcen in den unternehmerischen Gesamtprozess integriert.

Eine immobilienwirtschaftliche Arbeitsdefinition könnte FM definieren als:[37] die ganzheitliche, integrierte und umfassende Bedarfsermittlung, Planung, Erstellung, Inbetriebnahme, Bewirtschaftung und Verwertung von Grundstücken, Immobilien, Einrichtungen, Anlagen und damit zusammenhängenden Prozessen sowie Infrastrukturen mit der Zielsetzung einer Ertragssteigerung und Werterhaltung für den Investor und einer Kostenoptimierung für den Nutzer, der Kundenstatus hat.

1.7.5 Gebäudemanagement

Das Gebäudemanagement ist die Transformation des Facility-Managements auf die Nutzungsebene.[38] Damit handelt es sich um einen Teilbereich des FMs. In der DIN 32736/2000 wird GM definiert als „Gesamtheit aller Leistungen zum Betreiben und Bewirtschaften von Gebäuden einschließlich der baulichen und technischen Anlagen auf der Grundlage ganzheitlicher Strategien".

Es wird unterschieden in das[39]:
- infrastrukturelle,
- technische,
- kaufmännische und
- rechtliche Gebäudemanagement
- sowie in das Flächenmanagement.

Im Rahmen des Gebäudemanagements geht es darum, Gebäude kostenoptimal zu bewirtschaften und zu verändern.[40]

Die drei wichtigsten Abgrenzungsmerkmale zwischen Gebäudemanagement und Flächenmanagement sind:[41]
- **Der Zeithorizont:** FM betrachtet alle Phasen des Immobilienlebenszyklus, während beim GM der Schwerpunkt auf der Nutzungsphase liegt.
- **Der Objekthorizont:** FM versteht sich als unternehmensweiter Ansatz und ist damit objekt- und standortübergreifend, während GM objektbezogen realisiert wird.
- **Der Organisationshorizont:** Beim FM überwiegt der normative und der strategische Ansatz, das GM bezieht sich auf den operativen Teil, d.h. auf die Leistungserbringung.

---

37 Vgl. Hellerforth, M., Handbuch Facility Management für Immobilienunternehmen, 2006, S. 69.
38 Vgl. Hellerforth, M., Handbuch Facility Management für Immobilienunternehmen, 2006, S. 82.
39 Vgl. Hellerforth, M., Gebäudemanagement, 2010, S. 8.
40 Vgl. Hellerforth, M., Gebäudemanagement, 2010, S. 12.
41 Vgl. Leutert, R., Kostenmanagement im Immobilienlebenszyklus durch Facility-Management, 2008, S. 17.

2. Management der Immobilienorganisation
2.1 Kunden- und Marktorientierung
2.1.1 Voraussetzungen

Nutzer und Mieter stehen im Mittelpunkt des Immobilienmanagements, betrachtet man hingegen das Verhältnis zwischen Investment- und Asset-Management und Investoren, stehen hier dessen Bedürfnisse an erster Stelle. Damit sind Blickwinkel und Kundenportrait in Abhängigkeit von der zu erfüllenden Aufgabe unterschiedlich.

Immer ist aber das Management einer Immobilienorganisation bzw. ihr erfolgreiches Auftreten gegenüber ihren Kunden und damit die Marktorientierung abhängig von einigen Kernfragen, die je nach Schwerpunkt der Immobilienorganisation anders beantwortet werden müssen. Hierzu gehören die Fragen:
- „Wer sind Ihre Kunden?",
- „Können Sie ein Profil Ihrer Kunden erstellen?",
- „Wie sieht dieses Profil aus?",
- „Wie groß ist das Wissen im Unternehmen bezüglich dieses Kundenprofils?"

Beispiel:
- Die Kunden eines Wohnungsunternehmens sind deren Mieter.
- Die Kunden eines Property-Managers sind zum einen die Nutzer, zum anderen das Asset-Management.
- Die Kunden des CREM sind die Immobiliennutzer, d.h. die Mitarbeiter der eigenen Organisation.
- Die Kunden des Asset-Managers sind die Investoren.

Damit kann die Frage nach den Kunden, ihrem Profil sowie dem Wissen der Immobilienorganisation über die Kunden nur individuell beantwortet werden. Dies erfolgt am besten durch die betroffenen Mitarbeiter, um zu beurteilen, ob die Unternehmensbotschaft und das Unternehmensziel bei jedem Mitarbeiter angekommen sind.

In diesem Zusammenhang stellt sich auch die Frage nach der Zielsetzung der Kunden des Immobilienunternehmens:
- Preis-Leistungsverhältnis,
- optimaler Service,
- Mietermix,
- Werterhalt,
- Adresse,
- Nutzerzufriedenheit,
- Nachbarschaft,
- ökologische Kriterien,
- keine Arbeit mit dem Gebäudebetrieb,
- Leistung muss sich veränderten Anforderungen anpassen etc.

In Organisationen versucht man durch die Anwendung unterschiedlicher Konzepte, eine Ausrichtung auf den Kunden zu erreichen. Das sind vor allem das Customer-Relationship-Management und das Total-Customer-Care-Konzept, die im Folgenden vorgestellt werden.

2.1.2 Kundenbeziehungspflege durch Customer-Relationship-Management[42]
Beziehungspflege und Ansätze des Beziehungsmanagements

> **Definition:**
> Unter „**Beziehungsmanagement**" versteht man aufeinander abgestimmte Maßnahmen zur Anbahnung und Pflege von Kunden- und Geschäftsbeziehungen, wobei es um die emotionale Bindung eines Kunden an den Auftragnehmer geht. Im Extremfall wird der Kunde gleichwertiger Partner in der Wertschöpfungskette.

Zum Management von Geschäftsbeziehungen gehören Analysen sowie strategische und operative Entscheidungen der Führungskräfte der Immobilienorganisation, um persönliche Transaktionen zu aktuellen und potenziellen Kunden und kritischen Anspruchsgruppen des Unternehmens situativ und erfolgreich für aktuelle und potenzielle Geschäfte zu nutzen. Das Konzept der Geschäftsbeziehungen erfasst die grundsätzlichen Entscheidungen, um persönliche Beziehungen von Unternehmen, Führungskräften und Mitarbeitern in Zukunft effektiv zu gestalten. Während strategisches Beziehungsmanagement die Basis für zukünftige Geschäfte schafft und sich somit abstrakter gestaltet, betrifft das operative Beziehungsmanagement besonders die laufenden Projekte und den aktuellen Vertrieb bzw. Verkauf.[43] Einen Überblick gibt Abb. 2.1.

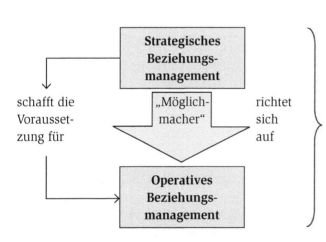

Abb. 2.1: Beziehungsmanagement im Überblick, eigene Darstellung

Generell gilt, dass die in den Bereich des operativen Beziehungsmanagements fallende Beziehungspflege aufgrund zahlreicher Arbeitsschritte und Sachprobleme die Zusammenarbeit begünstigt. Bei Mietern bzw. Dienstleistungskunden, bei denen es sich um eine permanente Beziehungspflege handelt, ist deren Gestaltung schon wegen der durchweg langen Dauer der Interaktion schwieriger zu gestalten, und häufig kümmert man sich nur im Fall von Problemen darum. Gerade bei Gebäudedienstleistungen kommt hier erschwerend hinzu, dass dem Kunden eine permanente Gutleistung, die sich z.B. durch angenehme Temperaturen im Gebäude, eine gepflegte Außenanlage, funktionierende Fahrstühle und gereinigte Büroräume

---
42 Vgl. h. u. i. F.: Hellerforth, Praktikerleitfaden Marketing II, 2001, S. 55.
43 Vgl. Belz, C., u.a., Erkenntnisse zum systematischen Beziehungsmanagement, 1998, S. 39.

zeigt, vom Kunden als Normalzustand hingenommen wird, während sich bei geringen Abweichungen von dieser Norm schnell Unzufriedenheit einstellt.

Um Mitarbeiter in diese Art des Beziehungsmanagements einbinden zu können, müssen die Führungskräfte im Unternehmen deren Persönlichkeitstypen erkennen.

Customer-Relationship-Management – CRM
Allgemein wird der Ansatz des Customer-Relationship-Managements (CRM) als ein Modell betrachtet, das über das Beziehungsmanagement hinausgeht. CRM ist ein strategischer und ganzheitlicher Ausgangspunkt, der zur vollständigen Planung, Steuerung und Durchführung aller interaktiven Prozesse mit den Kunden genutzt wird. Es geht hierbei vor allem um eine Abkehr von der Produktzentriertheit, hin zu den Intentionen und Motiven des Kunden.[44] CRM umfasst das gesamte Unternehmen und den gesamten Kundenlebenszyklus.

Die wichtigsten Charakteristika und Ziele des CRM sind:
1. Kundenorientierung,
2. Langfristigkeit der Kundenbeziehungen,
3. Wirtschaftlichkeitsorientierung,
4. Individualisierung durch Differenzierung der Kundenbeziehung,
5. Systematisierung,
6. IT-Anwendung/CRM-Software,
7. Effizienz- und Effektivitätssteigerungen.

> **Hinweis!** Für Mieter ist der Mietgegenstand ein austauschbares Gut. Die Bereitschaft, Immobilien zu wechseln, hat stark zugenommen, Fluktuationsraten steigen. Für jene sind im Gewerbeimmobilienbereich der Preis pro m² und die Flächeneffizienz entscheidende Parameter, teilweise spielt auch die Adresse eine Rolle. Damit geht es im CRM mit dem Mieter darum, ihn möglichst gut zu kennen, um sich seinen Wünschen anpassen zu können und damit auch eine langfristige Kundenbeziehung aufbauen zu können.

Die Langfristigkeit der Kundenbeziehung betreffend darf bei den Mitarbeitern in Bezug auf Kulanzleistungen, Zugeständnisse etc. nicht nur für das Periodenergebnis zielführend sein, sondern es sollte beachtet werden, dass der Kunde den Vertrag verlängern oder als Empfehlungsgeber fungieren kann. Dabei soll der Fokus, nämlich die Renditeorientierung, nicht außer Acht gelassen werden, weshalb mit derartigen Daten über den Kunden durchaus profitable von weniger profitablen Geschäftsbeziehungen getrennt werden können.[45] Im Optimalfall begleitet das CRM den gesamten Kundenlebenszyklus, sodass es um Neukundengewinnung, Stammkundenpflege und Rückgewinnung ehemaliger Kunden, in Abhängigkeit von ihren geänderten Bedürfnissen, geht.

Das verbesserte Wissen über den Kunden ermöglicht es dann auch, ihm individualisierte, seinen Bedürfnissen entsprechende Leistungen anbieten zu können.

---

44 Vgl. Behnke, M., Einführung eines integrierten Kundenmanagements (CRM) als Schlüsselfaktor für die Zukunftsfähigkeit der Bau- und Immobilienbranche am Beispiel eines mittelständischen Unternehmens, 2010, S. 9.
45 Vgl. ausführlich: Hellerforth, M., Marketing für Immobilienverwalter, 2013, S. 123.

2.1 Kunden- und Marktorientierung

> **Beispiel:**
> Jeder im Objekt, der das Kerngeschäft, die Bedürfnisse und daraus resultierend, die besonderen Anforderungen des Mieters/Kunden/Auftraggebers kennt, kann dazu beitragen, die Prozesse möglichst auf den Kunden zuzuschneiden und auch Verbesserungsvorschläge zu finden, die dem Kunden wirklich nützen. So ist nicht jede Büronutzung gleich, sondern steht in Abhängigkeit zum Image des Mieters bzw. Nutzers, zu seinen Prozessen, seiner gewählten EDV-Lösung, dem notwendigen Geheimhaltungsgrad etc. Es müssen sowohl die Mietfläche als auch die auf der Mietfläche erbrachten Dienstleistungen passend sein.

Bei der IT-Lösung auf der Grundlage einer Datenbank ist es besonders wichtig, Zugriffs- und Änderungsrechte klar zu vergeben; auf der anderen Seite gilt: Je zugänglicher die Daten sind, umso eher werden sie von möglichst vielen Mitarbeitern genutzt. Die Effizienz- und Effektivitätssteigerungen werden vor allem dadurch erreicht, dass Kundendaten nicht redundant erhoben und gespeichert werden müssen, der Informationsgrad der Mitarbeiter im Unternehmen hoch ist und dem Kunden so Mehrwerte angeboten werden können,[46] ohne dass er mehrfach auf gleiche Sachverhalte angesprochen wird.

2.1.3 Total Customer Care: Nutzen einer Immobilie aus Kundensicht[47]

Die Erkenntnis, dass Kundenorientierung oberste Handlungsmaxime sein sollte, wenn ein Unternehmen langfristig Erfolg am Markt haben will, ist weniger das Problem, sondern die konsequente und widerspruchsfreie Umsetzung und Realisierung mit langfristig erfolgreichen Maßnahmen.[48] „Total Customer Care" geht über das klassische Marketing hinaus, erstreckt sich über alle Unternehmensbereiche und erfordert ggf. Veränderungen in der Unternehmensphilosophie. Erfolg verspricht letztendlich nur eine ganzheitliche, kundenorientierte Unternehmensführung.[49]

Die folgenden Ausführungen gelten für alle Immobilienorganisationen, unabhängig davon, ob sie vermieten, verkaufen oder Dienstleistungen erbringen. Es geht hauptsächlich um den Versuch, von erfolgreichen Unternehmen und Konzepten zu lernen, denn professionelles Marketing erfordert einen kontinuierlichen Lernprozess.[50]

Die Einsicht, dass neben den reinen Produkten und technischen Leistungsmerkmalen weitere Nutzenkomponenten angeboten werden müssen,[51] bedeutet für Immobilienorganisationen, zunächst zu verstehen, was der Kunde als Nutzen versteht, wie bereits oben angedeutet. Erst danach ist gelebte Kundenorientierung möglich. Mithilfe des CRM-Systems kann jeder Mitarbeiter „Kundennutzenforscher" werden und die Erfahrungen wiederum in die Immobilienorganisation einbringen, was zu einer Verbesserung der Gesamtleistung führen kann.

---

46 Vgl. http://de.wikipedia.org/wiki/Customer-Relationship-Management, S. 2, (letzter Abruf: 02.02.2013).
47 Wiemann, E.-M., Tuffentsammer, M., (Customer) Let´s go Customer, Die Kundenorientierung von Lufthansa Air Plus, 1998, S. 132.
48 Vgl. Reinecke, S./Sipötz, E./Wiemann, E.-M. (Hrsg.), Total Customer Care, Kundenorientierung auf dem Prüfstand, 1998, S. 7.
49 Vgl. Reinecke, S./Sipötz, E./Wiemann, E.-M., Total Customer Care, Kundenorientierung auf dem Prüfstand, 1998, S. 270.
50 Vgl. Thomczak, T./Reinecke, S. (Hrsg.), Best Practice in Marketing, 1998, S. 7.
51 Vgl. Backhaus, K., Investitionsgütermarketing, 1995, S. 8 f.

Die Kundenorientierung ist auch im öffentlichen Bereich bzw. bei der Erbringung von Leistungen für Immobilien für Non-Profit-Organisationen von Bedeutung, denn auch hier gilt, dass die Dienstleistungen kunden- und anforderungsgerecht erbracht werden müssen.

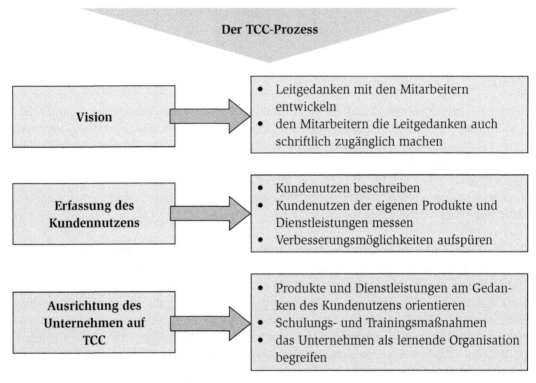

Abb. 2.2: Der TCC-Prozess im Überblick, eigene Darstellung

2.1.4 Ohne Vision geht es nicht

TCC kann also nur als Teil einer Gesamtunternehmensstrategie funktionieren. Voraussetzung dafür ist eine Vision.[52] Soweit diese von der Unternehmensleitung verabschiedet ist (z.B. „Supervision 2020: Weg unseres Unternehmens") müssen die wesentlichen Gedanken zum Change-Management den Mitarbeitern zugänglich gemacht, also in schriftlicher Form ausgehändigt werden. Ein typischer Leitgedanke könnte folgendermaßen formuliert sein:

> **Beispiel:**
>
> **Leitgedanken des Unternehmens ImmoService GmbH zur Kundenorientierung**
> „Als ImmoService GmbH sind wir erfolgreich, indem wir mit qualifizierten, motivierten, begeisterten Mitarbeitern und zusammen mit ausgewählten Dienstleistern als Partnern arbeiten. Geprägt durch unsere unternehmerische und vertrauensvolle Kultur erbringen wir Spitzenleistungen und pflegen exzellente Kundenbeziehungen, sodass wir unsere Kunden zufriedenstellen bzw. ihre Erwartungen möglichst übererfüllen."

---

[52] Vgl. Fahlbusch, H., Total Customer Care bei Schott – Unternehmensveränderung für eine umfassende Kundenzufriedenheit, 1998, S. 186 f.

2.1 Kunden- und Marktorientierung

> Ziel der weiteren Verbesserung und Fokussierung unserer Kundenorientierung unter dem Motto „Total Customer Care" ist es nun, unsere Unternehmensphilosophie noch stärker an den Kundenbedürfnissen, ausgedrückt durch den vom Kunden empfundenen Nutzen, zu orientieren und dadurch dauerhaft wettbewerbsfähig zu bleiben."

Derartige Leitgedanken gehen in Richtung normatives Grundverständnis bzw. Unternehmensphilosophie[53] und stellen die Voraussetzung dar für die folgenden Schritte der Ermittlung und des Messens des Kundennutzens und die Umsetzung im Unternehmen. Dabei stellt die Umsetzung solcher Leitgedanken, also die Transformation in die Unternehmensebene die besondere Hausforderung dar, die in Immobilienorganisationen z.B. mithilfe der Balanced Scorecard erreicht werden kann.

2.1.5 Kundennutzen messen

Einführung

Immobilienorganisationen sollten ihr Leistungsangebot um diejenigen Haupt-, Dienst- und Zusatzleistungen ergänzen, die tatsächlich von Kunden geschätzt und honoriert werden; sie sollen einen Mehrwert für den Kunden schaffen, anstatt eine explodierende Vielfalt von Leistungen am Markt anzubieten, die für das Unternehmen nur zusätzliche Kosten hervorrufen.[54] Anders ausgedrückt: Die von einer solchen Organisation angebotenen Leistungen bedürfen einer attraktiven Bedeutung für den potenziellen Abnehmer, wenn das Unternehmen eine relevante Positionierung erreichen will.[55] Qualität muss vom Kundennutzen her definiert werden, wenn sie zum Unternehmenserfolg führen soll.[56] So wünschen sich alle Kunden guten Service, ein jeder hat aber individuelle Vorstellungen und damit Ansprüche an guten Service.[57]

Wenn also eine Immobilienorganisation Kompetenz in der Lösung von Kundenproblemen aufbauen will, müssen Kundenbedürfnisse, Kundenerwartungen und Kundenprozesse bekannt sein, denn erst wenn diese identifiziert sind, kann ein den Qualitätsansprüchen des Kunden entsprechendes Leistungsangebot definiert werden.[58]

Messprobleme

Dabei ist die Bedeutung der Dienstleistungs- und Servicequalität als zentraler Wettbewerbsfaktor unumstritten. Gerade die Messung des Erfolgs zusätzlicher oder erweiterter Dienstleistungen ist aufgrund fehlender Standardisierbarkeit schwieriger, denn wie sollen hier Größendegressionseffekte (Economies of Scale) gemessen werden? Fragen, die daran anknüpfen, sind beispielsweise: Welchen Erfolgsbeitrag leistet die Mieterservicecard? Führt das Angebot eines erweiterten Hausmeisterservices zu einer erhöhten Kundenbindung? Gelingt es durch diese Dienstleistungen, die Kundenerwartungen zu erfüllen oder zu übertreffen?

---

53 Vgl. Zoller, M.A., Customer Focus, Total Customer Care bei ABB Schweiz, 1998, S. 26.
54 Vgl. Belz, C./Schuh, G./Groos, A./Reinecke, S., (Leistungssysteme) Erfolgreiche Leistungssysteme in der Industrie, 1997, S. 18 f.
55 Vgl. Kotler, P., Marketing: Märkte schaffen, erobern und beherrschen, 1999, S. 80.
56 Vgl. Reinecke, S./Sipötz, E./Wiemann, E.-M., Total Customer Care, Kundenorientierung auf dem Prüfstand, 1998, S. 265.
57 Vgl. Kotler, P., Marketing: Märkte schaffen, erobern und beherrschen, 1999, S. 21.
58 Vgl. Reinecke, S./Sipötz, E./Wiemann, E.-M., Total Customer Care, Kundenorientierung auf dem Prüfstand, 1998, S. 269.

Diese Messprobleme werden auch im sogenannten Confirmation/Disconfirmation-Paradigma (Bestätigungs-/Nicht-Bestätigungs-Paradigma oder C-/D-Paradigma) deutlich. Dessen zentrale Komponente ist ein Soll/Ist-Vergleichsvorgang, welcher dem Wahrnehmungsprozess von in Anspruch genommenen Leistungen folgt, er führt entweder zu einer Bestätigung oder Nichtbestätigung der (Soll-)Erwartungen.[59] Abb. 2.3 gibt die dabei möglichen Ergebnisse wieder.

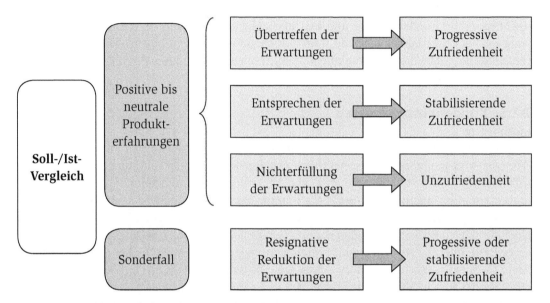

Abb. 2.3: **Von Kunden angestellter Vergleichsvorgang gemäß dem C-/D-Paradigma, eigene Darstellung**

Interessant dabei ist, dass höhere Qualität nicht automatisch ein Mehr an Kundennutzen bewirkt. Notwendig ist vielmehr ein strukturierter Zugang zum Problemfeld der Qualität und des Kundennutzens, denn neben der produktbezogenen Qualität unterscheidet man die kundenorientierte Qualität, die als subjektive Wahrnehmung der Leistungen durch den Kunden definiert ist.[60]

Bei Vermietungsleistungen, der Zurverfügungstellung einer Gebäudenutzung und auch bei der Durchführung von Gebäudedienstleistungen kann der Kunde vor dem Vertragsabschluss schlechter als bei Produkten anhand von Suchqualitäten („Search Qualities") einschätzen, wie gut die Dienstleistung tatsächlich ist, insbesondere weil er sie nicht begutachten und anfassen kann („Touch Qualities"). Je höher der Dienstleistungsanteil der Produkte ist, umso weniger physische Eigenschaften besitzen sie, sodass sie erst während des Konsums bzw. der Nutzung oder danach beurteilbar sind. In diesem Fall kommt der Erfahrungsqualität („Experience Quality") eine wichtige Rolle zu. So sieht der Mieter bei Neubauvorhaben zunächst nur einen Prospekt, aber selbst wenn er ein in der Nutzung befindliches Objekt mietet, weiß er nicht, ob

---

59 Vgl. Möbius, M./Zerres, M., Der Kunde ist König, 1998, S. 192.
60 Vgl. Bruhn, M., Qualitätssicherung im Dienstleistungsmarketing – eine Einführung in die theoretischen und praktischen Probleme, 1991, S. 24.

2.1 Kunden- und Marktorientierung

es versteckte Mängel gibt. Wenn ein Vertrag mit einem Gebäudedienstleister geschlossen wird, ist die tatsächliche Qualität, in der er die Dienstleistung erbringt, zunächst nicht bekannt. In all diesen Fällen wird die Entscheidung stark von dem Vertrauen geprägt, welches der Kunde dem Unternehmen entgegenbringt („Credence Qualities").

Hinweis! Diese Vorgänge spielen sich auch dann ab, wenn es sich um eine interne Immobilienorganisation handelt. Auch hier können aus einer Unzufriedenheit der Nutzer, u.U. strategische Veränderungen (Stichwort „Make-or-Buy") resultieren.

Daraus folgt vor allem, dass die zu vermarktenden Leistungen verstärkt erlebbar dargestellt werden müssen.

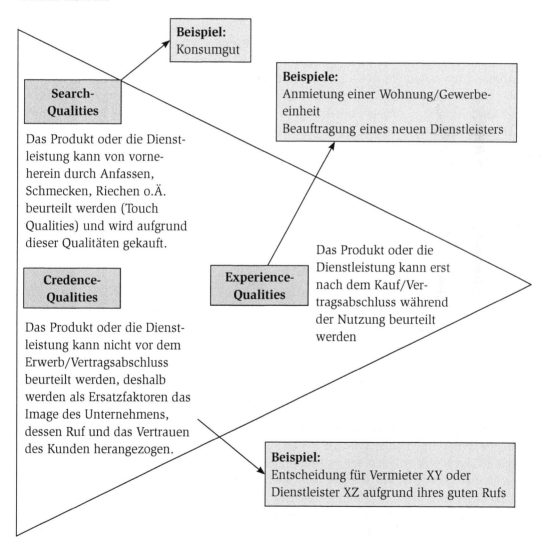

Abb. 2.4: Produkt- und Dienstleistungsqualitäten aus Kundensicht, eigene Darstellung

2.1.6 Key-Account-Management[61]

Unter Key-Account-Management wird hauptsächlich die Betreuung von Großkunden – Schlüsselkunden – durch spezielle Personen im Unternehmen verstanden. Dabei steht die kundenorientierte Einstellung der Key-Account-Manager im Vordergrund, die sehr differenziert mit diesen besonders wichtigen Kunden umgehen. Verbunden sind damit vor allem die Kundenbetrachtung über dessen Lebenszyklus hinweg und die Beziehungspflege zu bereits gewonnenen Kunden. Key-Account-Manager übernehmen also nicht nur Distributionsaufgaben, sondern sind aktiv an der Optimierung der Kundenprozesse beteiligt, was zu besseren Ergebnissen führen soll.

> **Beispiel:**
>
> Die Facility-Verwaltungs GmbH kann einen breiten Kundenstamm vorweisen. 67 % ihres Umsatzes erzielt sie aber mit den Großkunden Benefonds und Fiduoffice. Diese haben deutschlandweit verstreute Immobilienportfolios. Da sie teilweise auch Immobilienpakete erworben haben, sind einige Objekte dabei, die in strukturschwachen Regionen liegen und hohe Leerstände aufweisen. Der Key-Account-Manager der Facility-Verwaltungs GmbH, Emil Ehrlich, steht in engem Kontakt mit beiden Kunden und ist über die Situation informiert. Da die angesprochenen Immobilien weder in diesem Zustand noch in diesen Lagen verkäuflich sind, wird gemeinsam mit den Kunden ein auf sie zugeschnittenes Konzept zum Leerstandsmanagement entwickelt.

Wenn ein Immobilienunternehmen einen Key-Accounter einsetzt, sind dessen Branchenkenntnis sowie ein Verständnis für das Unternehmen, seine Prozesse und Möglichkeiten wichtiger als reines Marketingwissen. Ein Key-Accounter sollte über so viel Fachwissen verfügen, dass er den Kunden überzeugen und das Unternehmen angemessen repräsentieren kann. Insoweit besteht ein enger Zusammenhang zwischen dem Key-Account- und dem Customer-Relationship-Management.

2.1.7 Beschwerdemanagement: wichtiger Erfolgsfaktor[62]

Grundsätzlich sollten zwei Arten von Beschwerden unterschieden werden:
- solche, für die die Immobilienorganisation in Form der Mitarbeiter, des Managements oder der Geschäftsführung selbst und allein verantwortlich ist, und
- solche, die nicht durch direkte Aktivitäten des Unternehmens verursacht sind – sondern zum Beispiel durch den Auftraggeber oder beauftragte Dienstleister.

In die erste Gruppe gehören jene Beschwerden, die entstehen, weil Mitarbeitern des Unternehmens Fehler unterlaufen sind. Sie haben zum Beispiel einen Reparaturauftrag nicht weitergeleitet, vergessen, einen potenziellen Kunden mit Informationen zu versorgen, oder einen Interessenten oder auch Mieter nicht zurückgerufen. Solche Beschwerden oder Unzufriedenheiten fallen in den direkten Einflussbereich des Unternehmens, hier kann mit Anmahnungen, Abmahnungen, organisatorischen Veränderungen oder auch Motivations- und Schulungsseminaren Abhilfe geschaffen werden. Unter Umständen sind auch Prozessveränderungen

---

61 Vgl. Hellerforth, M., Marketing für Immobilienverwalter, 2013, S. 210.
62 Vgl. Hellerforth, M., Marketing für Immobilienverwalter, 2013, S. 210.

notwendig, um Abläufe transparenter oder weniger fehleranfällig zu gestalten. Die zweite Art von Beschwerden ist schwieriger zu managen, weil sie sich nur schlecht erfassen lassen und die Verursacher schwer zu finden sind.

> **Beispiel**:
> Die Immomax AG verwaltet unter anderem Bestände des Fonds MultiSX. Dieser hat einen sehr kurzfristigen Investitionshorizont und plant, die Immobilien innerhalb eines Zeitraums von zwei bis fünf Jahren zu veräußern. Um die Rendite zu optimieren, die auch den späteren Verkaufspreis bestimmt, sollen möglichst wenige Investitionen an den Immobilien durchgeführt werden. Eine der Folgen ist, dass sich Mieterbeschwerden wegen nicht ausgeführter Reparaturen häufen. Die Immomax AG sieht sich insofern in einem Dilemma: Auf der einen Seite geht es darum, die Mieter zufriedenzustellen, auf der anderen Seite ist das mit dem begrenzten Budget, das der Kunde zur Verfügung gestellt hat, gar nicht möglich. Der Verwalter muss sich also ständig rechtfertigen, obwohl er nicht für die Verzögerungen und das Vorgehen an sich verantwortlich ist.

Gleiches gilt für unzulänglich ausgeführte Reparaturen in vermieteten Wohnungen. Es reicht nicht aus, den Mieter darauf hinzuweisen, dass man selbst nichts für die mangelhafte Leistung könne und dies Sache des beauftragten Handwerkers sei; oder darauf, dass der Investor das Geld für die Treppenhausreparatur nicht zur Verfügung stelle. Schließlich hat zum einen der Investor oder dessen Vertreter den Handwerker beauftragt und hätte eben unter ökonomischen Gesichtspunkten und zur langfristigen Werterhaltung jemanden wählen sollen, bei dem das Preis-Leistungs-Verhältnis stimmt. Zum anderen erfährt der Mieter nicht die Kunden- und Serviceorientierung, die ihm zusteht. Außerdem: Ein Mieter kann nichts dafür, dass Verträge abgeschlossen wurden, die es ihm nicht ermöglichen, seinen Aufgaben nachzukommen – und es interessiert ihn auch nicht, denn er hat ja durch Miete und Betriebskostenvorauszahlung seinen Beitrag geleistet, um den Vertrag zu erfüllen.

Eine andere Besonderheit, die das Beschwerdemanagement beeinflusst: Der Absatzweg ist in der Regel kurz. So erreichen Beschwerden den Verantwortlichen direkt, eine Chance, die es zu nutzen gilt. Ein weiterer Vorteil: Anders als die meisten Konsumgüterunternehmen kann der Vertreter der Immobilienorganisation während des Leistungserstellungsprozesses, also während der Wohnungs- oder Gewerbeimmobiliennutzung, mündliche Beschwerden stimulieren. Das wird möglich durch den direkten Kundenkontakt und der damit einhergehenden niedrigen Beschwerdebarriere.

2.2 Betreiberverantwortung und Immobilienorganisation[63]
2.2.1 Einführung

> **Definition:**
> Unter dem Begriff „**Betreiberverantwortung**" können alle Anforderungen des Gesetzgebers an die sorgfältige Wahrnehmung von Verantwortung durch Unternehmen und die darin handelnden Personen in Bezug auf den sicheren Gebäudebetrieb verstanden werden.

---

63 Vgl. h. u. i. F.: Hellerforth, M., Gebäudemanagement, 2010, S. 45 ff.

Diese Anforderungen des Gesetzgebers und weiterer Regelungsgeber haben sich in den letzten Jahren laufend verschärft. Das Thema Betreiberverantwortung ist eine typische Schnittstellenfrage und setzt an der Nahtstelle von Organisation, Technik und Recht[64] sowie Bewirtschaftung von Immobilien an. Häufig wird für die Wahrnehmung der mit dem Betreiben verbundenen Verantwortung der Begriff des Responsibility Managements verwendet. So gesehen ist die Betreiberverantwortung ein Teilbereich des Risikomanagements[65]. Bislang bestehen große Informationsdefizite mit weitgehend unbekannten Haftungsrisiken für Eigentümer, Verwalter, Nutzer und Betreiber.

Die Erfüllung der Aspekte der Betreiberverantwortung ist generell in Unternehmen hoch aufgehängt, da in diesem Bereich zahlreiche Haftungsrisiken schlummern, die im schlimmsten Fall bis zur Geschäftsführung durchschlagen können. Insoweit ist die Betreiberverantwortung, insbesondere vor dem Hintergrund komplexer Unternehmensstrukturen und Vertragsgeflechte mit externen Partnern ein unbedingt durchgehend zu lösendes Problem.

Die Haftung des Grundstücksbesitzers ist definiert in § 836 BGB. Absatz 1 der Vorschrift besagt:

„Wird durch den Einsturz eines Gebäudes oder eines anderen mit einem Grundstück verbundenen Werks oder durch die Ablösung von Teilen des Gebäudes oder des Werks ein Mensch getötet, der Körper oder die Gesundheit eines Menschen verletzt oder eine Sache beschädigt, so ist der Besitzer des Grundstücks, sofern der Einsturz oder die Ablösung die Folge fehlerhafter Errichtung oder mangelhafter Unterhaltung ist, verpflichtet, dem Verletzten den daraus entstehenden Schaden zu ersetzen. Die Ersatzpflicht tritt nicht ein, wenn der Besitzer zum Zweck der Abwendung der Gefahr die im Verkehr erforderliche Sorgfalt beobachtet hat."

Damit kodifiziert der § 836 BGB eine Beweislastumkehr: Der Grundstücksbesitzer, also in der Regel der Betreiber, muss nachweisen, dass er alles getan hat, was wirtschaftlich zumutbar und nach Anschauung der Verkehrskreise üblich ist, um Schäden, die sich durch das Betreiben des Gebäudes ergeben könnten, abzuwenden.

Dass dieses Thema nach wie vor in vielen Immobilienorganisationen große Bedeutung hat, zeigt sich auch in Untersuchungen, deren Gegenstand Prozessmanagement und Prozessoptimierungen in Immobilienunternehmen sind. Hier werden als Gründe für das Verfehlen effizienter Immobilienprozesse insbesondere organisatorische Defizite, i.S. interner Abstimmungsprobleme und falscher und fehlender Zuordnung von Aufgaben und Kompetenzen, genannt.[66] Genau dies sind aber die Gründe, warum eine Immobilienorganisation Probleme in Bezug auf die Betreiberverantwortung hat.

2.2.2 Wer ist Betreiber?

Betreiber von Immobilien können sein:
- privatrechtliche Eigentümer von Grundstücken und Gebäuden,
- öffentlich-rechtliche Immobilieneigentümer,
- halböffentliche Unternehmen

und zwar in der Rolle von Eigentümern, Selbstnutzern oder Vermietern als Auftraggeber von Betriebsführungsleistungen oder als Auftragnehmer solcher Leistungen (Dienstleister). Damit

---

64 Vgl. Glauche, U., Betreiberverantwortung, in: ecomed. Handbuch Facility Management, 1. Erg.-Lief. 7/04, S. 1.
65 Vgl. Schneider, H., Facility Management planen – einführen – nutzen, 2001, S. 126.
66 Vgl. Pfnür, A/Heyden, F., Prozessmanagement & -optimierungen in der Immobilienwirtschaft, 2003, S. 3.

2.2 Betreiberverantwortung und Immobilienorganisation

können auch Hausverwaltungen, WEG-Verwalter, Dienstleister u.a., auch wenn sie keine eigenen Immobilien besitzen, Betreiber sein, wenn sie die entsprechende Verpflichtung übernommen haben. Die Beachtung der Betreiberverantwortung ist eine der originären Aufgaben des Eigentümers. Er kann sie aber delegieren. Wenn er dies beabsichtigt, muss er sicherstellen, dass die mit den Aufgaben betrauten Personen dazu fähig sind, er die Pflichten ordnungsgemäß übergeben hat und die ordnungsgemäße Aufgabenerfüllung kontrolliert wird.

> **Beispiel:**
> Die Property Company GmbH führt Property-Management-Dienstleistungen für die Eigentümer AG durch. Im Dienstleistungsvertrag ist festgelegt worden, dass zum 01.01.2019 sämtliche Betreiberpflichten des im Vertrag näher bezeichneten Immobilienbestands auf die Property Company GmbH übergehen.

Dadurch besteht sowohl für den Auftraggeber als auch für den Auftragnehmer von Gebäudedienstleistungen die Notwendigkeit, Pflichten ohne Grauzonen bzw. Verantwortungslücken zu übertragen. Bei der Fremdvergabe von FM-Leistungen bedeutet das, z.B. Wartungen, Prüfungen und deren Dokumentation zweifelsfrei an den Dienstleister zu übergeben, dies schriftlich zu dokumentieren und zur Exkulpation auch Stichprobenkontrollen durchzuführen. Hieran knüpfen die Auftragnehmerhaftung, aber auch eine Überwachung und ein Controlling durch den Auftraggeber an.

> **Beispiel:**
> Wenn ein Eigentümer den Winterdienst an ein Unternehmen übergibt, muss er zumindest hin und wieder kontrollieren, ob dieses Unternehmen seiner vertraglichen Pflicht ordnungsgemäß nachkommt, und zwar vor allem dann, wenn schon Beschwerden vorliegen. Wie schwierig diese Problematik häufig ist, zeigt sich schon an der Vielzahl der Fälle, die die Rechtsprechung zu entscheiden hatte und hat.

	Betreiberverantwortung Vermieter	Betreiberverantwortung Mieter
„Normale" Aufgabenverteilung	Allgemeinflächen: Anlagen und Einrichtungen im Vermietereigentum (auch innerhalb der Mietflächen)	Mietflächen: Anlagen und Einrichtungen im Mietereigentum (auch auf Allgemeinflächen)
Abweichende Aufgabenverteilung	Mindestens: Selektion, Überwachung und klare Übertragung	Maximal: Sämtliche Flächen, Anlagen und Einrichtungen

Einzelvertragliche Regelung
Wenn in AGB wegen § 307 BGB häufig unangemessene Benachteiligung des Mieters

Abb. 2.5: Aufgabenverteilung im Rahmen der Betreiberverantwortung, eigene Darstellung

Abb. 2.5 zeigt die übliche Aufgabenverteilung zwischen Vermieter und Mieter im Rahmen der Betreiberverantwortung. Obwohl der Mieter nur Besitz an der Mietsache hat, kann er Einrichtungen einbringen, wie Kücheneinrichtungen oder eigene Server in einem entsprechend hergerichteten Raum. Für deren Überwachung ist der Mieter selbst verantwortlich.

Abweichend von der üblichen Aufgabenverteilung kann einzelvertraglich eine andere Aufgabenverteilung vereinbart werden. Die Übertragung kann so weit gehen, dass der Mieter für sämtliche Flächen, Anlagen und Einrichtungen zuständig ist, gerade, wenn nur ein einziger Mieter ein ganzes Gebäude nutzt, wobei es jedoch nicht zu einer unangemessenen Benachteiligung des Mieters kommen darf, z.B. durch überraschende Klauseln in Standardverträgen. Dem Vermieter verbleibt jedoch zumindest die Pflicht der entsprechenden Auswahl des Mieters sowie seiner Überwachung.

2.2.3 Rechtliche Grundlagen
Einführung
Der Inhalt der Betreiberverantwortung ergibt sich aus einer Vielzahl von Regelungen und Vorschriften. Das Thema ist geprägt:
- auf europäischer Ebene durch Richtlinien und Verordnungen des Rats,
- auf Bundesebene durch Gesetze, Verordnungen und Verwaltungsvorschriften,
- auf Länderebene durch Gesetze und Verordnungen,
- ebenso durch Verordnungen und Satzungen der Städte und Gemeinden,
- durch Bescheide und Auflagen, die von Genehmigungsbehörden erlassen werden,
- durch Unfallverhütungsvorschriften, erlassen durch die Unfallversicherungsträger,
- durch Verweise unterschiedlicher Ebenen auf DIN-Normen, VDE- und VdS-Richtlinien und
- durch VdS-Richtlinien und Versicherungsklauseln, die durch die Schadensversicherer erlassen werden – durch arbeitsrechtliche Regelungen
- und weitere Regelungen.

2.2 Betreiberverantwortung und Immobilienorganisation

Es gibt demnach kein homogenes, stringent durchdachtes Werk mit einheitlichen Strukturen, das die Betreiberverantwortung regelt. Die gesetzlichen Vorschriften entstammen dem Bundesrecht sowie dem Landes- und Stadtrecht, sind also je nach Standort einer Liegenschaft unterschiedlich. Die Unfallverhütungsvorschriften stammen von den Trägern der gesetzlichen Unfallversicherung. Dies sind die öffentlichen Unfallkassen und die gewerblichen Berufsgenossenschaften. Je nach Zuständigkeit im Einzelfall ergeben sich auch hier unterschiedliche Anwendungs- und Geltungsbereiche. Es gibt hierzu die Richtlinie GEFMA 190 als spezielles Werk mit einer systematischen Zusammenfassung der Themenkomplexe, die aber wie alle GEFMA-Richtlinien keinen normativen Charakter hat. Ihre in 2018 stattfindende Überarbeitung dient u.a. der Anpassung an die Weiterentwicklung und Professionalisierung im Bereich FM.

Die Grundanforderungen der Betreiberpflicht sind einfach zu formulieren. Demnach sind Anlagen so zu errichten oder zu betreiben:
- dass die öffentliche Sicherheit und Ordnung, insbesondere Leben, Gesundheit und die natürlichen Lebensgrundlagen nicht gefährdet werden und
- dass der Entstehung eines Brands und der Ausbreitung von Feuer und Rauch vorgebeugt wird und bei einem Brand die Rettung von Menschen und Tieren sowie wirksame Löscharbeiten möglich sind.

Beispiel:

Betreiberpflichten:
- Gewährleisten des sicheren Betriebs durch Wartung, Instandhaltung und Reparaturen
- Betriebseinstellung bei Auftreten sicherheitsrelevanter Mängel
- Veranlassen der vorgeschriebenen Prüfungen
- Einhalten von Prüfpflichten und Einsatz des hierfür erforderlichen Personals
- Mängelbeseitigung und
- Veranlassen von Nachbesichtigungen

Diese Verantwortung kann auf einen Beauftragten delegiert werden. Somit können Immobilienunternehmen in unterschiedlicher Weise von diesen Betreiberpflichten betroffen sein, so z.B. als Eigentümer, als Auftraggeber, als Dienstleister bzw. Auftragnehmer oder auch in der Abgrenzung zu den Pflichten der Nutzer.

Die Komplexität des Rechtsgebiets der Betreiberverantwortung deutet Tabelle 2.1 an.

Öffentliches Recht	Baurecht	Bauplanungsrecht	
		Bauordnungsrecht	
	Umweltrecht	Abfallrecht	
		Immissionsschutzrecht	
		Wasserrecht	Betreiber
Arbeitsrecht		Arbeitsschutzrecht	
Zivilrecht	Bürgerliches Recht	Schuldrecht	
		Delikte gegen Gesundheit und Leben	
Strafrecht		Straftaten gegen die Umwelt	
Ordnungswidrigkeitsrecht		Diverse Tatbestände	

Tabelle 2.1: Rechtliche Regelungen rund um die Betreiberverantwortung

Erschwerend kommt hinzu, dass die meisten Bestimmungen keinen direkten Bezug zu den Aufgaben des Immobilienmanagements bzw. den damit beschäftigten Personen und Unternehmen haben, sondern allgemeiner rechtlicher Natur sind. Um sich einen Überblick zu verschaffen, muss das Immobilienunternehmen aus der Summe der infrage kommenden Rechtsvorschriften zunächst diejenigen herausfiltern, die für das jeweilige zu betreibende Objekt anzuwenden sind. Dies hängt davon ab:
- an welchem Standort sich das Objekt befindet (Geltung von Landesvorschriften, städtischen Verordnungen oder Satzungen),
- um welchen Objekttyp es sich handelt (ggf. Sonderbau im Sinne der Landesbauordnung, Geltung spezieller Vorschriften für Hochhäuser oder Krankenhäuser, Beherbergungs-, Verkaufs- und Versammlungsstätten),
- welche Anlagen installiert sind, z.B. überwachungsbedürftige Anlagen (Aufzüge, Druckgeräte) oder genehmigungsbedürftige Anlagen (große Wärmeerzeuger),
- ob in nennenswertem Umfang mit Stoffen umgegangen wird, die als Gefahrstoffe einzustufen sind, z.B. bei der Gebäudereinigung oder der Schädlingsbekämpfung und
- ob das Unternehmen eigene Arbeitsstätten im Objekt betreibt, z.B. Büro- und Bildschirmarbeitsplätze, Werkstätten, Pforte, Küche usw.

Betriebswirtschaftlich stellt die Nichtbeachtung der Betreiberpflichten ein Kostenrisiko dar. Hieraus können Kosten für Schadensersatz oder Bußgelder resultieren, eventuell auch persönliche Haftungsrisiken der Verantwortlichen[67] bis hin zur Strafbarkeit, etwa wegen fahrlässiger Körperverletzung.

---

67 Vgl. Krimmling, J., Facility Management, Strukturen und methodische Instrumente, 2005, S. 131.

2.2.4 Verantwortung und Betreiben

Einführung

Verantwortung bedeutet, die Folgen für eigene oder fremde Handlungen zu tragen. Sie drückt sich darin aus, bereit und fähig zu sein, später Antworten auf mögliche Fragen und Unklarheiten zu deren Folgen zu geben. Damit zieht die Verantwortung immer eine Verantwortlichkeit nach sich, d.h. es ist dafür Sorge zu tragen, dass die Entwicklung des Verantwortungsbereichs im gewünschten Rahmen verläuft.

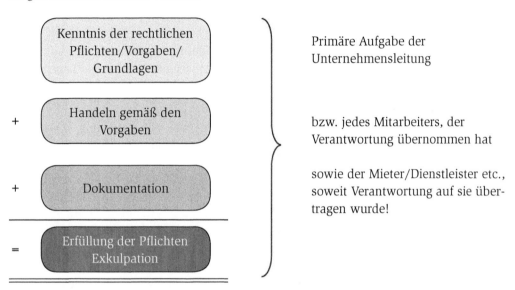

Abb. 2.6: Betreiberverantwortung als Risiko- und Steuerungsthema

Bei der Betreiberverantwortung unterscheidet man zwischen dem sachlichen Umfang, dem örtlichen Umfang, Unternehmenspflichten und persönlichen Pflichten sowie speziellen Betreiberpflichten.
  Des Weiteren geht es um:
- die Pflichtenübertragung bzw. die Delegation,
- deren Rechtsfolgen sowie
- Entlastungs- bzw. Exkulpationsmöglichkeiten.

Sachlicher Umfang

Der sachliche Umfang der Betreiberverantwortung bezieht sich auf alle Maßnahmen, die erforderlich und zumutbar sind, damit die vom Gesetzgeber geforderten Schutzziele nicht durch den Betrieb von Gebäuden und gebäudetechnischen Anlagen gefährdet werden. Dabei stellt sich immer wieder die Frage, wie weit diese Verantwortung reicht.

> **Beispiel:**
>
> **Regelmäßige Überprüfung eines Bauzauns**
> Ein Immobilienunternehmen hatte ein altes Industrieareal mit Bebauung erworben. Die Neugestaltung verzögerte sich aufgrund langwieriger Entscheidungsprozesse der Stadt,

> weshalb der Investor nicht mit dem Abriss begann. Das Areal wurde durch einen Bauzaun mit diversen Schildern geschützt und die Gebäude waren verschlossen worden. Trotzdem kam es zu einem Unfall eines Jugendlichen, der widerrechtlich eingedrungen war. Das Unternehmen konnte sich exkulpieren, da es regelmäßig Bauzaunkontrollen durch eigene Mitarbeiter durchführte, die auch dokumentiert wurden, sowie eine Streife eines Wach- und Schließunternehmens in den Abendstunden einsetzte, deren Einsätze ebenfalls dokumentiert waren.

Örtlicher Umfang
Der örtliche Umfang umfasst nicht nur das Gebäude, sondern das gesamte im Eigentum des Verpflichteten befindliche Grundstück, einschließlich außenliegender Flächen für Lagerplätze, ruhenden oder fließenden Verkehr (Wege, Zugänge, Parkplätze, Werksgelände usw.).

Unternehmenspflichten
Nach § 130 OWiG besteht eine Generalverantwortung der Unternehmensleitung. Das bedeutet nicht, dass die Geschäftsleitung alle im Unternehmen anfallenden Pflichten übernehmen muss. Die Führung muss aber durch geeignete Maßnahmen im Rahmen der Unternehmensorganisation sicherstellen, dass alle das Unternehmen betreffenden Pflichten erkannt und durch geeignete Mitarbeiter ordnungsgemäß wahrgenommen werden.[68] In Unternehmen sind Führungspflichtverletzungen denkbar durch:

- eine nicht hinreichend definierte und dokumentierte Aufbau- und Ablauforganisation; man spricht in diesem Zusammenhang von **Organisationsverschulden**; (Beispiel: In einem Unternehmen ist die Verantwortung für die Abfallentsorgung nicht klar geregelt).
- unzureichende Sorgfalt bei der Delegation von Aufgaben, das sogenannte **Selektionsverschulden** (Beispiel: Ein Unternehmen achtet bei der Auswahl von Dienstleistern nicht darauf, ob deren Mitarbeiter für bestimmte Arbeiten qualifiziert sind.)
- nicht hinreichende An-, Ein- oder Unterweisung von Mitarbeitern, als **Anweisungsverschulden** bezeichnet (Beispiel: Obwohl bekannt ist, dass es auf einem Firmengrundstück Grubengas gibt, werden die Mitarbeiter nicht darauf hingewiesen, wie sie sich zu verhalten haben) und
- unterlassene oder unzureichende Überwachung, **Überwachungsverschulden** genannt (Beispiel: Ein Bauleiter wundert sich, dass auf einer Baustelle keiner der Subunternehmer deutsch zu sprechen scheint. Eine spätere Kontrolle durch das Ordnungsamt der Stadt bringt ans Licht, dass illegale Arbeitnehmer eingesetzt wurden.)

Persönliche Pflichten
Persönliche Pflichten betreffen die natürlichen Personen innerhalb des betreibenden Unternehmens. Es muss eine lückenlose und in sich widerspruchsfreie Aufgabenverteilung und Vertretungsregelung gewährleistet sein, die sowohl Zuständigkeitslücken als auch blockierende Kompetenzüberschreitungen vermeidet. Angesprochen ist beispielsweise eine Festlegung der Aufbauorganisation, das Einsetzen geeigneter Führungskräfte (vgl. § 13 ArbSchG), das Bestellen von Koordinatoren und Betriebsbeauftragten (vgl. § 22 SGB VII, Sicherheitsbeauftragte) und die Veranlassung und Durchführung von Gefährdungsbeurteilungen (z.B. § 5 ArbSchG,

---

68 Vgl. Dalder, T./Kalaitzis, D., Organisationshaftung von Führungskräften, 2007, S. 73.

Beurteilung der Arbeitsbedingungen). Zudem muss sichergestellt werden, dass gesetzliche Prüfungen durch zugelassene Überwachungsstellen und befähigte Personen durchgeführt und erkannte Mängel behoben werden.

GEFMA 190 als Anhaltspunkt zur Regelung der Belange der Betreiberverantwortung
Die Betreiberverantwortung ist zunächst als Thema im FM erkannt worden, weshalb die maßgeblichen Normen auch aus dem FM-Bereich kommen. So die GEFMA 190, die jedoch vor dem Hintergrund gelesen werden muss, dass der Adressat dieser Norm nicht der klassische vermietende Immobilieneigentümer ist, sondern derjenige, der Gebäude nutzt, um für seine Mitarbeiter Arbeitsplätze zur Verfügung zu stellen. Gleichwohl ist der Grundsatz der Notwendigkeit umfangreicher organisatorischer Voraussetzungen auch für Vermieter gültig.

Die GEFMA 190 regelt u.a. die persönlichen Betreiberpflichten für unterschiedliche Hierarchieebenen im Unternehmen.

Hier werden bestimmte Aufgabenbereiche unterschieden: Organisationspflichten der Unternehmensleitung, Führungspflichten, die alle Führungskräfte betreffen und Durchführungspflichten, die sich an die Beschäftigten richten. Dies zeigen die folgenden Tabellen:

Aufgabe	Unternehmensleitung	Führungskräfte	Beschäftigte
Aufbauorganisation	festlegen nicht übertragbar		
geeignete Führungskräfte einsetzen	einsetzen übertragbar		
Betriebsbeauftragte, Koordinatoren	bestellen an Führungskräfte übertragbar		
Gefährdungsbeurteilung	veranlassen nicht übertragbar	durchführen übertragbar	
gesetzliche Prüfungen	sicherstellen nicht übertragbar	organisieren übertragbar	
geeignete Beschäftigte	auswählen nicht übertragbar	einsetzen übertragbar	
Ablauforganisation	Arbeitsabläufe festlegen nicht übertragbar	festgelegte Arbeitsabläufe überwachen	festgelegte Arbeitsabläufe befolgen
An-, Ein- und Unterweisungen	veranlassen nicht übertragbar	erteilen	befolgen
geeignete Arbeitsmittel	auswählen übertragbar	bereitstellen	benutzen

Tabelle 2.2: Auszug aus dem Wasserfallprinzip der Verantwortung gemäß GEFMA 190 (2004)

Zurzeit soll die GEFMA 190, die im Januar 2004 verabschiedet wurde, überarbeitet worden, in Hinblick auf geänderte gesetzliche Regelungen, so z.b. der Betriebssicherheitsverordnung in der neuen Fassung bzw. auch in Hinblick auf die Weiterentwicklung der IT in Bezug auf Datenmodelle. An den Grundaussagen, die hier wiedergegeben sind, wird sich jedoch nicht viel ändern, vielmehr wird differenziert und modernisiert.[69]

Das Thema Betreiberverantwortung wird aber auch in anderen Regelwerken aufgenommen, so z.B. in der Richtlinienreihe VDI 3810, die für die unterschiedlichen gebäudetechnischen Anlagen Empfehlungen für den sicheren, bestimmungsgemäßen, bedarfsgerechten, nachhaltigen Betrieb von Anlagen der Technischen Gebäudeausrüstung gibt. Hier interessiert besonders Blatt 1.1 „Betreiben und Instandhalten von gebäudetechnischen Anlagen – Betreiberverantwortung".

2.2.5 Pflichtenübertragung bzw. Delegation

Im Bereich der Gebäudebewirtschaftung ist es von größter Bedeutung, geeignete Beschäftigte oder Dienstleister auszuwählen und einzusetzen. Mit anderen Worten: Die Unternehmensleitung muss durch Auswahl und Einstellung von Arbeitnehmern oder durch Beauftragung von Fremdfirmen dafür Sorge tragen, dass für die zu erbringenden Leistungen ausreichend fachlich qualifizierte und geeignete Personen zur Verfügung stehen (§ 7 ArbSchG). Durch die Ablauforganisation müssen Gefährdungen für Mitarbeiter und Dritte sowie die Umwelt vermieden werden. Dazu sind Arbeitsabläufe festzulegen, zu überwachen und einzuhalten, und es ist darauf zu achten, dass es nicht zu Konflikten mit öffentlich-rechtlichen Bestimmungen kommt.

Ferner sind An-, Ein- und Unterweisungen zu veranlassen. Dies geschieht durch die Bereitstellung angemessener Unterlagen, so von Betriebshandbüchern, und den Hinweis auf mögliche Gefährdungen, so z.B. auf Grubengas auf dem Betriebsgelände. Die Unterweisungspflicht ist beispielsweise kodifiziert in § 12 ArbSchG, wobei die Beschäftigten diese Pflichten gem. § 15 ArbSchG auch befolgen müssen. Solche Pflichten bestehen aber auch z.B. für die Durchführung von Schulungen zum Verhalten im Brandfall. Eine solche Schulung ist gemäß Betriebssicherheitsverordnung auch notwendig für das Bürogebäude einer Immobilienverwaltung.

Grundsätzlich können Pflichten auf verschiedene Weise und in unterschiedlichem Umfang übertragen werden. Das Spektrum der Möglichkeiten reicht von der Übertragung einer einzelnen begrenzten Pflicht (einmalige Durchführung einer Grundreinigung) bis zur Übertragung der eigenverantwortlichen Leitung eines ganzen Betriebs, Gebäudekomplexes oder Werks. Wie bereits erwähnt, ist im Rahmen der Delegation von Aufgaben keine vollständige Übertragung der Betreiberverantwortung mit dem Ziel der restlosen Befreiung möglich. Jedoch erlangen bei entsprechender Pflichtenübertragung Sanktionsvorschriften, die sich an den Übertragenden richten, Geltung auch für den Beauftragten. Hierzu sagt z.B. § 9 OWiG:

„**(1)** Handelt jemand
  1. als vertretungsberechtigtes Organ einer juristischen Person oder als Mitglied eines solchen Organs

---

[69] Vgl. Glauche, U.; Schielein, J., GEFMA 190, Betreiberverantwortung im FM (Neufassung 2018, Teil 1), in: Der Facility Manager, Heft 12, Dezember 2017, S.34-36.

2.2 Betreiberverantwortung und Immobilienorganisation

2. als vertretungsberechtigter Gesellschafter einer rechtsfähigen Personengesellschaft oder
3. als gesetzlicher Vertreter eines anderen,

so ist ein Gesetz, nach dem besondere persönliche Eigenschaften, Verhältnisse oder Umstände (besondere persönliche Merkmale) die Möglichkeit der Ahndung begründen, auch auf den Vertreter anzuwenden, wenn diese Merkmale zwar nicht bei ihm, aber bei dem Vertretenen vorliegen.

(2) Ist jemand von dem Inhaber eines Betriebs oder einem sonst dazu Befugten:
1. beauftragt, den Betrieb ganz oder zum Teil zu leiten, oder
2. ausdrücklich beauftragt, in eigener Verantwortung Aufgaben wahrzunehmen, die dem Inhaber des Betriebs obliegen, und handelt er aufgrund dieses Auftrags, so ist ein Gesetz, nach dem besondere persönliche Merkmale die Möglichkeit der Ahndung begründen, auch auf den Beauftragten anzuwenden, wenn diese Merkmale zwar nicht bei ihm, aber bei dem Inhaber des Betriebs vorliegen. Dem Betrieb im Sinne des Satzes 1 steht das Unternehmen gleich. Handelt jemand aufgrund eines entsprechenden Auftrags für eine Stelle, die Aufgaben der öffentlichen Verwaltung wahrnimmt, so ist Satz 1 sinngemäß anzuwenden.

(3) Die Absätze 1 und 2 sind auch dann anzuwenden, wenn die Rechtshandlung, welche die Vertretungsbefugnis oder das Auftragsverhältnis begründen sollte, unwirksam ist."

Die häufigste Art der Pflichtenübertragung ist die Aufgaben- oder Stellenbeschreibung einer Führungskraft im Unternehmen (Arbeitsvertrag). Gemäß der GEFMA 190 muss die Unternehmensleitung z.B. die Ablauforganisation festlegen. Auch diese Pflicht ist nicht übertragbar.

Hierunter fällt aber auch die Delegation von Aufgaben, etwa zwischen Auftraggeber und Dienstleister oder zwischen Mieter und Vermieter (z.B. Winterdienst). Vor allem, wenn die Betreiberverantwortung nicht vollständig und einheitlich an eine Stelle übertragen, sondern an unterschiedliche Stellen verteilt ist, gilt es, den übertragenen Pflichtenkreis eindeutig zu definieren. Darum ist die weitgehende Übertragung an nur eine Stelle zu empfehlen. Einzelaufgaben und -pflichten können dann immer noch weiter delegiert werden.

Dies wird erfasst bzw. dargestellt durch die Aufbauorganisation. Hier sind eine widerspruchsfreie Verteilung der einzelnen Aufgaben, eine Vertretungsregelung sowie eine Bekanntgabe von Zuständigkeiten im Unternehmen erforderlich. Eingesetzte Mitarbeiter und Dienstleister müssen fachlich ausreichend qualifiziert und persönlich geeignet sein. Für bestimmte Aufgaben dürfen z.B. nur Fachbetriebe herangezogen werden. Der Beauftragte muss mit den Kompetenzen (Befugnissen) ausgestattet sein, die notwendig sind, um die Aufgabe durchzuführen, und die Mittel haben, die notwendig sind, um die Aufgaben „in eigener Verantwortung" (§ 9 Abs. 2 Nr. 2 OWiG) wahrzunehmen. Gerade bei innerbetrieblicher Delegation muss der Verpflichtete ggf. gesondert mit Kompetenzen oder Mitteln ausgestattet werden bzw. entsprechende Vollmachten erhalten. Im Fall der Delegation verbleibt die Aufsichtspflicht immer bei demjenigen, der die Pflicht überträgt.

2.2.6 Spezielle Betreiberpflichten

Einführung

Zu den speziellen Betreiberpflichten gehören die fristgerechte Durchführung gesetzlich vorgeschriebener Prüfungen und die Behebung erkannter Mängel. Seit der Einführung der Betriebssicherheitsverordnung sind die Anforderungen an den Betreiber gestiegen. Beginnend mit einer Gefährdungsbeurteilung hat der Betreiber folgende gesetzliche Anforderungen zu erfüllen:

Anforderungen	Objekt: Hermannstr. 33, 33333 Hermannshausen			
	Aufzug 1	Aufzug 2	Brandmeldeanlage	....
Festlegung der Prüffristen				
Abstimmung der Prüffristen mit der zugelassenen Überwachungsstelle (ZÜS)				
Meldung der Prüffristen an die Aufsichtsbehörde				
Veranlassung der Prüfung				
Stellung von Prüfmitteln und Personal				
Mängelbeseitigung				
Veranlassung von Nachbesichtigungen				

Tabelle 2.3: Gesetzliche Anforderungen an einen Betreiber

Bei diesen **Prüfpflichten** sind zu unterscheiden:
- Erstprüfungen vor der Inbetriebnahme,
- Prüfungen nach wesentlicher Änderung und
- Wiederkehrende Prüfungen (WkP).

Erstprüfungen

Die Erstprüfungen übernimmt meist der Ersteller, Hersteller oder Lieferant, weshalb es sich hier um die unproblematischsten Prüfungen handelt. Da sie aber auch die umfangreichsten sind, sollte sich der Betreiber bei der Übernahme der Anlage vergewissern, dass diese Erstprüfung ordnungsgemäß durchgeführt worden ist. Selbst wenn an die Durchführung einer solchen Prüfung eine Haftung anknüpft, kann es beispielsweise durch Herstellerinsolvenzen zu Haftungslücken kommen.

Prüfungen nach wesentlicher Änderung

Für bauliche Anlagen und Einrichtungen gilt grundsätzlich Bestandsschutz. Anlagen und Einrichtungen müssen demnach nicht automatisch nachgerüstet werden, wenn sich z.B. Brandschutzvorschriften geändert haben. Der Bestandsschutz entfällt bei einer wesentlichen Änderung von Anlagen und Einrichtungen, bei drohender Gefahr für Leben und Gesundheit sowie beim Erlass gesetzlicher Vorschriften, in denen eine Verpflichtung zur Nachrüstung von Gebäuden oder Anlagen begründet wird (z.B. Nachrüstung der Wohnungen mit Brandmeldern).

Wiederkehrende Prüfungen
Die wiederkehrenden Prüfungen bzw. Prüfroutinen sollten fest in der technischen Abteilung des Immobilienunternehmens verankert sein. Das technische Gebäudemanagement hat für gewerblich genutzte und mit umfangreicher Technik ausgestattete Immobilien, so für Hochhäuser oder Krankenhäuser, eine herausragende Bedeutung. Das bedeutet, die gesetzlichen Prüfpflichten erfüllen und die technischen Anlagen betriebsbereit erhalten zu müssen. Dabei geht es um die Betriebsbereitschaft unter der strengen Nebenbedingung, die laufenden Kosten, d.h. die Betriebs- und Energiekosten, zu reduzieren sowie um eine Verringerung des Erhaltungsaufwands für die Anlagen und die Gebäudesubstanz. Die hier anzustrebenden Ziele korrespondieren dann mit der Zielsetzung der Lebenszykluskostenreduzierung. Zudem machen sinkende Nebenkosten die Immobilie für Mieter attraktiver, aber auch für Investoren interessanter.

> **Hinweis!** Es ist deutlich geworden, dass die Erfüllung der Prüfpflichten eng mit der Thematik der Erfassung der Gebäudedaten zusammenhängt. Gebäudeteile, die einer gesetzlichen Prüfpflicht unterliegen, befinden sich meist in sicherheitsrelevanten Bereichen, mit anderen Worten, ein nicht einwandfreies Funktionieren dieser Bauteile birgt Gefahren für den Nutzer, z.B. bei Aufzügen, Lüftungsanlagen und Hebebühnen, oder es geht um Bauteile, die den Nutzer vor Gefahren schützen, so Rauchabzüge, Sprinkleranlagen oder Feuerlöscher.

2.2.7 Wer darf prüfen?

An dieser Stelle ist z.B. ein Thema der GEFMA 190 angesprochen: nämlich, dass die Unternehmensleitung als nicht übertragbare Aufgabe Gefährdungsbeurteilungen veranlassen und gesetzliche Prüfungen sicherstellen muss. Diese Prüfungen sind zu gewährleisten, indem die Unternehmensleitung geeignete Beschäftigte auswählt.

Prüfer können Sachverständige, Sachkundige oder befähigte Personen sein.

Sachverständige sind Personen, die z.B. die verantwortliche Prüfung im Bauwesen nach § 1 Abs. 4 der Verordnung über die verantwortlichen Sachverständigen im Bauwesen (Sachverständigenverordnung Bau: SVO-Bau) vorweisen können bzw. aufgrund ihrer Ausbildung und Erfahrung besondere Kenntnisse auf dem Gebiet von prüfbedürftigen technischen Arbeitsmitteln besitzen. Sie sind mit den einschlägigen Arbeitsschutzvorschriften, Richtlinien und Normen so vertraut, dass sie den arbeitssicheren Zustand von technischen Arbeitsmitteln (z.B. Kranen, Druckbehältern) beurteilen können[24]. Sie sollen technische Arbeitsmittel prüfen und gutachterlich beurteilen. Ein Sachverständiger ist ein besonders ausgebildeter und amtlich anerkannter Sachkundiger.

Ein **Sachkundiger** (seit 2002 in den Regelwerken als „befähigte Person" bezeichnet) besitzt aufgrund seiner Ausbildung und Erfahrung ausreichende Kenntnisse auf dem Gebiet prüfbedürftiger technischer Arbeitsmittel. Er ist mit den einschlägigen Normen (z.B. DIN-Normen)

so vertraut, dass er den arbeitssicheren Zustand technischer Arbeitsmittel (z.B. Leitern, Feuerlöscher) beurteilen kann[70]. Zu den Sachkundigen gehören:
- Ingenieure der entsprechenden Fachrichtungen mit mindestens fünfjähriger Berufserfahrung,
- Personen mit abgeschlossener handwerklicher oder gleichwertiger Ausbildung und mindestens fünfjähriger Berufserfahrung in der Fachrichtung, in der sie tätig werden.

Fachkundig ist gemäß § 2 Abs. 5 BetrSichV:
„... wer zur Ausübung einer in dieser Verordnung bestimmten Aufgabe über die erforderlichen Fachkenntnisse verfügt. Die Anforderungen an die Fachkunde sind abhängig von der jeweiligen Art der Aufgabe. Zu den Anforderungen zählen eine entsprechende Berufsausbildung, Berufserfahrung oder eine zeitnah ausgeübte entsprechende berufliche Tätigkeit. Die Fachkenntnisse sind durch Teilnahme an Schulungen auf aktuellem Stand zu halten."

Es gibt zudem für besondere Gebäudetypen spezielle Verordnungen und zwar insbesondere für Sonderbauten, z.B. Hochhäuser oder Tiefgaragen. Hier gibt es landesspezifische Unterschiede, so gibt es eine Versammlungsstättenverordnung des Bundes, die z.B. in NRW in der Sonderbauverordnung umgesetzt ist. Im Rahmen der Betreiberverantwortung ist zu beachten, dass besondere Bauteile auch spezielle Prüfintervalle auslösen können, z.B. gibt es bei Schnellaufzügen kürzere Intervalle qua Baugenehmigung.

2.2.8 Dokumentationen

Weiterhin sind gesetzlich vorgeschriebene Dokumentationen durchzuführen, die sich in anweisende und nachweisende Dokumente unterteilen. Anweisende Dokumente enthalten Angaben darüber, wie bestimmte Tätigkeiten zu verrichten sind (z.B. Wartungsanleitungen) oder wie in bestimmten Situationen zu verfahren ist (z.B. Verhalten im Brandfall). Der Betreiber hat dafür zu sorgen, dass die für den jeweiligen Anwendungsfall geforderten Dokumente vorhanden, vollständig und aktuell sind sowie bei Bedarf am richtigen Ort zur Verfügung stehen. Nachweisende Dokumente belegen, dass bestimmte Merkmale vorhanden sind (z.B. Konformitätskennzeichen) oder bestimmte Pflichten erfüllt wurden (z.B. Prüfbescheinigungen).

2.2.9 Exkulpation

Im Sinne des Risikomanagements in einem Unternehmen gilt es, Risiken zu vermeiden und sich bei unvermeidbaren Risiken zu exkulpieren. Die Organisation muss „gerichtsfest" gemacht werden.

Bei Nichteinhaltung der Betreiberverantwortung drohen:
- Nutzungsverbote, Stilllegungen, Bußgelder, Schadensersatz und Wegfall des Versicherungsschutzes für Unternehmen und
- Abmahnungen, Kündigungen, Versetzungen, Verweise, Berufsverbote, Bußgelder, Geldstrafen, Freiheitsstrafen, Schadensersatz und Wegfall des Versicherungsschutzes für verantwortliche Personen.

---

70 Vgl. Jugan, M., Erfassung, Analyse und Dokumentation des Gebäudes und seiner technischen Ausstattung, 2005, S. 383.

2.2 Betreiberverantwortung und Immobilienorganisation

Zur Minimierung des Risikos müssen die betrieblichen Abläufe sach- und zeitgerecht darauf ausgerichtet sein, die Unternehmensleistung zu erbringen und eine Schädigung des Unternehmens, der Mitarbeiter, Dritter und der Umwelt zu vermeiden.

Eine zentrale Rolle bei allen Exkulpationsbemühungen spielt eine aussagekräftige und vollständige Dokumentation. Sie kann insoweit zur Entlastung herangezogen werden, als man durch sie den Nachweis erbringen kann, vorgeschriebene Pflichten erfüllt und zumutbare Maßnahmen ergriffen zu haben. Ohne eine durchgängige Dokumentation ist eine Exkulpation nahezu unmöglich. Die Mindestanforderung wird durch die gesetzlich vorgeschriebenen Dokumente erfüllt. Für eine wirksame Entlastung im Schadensfall ist aber dringend anzuraten, weitere Dokumente zu erstellen, zu pflegen und bereitzuhalten. Dabei ist im Einzelfall immer zu prüfen, ob sich aus den konkreten betrieblichen Abläufen Gefahren ergeben und ob zusätzlich zu den vorhandenen Anweisungen weitere Direktiven notwendig sind, so z.B. für die Handhabung schwebender Lasten, die Reinigung schwer zugänglicher Flächen, die Vermeidung von Absturzgefahren (z.B. Außenreinigung feststehender Fensterflächen) oder für das Verhalten im Gefahrenfall.

Typische anweisende Dokumente, die der Gesetzgeber vorschreibt, sind:
- Wartungsanleitungen,
- Betriebsanweisungen für die bei der Arbeit benutzten Arbeitsmittel (§ 9 Abs. 1 BetrSichV),
- Flucht- und Rettungsplan (§ 55 ArbStättV),
- Konzept zur Verhinderung von Störfällen (§ 8 BImSchV) und
- Alarm- und Gefahrenabwehrpläne (§ 10 BImSchV).

Nachweisende Dokumente lassen sich am besten in Betriebs- oder Objekthandbücher integrieren. Zu ihnen gehören z.B. Organigramme, Geschäftsverteilungspläne, Stellen- oder Tätigkeitsbeschreibungen und Organisationshandbücher, Aus- und Weiterbildungsnachweise (Teilnahmebestätigungen, Zertifikate usw.), Übertragungsdokumente und Bestellungsurkunden. Gesetzlich vorgeschrieben sind z.B.: Aufzeichnungen über Gefährdungsbeurteilungen (§ 6 ArbSchG) und Prüfbescheinigungen (§ 19 BetrSichV).

> **Hinweis!** Bei der Fremdvergabe von Dienstleistungen, so z.B. auch bei der gleich noch behandelten Instandhaltung muss immer beachtet werden, dass Aufsichtspflichten und Prüfpflichten nicht durch Vertrag mit Dritten vollständig ausgeschlossen werden können, wobei die Kontrollintensität abhängig vom Grad der Gefährdungslage ist. Für die entscheidenden Gerichte sind dabei finanzielle Gründe, die Marktsituation oder ein hoher Wettbewerbsdruck keine Entschuldigungs- oder Enthaftungsgründe.

Das zentrale Instrumentarium zur Erfüllung der Betreiberverantwortung ist der Dokumentationsprozess. Aus juristischer Sicht ergibt sich hierdurch der Nebeneffekt möglicher Effektivitätssteigerungen, was aus wirtschaftlicher Sicht einer der Hauptbeweggründe ist. Trotzdem gibt es aus juristischer Sicht keine allumfassende Pflichtdokumentation, die es dem Immobilieneigentümer oder Immobilienbetreiber ermöglicht, anhand einer Checkliste etwaige erforderliche Dokumente zu prüfen und damit alle Dokumentationspflichten zu erfüllen. Dies zeigt sich auch daran, dass im Schadensfalle die Einhaltung der Betreiberverantwortung von Eigentümer und Betreiber im Einzelfall geprüft wird, ebenso wie die Zumutbarkeit einzelner Maßnahmen.

3. Wertschöpfungshebel im Immobilienmanagement

3.1 Einführung: Werthebel im Immobilienmanagement

3.1.1 Wertemanagement und Werthebel

Wertemanagement und die aktive Nutzung der Werthebel von Immobilien sind in letzter Zeit immer stärker in den Fokus gerückt. Was ist damit gemeint? Insgesamt gibt es unterschiedliche Ansätze, die ein derartiges Wertemanagement ermöglichen sollen. Die Ansätze können auch nicht für alle Investoren gleich sein, denn wenn ein Investor eine „Buy-and-Sell"-Strategie durchführt, sind für ihn andere Wertehebel von Interesse als für einen langfristigen Bestandshalter. Ebenso ist die Betrachtungsweise bei den Non-Property-Companies zunächst einmal eine andere, denn hier ist die Immobilie ja nur Mittel zum Zweck. Aber auch bei diesen Unternehmen geht es um die Wertsteigerung des Gesamtunternehmenswerts, sodass für sie auch die Einbeziehung der Immobilien gemäß der Unternehmenszielsetzung von Bedeutung ist.

Es gibt unterschiedliche Publikationen, die sich mit dem Wertemanagement oder der Nutzung von Wertehebeln beschäftigen. Neben der Auswahl der richtigen Objekte in der richtigen Zusammensetzung (Portfolio-Management und im Vorfeld Due Diligence), ist es von besonderer Bedeutung „Wertvernichter" systematisch aufzuspüren. Dies kann z.B. eine mangelhafte Instandhaltungsstrategie sein oder eine wenig fokussierte Auswahl, Steuerung und Kontrolle von Dienstleistern (Vertragsmanagement im weitesten Sinne) sowie die Betriebskostenoptimierung im Allgemeinen. Daneben geht es immer wieder um die klassischen Werthebel „Mietertrag" bzw. damit zusammenhängend geringe Fluktuationsraten, geringe Leerstände etc.

3.1.2 Unternehmenswert als übergreifende Kategorie

Wie in allen Branchen kommt auch in der Immobilienwirtschaft der Erhöhung des Unternehmenswerts eine besondere Bedeutung zu. Dies sollte im Rahmen des Value Managements durch eine aktive Bewirtschaftung der Unternehmenswerte erfolgen. Eine besondere Relevanz hat dabei sowohl die Frage nach der strategischen Ausrichtung als auch nach den daraus resultierenden Optionen für das Unternehmen und den Werttreibern einer bestimmten Immobilienorganisation. Die Kernfrage lautet: Wie kann mit den vorhandenen Unternehmensressourcen eine bestimmte Anzahl von Geschäftsfeldern nachhaltig erfolgreich am Markt auftreten, selbst wenn sich Umwelt- und Marktveränderungen ergeben? Dies wird in Abb. 3.1 dargestellt.

3.1 Einführung: Werthebel im Immobilienmanagement

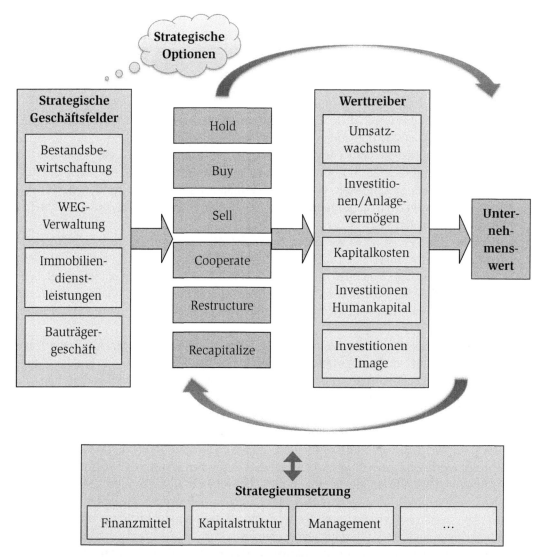

Abb. 3.1: Wertmanagement im unternehmensweiten Kontext[71]

Die Geschäftsfeldsegmentierung bildet den Ausgangspunkt der Betrachtungen im Hinblick auf die Frage, ob die Immobilienorganisation weiterhin die vier im Beispiel dargestellten Geschäftsfelder bearbeiten soll. Dies sind Eigen-Bestandsbewirtschaftung, WEG-Verwaltung, Immobiliendienstleistungen und das Bauträgergeschäft. Das in der Regel zugrunde gelegte Entscheidungskriterium lautet: Gelingt es dauerhaft, Überrenditen in diesen Geschäftsfeldern zu erzielen? Von Überrenditen spricht man, wenn die erzielten Renditen höher sind als die risikogerechten Opportunitätskosten des eingesetzten Kapitals. Aufgrund der Tätigkeit in mehreren Geschäftsfeldern, ist es notwendig, den Wertbeitrag einzelner Geschäftsfelder heraus-

---

[71] Eigene Darstellung in Anlehnung an: Helbling, Managementletter, Steigerung von Unternehmenswerten, 2004, S. 6.

zuarbeiten. Ein Weg dahin ist die Prozesskostenrechnung.[72] Wie bei allen auf die Zukunft gerichteten Aktivitäten kann in Abhängigkeit von den modellierten Zukunftsszenarien ein unterschiedliches Ergebnis erzielt werden, sodass dieser Prozess iterativ mit zahlreichen Schleifen wiederholt werden sollte.

In Abhängigkeit vom Ergebnis dieses Prozesses ergeben sich unterschiedliche strategische Optionen, so:

- **Hold:** Dann wird das Geschäftsfeld aus eigener Kraft weiterentwickelt, da es hier Wettbewerbsvorteile gegenüber den anderen Marktteilnehmern gibt.
- **Buy:** Das Geschäftsfeld wird entweder neu entwickelt oder es wird ein Geschäftsfeld gestärkt durch strategisch und operativ sinnvolle Zukäufe, so könnte das Beispielunternehmen sich dazu entschließen, ein kleines Fertighausunternehmen zu kaufen, um den Kunden Alternativen zu herkömmlich und damit zeitaufwändig und teuer errichteten Immobilien zu bieten.
- **Sell**: Wenn das Geschäftsfeld weder wettbewerbsfähig ist noch dessen Entwicklungspotenziale als positiv eingeschätzt werden, sollte über dessen Verkauf nachgedacht werden. Hierbei sind unbedingt Synergien bei den betrachteten Geschäftsfeldern miteinzubeziehen.
- **Close:** Nicht berücksichtigt in der Grafik ist die Möglichkeit, ein Geschäftsfeld nicht mehr zu betreiben. Dies ergibt sich insbesondere dann, wenn kein Käufer am Markt gefunden werden kann.
- **Cooperate:** Soweit dies zu besseren Renditen führt, ist auch zu überlegen, ob eine enge strategische Partnerschaft eingegangen werden kann. Dann sollte aber das Ergebnis einer solchen Partnerschaft sowohl zeitlich als auch in Bezug auf das zu erreichende Ertragsziel genau definiert werden. Möglich wäre zum Beispiel zur besseren Vermietung, eine Partnerschaft mit einem großen Maklerunternehmen einzugehen.
- **Restructure:** In diesem Fall verändert das Immobilienunternehmen sein ganzes Geschäftsmodell, um weiterhin am Markt erfolgreich zu sein. Da viele Immobilienunternehmen in mehreren Marksegmenten tätig sind, gelingt dies durch Verlagerung der Ressourcen häufig relativ schnell. Gerade bei kleinen und mittelständischen Immobilienunternehmen wird in Zeiten, in denen das Bauträgergeschäft rückgängig ist, z.B. wegen Auslaufen von Fördermodellen, verstärkt versucht, Aufträge im Segment der Fremdverwaltung von Beständen zu bekommen und die Maklertätigkeit ausgebaut.
- **Recapitalize:** Hierbei geht es um das aktive Management der Kapitalstruktur sowie der zur Verfügung stehenden Finanzierungsquellen und eine Veränderung dieser unter Risikogesichtspunkten.

3.1.3 Werthebel: Prozessoptimierungen am Beispiel

Nach wie vor sind die Tätigkeiten rund um die Immobilie sowohl bei Immobilienunternehmen wie Nichtimmobilienunternehmen nur bedingt in ihren Prozessen optimiert. Gerade hier ergeben sich noch hohe Einsparpotenziale.

Ein klassisches Beispiel zeigt sich im Prozess „Der Wasserhahn tropft".[73]

---

72 Vgl. Kapitel 3.1.6.
73 Vgl. Hellerforth, M., BWL für die Immobilienwirtschaft, Eine Einführung, 2012, S. 201.

3.1 Einführung: Werthebel im Immobilienmanagement

Definition:
Ein **Prozess** ist eine Kette von Aktivitäten, die mit der Leistungserstellung im Unternehmen zusammenhängt und sich sowohl innerhalb als auch außerhalb des Unternehmens abspielen kann.

Tätig-keit	Anruf	Annahme	Aufnahme	Auf-nahme	Repara-tur	Rechnungs-prüfung	Abnahme	Bezahlung
		Weiter-leitung	Kapazitäts-prüfung	Weiter-gabe	Rech-nung	Weiterlei-tung der Rechnung	Technische Überprü-fung	Kontierung
							Freigabe	Buchung
								Ablage
Betrof-fene	Mieter	Zentrale	Kaufmän-nische Abteilung	Tech-nische Abtei-lung	Externer Hand-werker	Kaufmän-nische Abteilung	Technische Abteilung	Kaufmän-nische Abteilung

Tabelle 3.1: Prozessübersicht[74]: „Der Wasserhahn tropft"

In Tabelle 3.1 wird davon ausgegangen, dass der Prozess reibungslos verläuft. Selbst dann sind in der Immobilienorganisation drei Abteilungen betroffen und es müssen 15 Arbeitsschritte durchgeführt werden. Ineffizienzen können sich dabei insbesondere durch den sogenannten Abteilungs-Pingpong ergeben. So nicht selten bei Unstimmigkeiten in der Abstimmung zwischen kaufmännischer und technischer Abteilung, beispielsweise wenn die Frage nach der internen Durchführung von der technischen Abteilung nicht sofort oder gar nicht beantwortet wird, sodass die kaufmännische Abteilung mehrfach nachfragen muss oder auch, wenn der Auftrag nicht klar weitergeben wird, sodass sich die technische Abteilung immer wieder informieren muss, bis eine eindeutige Klärung des Objekts, der Einheit, des Schadensbildes erfolgen kann.

Bei solchen Prozessen mit einem sehr geringen Materialwert, aber einem hohen Aufwand im Unternehmen, die in immer wieder gleicher Art und Weise durchgeführt werden müssen, liegt es nah, die internen Prozesse zu optimieren, beispielsweise durch Rahmenvertragsvereinbarungen des Immobilienunternehmens mit Handwerkern, an die sich die Mieter dann direkt wenden. Dies ermöglicht eine Verschlankung des Prozesses, wie in Abb. 3.2 dargestellt.

---

74 In Anlehnung an: Schneider, H., Internes Facility Management in der Unternehmensstrategie Einführung oder Neuordnung der FM-Organisation, Dokumentation der Euroforum-Tagung: Fit im Facility Management, 2002, S. 32.

Vorgelagerte Tätigkeiten			
Rahmenvertragspartner auswählen Rahmenverträge abschließen Betragsgrenzen und Anzahl der Fälle festlegen Kontrollinstrumentarium implementieren			
Kaufmännische Abteilung			

Tätigkeit	Anruf	Annahme	Stichprobenüberprüfung der Leistung und der in Rechnung gestellten Beträge
Betroffene	Mieter	Externer Handwerker	Technische Abteilung

Abb. 3.2: Prozessübersicht: „Der Wasserhahn tropft" bei Rahmenverträgen

Dabei sind folgende Faktoren von besonderer Relevanz:
- mit wie viel Aufwand sind die zusätzlichen Tätigkeiten in der Immobilienorganisation verbunden, namentlich: Finden von Rahmenvertragspartnern, Verhandlung der Rahmenvereinbarung sowie Steuerung und Kontrolle?
- Wie werden die nun freigewordenen Ressourcen in der Immobilienorganisation eingesetzt?

Die Gefahr solcher Prozessverschlankungen liegt häufig darin, dass die Personalfixkosten bestehen bleiben und als weitere Kosten zu denen des Rahmenvertrags gerechnet werden. Damit hat sich der Prozess zwar verschlankt, eine Einsparung ist aber nicht erfolgt.

Insgesamt ist Prozessmanagement in der deutschen Immobilienwirtschaft gemäß mehrerer Studien noch nicht Standard geworden. Es wird vor allem damit in Zusammenhang gebracht, dass die deutsche Immobilienwirtschaft nach wie vor durch kleine und mittlere Unternehmen geprägt ist und dass die Leistungen nach Funktionen vergeben werden, weniger nach Prozessen.[75] Gerade dort, wo eine funktionale Organisationsstruktur vorherrscht, erfolgt eine Ablaufoptimierung eher innerhalb einzelner Abteilungen, weniger in der in Abb. 3.2 angedeuteten übergreifenden Form.

3.1.4 Prozessentwicklung und -management

Das Prozessmanagement verläuft in der Regel in fünf unterschiedlichen Phasen:[76]
1. Prozessidentifikation,
2. Prozessmodellierung,

---

[75] Vgl. Scheifler, O., Analyse und Bewertung von Prozessmessgrößen am Beispiel der Immobilienwirtschaft, 2010, S. 3, m. w. N.
[76] Vgl. Oasin, G., Grundlagen und Methoden des Prozessmanagements und der Organisationsentwicklung, 2013, S. 28.

3.1 Einführung: Werthebel im Immobilienmanagement

3. Prozessanalyse,
4. Prozessoptimierung und
5. Prozessüberwachung.

Dabei kann eine Prozessidentifikation über Abteilungsgrenzen hinweg sehr aufwändig sein, wie in Abb. 3.3 angedeutet wird, in der im Rahmen einer funktionalen Abteilungsorganisation ein Prozess in seiner Abfolge durch das Unternehmen verfolgt wird. Es zeigt sich, dass die Dominanz der Aufbaustruktur die Prozessabfolge dominiert, und nicht etwa ein im Zusammenspiel mit der Unternehmensstrategie adäquater Ablauf der Aktivitäten in der Immobilienorganisation erfolgt.

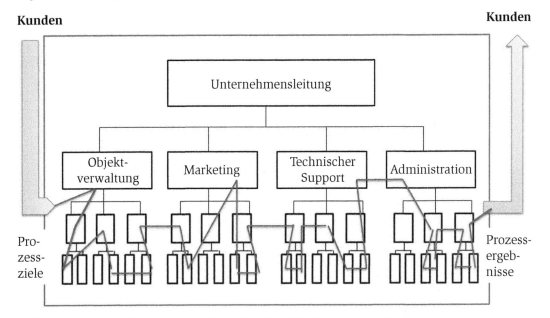

Abb. 3.3: Prozessablauf in einer funktionalen Abteilungsorganisation im Immobilienunternehmen[77]

Im Rahmen des Wertschöpfungsmanagements ist es dabei von besonderem Interesse, Wertschöpfungsketten zu identifizieren, die Prozesse in ihren groben Bestandteilen und zeitlichen Abfolgen zeigen. Die Breite des Elements zeigt dabei den Anteil der jeweiligen Prozessstufe am Gesamtprozess. Besondere Bedeutung kommt dabei folgenden Fragen zu:[78]
- Wie lange dauern die einzelnen Schritte?
- Wer sind beteiligte Vorgänger und Nachfolger?
- Wie viele Abhängigkeiten, Schleifen, Parallel- und Doppeltätigkeiten gibt es?

Insbesondere für FM- bzw. Gebäudemanagementleistungen existieren bereits Prozessmanagementansätze, die sich mit der Abfolge der Leistungsbereiche und deren Zusammen-

---

[77] Eigene Darstellung in Anlehnung an: Georgi, C., Ansätze zur Neustrukturierung von Wohnungsunternehmen, Prozessmanagement, Portfoliomanagement, 2006, S. 26.
[78] Vgl. Oasin, G., Grundlagen und Methoden des Prozessmanagements und der Organisationsentwicklung, 2013, S. 33.

spiel beschäftigen. Dies ist umso wichtiger, je weiter die Arbeitsteilung zwischen den einzelnen Ebenen fortgeschritten ist. Hierzu ist ein Ebenen-Modell entwickelt worden, welches im Folgenden kurz dargestellt wird (s. Abb. 3.4).[79]

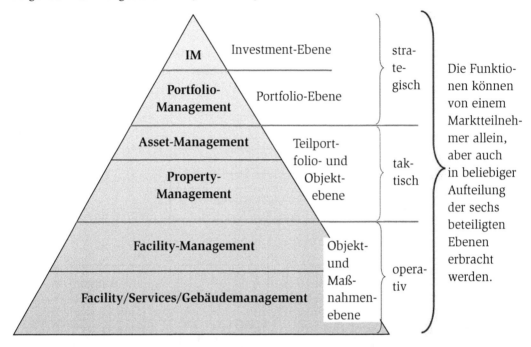

Abb. 3.4: Immobilienmanagementleistungen auf unterschiedlichen Ebenen, eigene Darstellung

Als Ziel wird in diesem Zusammenhang in der Regel die Implementierung eines kontinuierlichen Prozessmanagements (KPM) genannt.[80]

Um Prozesse handhabbar zu machen, wird in der Regel mit Prozessmessgrößen gearbeitet, die die Prozesssteuerung fassbar machen sollten. Wie für alle Kennzahlen gilt, dass dabei unbedingt der Strategiebezug gewahrt bleiben muss, ebenso wie der Kundenbezug. Des Weiteren sollten Prozessmessgrößen die Prozessleistung transparent darstellen, also verständlich für die am Prozess Beteiligten sein. Neben der Notwendigkeit periodischer Anpassungen (z.B. aufgrund eines wachsenden Immobilienbestands, sind häufiger Einkäufe mit größeren Volumina notwendig, die Personalkosten steigen) ist die Wirtschaftlichkeit besonders wichtig: Der Messaufwand sollte den Nutzen nicht überschreiten.[81] Dabei kann es hilfreich sein, eine Vorauswahl zu treffen, welche Prozesse näher betrachtet werden sollten. Die Auswahlmöglichkeiten werden in Abb. 3.5 aufgeschlüsselt.

---

79 Vgl. h. u. i. F.: Ziola, J., Akteure und Leistungsbereiche am Immobilienmarkt, 2013, S. 66.
80 Vgl. ausführlich: Neumann, S./Probst, C./Wernsmann, C., Kontinuierliches Prozessmanagement, o. J., S. 299–325.
81 Ausführliche Aufführung der Prozessmessgrößen: vgl. Scheifler, O., Analyse und Bewertung von Prozessmessgrößen am Beispiel der Immobilienwirtschaft, 2010, S. 12.

3.1 Einführung: Werthebel im Immobilienmanagement

Auswahl der zu untersuchenden Prozesse						
Funktion	Teilfunktion	Aktivität/ Objekt	Untersuchung ja	nein	Fälle p.a.	Kosten Mio. €
Technisches Gebäude- management	Objektplanung	Projektentwicklung		x	2	50
		Projektplanung		x	3	2
	Objekterstellung	Bauwerke		x	1	38
		Technische Einrichtungen	x		15	7
		Außenanlagen		x	5	1
	Objektmanagement	Raumbuchverwaltung	x		200	0,1
		Dokumentation		x	550	0,8
		Systemmananagement		x	10	8
		Gebäudeautomation		x	3	4
		Energiemananagement		x	85	15
	Objektbetrieb	Inbetriebnahme		x	10	18
		Betätigen		x		
		Instandhalten	x		1.200	26
		Ändern	x		185	9
		Stördienst	x		950	8
		Versorgen		x	3	9
		Entsorgen		x	5	12
		Umweltschutz ...		x	9	1

Abb. 3.5: Vorauswahl zu untersuchender Prozesse[82]

Hier ist im Bereich des technischen Gebäudemanagements für unterschiedliche Teilfunktionen beispielhaft aufgezeigt, welche Prozesse näher untersucht werden sollen. Das Immobilienunternehmen hat sich in Abhängigkeit von der Anzahl der Fälle und der Höhe der Kosten dazu entschlossen, die Bereiche zu untersuchen, in denen viele Fälle anfallen, z.B. im Bereich Instandhaltungen oder beim Stördienst, und die zusätzlich hohe Kosten verursachen, wie bei der Instandhaltung. Untersucht werden aber auch die Prozesse mit hohen Kosten, d.h. über 5 Mio. €, so die Projektentwicklung. Diese Grenzen werden natürlich in Abhängigkeit von der Größe der Immobilienorganisation mehr oder weniger hoch sein.

3.1.5 Organisatorische Implementierung der Prozessorientierung

Die organisatorische Einbettung der Prozesse spielt eine große Rolle. Hierbei kann eine prozessorientierte Primärorganisation angestrebt werden. Da hierbei eine völlige Umorganisation des Immobilienunternehmens notwendig ist, verbunden mit häufig großen Schwierigkeiten während der Umgestaltungsphase überwiegt in der Praxis die prozessorientierte Sekundärorganisation. Dann kann die funktional orientierte Primärstruktur beibehalten werden. Unterschieden wird die Einfluss- von der Matrixprozessorganisation. Im Fall der Einflussprozessorganisation werden Prozesspaten eingesetzt, die neben ihren eigentlichen Aufgaben die Verantwortung für bestimmte Prozesse übernehmen, die quer durch die Funktionen verlaufen. In der Regel verfügt hierbei der Prozesspate nicht über Entscheidungsbefugnisse, sodass eine personifizierte Gesamtverantwortung fehlt und zudem ein hoher Koordinationsaufwand

---

82 Vgl. Hellerforth, M., Handbuch Facility Management für Immobilienunternehmen, 2006, S. 234.

notwendig ist.[83] Damit kann die Einfluss-Prozessorganisation nur funktionieren, wenn dem Prozesspaten auch Sanktionsmöglichkeiten eingeräumt werden. Aus diesem Grund wird eher die Matrix-Prozessorganisation empfohlen, insbesondere, wenn die Prozesse eine hohe Ressourceninterdependenz aufweisen. Die beiden Achsen der Matrixorganisation repräsentieren dann die Prozesse und die Verrichtungen, wobei die Prozesse jeweils durch eigene Teams durchgeführt werden (s. Abb. 3.6).

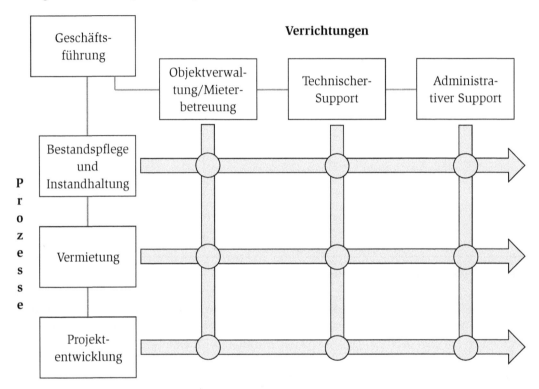

Abb. 3.6: Prozessorientierte Matrixstruktur in einem Immobilienunternehmen[84]

Kernprozesse sind in der Abbildung die Vermietung, die Instandhaltung/Bestandspflege und die Projektenwicklung. Die nächste Aufgabe besteht darin, die Gesamtprozesse in Teilprozesse zu zerlegen. Dies kann z.B. durch eine Aufteilung in vier Teilprozesse erfolgen,[85] nämlich Projektinitiierung, Projektstudie, Vorbereitung und Realisierung sowie Bauausführung und Projektabschluss. In jeder dieser Teilprozesse sind umfangreiche Teilaufgaben zu erledigen, so werden im Teilprozess Projektstudie die Grundlagen des Projekts festgelegt. Daraus ergibt sich eine Aufteilung in weitere Teilprozesse 2. Grades oder Arbeitsschritte, wie: Erstellung

---

83 Vgl. Georgi, C., Ansätze zur Neustrukturierung von Wohnungsunternehmen, Prozessmanagement, Portfoliomanagement, 2006, S. 57.
84 Eigene Darstellung nach: Georgi, C., Ansätze zur Neustrukturierung von Wohnungsunternehmen, Prozessmanagement, Portfoliomanagement, 2006, S. 60, mit eigenen Veränderungen.
85 Vgl. h. u. i. F.: Heyden, F., Immobilien Prozessmanagement, Gestaltung und Optimierung von immobilienwirtschaftlichen Prozessen im Rahmen eines ganzheitlichen Prozessmanagements unter Berücksichtigung einer empirischen Untersuchung, 2008, S. 146 f.

eines Finanzierungskonzeptes, Durchführung einer Standortprüfung, Prüfung/Herstellung des Baurechts sowie Erstellung eines Nutzungskonzepts, ggf. auch verbunden mit einer Kostenplanung und einer Investitions- bzw. Wirtschaftlichkeitsberechnung das Projekt betreffend. Wenn ein Unternehmen Teile der Projektentwicklung mit externen Partnern durchführt, können auch diese in einer derartigen Prozessorganisation berücksichtigt werden. Die hierbei maßgebliche Kundenorientierung wurde vorausgesetzt und deshalb nicht in Abbildung aufgenommen.

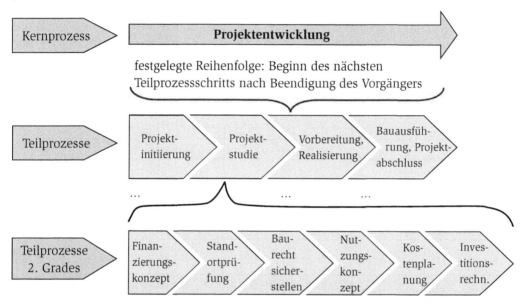

Abb. 3.7: Beispielhafte Darstellung des Kernprozesses Projektentwicklung in einem Immobilienunternehmen[86]

Zusätzlich kann die Länge der Teilprozesse durch unterschiedliche Längen der Symbole dargestellt werden. Ebenso kann es zu Rückkopplungen zwischen einzelnen Prozessschritten kommen. Dann wären Überschneidungen ebenfalls darstellbar und in den Prozess integrierbar.

Gerade grafische Prozessdarstellungen bzw. Flow-Charts gelten als eines der wichtigsten Instrumente, damit Immobilienunternehmen Transparenz in ihren Prozessstrukturen erzeugen können und sind Grundvoraussetzung für Prozess-Performance-Messungen bzw. Prozess-Benchmarking als nächsten Schritt.[87]

3.1.6 Von der Prozessbetrachtung zur Prozesskostenrechnung

In Abb. 3.5 wurde einer der Ausgangspunkte, die Bestimmung der Kosten eines bestimmten Prozesses in der Immobilienorganisation, dargestellt. Dies soll im Folgenden noch einmal

---

[86] In grober Anlehnung an: Heyden, F., Immobilien Prozessmanagement, Gestaltung und Optimierung von immobilienwirtschaftlichen Prozessen im Rahmen eines ganzheitlichen Prozessmanagements unter Berücksichtigung einer empirischen Untersuchung, 2008, S. 147.
[87] Vgl. Pfnür, A/Heyden, F., Prozessmanagement & -optimierungen in der Immobilienwirtschaft 2003, 2003, S. 3.

näher betrachtet werden. Um die Prozesskosten zu ermitteln, wird jeder einzelne Prozessschritt auf seine Dauer untersucht und dann mit den anfallenden Kosten für diese Tätigkeit multipliziert. Dies sind in der Regel die Personalkosten, einschließlich Personalnebenkosten. In Abhängigkeit vom Kostenrechnungssystem des betrachteten Immobilienunternehmens kommen noch umgelegte Arbeitsplatzkosten, Flächenkosten, IT-Kosten usw. hinzu. Für die Prozesskostenrechnung sind mehrere Schritte erforderlich: Zunächst muss der Kostentreiber des Prozesses ermittelt werden. Das ist häufig die Anzahl der Durchführungen einer bestimmten Tätigkeit, so z.B. beim Prozess „Reporting" die Anzahl der Berichte oder beim Prozess „Einkauf" die Anzahl der Bestellungen. Danach wird ermittelt, wie häufig die Tätigkeit durchgeführt wird, um durch Multiplikation beider zu dem Prozesskostensatz zu kommen. Damit stehen die leistungsmengeninduzierten Kosten (lmi) fest. Zusätzlich ergeben sich in Unternehmen aber auch leistungsmengenneutrale Kosten (lmn), so z.B. durch den Abteilungsleiter. Diese werden auf die Planmenge der Berichte oder Bestellungen umgerechnet und führen damit zum Gesamtprozesskostensatz.

Prozesse	Verhalten zum Output	Maßgrößen
Angebote einholen	lmi	Anzahl der Angebote
Bestellungen aufgeben	lmi	Anzahl der Bestellungen
Reklamationen bearbeiten	lmi	Anzahl der Reklamationen
Abteilung leiten	lmn	–

	Bericht erstellen	Bestellung aufgeben
Kostentreiber	Anzahl der Berichte	Anzahl der Bestellungen
Menge	1.000	2.000
Leistungsmengeninduzierte Kosten in €	10.000	10.000
lmi-Kostensatz in €	100	50
Leistungsmengenneutrale Kosten in €	10.000	20.000 für diesen Teilprozess
lmn-Kostensatz in €	10	10
Gesamtkostensatz in €	110	60

Abb. 3.8: Prozesskostenermittlung für den Prozess „Reporting" und „Einkauf"[88]

---

[88] Entwicklung einer zusammenfassenden Darstellung aus: Hellerforth, BWL für die Immobilienwirtschaft, 2012, S. 145 und Scheifler, O., Analyse und Bewertung von Prozessmessgrößen am Beispiel der Immobilienwirtschaft, 2010, S. 30.

3.1.7 Prozess-Erfolgsfaktoren
Schnittstellenmanagement
Je mehr interne und externe Prozessbeteiligte es rund um die Immobilie gibt, umso bedeutsamer ist es, die kritischen Nahtstellen zu betrachten, die entstehen, wenn Risiken über Prozessabschnitte durchgereicht werden. Ein typisches Beispiel ergibt sich aus der Fremdvergabe von Leistungen, denn mit einer Fremdvergabe sind auch immer Leistungs- sowie ein Risikotransfer verbunden. Derartige intern und extern „zusammengesetzte" Prozesse sind umso erfolgreicher, je genauer die Leistung festgelegt ist und je detaillierter die Schnittstellen definiert werden. Gerade in diesem Rahmen bietet das Prozessmanagement Optimierungsmöglichkeiten.

> **Beispiel**:
>
> Die Sonnenschein GmbH führt mithilfe des Ingenieurbüros m² und Partner und der Anwaltskanzlei Dr. Dr. Gerissen eine Due Diligence für ein zu erwerbendes Portfolio durch. Beide Unternehmen erhalten im Rahmen ihrer Tätigkeit wichtige Informationen, die in den Due Diligence Report eingearbeitet werden. Das Portfolio wird erworben und geht in die Bewirtschaftung über, die Erkenntnisse des Due Diligence-Reports sind dabei in den Kaufpreisverhandlungen intensiv genutzt worden, die Mitarbeiter aber erhalten den Due Diligence-Report und auch die Grundlagen, die zu bestimmten Empfehlungen führen, nicht.[89]

Prozessbeschreibung besonders kritischer Abläufe
Auch wenn eine gesamte Prozessaufnahme und -dokumentation für eine Immobilienorganisation zu aufwändig ist, empfiehlt sich eine solche für besonders fehleranfällige oder kritische Tätigkeiten, selbst dann, wenn keine externen Partner beteiligt sind. In diesem Fall ist eine ausführliche Beschreibung der einzelnen Prozessschritte in ihrer logischen Abfolge notwendig.

Reporting: einheitliche Standards nicht nur an den Schnittstellen
Insbesondere dort, wo die Immobilienleistung nicht aus einer Hand erbracht wird, sondern externe Asset- und Property-Manager mitwirken, kommt dem Reporting-Konzept eine besonders große Bedeutung zu, denn hier ergeben sich zahlreiche Schnittstellen, die häufig mit großem manuellen Datenbearbeitungs- und Prüfaufwand verbunden sind. Das bindet Ressourcen, führt zu Qualitätsmängeln und Fehlern und geht aus der Sicht der Dienstleister zu Lasten der Marge, aus der Sicht der Auftraggeber zu Lasten der Kundenzufriedenheit und führt damit zu einer Gewinnminderung. Das Einstellen auf die Reportinganforderungen und -standards der Kunden mit möglichst geringem Aufwand ist deshalb einer der wichtigsten Erfolgsfaktoren im Rahmen der Prozessintegration bei der Fremdvergabe

3.2 Instandhaltungsmanagement
3.2.1 Einführung
Die Instandhaltung umfasst den größten Teil des technischen Gebäudemanagements und hat deshalb sowohl für die laufenden Objektkosten als auch für die Wertentwicklung der Objekte entscheidende Bedeutung. Dies zeigt Abb. 3.9, die den Anteil der Instandhaltungskosten an den gesamten Lebenszykluskosten eines Aufzugs darstellt.

---

89 In Anlehnung an: ebenda.

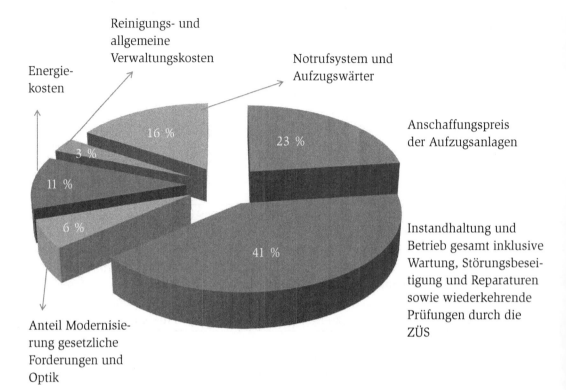

Abb. 3.9: Kostenanteile an den Lebenszykluskosten eines Aufzugs, eigene Darstellung

Dieser Prozentsatz bzw. diese Instandhaltungsintensität gilt nicht nur für Aufzüge, sondern es entfällt generell der größte Teil des technischen Gebäudemanagements auf die Instandhaltung, auch wenn es Unterschiede je nach Art der Gebäude, deren Alter und der eingesetzten Technik gibt.[90]

In Bezug auf die Instandhaltung geht es für alle Mitarbeiter, die mit den Immobilien in Berührung kommen darum, eine begriffliche Klarheit zu erhalten, wer welche Aufgaben im Rahmen der Instandhaltung durchzuführen hat. Das ist natürlich von besonderer Bedeutung für die Mitarbeiter vor Ort, die ihren Leistungskatalog kennen müssen, aber genauso für die Personen, die sie steuern, also in der Regel das Property-Management und höheren Ebenen mit Steuerungs- und Kontrollaufgaben, wie das Asset-Management. Gerade das Instandhaltungsmanagement gewinnt immer größere Bedeutung in der Praxis, denn hier ergeben sich nicht zuletzt aufgrund der Marktsituation und im öffentlichen Bereich aufgrund der Mittelknappheit hohe Nachholnotwendigkeiten.

3.2.2 Begriff der Instandhaltung

Gemäß der Neufassung der DIN EN 13306 ist Instandhaltung die Kombination aller technischen und administrativen Maßnahmen sowie Maßnahmen des Managements während des

---

90 Vgl. Heinrich, S., Technisches Gebäudemanagement in der Praxis, Leitfaden für den technischen Gebäudebetrieb, 2010, S. 7.

3.2 Instandhaltungsmanagement

Lebenszyklus einer Einheit zur Erhaltung des funktionsfähigen Zustands oder der Rückführung in diesen, sodass sie die geforderte Funktion erfüllen kann. Die im technischen Bereich gebräuchlichste Definition des Begriffs der Instandhaltung ergibt sich aus der DIN 31051. Demnach gehören zur Instandhaltung die Inspektion, die Wartung, die Instandsetzung und die Verbesserung.

Unter **Wartung** werden Maßnahmen zur Verzögerung des Abbaus des vorhandenen Abnutzungsvorrats verstanden. Dazu gehören beispielsweise:[91] Auftrag, Auftragsdokumentation und Analyse des Auftragsinhalts, Erstellen eines Wartungsplans, der auf die spezifischen Belange des jeweiligen Betriebes oder der Betrachtungseinheit abgestellt ist und hierfür verbindlich gilt. Dieser Plan sollte u.a. Angaben über Orte, Termin, Maßnahmen und zu beachtende Merkmalswerte enthalten: Vorbereitung der Durchführung, Vorwegmaßnahmen wie Arbeitsplatzausrüstung, Schutz- und Sicherheitseinrichtungen usw., Überprüfung der Vorbereitung und der Vorwegmaßnahmen einschließlich der Freigabe zur Durchführung, Funktionsprüfung und Rückmeldung.

Die **Inspektion** beinhaltet alle Maßnahmen zur Feststellung und Beurteilung des Istzustandes einer Betrachtungseinheit, einschließlich der Ursachenbestimmung von Abnutzungen und dem Ableiten der notwendigen Konsequenzen für eine künftige Nutzung. Mithilfe einer geeigneten Inspektionsstrategie kann der Zustand der Anlagen bewertet und die Instandhaltung flexibel und kostengünstig gemanagt werden.[92] Inspektionstätigkeiten sind beispielsweise: Das Erstellen eines Plans zur Feststellung des Istzustands, der auf die spezifischen Belange des jeweiligen Betriebes oder der Betrachtungseinheit abgestellt ist und hierfür verbindlich gilt. Dieser Plan sollte u.a. Angaben über Orte, Termin, Maßnahmen und zu beachtende Merkmalswerte enthalten oder die Vorbereitung der Durchführung der Inspektion und die Fehleranalyse.

Die Instandsetzung beinhaltet Maßnahmen zur Rückführung einer Betrachtungseinheit in den funktionsfähigen Zustand, mit Ausnahme von Verbesserungen, so z.B. die Vorbereitung der Durchführung mit dem Inhalt: Kalkulation, Terminplanung, Abstimmung, Bereitstellung von Personal, Mitteln und Material, Erstellung von Arbeitsplänen, die Funktionsprüfung und Abnahme und die Auswertung einschließlich Dokumentation, Kostenaufstellung und Aufzeigen der Möglichkeit von Verbesserungen.

> **Achtung!** Die Instandsetzung gem. der DIN 31051 ermöglicht lediglich einen Werterhalt; es kann maximal der ursprüngliche Sollzustand wiederhergestellt werden, weiterführende Maßnahmen hingegen gehören nicht mehr in den Bereich der Instandsetzung.

> **Achtung!** Wenn die Tätigkeiten insoweit DIN-konform an einen Betreiber bzw. einen Auftragnehmer übergeben sind, muss die Schnittstelle zum Arbeitsschutz bzw. zu den arbeitsplatztypischen Belangen, die dem Arbeitgeber der in den Gebäuden arbeitenden Menschen ursprünglich obliegt, vorher geklärt werden.

Die **Verbesserung** stellt eine Kombination aller technischen und administrativen Maßnahmen des Managements zur Steigerung der Funktionssicherheit einer Betrachtungseinheit dar,

---

91 Vgl. Heinrich, S., Technisches Gebäudemanagement in der Praxis, Leitfaden für den technischen Gebäudebetrieb, 2010, S. 8.
92 Vgl. Hellerforth, M., Handbuch Facility Management für Immobilienunternehmen, 2006, S. 123.

ohne die von ihr geforderte Funktion zu ändern. Diese Maßnahmen können u.a. beinhalten: Vorbereitung der Durchführung mit dem Inhalt: Kalkulation, Terminplanung, Abstimmung, Bereitstellung von Personal, Mitteln und Material, Erstellung von Arbeitsplänen, Freigabe zur Durchführung und Durchführung.

Wartung	Inspektion	Instandsetzung	Verbesserung
Maßnahmen zur Verzögerung des Abbaus des vorhandenen Abnutzungsvorrats (DIN 31051)	Feststellen und Beurteilen des Ist-Zustands einer Einheit einschließlich Bestimmung der Abnutzung und Ableiten der notwendigen Konsequenzen für eine künftige Nutzung (DIN 31051)	Rückführung einer Einheit in den funktionstüchtigen Zustand mit Ausnahme von Verbesserungen (DIN 31051)	Kombination aller technischen und administrativen Maßnahmen des Managements zur Steigerung der Funktionssicherheit einer Einheit, ohne die von ihr geforderte Funktion zu ändern (DIN 31051)

Tabelle 3.2: Instandhaltung nach der DIN 31051 im Überblick

Gemäß der DIN 31051 gehören nicht zur Instandhaltung:
- Anlagen-Änderungen,
- Umbauten,
- Hilfestellung beim Betätigen,
- Störungsbeseitigung (Reparaturen),
- Interne Transporte,
- Hilfe bei Produktionstätigkeiten,

weshalb diese Tätigkeiten von der Instandhaltung nach dem Stand der Technik (DIN 31051) zu trennen und deren Kosten getrennt auszuweisen sind. Schon hier wird deutlich, dass die Betrachtungsweise der DIN 31051 keine Immobilienwirtschaftliche ist und es auch nicht darum geht, ob die entstehenden Kosten nach Betriebskostenverordnung oder aufgrund des gewerblichen Mietvertrags umlegbar sind.

Daneben kann Instandhaltung, z.B. nach folgenden Normen definiert werden:
- DIN 24186,
- VDI-Richtlinie 2895 „Organisation der Instandhaltung",
- II. BV/Betriebskostenverordnung,
- GEFMA-Richtlinie 122,
- GEFMA-Richtlinie 108.

In der Praxis herrschen deshalb teilweise begriffliche Unklarheiten, die bei Fremdvergabe der Leistungen nicht selten zu rechtlichen Auseinandersetzungen führen. Gerade deshalb sollten im Zweifel die geschuldeten Leistungen bzw. der zu erreichende Zustand detailliert im Leistungsverzeichnis aufgenommen werden oder es sollte im Sinne einer inputorientierten Leistungsdefinition eine Norm verbindlich vereinbart werden.

Die VDI-Richtlinie 2895 regelt die „Organisation der Instandhaltung" und übernimmt dabei die begriffliche Gliederung der DIN 31051, unterteilt aber die Instandsetzung in kleine und lau-

3.2 Instandhaltungsmanagement

fende Instandsetzung, mittlere und große Instandsetzung oder Teilüberholung. Das Ziel, die geplante Instandsetzung, wird definiert als ein Konzept, das systematisch und kontinuierlich verfolgt werden soll.

In der mittlerweile durch die Wohnflächenverordnung abgelösten II. Berechnungsverordnung sind Instandhaltungskosten als solche Kosten definiert, die während der Nutzungsdauer zur Erhaltung des Gebrauchs aufgewendet werden müssen. In dieser Norm sind auch Instandhaltungspauschalen angegeben, die je nach Alter des Gebäudes variieren und turnusmäßig angepasst werden.

Die GEFMA-Richtlinie 122 „Betriebsführung im FM" unterscheidet zwischen der sogenannten kleinen und großen Instandsetzung. Die **kleine Instandsetzung** besteht im Wesentlichen aus dem Austausch von Verschleißteilen, eine Leistung, die sehr häufig im Zuge der sowieso fälligen Wartung durchgeführt wird, etwa an einem Aufzug.[93] Die große Instandsetzung beinhaltet jede Wiederherstellung des Sollzustands, die über die kleine Instandsetzung hinausgeht. Die Trennung erscheint auch vor dem Hintergrund einer eindeutigen Kalkulation schlüssig, da die Kosten der kleinen Instandsetzungen nach der BetrKV als Betriebskosten auf den Mieter umgelegt werden können – soweit dies im Mietvertrag vereinbart ist – und die Kosten großer Instandsetzungen vom Eigentümer selbst zu tragen sind. Die GEFMA 122 ordnet deshalb die Maßnahmen der kleinen Instandsetzung den Betriebskosten (Kostengruppe 300 nach DIN 18960, Fassung 08/1999) zu und die der großen Instandsetzung der Kostengruppe 400 (Instandsetzungskosten). Die Richtlinie befindet sich zurzeit in Überarbeitung.

Die GEFMA 108 (zurückgezogener Entwurf) mit dem Titel „Betrieb, Instandhaltung und Unterhaltung von Gebäuden und gebäudetechnischen Anlagen – Begriffsbestimmungen", versucht, die Begriffe zu ordnen bzw. Unterschiede zwischen den Regelwerken herauszustellen. Demnach umfasst die kleine Instandsetzung bestimmte geringfügige Instandsetzungsarbeiten, die im Rahmen der Wartung anfallen und zu den Betriebskosten nach II. BV (1979) zu rechnen sind. Die Abgrenzung zu den größeren Instandsetzungen, die nach der II. BV (1996) zu den Instandhaltungskosten gerechnet werden müssen und damit von der Grundmiete gedeckt sein müssen, ist fließend. Gemäß der DIN 18960-1 dürfen derartige kleinere Reparaturen nicht das Ausmaß von Leistungen zur Bewahrung des Soll-Zustands erreichen.

In vielen Publikationen wird die Instandhaltung auch mit dem Bauunterhalt gleichgesetzt.

3.2.3 Beispiel für typische Instandhaltungsaufgaben

Die im Rahmen der Instandhaltung immer wieder aufgeführten Tätigkeiten, die auch in den Leistungsbeschreibungen der Verträge mit Dienstleistern häufig vorkommen, sind:
1. Laufende Kontrolle des Objektzustands,
2. Instandhaltungsplanung und Erstellung eines jährlichen Instandhaltungsbudgets (Ausnahmen: Großreparaturen, Umbauten im Allgemein- bzw. Mietbereich),
3. Vorlage der Budgetierung an die Auftraggeber zur Genehmigung,
4. Vorlage der jährlichen Abrechnung, inklusive eines Soll-/Ist-Vergleichs an den Auftraggeber zur Genehmigung,
5. Beauftragung, Kontrolle und Koordination von auf Basis des genehmigten Instandhaltungsplanes erforderlichen Reparatur- und Instandsetzungsarbeiten zu Lasten des Eigentümers

---

93 Vgl. Hellerforth, M., Handbuch Facility Management für Immobilienunternehmen, 2006, S. 125.

bis zu einer vom Auftraggeber festgelegten Wertgrenze pro Einzelauftrag, mit der Ausnahme terminierter behördlicher Bauaufträge sowie bei Gefahr im Verzug,
6. Abnahme der beauftragten Leistungen sowie sachliche und rechnerische Prüfung der diesbezüglichen Rechnung,
7. Verfolgung von Gewährleistungsansprüchen für beauftragte Arbeiten,
8. Evidenzhaltung von Gewährleistungsfristen,
9. Behebung von Schadensfällen, inklusive aller notwendigen Versicherungsmaßnahmen.

Weitere Tätigkeiten im Rahmen der Instandhaltung und haustechnischen Betreuung sind:
1. Übernahme der haustechnischen Anlagen vom Auftraggeber in die Betreuung,
2. Übernahme und laufende termingerechte Führung der erforderlichen Unterlagen:
    a) Bescheide,
    b) Planunterlagen,
    c) Betriebs- und Wartungsvorschriften,
    d) Anlagenbeschreibungen,
    e) Kontroll- und Wartungsaufzeichnungen,
    f) Prüfbücher,
    g) Wartungs- und Terminpläne.
3. Abschluss von Betreuungs-, Wartungs- und Serviceverträgen unter Berücksichtigung behördlicher und gesetzlicher Bestimmungen, Verordnungen und vertraglicher Vereinbarungen,
4. Kontrolle, Koordinierung und Überwachung der Einhaltung dieser Verträge,
5. Abwicklung, Beauftragung, Überwachung und Abrechnung erforderlicher Reparatur-, Service- und Wartungsleistungen,
6. sachliche und rechnerische Prüfung aller Rechnungen, Zahlungsfreigabe für die kaufmännische Verwaltung,
7. Vorschläge für Maßnahmen zur Optimierung der Kosten des Betriebs der haustechnischen Anlagen,
8. Ermittlung der Grundlagen für die Aufteilung und Abrechnung der Betriebskosten, und entsprechende Vorkontierung der Rechnungen,
9. Evidenzhaftung und Veranlassung behördlich vorgeschriebener Überprüfungen, sowie Erwirkung von Befunden,
10. Investitionsvorschläge für den Ankauf von Maschinen, Werkzeugen, Geräten, Hilfsmitteln, die für die ordnungsgemäße Objektbetreuung erforderlich sind,
11. Vertretung des Auftraggebers/Asset-Managers bei behördlichen Überprüfungen, Verhandlungen.

Hierbei zeigt sich, dass der Bereich der Instandhaltung in der Praxis der Immobilienverwaltung nicht sauber nach der DIN 31051 aufgelistet und getrennt wird. Hinzu kommt, dass der Umfang der von den jeweiligen Personen oder Unternehmen durchzuführenden Tätigkeiten vom Vertragsumfang abhängt. Der Prozess der Instandhaltung umfasst außerdem Schnittstellen im Eigentümerunternehmen mit unterschiedlichen Auftragnehmern.

3.2.4 Instandhaltungsziele und Instandhaltungsstrategien[94]
Einführung
Ziel der Instandhaltung ist es, eine Verzögerung des Abbaus des Abnutzungsvorrats zwischen Sollzustand und Abnutzungsgrenze zu erreichen. Damit umfasst die Instandhaltung gemäß DIN 31051 die Abstimmung der Instandhaltungsziele mit den Unternehmenszielen und die Festlegung entsprechender Instandhaltungsstrategien.

Die Instandhaltung wird unter strategischen Gesichtspunkten immer unter dem Aspekt der Bestandsoptimierung betrachtet. Aufgrund des Alters vieler Gebäude in Deutschland, verbunden mit einem hohen Grad an Technisierung, sollte die Instandhaltung immer auch unter Berücksichtigung der Aspekte der CO_2-Reduktion, der Verringerung des Energiebedarfs und der Erhöhung der Energieeffizienz erfolgen. Zudem sollte damit verbunden auch die Optimierung der Betriebskosten realisiert werden.

Unabhängig davon, ob die Instandhaltung selbst durchgeführt oder fremdvergeben wird, müssen klare Ziele für die Instandhaltung formuliert werden. Dabei geht es zunächst um die allgemeinen Ziele der Instandhaltung, aber auch um die Zielsetzung und daraus resultierend die Strategie für jedes einzelne Objekt. Solche Instandhaltungsziele können sein:
- Reduktion der Schwachstellen,
- Steigerung der Verfügbarkeit,
- Qualitätssicherung,
- Prozesssicherheit und
- Erhöhung des Gebäudewertes.

In der Praxis herrschen folgende Instandhaltungsstrategien vor:[95]

1. Abwarte- oder Feuerwehrstrategie (Firefighting)
Es wird der Ausfall eines Gebäudeteils abgewartet und erst dann wird dieses ersetzt. Diese Strategie kann nur durchgeführt werden, wenn weder herstellerseitig noch gesetzlich der Austausch bestimmter Teile zu bestimmten Zeiten vorgeschrieben ist.

2. Vorbeugungs-Strategie bzw. intervallabhängige Instandhaltung
Bei der intervallabhängigen Instandhaltungsstrategie werden Anlagen periodisch – unabhängig vom Ausfall – inspiziert, gewartet, instandgesetzt und erneuert. Dazu müssen die übliche Verschleiß- und Nutzungsdauer bestimmt werden. Diese Strategie ist dort notwendig, wo es entsprechende gesetzliche Erfordernisse gibt.

3. Die Zustandsstrategie
Die Zustandsstrategie setzt aktuelle Kenntnisse des Gebäude- und Anlagebestands voraus, auf deren Grundlagen dann Maßnahmen bestimmt, budgetiert und durchgeführt werden.

Der Idealfall: Zustandsstrategie bzw. ergebnisorientierte Instandhaltung im Überblick
Im Idealfall werden für die detaillierte Instandhaltungsplanung die Ist-Ergebnisse der Vor-Ort-Besichtigungen verwendet. Was jeweils zu inspizieren ist, geht aus einem in der Immobilienorganisation in Abhängigkeit von den vorhandenen Gebäuden und deren Technik verwendeten Terminplan hervor. Die Ergebnisse dieses Verfahrens führen dann zu einer

---
94 In Anlehnung an: Hellerforth, M., Handbuch Facility Management für Immobilienunternehmen, 2006, S. 145.
95 Vgl. ausführlich: Hellerforth, M., Schnelleinstieg Immobilienbewirtschaftung, 2014, S. 67 ff.

Budgetierung notwendiger Maßnahmen. Dort werden in Abhängigkeit vom Bauteil und der verbauten Menge die Kosten der durchzuführenden Maßnahmen dargestellt. Um zum nächsten Instandhaltungstermin die Liquidität zur Durchführung der Maßnahmen tatsächlich zu besitzen, können hier – bis zum nächsten Termin – jährlich bestimmte Beträge angesammelt werden. Dies kann aufgrund der seit dem BilMoG geänderten Gesetzeslage in Bezug auf Rückstellungen, z.B. einer Rücklage erfolgen.

Ergebnisse der Vor-Ort-Besichtigung

Gebäude/Ort ...	Gebäudeklasse ...	Baujahr ...	
Überprüfung der Dachhaut Flachdach	**Rep**	**Inst**	**Abn**
Blasen oder Risse in der Oberlagsbahn sichtbar?			
Bahnen oder Nahtverbindungen offen?			
Oberlagsbahn stark verwittert (Versprödungsrisse)?			
UV-Schutz beschädigt (Oberflächenfarbe)?			
Stehende Wasserpfützen (Dellen in der Dachhaut)?			
Haben sich Hohlstellen gebildet?			
Einzelne Bahnenbereiche abgewittert?			
Abdichtungsbahnen beschädigt?			
Hat sich Pflanzenbewuchs gebildet?			
Durchdringen Pflanzwurzeln die Dachhaut?			
Kaminköpfe beschädigt/Fugen undicht?			

Voraussetzung: Terminplan: Was soll in welchen Intervallen besichtigt werden?

Gebäude/Ort						
Bauteil	**LE**	**Insp.**	**Alter**	**AG**	**VLE**	**Inst.-Int.**
Bodenplatte aus Beton	100	20				50
Fundamente aus Beton	100	20				50
Tragende Außenwand aus Beton	100	10				50
Tragende Außenwand in Mauerwerk verputzt	90	10				40
Außenwandisolierung gegen Erdfeuchte	50	10				20
Isolierung gegen drückendes Wasser	50	5				10
Weiße Wanne (drückendes Wasser)	80	5				25
Lichtschacht Beton	80	5				50
Lichtschacht Kunststoff	60	3				25
Kellerfenster	50	3				10
Drainage	50	5				20
Kontrollschacht für Drainage	50	2				10
Abwasserleitung	70	3				25
Durchdringungen der Außenwand	30	1				10

Ergebnis: Detaillierte Budgetplanung auf Grundlage der Inspektionsergebnisse

Bauteil	Menge (Cbm, qm, Lfm, Stck)	Kosten (EUR)	Summe (EUR)	Datum – letzte Instandhaltung	Gebäudeklasse (A, B, C, D)	Sollkosten (EUR)	Instandhaltungsintervall (Jahre)	nächster Instandhaltungstermin	Instandhaltungskostenrücklage (EUR pro Jahr)	Ist-Kosten (EUR)	Differenz (EUR)	Abweichung
Fassade	477,05	98,77 €	47.118,23 €	01.01.2008	A	56.541,87 €	10	01.01.2018	5.654,19 €		-56.541,87 €	
							15					
							50					

Abb. 3.10: Maßnahmen, Checklisten und Budgetierung in der Instandhaltung[96]

Tipp! Am einfachsten ist eine derartige Datenpflege natürlich, wenn die Mitarbeiter oder Dienstleister direkt mit Tablets ausgestattet die Listen in der IT bzw. ggf. Online bearbeiten, da dadurch eine doppelte Erfassung – vor Ort und am festen Arbeitsplatz – entfällt.

In der Praxis wird häufig eine Mischung aus allen drei Instandhaltungsstrategien anzutreffen sein. Die Art der durchgeführten Instandhaltung hängt in hohem Maße von den Investorenzielen und den Ansprüchen ab, die der Geldgeber bzw. dessen Organisation an das Gebäude stellt.

96 Vgl. die Listen Kroliewicz, H.J./Hopfensperger, G./Spötz, H., Der Instandhaltungsplaner, 2009, S. 256 f., eigene Zusammenfassung in der Abbildung.

3.2 Instandhaltungsmanagement

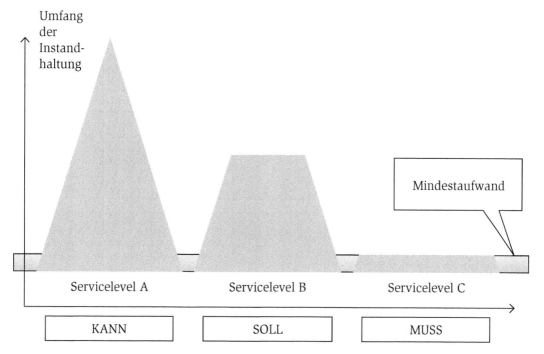

Abb. 3.11: Betrachtung der Instandhaltung in Zusammenhang mit unterschiedlichen Service-Levels

In Abb. 3.11 sind Instandhaltungsstrategien nach unterschiedlichen Investorenzielen bzw. Budgetvorgaben dargestellt und werden als „Servicelevel" bezeichnet. Das absolut einzuhaltende Mindestlevel wäre das Level C, das aufgrund gesetzlicher Vorgaben erreicht werden muss. Das Servicelevel B repräsentiert eine Empfehlung, über das Mindestmaß hinausgehend, das verhindern soll, dass es zu Instandhaltungsstaus kommt, die dann nur mit größerem Mitteleinsatz wieder aufgefangen werden müssen und ggf. Folgeschäden entstehen. Das Servicelevel A steht für eine Strategie, die zu einem Werterhalt der Gebäude auf hohem Niveau führt. Wenn das Grundziel festgelegt ist, geht es darum, diese Ziele durch adäquate Organisation zu erreichen und ein Budget hierfür festzulegen. Dabei unterscheidet sich dieses Grundziel bei Gebäuden, die kurzfristig verkauft werden sollen, durchaus von dem bei Gebäuden, die längerfristig im Bestand gehalten werden sollen, genau wie bei Immobilien, denen ein hoher Repräsentationscharakter zukommt.

3.2.5 Instandhaltungsorganisation

Weltweit durchgeführte Untersuchungen zum Thema Effektivität in der Instandhaltung zeigen übrigens keine eindeutigen Verbesserungstrends, wobei die Anwendung von Instandhaltungstechniken im Untersuchungszeitraum deutlich zugenommen hat. Einer der Gründe ist, dass die Leistung der Instandhaltung hauptsächlich an technischen Kriterien festgemacht wird (Reaktionsfähigkeit des Dienstleisters, Vereinbarung dieser als Servicelevel). Demgegenüber wird wenig darauf geachtet, wie das Auftreten des Problems vermieden werden kann. Genau dies wäre aber ein Teil des Instandhaltungsmanagements.

3. Wertschöpfungshebel im Immobilienmanagement

Kategorie 1:
Längerfristige Bestandsobjekte
Langfristig positive Performance-Erwartungen
Kein außerordentlicher Handlungsbedarf

Kategorie 2:
Längerfristige Bestandsobjekte
Zurzeit geringe Erträge, deshalb Überprüfung des Konzepts, der Technik und der genauen Situation der Immobilien

Kategorie 3:
Mittelfristige Bestandsobjekte/Verkaufsobjekte
Erträge, Bausubstanz, Lage nicht den Anforderungen entsprechend
Überprüfung, ob Relaunch oder Verkauf sinnvoller

Kategorie 4:
Kurz- bis mittelfristige Verkaufsobjekte
Immobilien passen aus unterschiedlichen Gründen nicht ins Zielportfolio und müssen deshalb verkauft werden

Kategorie I: Unterkategorie	A	B	C
Merkmale	Repräsentativ bedeutsame Mieter	Hoch technisiert	Wohnimmobilien
	Langfristige Strategie/Instandhaltungsplanung		
Generelles Vorgehen bei der Instandhaltung	Ergebnisorientiert	In den sensiblen Bereichen: vorbeugend	In der Regel zustandsorientiert, kurz vor größeren Maßnahmen: Feuerwehr

Kategorie III: Unterkategorie	A	B	C
Merkmale	Repräsentativ bedeutsame Mieter	Hoch technisiert	Wohnimmobilien
	Strategie geleitet von der Verkaufsabsicht und den Anforderungen potenzieller Käufer, keine Langfristplanung mehr		
Generelles Vorgehen bei der Instandhaltung	Ergebnisorientiert	In den sensiblen Bereichen: vorbeugend	Feuerwehr

Abb. 3.12: Unterschiedliche Instandhaltungsstrategien in Abhängigkeit von der Verwendung der Immobilie[97]

Vor der Entscheidung für oder gegen eine bestimmte Instandhaltungsstrategie sind ein Blick auf das Gebäude und insbesondere eine Abstimmung mit dem Planungshorizont des Investors erforderlich. Dies führt häufig zu einer Vereinfachung der Aufgaben der Instandhaltung, denn so können Objekte, die demnächst verkauft oder saniert werden sollen, aus einer detaillierten Bestandsaufnahme und Planung herausfallen.

Tabelle 3.3 zeigt einen weiteren Teil der Strategiefestlegung für die Instandhaltung, und zwar die Planung der Maßnahmen in Abhängigkeit von deren Relevanz. Damit kann die gewählte Strategie veranschaulicht bzw. den Entscheidern und Ausführenden im Unternehmen verdeutlicht werden.

---

[97] Eigene Abbildung nach: Quante, R., Praxishandbuch Immobilien Asset Management, 2011, S. 218.

3.2 Instandhaltungsmanagement

	Maßnahmen			Budget-bestandteile	Rücklagen
	sicherheits-relevante Anlagen	haustech-nische Anlagen	Baukonstruktion und Gebäudehülle		
präventiv	Wartungs-verträge	Wartungs-verträge	Dach: Wartungsver-trag Fassade: regelmä-ßige Inspektion und Instandsetzung Abdichtungen: Regelmäßige Inspektion und Instandsetzung Baukonstruktion: regelmäßige Inspek-tion und Instand-setzung	Instandhal-tungsmaßnah-men, inklusive Ersatzinvesti-tionen	regel-mäßige Instandhal-tungsrück-lage
über-wiegend präventiv	Wartungs-verträge	Wartungs-verträge	Inspektion und Instandsetzung	Instandhal-tungsmaß-nahmen Ersatzinves-titionen als Sondermaß-nahmen	Budget-überschuss
über-wiegend notfall-orientiert	Wartungs-verträge	Wartung zur Ver-meidung von Ausfällen Minimale Instandset-zung	Inspektion zur Vermeidung von Schäden Minimale Instand-setzung	Instandhal-tung: Sicherheits-relevante Anlagen Haustechni-sche Anlagen Baukonst-ruktion und Gebäudehülle	keine
notfall-orientiert	Wartung zur Vermei-dung von Ausfällen	Instandset-zung bei Ausfällen	Instandsetzung bei Schäden	Instandhal-tung: sicher-heitsrelevante Anlagen	keine

Tabelle 3.3: Instandhaltungsstrategien für die Instandhaltungsorganisation[98]-Strategie

---

98 Vgl. eigene Darstellung nach: Quante, R., Praxishandbuch Immobilien Asset Management, 2011, S. 218.

Die detaillierte Instandhaltungsplanung wird dadurch erschwert, dass es an Bewertungskriterien für die „Managementleistung Instandhaltung" fehlt und es mangelt an Vergleichsdaten. Dies liegt u.a. auch daran, dass die Fremdvergabe bei der Instandhaltung üblich ist, und Dienstleister nur ein begrenztes Interesse daran haben, ihr Wissen preiszugeben, da Knowhow immer in Preise einfließt. Zudem soll die Übertragung auf die Dienstleister auch gerade dazu führen, dass der Investor oder Asset-Manager mit dem Tagegeschäft möglichst wenige Berührungspunkte hat.

Das Durchsetzen von Instandhaltungsstrategien in der Immobilienorganisation setzt voraus, dass die durchzuführenden Leistungen verständlich und realistisch dargestellt werden, und dass die Unternehmensleitung hinter der gewählten Instandhaltungsstrategie steht und die notwendigen Ressourcen und Mittel zur Verfügung stellt. Die Instandhaltung muss auch bei der Organisationsführung eine entsprechende Akzeptanz haben, damit nicht abgestimmte Budgetkürzungen mit der Folge von Instandhaltungsrückstaus nicht den Substanzverlust beschleunigen, aber auch, um die Motivation, der mit der Instandhaltungsplanung Beschäftigten nicht zu untergraben.

3.2.6 Instandhaltungsbudget
Einführung
Die Zustandsstrategie ist bereits dargestellt worden und auch die Art und Weise, wie aus den Inspektionsergebnissen ein Budget entwickelt werden kann. Die Bemessung des Instandhaltungsbudgets ist eine der schwierigsten Aufgaben in der Praxis. Woran soll man sich – wenn noch nicht genügend Wissen über die Gebäude, deren Bauteilen usw. vorliegt – orientieren oder was ist zu tun, wenn die dezidierte Instandhaltungsplanung über alle Gewerke zu einem Massenproblem wird? Leider gibt es keine Berechnungsverfahren, quasi als Pauschallösungsansatz, die helfen, das Instandhaltungsbudget exakt vorauszuplanen. Deshalb ist als „Praxislösung" immer wieder zu beobachten, dass Vergangenheitswerte einfach fortgeschrieben und ggf. im Ablauf des Jahres noch gekürzt werden. Dies liegt vor allem darin begründet, dass kostenbestimmende Parameter häufig nicht bekannt sind, zumal jede Maßnahme eigene Einflussfaktoren besitzt. Zum Beispiel werden im Unterschied zu außerordentlichen Instandhaltungsmaßnahmen (Verbesserungen nach DIN 31051) regelmäßige Instandhaltungsmaßnahmen (Inspektion, Wartung und Instandsetzung nach DIN 31051) von anderen Faktoren beeinflusst. Fest steht, dass Instandhaltungskosten insbesondere im Gebäudealter zwischen 30 und 40 Jahren stark ansteigen. Zudem gibt es häufig einen Kostensprung nach zehn Jahren.

In der Literatur gibt es verschiedene Berechnungsmethoden:
- Kennzahlenorientierte,
- Analytische,
- Wertorientierte,
- Mathematisch-statistische Verfahren.[99]

---

99 Vgl. zu diesen und weiteren Bemessungsverfahren ausführlich: Bahr, C., Realdatenanalyse zum Instandhaltungsaufwand öffentlicher Hochbauten, Ein Beitrag zur Budgetierung, 2008, S. 10 ff.

3.2 Instandhaltungsmanagement

Kennzahlenorientierte Budgetierungsverfahren

Ein typisches kennzahlenorientiertes Verfahren beschreibt die Gesellschaft für immobilienwirtschaftliche Forschung (gif) mit der Kennzahl Instandhaltungskosten pro m². [100]

$$\text{Instandhaltung pro m}^2 = \frac{\text{Instandhaltungskosten}}{\text{MF-G}}$$

Dieser einmal errechnete Wert, z.B. für unterschiedliche Flächen oder unterschiedliche Strategien kann für jeweils passende Flächentypen wiederholt angewandt werden.

Analytische Berechnungsmethoden

Bei den analytischen Berechnungsmethoden erfolgt eine Unterscheidung in verschiedene Variablen wie Gebäudealter, technische Ausstattung und Immobiliengröße. Die Variablen spiegeln sich in Bewertungs-, Gewichtungs- und Korrekturfaktoren wider. Dies ermöglicht eine genauere und gebäudespezifischere Berechnung, in Abhängigkeit davon, wie hoch der Informationsstand über das Gebäude ist. [101]

Instandhaltungskosten nach wertorientierten Budgetierungsverfahren

Wertorientierte Verfahren orientieren sich an den Baukosten der Immobilie. Berechnet wird das Budget durch Multiplikation eines festen Prozentsatzes mit Kostenkomponenten der Immobilie, wobei davon ausgegangen wird, dass die Höhe der Instandhaltungsaufwendungen von der Höhe der Herstellungskosten der Immobilie abhängt und zwar unabhängig davon, inwiefern wirtschaftlich gebaut wurde.

Methode nach	Benötigte Daten	Berechnung
Basis Herstellungswert/ den Baukosten	Jahresrichtsatz (JRS) für technische Anlagen Baukosten BK in Euro	$K_{IH} = JRS \times BK$
Basis Wiederbeschaffungswert	Jahresrichtsatz (JRS) für technische Anlagen Wiederbeschaffungswert (WBW) in Euro	$K_{IH} = JRS \times WBW$
Basis Friedensneubauwert	Jahresrichtsatz (JRS) für technische Anlagen Friedensneubauwert FNW in Euro	$K_{IH} = JRS \times FNW$

Tabelle 3.4: Jahresrichtwerte: Herstellungswertorientierte Richtwerte für Instandhaltungsmaßnahmen [102]

---

100 Vgl. http:/gif-wiki.de/w/Instandhaltungskosten_pro_qm (letzter Abruf: 09.09.2012).
101 Zu Einzelheiten vgl.: Bahr, C., Realdatenanalyse zum Instandhaltungsaufwand öffentlicher Hochbauten, Ein Beitrag zur Budgetierung, 2008, S. 67
102 Eigene Darstellung nach: Bahr, C., Realdatenanalyse zum Instandhaltungsaufwand öffentlicher Hochbauten, Ein Beitrag zur Budgetierung, 2008, S. 39 m.w.N.

Bei der Baukosten- bzw. Herstellungswertorientierung bleibt der Betrag für die Instandhaltung über die Jahre immer konstant, wobei in der Literatur zwischen 0,8 und 3 % empfohlen werden. Denkbar wäre jedoch eine Dynamisierung durch Einrechnung einer Kostensteigerungsrate gemäß der Preissteigerung im Dientleistungs- bzw. Baubereich.

Soweit eine Orientierung am Wiederbeschaffungswert erfolgt, werden durch die Anwendung des Baupreisindex Preissteigerungen berücksichtigt. Das Statistische Bundesamt legt den Baupreisindex jedes Jahr neu fest. Die Höhe des Prozentsatzes liegt zwischen 0,8 und 6 % je nach Studie und Gebäudetyp.

Wenn auf den Friedensneubauwert abgestellt wird, handelt es sich um eine andere Eingangsgröße, wie sie vor allem bei staatlichen Hochbauverwaltungen Anwendung fand. Der Friedensneubauwert muss aufgrund der Baupreissteigerungen jedes Jahr neu festgelegt werden und nimmt mit zunehmenden Gebäudealter ab.

Derartige Globalmethoden können natürlich nur Anhaltspunkte geben, eine häufig vorgeschlagene Annäherung sieht vor, die Kosten gewerkespezifisch zu ermitteln und dann mithilfe von Bezugsgrößen, wie Quadratmeter/Außenfläche oder Quadratmeter/Bodenbelag zu multiplizieren. Auch dann sollte aber beachtet werden, dass Instandhaltungsleistungen einer Steigerung unterliegen, deren Mittelwerte aus den „Messzahlen für Bauleistungspreise und Preisindizes für Bauwerke" des Statistischen Bundesamtes entnommen werden können,[103] Anpassungen an regionale Besonderheiten im Preisniveau sind als weitere Annäherung an die Realität denkbar.

Mathematisch-statistische Verfahren
Mathematisch-statistische Verfahren können z.B. auf einem Parameter eines anderen Verfahrens aufsetzen, z.B. den Wiederbeschaffungswert berechnen, und dann durch die Anwendung verschiedener Faktoren, die z.B. den Gebäudetyp, die Region, den Technikanteil, einen Altersfaktor und weitere Korrekturen berücksichtigen. Auf diese Art arbeitet z.B. die KGSt,[104] hierauf basiert z.B. auch das von Bahr entwickelte Modell sowie weitere Verfahren, wie das Berliner Verfahren oder das Essener Modell.[105]

3.2.7 Exkurs: Haftung des Auftraggebers im Rahmen von Instandhaltungsleistungen: Wie kann eine wirksame Enthaftung aussehen?

Es ist bereits darauf hingewiesen worden, dass es auch im Rahmen der Instandhaltung Haftungsrisiken zu beachten gibt. Gerade in diesem – technisch teilweise hoch spezialisierten Bereich – ist die Fremdvergabe von Leistungen üblich. Deshalb stellt sich die Frage, welche Vorkehrungen ein Auftraggeber, aber auch dessen Ausführungsorgan, der Property Manager, treffen müssen, um Haftungsfallen bei der Fremdvergabe zu vermeiden.

Im Kapitel 2.2 über die Betreiberverantwortung ist mehrfach auf die Kontroll- bzw. Überwachungspflicht des Auftraggebers verwiesen worden. Dabei wird natürlich nicht jedes Dokument, jede Leistung überprüft werden können, denn dann wäre eine Fremdvergabe obsolet.

---

103 Vgl. Hellerforth, M., Handbuch Facility Management für Immobilienunternehmen, 2006, S. 145.
104 Vgl. Seilheimer, S., Immobilien Portfoliomanagement für die Öffentliche Hand, Ziele, Nutzen und Vorgehen in der Praxis auf der Basis von Benchmarks, 2007, S. 133 f.
105 Vgl. hierzu: Bahr, C., Realdatenanalyse zum Instandhaltungsaufwand öffentlicher Hochbauten, Ein Beitrag zur Budgetierung, Karlsruhe, 2008.

Anzuraten ist aber unbedingt ein strukturiertes Vorgehen, so über die Durchführung von Stichprobenkontrollen die Leistungserfüllung bei den sicherheitstechnischen Anlagen betreffend. Soweit das Auftraggeberunternehmen nicht über ein Qualitätsmanagement verfügt, das Intervalle bzw. Prüfnotwendigkeiten vorgibt, muss der Eigentümer dafür Sorge tragen, strukturiert Stichprobenkontrollen vorzubereiten und durchzuführen. Dies kann nicht nur z.B. mit dem Einsehen der Wartungsprotokolle und der Überwachung der Abstellen eventuell festgestellter Mängel erfolgen, sondern muss vor Ort in der Immobilie durchgeführt werden. Dabei empfiehlt sich die Mitnahme von Dokumenten aus dem System. Eine der wichtigen Aufgaben, die in der Praxis immer wieder zu Zeitverzögerungen und Problemen bei der Besichtigung der Einrichtungen und Anlagen führt, ist, dass vorab nicht die Zugänglichkeit gesichert wird, d.h. Schlüssel fehlen oder auch der Zutritt durch Dritte verweigert wird. Auch dies gehört zu einer entsprechenden Vorbereitung.

Kernpunkte einer Überprüfung vor Ort sind insbesondere der Abgleich des Ist-Zustands mit dem dokumentierten, z.B. in Hinblick auf die Verwendung der benannten Materialien und Produkte und auch die Überprüfung der Kennzeichnungen, der Übereinstimmungsnachweise sowie Zulassungsnummern und der Dokumentationen vor Ort (z.B. Aufzugsanlagen). In der Nacharbeit müssen die gesetzlichen Fristen mit den vertraglich vereinbarten verglichen werden, und es muss ein Stichprobenprotokoll geführt werden, das dann in die IT einzupflegen ist.

Wenn vor Ort Abweichungen festgestellt werden, empfiehlt sich bei einfachen Fehlern oder Mängeln der Nachweis mittels Fotodokumentation, während bei wesentlichen Problemen eine erneute Inaugenscheinnahme empfehlenswert ist.

> **Beispiel:**
>
> Die Eigentümer AG hat es versäumt, Präventivmaßnahmen durchzuführen. Die Halle Eigentümerstraße 5 brennt ab. In der Folge stellt sich heraus, dass für die Rauch- und Wärmeabzugsanlagen (RWA) kein ausdrücklicher Auftrag zur Wartung und Kontrolle zur Funktionalität erteilt wurde, da das Budget nicht vorhanden war. Wenn der Rauchabzug funktioniert hätte, wären ein sicheres Begehen der Fluchtwege und ein schnelleres Orten von Brandherden möglich gewesen.
>
> In der Konsequenz haftet der Immobilieneigentümer unmittelbar, wenn eine eindeutige Regelung der Wartung nicht erfolgte, denn dies kommt einem Verstoß gegen die Sorgfaltspflicht gleich. Er hätte sich zeitnah und regelmäßig über seine Immobilie ein Bild machen müssen (Verstoß gegen die Aufsichtspflicht). Wenn er (aufgrund fehlenden Budgets und trotz Hinweis des Dienstleisters) Wartungen nicht durchführen lässt, haftet er, da der Dienstleister seinerseits seiner Anzeigepflicht nachgekommen ist.

3.3 Professionelles Vertragsmanagement

3.3.1 Einführung

Das Vertragsmanagement in Bezug auf die Immobilie umfasst sehr unterschiedliche Facetten, in Abhängigkeit davon, ob die Projektentwicklungs-, die Erwerbs-, die Nutzungs- oder die Verkaufsphase angesprochen ist.

Entsprechend ergeben sich im Immobilienmanagement Notwendigkeiten, sich mit allen Verträgen rund um die Immobilie zu befassen, so mit:[106]
- Kaufverträgen[107],
- städtebauliche Verträgen,
- Verträgen mit Generalunter- oder -übernehmern,
- Projektentwicklungsverträgen,
- Versicherungsverträgen,
- Planungsverträgen,
- Bauverträgen,
- Miet- und Pachtverträgen,
- Betreiberverträgen,
- Nutzungsvereinbarungen,
- Maklerverträgen,
- Dienstleistungsverträgen im weitesten Sinn,
- Ver- und Entsorgungsverträgen sowie
- Wartungsverträgen unterschiedlichen Umfangs etc.

An dieser Stelle erfolgt eine weitgehende Beschränkung auf die Verträge, die die Nutzungsphase betreffen.

3.3.2 Miet- und Pachtverträge: Die wichtigsten Klauseln

Die wichtigsten Punkte bei Miet- und Pachtverträgen, deren Nichtbeachtung häufig zu Rechtsstreitigkeiten führt, sind:[108]
- Vertragsparteien,
- Einhaltung des Schriftformerfordernisses (!),
- Mietobjekt und dessen genaue Beschreibung,
- Miethöhe,
- Mietanpassungsklauseln (Zulässigkeit, Höhe, bisherige Durchsetzung),
- Umsatzmietvereinbarungen – auf welcher Basis?,
- Vertragslaufzeiten, Mietdauer, Verlängerungsoptionen, Kündigungsmöglichkeiten,
- Umsatzsteueroptierung,
- Betriebskostenregelung,
- Mieterausbauten, -rückbauten,
- Nachträge zum Hauptvertrag,
- Anpassungen.

Nur wenn ein Mietvertrag für eine längere Laufzeit als ein Jahr abgeschlossen wird, muss die gesetzliche **Schriftform** gemäß §§ 550, 578 BGB eingehalten werden. Eine Verletzung des Schriftformerfordernisses kann dazu führen, dass auch langfristige Verträge mit gesetzlicher Kündigungsfrist kündbar sind, denn dann gilt der Vertrag als auf unbestimmte Zeit geschlos-

---

106 Vgl. Hellerforth, M., Schnelleinstieg Immobilienbewirtschaftung, 2014, S. 212; zu einigen Verträgen im Rahmen der Due Diligence vgl. Kapitel 4.3.2.
107 Vgl. Kapitel 4.3.12.
108 Vgl. ausführlich und mit Beispielen und Rechtsprechung: Hellerforth, M., Schnelleinstieg Immobilienbewirtschaftung, 2014, S. 42 ff.

3.3 Professionelles Vertragsmanagement

sen. Dies konterkariert natürlich gerade im Gewerbeimmobilienbereich eine gewünschte langfristige Bindung der Vertragsparteien.

Zur Wahrung der Schriftform wird eine Einheitlichkeit der Vertragsurkunde gefordert.[109]

In einem wirksamen Mietvertrag muss dokumentiert sein, dass eine Einigung erzielt worden ist über:

- die Vertragsparteien,
- das Mietobjekt bzw. den Mietgegenstand,
- den Mietzweck,
- die Mietdauer bzw. den Beginn des Mietverhältnisses und
- die Miethöhe.

Wenn einer dieser Punkte fehlt, ist im Zweifel der Vertrag nicht zustande gekommen. Sind hingegen andere Punkte nicht geregelt, tritt an die Stelle der Regelungslücke die gesetzliche Regelung.

Gerade bei Geschäftsraummietverhältnissen ist es von außerordentlicher Bedeutung, genau festzulegen, wer die **Vertragsparteien** sind, denn nur diese sind mietvertraglich gebunden. Der Vermieter kann den Mieter nur dann einer Bonitätsüberprüfung unterziehen, wenn genau bekannt ist, um wen oder welches Unternehmen in welcher Rechtsform mit welchen Vertretern es sich handelt.

Auch unter dem Aspekt des Schriftformerfordernisses sollte das **Mietobjekt bzw. der Mietgegenstand** bezeichnet sein, dass man es genau fassen kann, d.h., es müssen hinreichend genaue Angaben zur Mietfläche, zur Anzahl und zur Lage der Räume vorhanden sein.

Dem **Mietzweck** kommt zum einen Bedeutung zur Abgrenzung von Wohn- und Geschäftsraummietverhältnissen zu, zum anderen in Geschäftsraummietverhältnissen zur Sortimentsabgrenzung bzw. bezüglich des Konkurrenzschutzes, aber auch im Hinblick auf die Beschaffenheit der Mietsache und wegen eventuell erforderlicher zu beschaffender Genehmigungen.

Mietverträge können sowohl für eine bestimmte als auch für eine unbestimmte Zeit abgeschlossen werden, es sollte aber in jedem Fall der **Mietbeginn** explizit geregelt werden, am besten unter Angabe eines konkreten Datums. Im Gegensatz zur gängigen Praxis in Wohnraummietverhältnissen überwiegt bei Gewerbemietverträgen der Zeitmietvertrag. Für den seltenen Fall, dass der Vertrag über 30 Jahre läuft, gilt gemäß § 544 BGB, dass „jede Vertragspartei nach Ablauf von 30 Jahren nach Überlassung der Mietsache das Mietverhältnis außerordentlich mit der gesetzlichen Frist kündigen" kann. Üblicher sind jedoch heute **Mietvertragslaufzeiten** von 5 bis 15 Jahren, kombiniert mit Optionsrechten, die ebenfalls frei gewählt werden können. Verlängerungsoptionen in Gewerbemietverträgen berechtigen eine oder beide Parteien, das Mietverhältnis bei Vertragsende durch einseitige Erklärung um eine bestimmte oder unbestimmte Zeit zu verlängern, wobei unterschieden wird zwischen automatischen Optionen (Mietvertrag verlängert sich innerhalb einer bestimmten Frist automatisch, wenn der Mieter nicht widerspricht) und Optionen, die ausgeübt werden müssen. In diesem Fall ist eine ausdrückliche Erklärung gegenüber dem Vermieter erforderlich.

Auch die **Miethöhe** ist ein wichtiger zu regelnder Punkt: Bei preisgebundenen Wohnraummietverhältnissen gilt die Kostenmiete bzw. bei neueren Immobilien die Bewilligungsmiete als Mietobergrenze. Bei nicht preisgebundenen Wohnraummietverhältnissen darf der Vermieter auch nicht jeden Mietpreis fordern, sondern seine Mietpreisbildungsmöglichkeiten sind schon

---

109 Vgl. BGH, WuM 94, 667.

bei Vertragsbeginn durch die Vorschriften der §§ 5 WiStG (Mietpreisüberhöhung) und 291 StGB (Mietwucher) begrenzt. Die zulässige Miete orientiert sich bei preisfreien Mietverhältnissen an der „ortsüblichen Vergleichsmiete" (§ 558 BGB). Bei Gewerberaummietverträgen wird die Höhe der Miete zwischen den Parteien frei vereinbart, wobei sich die einzige Einschränkung aus § 4 WiStG ergibt. Während bei der Wohnraumvermietung die Grenze bei 20 % liegt, gilt bei Geschäftsraummietverhältnissen ein Strafbestand erst dann als erfüllt, wenn es zu einer 100 %igen-Überhöhung kommt. Nicht selten wird im Einzelhandel keine Festmiete vereinbart, sondern eine **Umsatzmiete**, die aus einer Sockelmiete und einer Umsatzmietvereinbarung besteht. Der Umsatzanteil wird an eine vorher festzulegende Umsatzgröße gekoppelt.

Wenn der Mietpreis angesprochen wird, geht es zum einen um die vertraglich vereinbarte Miete, diese entspricht aber dann nicht den tatsächlichen Einnahmen aus dem Mietverhältnis, wenn der Vermieter Zugeständnisse machen muss, wie mietfreie Zeiten, Renovierungskostenzuschüsse, Kautionsnachlässe, Übernahme der Umzugskosten, Stellung der Büroeinrichtung usw.

Im Mietvertrag werden üblicherweise gewisse Vorauszahlungen auf die **Betriebskosten** vereinbart. Diese dürfen ein Zwölftel der zu erwartenden Gesamtkosten grundsätzlich nicht überschreiten (vgl. § 550 Abs. 2 Satz 2 BGB). Als Voraussetzung für die Abrechnung der Betriebskosten ist eine entsprechende mietvertragliche Vereinbarung gefordert. In Wohnraummietverhältnissen sind die in § 2 BetrKV aufgeführten 17 Betriebskostenarten umlegbar. Im Gewerbemietrecht sind die umzulegenden Betriebskosten demgegenüber frei zu vereinbaren, wobei die Betriebskostenregelung für den Mieter transparent sein muss, also z.B. bei der Umlage von Centermanagementkosten sollte der Mieter wissen, welche Kosten in welcher Höhe maximal auf ihn zukommen können.

In Mietverträgen sollte zudem auf die **Mieteraus- und -rückbauverpflichtungen** sowie Ausgestaltung und Umfang eventueller Reinigungspflichten, Wartungs- und Reinigungsklauseln Bezug genommen werden. Je exakter die Bestimmungen sind, umso einfacher gestaltet sich die spätere Rückabwicklung des Mietverhältnisses.

Bei Änderungsvereinbarungen, insbesondere **Nachträgen** war im Rahmen des Schriftformerfordernisses auch das feste Zusammenfügen des Nachtrags mit der ursprünglichen Urkunde notwendig. Dies ist bei eventuell schon mehrfach geänderten Vertragstexten unter Umständen schwierig. Hier hat der BGH entschieden, dass eine feste Verbindung des Nachtrags mit dem Hauptvertrag nicht erforderlich ist, wenn der Nachtrag die wesentlichen Bestandteile des Mietvertrags wiedergibt[110] oder auf den ursprünglichen Vertrag Bezug nimmt und zum Ausdruck bringt, dass es unter Einbeziehung des Nachtrags bei dem verbleiben soll, was früher bereits formgültig niedergelegt war,[111] und der Nachtrag seinerseits der Schriftform genügt.[112]

3.3.3 Vertragsmanagement[113]
Einführung
Natürlich ist im Rahmen des Immobilienmanagements auch immer auf die Vertragsklauseln der abgeschlossenen Dienstleistungsverträge zu achten, denn diese sollten aus Sicht des Auf-

---
110 Vgl. BGHZ 42, 333; BGHZ 52, 25.
111 Vgl. BGH NJW-RR 1992, S. 654 f.
112 Vgl. BGH NJW-RR 1990, S. 518; BGH NJW-RR 1992, S. 654 f.
113 Vgl. hierzu ausführlich: Hellerforth, M., Outsourcing in der Immobilienwirtschaft, 2014, S. 136 ff.

3.3 Professionelles Vertragsmanagement

traggebers positiv gestaltet werden. Im Rahmen dieses Buches werden aber nicht die einzelnen Klauseln betrachtet, sondern der Managementaspekt umfasst – passend zum prozessorientierten Ansatz – vor allem die Organisation der Vertragsdurchführung. Im Vertragsmanagement – gerade, wenn es um komplexe Facility-Management-Verträge geht – können die Regeln des allgemeinen projektorientierten Vorgehens angewandt werden.[114] In diesem Bereich der Vertragserstellung, der -verhandlung, des -managements und des -controllings lassen sich mehrere Phasen unterscheiden:[115]

I. Vor Vertragsabschluss
1. Vertragsvorbereitung und -planung
2. Vertragsdesign und -organisation bzw. -architektur
3. Vertragsverhandlungen

II. Nach Vertragsabschluss
4. Vertragsnachverhandlungen
5. Vertragsdurchführung und -management im engeren Sinn
6. Vertragscontrolling
7. Vertragsbeendigung.

In ähnlicher Weise, jedoch unter Betonung anderer Aspekte, erfolgt in anderen Publikationen eine Aufteilung der Phasen. Kummert et al. unterteilen die Phasen des FM-Vertrags in vier Prozessphasen:[116]

- den Vertrieb (Anbahnung bis Vertragsschluss),
- die Einrichtung,
- die Durchführung und
- den Abschluss.

Zudem gibt es einen standardisierten Leitfaden in der DIN EN 15221-2 mit dem Titel: „Facility-Management – Teil 2: Leitfaden zur Ausarbeitung von Facility-Management-Vereinbarungen". Diese Norm soll Anwendung finden auf öffentliche und private FM-Vereinbarungen und auf das gesamte Spektrum von FM-Leistungen, sowohl bei interner wie bei externer Ausführung der Leistungen. Die Norm stellt aber keine Standardvorlage dar.

1. Vertragsvorbereitung und -planung

Im Bereich der Vertragsvorbereitung und -planung geht es vor allem darum, die Ziele des Vertrags zu konkretisieren, die sich in Kurzform dann häufig in einer Präambel widerfinden. Dies kann nur dann funktionieren, wenn eine Übereinstimmung mit den langfristigen Unternehmenszielen und der Unternehmensphilosophie gegeben ist.[117] In der Praxis wird es nicht immer gelingen, – gerade kurz vor Vertragsbeginn – adäquat zu organisieren. Gerade dann zahlt sich eine entsprechende Vorarbeit und Systematik aber aus. Ein entsprechender „Fahrplan" könnte folgende Form haben:

---

114 Vgl. Horchler, H., Outsourcing. Eine Analyse der Nutzung und ein Handbuch der Umsetzung, 2000, S. 192.
115 Vgl. Nagels, N., Organisation ist alles ..., Gestaltung und Steuerung von ergebnisorientierten FM-Verträgen, 2000, S. 49.
116 Vgl. Kummert, K., u.a. (Hrsg.) Nachhaltiges Facility Management, 2012, S. 83 ff.
117 Vgl. Nagels, N., Organisation ist alles ..., Gestaltung und Steuerung von ergebnisorientierten FM-Verträgen, 2000, S. 49.

1. Ziel und Aufgabenplanung	Inhalt und Ziel des Outsourcing- bzw. Vertragsprojekts
2. Ablauf- und Terminplanung	Erstellen eines Ablaufplans bzw. eines Aufgaben- und Terminplan, z.B. in Form eines Balkendiagramms oder Netzplans
3. Personalplanung	Planung, welche Human Ressources für das Vertragsmanagement, -controlling und Schnittstellenmanagement benötigt werden; eventuellen Personalabbau und -aufbau planen
4. Sachmittelplanung	Einsatzplanung und Verfügbarkeitsplanung der erforderlichen Sachmittel
5. Kosten- und Budgetplanung	Aufgrund der Informationen können Kosten abgeschätzt und mit dem Budget verglichen werden bzw. es können eventuelle Kostensenkungen oder -erhöhungen dargestellt werden.

Tabelle 3.5: Inhalte der organisatorischen Vertragsplanung, eigene Darstellung

Die Phase wird aus Sicht des Auftragnehmers als Vertriebsphase bezeichnet und beinhaltet alle Aktivitäten, die von der Vorbereitung bis zur Vertragsunterzeichnung notwendig sind. Damit geht es um den zeitlichen Ablauf von der Vermarktung und Akquise über die Ausschreibung und Auswahl geeigneter Vertragspartner.

Hier sollten bereits Rahmenbedingungen festgelegt werden, welche auf die Durchführung ausstrahlen, damit sollten die Prozesse und Prozessabläufe beiden Vertragspartnern klar sein, denn die nachträgliche Anpassung kostet Geld. Insoweit sind hier alle Phasen von der ersten bis zur dritten erfasst.

2. Vertragsdesign
Soweit ein Auftraggeber die entsprechende Fachkenntnis hat, sollte er den Vertrag selbst entwerfen (lassen). Dann kann es gelingen, dass die mit unterschiedlichen Vertragspartnern abgeschlossenen Verträge weitgehend übereinstimmen, was einen effizienteren Umgang mit ihnen ermöglicht. Die Entwurfsregie hat noch einen weiteren psychologischen Vorteil, denn jede Änderung an einem Vertragstext durch die andere Partei wird als Konzession interpretiert, auch wenn es sich nur um die Klarstellung bestimmter Textpassagen handelt. Solche rein formalen Konzessionen müssen häufig mit inhaltlichen Zugeständnissen erkauft werden.[118]

Ein wesentlicher Vorteil im Rahmen des Vertragsdesigns besteht darin, dass man im Auftraggeber-Unternehmen die Entwürfe noch einmal abstimmt, denn die Qualität von Verträgen zeigt sich darin, dass besonders diejenigen diese verstehen, die mit ihnen arbeiten sollen. Häufig versäumt man aber diese Gelegenheit und verspielt damit wertvolle Chancen.[119] Besonders wichtig sind in diesem Zusammenhang sogenannte „Verknüpfungsklauseln", erst recht,

---
118 Vgl. Heussen, D. (Hrsg.), Handbuch Vertragsverhandlung und Vertragsmanagement, Teil 1, 2007, Rz. 200.
119 Vgl. Heussen, D. (Hrsg.), Handbuch Vertragsverhandlung und Vertragsmanagement, Teil 1, 2007, Rz. 207.

wenn eine Vernetzung zwischen Auftraggeber und Dienstleister bezüglich der Dienstleistungserstellung besteht.[120]

3. Vertragsverhandlung und -organisation

Der Begriff „Vertragsverhandlung" umfasst – wie auch immer strukturierte – Kontakte zwischen den Vertragsparteien zum geregelten Informationsaustausch mit dem Ziel des Vertragsabschlusses.[121] Voraussetzung hierfür ist neben dem juristischen und kaufmännischen Sachverstand, dass man sich in die Gegenpartei versetzt und Szenarien bildet. Bei Vertragsverhandlungen werden die ideellen Interessen und die emotionale Lage der Parteien berücksichtigen. Dann muss der Verhandlungspartner – nicht zuletzt durch Kenntnis von Alternativen, die zu einem gleichwertigen Ergebnis führen können (Szenarien) – versuchen, seine Position durchzusetzen und flexibel zu reagieren.

Das Verhandlungsteam sollte sich auf verhältnismäßig wenige Personen beschränken, weil man so schneller zum Ziel kommt, sofern diese Personen kompetent sind. Es sollte durch ein „Back up Team"[122], welches im Hintergrund agiert, unterstützt werden. Ein wesentlicher Erfolgsfaktor in diesem Rahmen ist nicht nur das Heranholen von Experten, sondern auch deren wirkungsvolle Koordination und Organisation.[123] Eine derartige Verhandlung sollte vom Versuch kooperativer Problemlösungen geprägt sein, und zwar von beiden Seiten,[124] sonst hat der Auftraggeber wahrscheinlich bereits beim Auswahlprozess Fehler begangen.

Die Vertragsorganisation bestimmt die Leitlinien nicht nur für das Vertragsdesign und die Vertragsverhandlungen, sondern vor allem auch für die Vertragsdurchführung; es handelt sich also um einen Aspekt, der über die einzelnen Phasen des Vertragsmanagements als roter Faden verfolgt werden kann. Ein weiteres Hilfsmittel sind Terminpläne, die am besten Teil des Vertragsgeflechts werden. Werkzeuge hierbei sind z.B. Balkendiagramme und Netzplantechnik, aber auch Meilensteinpläne.

Lfd. Nr.	Datum	Auftraggeber			Auftragnehmer			Meilensteine
		A	B	C	D	E	F	
1	19.02.2018							Leistungsverzeichnisse erstellen
1.1	19.02.2018							Leistungsverzeichnung für die Teilleistung Hausmeistertätigkeit erstellen (Haus 1)
1.1.1	20.02.2018	●				●		Leistungsverzeichnis Hausmeistertätigkeit „Gebäudetechnik"

---

120 Vgl. Niebling, J., Outsourcing, Rechtsfragen und Vertragsgestaltung, 2002, S. 27.
121 Vgl. Heussen, B., Handbuch Vertragsverhandlung und Vertragsmanagement, 2007, Rz. 368.
122 Vgl. Sieben, G./Sielaff, M., Unternehmensakquisition, 1989, S. 31.
123 Vgl. Caytas, J. G./Mahari, J. J., Im Banne des Investment Banking, Fusionen und Übernahmen überleben den Crash '87, 1988, S. 121.
124 Vgl. Sieben, G./Sielaff, M., Unternehmensakquisition , Bericht des Arbeitskreises Unternehmensakquisition, Stuttgart, 1989, S. 31.

Lfd. Nr.	Datum	Auftraggeber			Auftragnehmer			Meilensteine
		A	B	C	D	E	F	
1.1.2	21.02.2018			●	●			Leistungsverzeichnis Hausmeistertätigkeit „Umlagenpflege"
1.1.3	24.02.2018		●				●	Leistungsverzeichnis Hausmeistertätigkeit „Mieterbetreuung"
...								...
1.2.	25.02.2018							Leistungsverzeichnis für die Teilleistung Hausmeistertätigkeit erstellen (Haus 3–7)
...								...

Abb. 3.13: Ausschnitt aus einem Meilensteinplan „Vertragserstellung und -verhandlung"

5. Vertragsnachverhandlungen

In der Grundidee des Vertragsmanagements sollten sich Vertragsnachverhandlungen auf ein absolutes Minimum beschränken. In der Praxis wird es jedoch nicht immer möglich sein, vor Vertragsabschluss alle Details zu klären, so vor allem, wenn das Gebäude noch nicht fertiggestellt bzw. saniert ist und z.B. dadurch noch ein Flächenaufmaß fehlt. Dann sollten im Vertrag entsprechende Passus vereinbart sein, die Regelungen in Bezug auf ein noch durchzuführendes Aufmaß und auch Flächenabweichungsspielräume von den ersten Kalkulationsgrundlagen treffen.

6. Vertragsdurchführung = Vertragsmanagement im engeren Sinn

Bis zum Beginn der vertraglichen Leistungen befindet sich die Immobilienorganisation auf der Makro- oder auch der strategischen Ebene. Mit der Vertragsdurchführung wird diese Ebene verlassen, und die Beteiligten der operativen Ebene agieren auf einem Mikro-Level. Entsprechend wechseln hier häufig auch die Beteiligten, weshalb diese Phase kritisch ist,[125] es sollen keine wichtigen Informationen verlorengehen.

Die Vertragsdurchführung beginnt mit der Einrichtungsphase. Im Rahmen dieser ist vor allem das Start-up von Bedeutung, denn hier werden alle notwendigen Ressourcen, Systeme, Daten, Verfahren und Dokumente für die Vertragsdurchführung zur Verfügung gestellt, damit eine Einarbeitung und Datenübernahme oder Erfassung stattfinden kann.[126] In dieser Phase sind Konzeptänderungen noch möglich und auch üblich, Routine muss erst aufgebaut werden. Gerade in der Einrichtungsphase kommt der guten Kommunikationsbeziehung zwischen den Beteiligten große Bedeutung zu: Es sollen ja die Weichen für eine ggf. jahrelange partnerschaftliche Zusammenarbeit gelegt werden. Der besonders kritische Erfolgsfaktor geschultes und motiviertes Personal steht hiermit in engem Zusammenhang, denn Prozessanpassungen

---

125 Vgl. Hodel, M., Outsourcing-Management kompakt und verständlich, 1999, S. 49.
126 Vgl. ähnlich: DIN-EN 15221.2,2006, S. 15.

3.3 Professionelles Vertragsmanagement

sind nur aufgrund der Informationen von der Basis zeitnah möglich. In der Einrichtungsphase werden i.d.R. auch erstmals die tatsächlichen Managementleistungen ermittelt werden können, die notwendig sind, um den Prozess zu veralten, zu prüfen und zu dokumentieren.[127] Diese Phase lebt damit auch davon, dass qualifiziertes Eigenpersonal zugesteuert wird. Die Einrichtungsphase ist durch ein Vertragscontrolling zu begleiten, welches dann in die Durchführungsphase übergeht.[128]

Vertragsdurchführung und -management stehen in engem Zusammenhang mit dem Vertragscontrolling, und man benötigt ein professionelles Troubleshooting, denn es geht es vor allem darum, Spielregeln einzuhalten, dies gelingt jedoch nur, wenn diese Spielregeln in den vorangegangenen Phasen ausreichend definiert worden sind. Nach der Einrichtungsphase erwartet man weitgehend stabilisierte FM-Prozesse. Jetzt erst sollte die volle Verantwortung auf den Auftragnehmer übergehen. Anzustreben ist des Weiteren eine kontinuierliche Verbesserung der Prozesse. Zudem wird das Erreichen von Ergebniszielen jetzt besonders wichtig, so z.B. durch die Einführung von Key Performance Indicators (KPI), die Soll- und Ist-Leistungen gegenüberstellen. In der Durchführungsphase zeigen Nacharbeiten in der Prozessdurchführung oder auch zusätzlicher Aufwand des Auftraggebers, wie gut die Vorplanungen funktioniert haben.[129]

Das Vertragsmanagement profitiert von einer klaren Abstimmung der inner- und zwischenbetrieblichen Prozesse in Bezug auf Kosten, Qualität, Termintreue und Zuverlässigkeit und deren genauer Ausrichtung auf die Gebäudeanforderungen.

Vertragsmanagement in diesem Zusammenhang bedeutet, dass Verantwortung und Kompetenz von der höheren auf die jeweils niedrigere hierarchische Ebene verlagert wird,[130] was zugleich das Controlling fordert, denn es muss quer durch alle hierarchischen Stufen organisiert werden, wobei die Zielsetzung natürlich die Erfüllung der vertraglichen Anforderungen ist, und zwar unter Beachtung des Budgets. Auch hier geht es wieder um die Beachtung der Betreiberverantwortung, weshalb es vor allem wichtig ist, die Leistungsinhalte und die Schnittstellen zwischen den einzelnen Beteiligten klar und eindeutig zu definieren.[131] Durch wesentliche organisatorische Regelungen muss die praktische Zusammenarbeit gesichert werden, auch diese organisatorischen Regelungen sollte man vertraglich vereinbaren, um eine rechtliche Handhabe zu besitzen.

Vertragsmanagement im engeren Sinn

Kernproblem des Vertragsmanagements ist die Interaktion aller Beteiligten, die sich im Austausch und der Weitergabe von Meinungen, Dienstleistungen und Produkten an Schnittstellen äußert, was daraus resultiert, dass durch den Outsourcing-Prozess die Teilleistung eines anderen weiterverarbeitet wird.[132] Ziel muss es sein, Bruchstellen zu vermeiden.

Wichtige Ecktermine für die Überwachung von Verträgen sind beispielsweise:
- das Vertragsende bzw. ein Termin rechtzeitig vor Vertragsende, der Kündigungsmöglichkeiten berücksichtigt,

---

127 Vgl. ähnlich: DIN-EN 15221.2,2006, S. 15.
128 Vgl. Kummert, K. u.a. (Hrsg.), Nachhaltiges Facility Management, 2012, S. 83 ff.
129 Vgl. Kummert, K. u.a. (Hrsg.), Nachhaltiges Facility Management, 2012, S. 83 ff.
130 Vgl. Kyrein, R., Immobilien – Projektmanagement, Projektentwicklung und -steuerung, 1997, S. 110.
131 Vgl. Bohn, T./Heinzmann, O., Projektmanagement bis zum Realisierungsbeginn, 2002, S. 311.
132 Vgl. Tibes, B., Seminar Projektmanagement im Bauwesen, Schnittstellen, Prozessmanagement, o. J., S. 4.

- der Auslauf von Preisvereinbarungen,
- die Prüfung der Objektdatei,
- die Prüfung von Leistungsverzeichnissen gerade in Hinblick auf Änderungen gesetzlicher Grundlagen und
- die Abfrage von Bedarf und Bedarfsentwicklungen.

Unabhängig von den einzelnen Vertragsklauseln und der Tatsache, dass der Inhalt des Vertrages den mit den Vertragsverhandlungen beauftragten Mitarbeitern bekannt ist, müssen auch die Ziele des Vertrags und der Weg dorthin den für die Spezifikation bzw. die Vertragsabwicklung zuständigen Mitarbeitern bekannt und für sie nachvollziehbar sein. Hierzu können Meilensteine (Milestones) verwendet werden.

Vertragsmanagement bedeutet, dass Verantwortung und Kompetenz von der höheren auf die jeweils niedrigere hierarchische Ebene verlagert wird,[133] also von der Führungsebene auf die mittlere Ebenen und von da auf die ausführenden Ebenen, was zugleich das damit zusammenhängende Controlling-Problem verdeutlicht, denn es muss über alle hierarchischen Stufen organisiert werden, wobei die Zielsetzung natürlich die Erfüllung der im Vertrag festgelegten Anforderungen ist. In Abb. 3.14 ist noch ein häufig vernachlässigter Aspekt des Vertragsmanagements angedeutet, nämlich das Budget, welches maßgeblicher Limitierungsfaktor für die vertraglichen Möglichkeiten und damit auch das Vertragsmanagement sein kann. Damit ist Vertragsmanagement, das durch den Auftraggeber erbracht wird, nicht zu verwechseln mit der rechtlichen Beratung, wie sie durch Juristen erfolgt. Wichtig ist insbesondere, dass die Leistungsinhalte und die Schnittstellen zwischen den einzelnen Beteiligten klar und eindeutig definiert sind.[134] Durch wesentliche organisatorische Regelungen muss die praktische Zusammenarbeit gesichert werden: Auch diese sollte man vertraglich vereinbaren, um eine rechtliche Handhabe zu besitzen.

Abb. 3.14 gibt einen Überblick über die wichtigsten Leistungen des Vertragsmanagements. Dieser Organisationsvorschlag ist natürlich unternehmensindividuell anzupassen. Er zeigt aber auch, wie entscheidend es ist, einen strategischen Vertragsmanager von vornherein einzubinden, vor allem auch zur Arbeitsreduktion.

---

133 Vgl. Kyrein, R., Immobilien – Projektmanagement, Projektentwicklung und -steuerung, 1997, S. 110.
134 Vgl. Bohn, T./Heinzmann, O., Projektmanagement bis zum Realisierungsbeginn, 2002, S. 311.

3.3 Professionelles Vertragsmanagement

Thema	Anmerkungen
Vertragsanalyse/Vertragsdesign	Analyse der outsourcingspezifischen Erfordernisse inklusive Vergütung, Vertragsentwürfe, Mitwirken bei Verhandlungen
Datenbank der Vertragsinhalte	Organisation der vertraglichen Vereinbarungen wie Vertragsbedingungen, Leistungsbeschreibung, Vergütungsvereinbarung
Vertragsterminpläne	Zeitliche Definition der Reihenfolge der Vertragsleistungen und Änderungsvereinbarungen in Bezug auf die Leistungserbringung, Vergütung und Termine
Dokumentation des Vertrags und der Vertragsleistungen	Laufende Dokumentation der erbrachten Vertragsleistungen und Änderungsvereinbarungen in Bezug auf die Leistungserbringung, Vergütung und Termine
Abwicklung von Zusatz- und Nachforderungen bzw. damit zusammenhängenden vertraglichen Vereinbarungen	Bearbeitung und Abwehr von Nachforderungen der Auftragnehmer, eigenes Claim-Management oder Reaktionsschema bei professionellem Claim-Management auf der Auftragnehmerseite

Abb. 3.14: Wichtigste Leistungen des Vertragsmanagements, eigene Darstellung

3.3.4 Vertragscontrolling

Controlling bedeutet neben dem Vergleich von Soll- mit Ist-Werten die wirtschaftliche, zielgerichtete Beherrschung, Lenkung, Steuerung und Regelung von Prozessen innerhalb eines Unternehmens und hat somit führungsunterstützende Funktion.[135] Das Vertragscontrolling hat demzufolge sicherzustellen, dass ein Dienstleistungs-Vertrag kosten- und qualitätsorientiert, ganzheitlich und absatzorientiert – in Bezug auf die Eigentümer-, Mieter- bzw. Nutzerinteressen – realisiert wird und diese Zielsetzung beibehält.[136] Beim Vertragscontrolling geht es neben der Kontrolle um die Lenkung, Steuerung und Regelung mithilfe einer Projektcontrolling-Konzeption.[137]

Die Einhaltung der vertraglich vorgegebenen technischen und wirtschaftlichen Sollgrößen ist an möglichen Kontrollpunkten bzw. den gesetzten Terminen des Vertragsverantwortlichen zu überprüfen. Werden Abweichungen von den Soll-Größen sichtbar, muss eine Ursachenanalyse erfolgen und zwar zunächst, indem festgestellt wird, ob die Abweichung interne oder externe Gründe hat. Interne Abweichungsgründe können durch mangelndes Schnittstellenmanagement durch Mitarbeiter des Auftraggebers verursacht sein, bei den Faktoren externer Art muss man zwischen solchen unterscheiden, die sich aus einem Fehlverhalten der Mitarbeiter des Auftragnehmers ergeben, und solchen durch höhere Gewalt oder Fremdeinwirkung

---

[135] Vgl. Hórváth, P., Das Controllingkonzept, Der Weg zu einem wirkungsvollen Controllingsystem, 1991, S. 4.
[136] Vgl. Homann, K./Schäfers, W., Immobiliencontrolling, 1998, S. 195.
[137] Vgl. Schulz, H./Löw, J., (Projektcontrolling) Systemgesteuertes Projektcontrolling, 2002, S. 139.

Dritter (z.B. ein Werk wird zerstört, bevor es abgenommen werden kann). Controlling kann seine Steuerungsfunktion und erst recht seine Planungsfunktion nur dann erfüllen, wenn eine derartige Ursachendifferenzierung vorgenommen wird. Das erste Ziel des Controllings ist es dann, die Sollgrößen (wieder) zu erreichen, indem das Gesamtteam adäquat gesteuert wird. Wenn das nicht möglich ist, muss der Vertragsmanager als Vertreter des Auftraggebers zusammen mit dem Auftragnehmer eventuell neue Soll-Größen verhandeln bzw. definieren, mit der Folge, dass Vertragsanpassungen notwendig werden. Dadurch kann er versuchen, den angestrebten Gleichgewichtszustand wiederherzustellen. So kann man formulieren, dass die Leistung des Vertragsmanagers darin liegt, dass er „innerhalb eines Beziehungsgeflechts von Funktionen, Funktionsträgern und Zielsetzungen"[138] quantitativer wie qualitativer Art Einflussfaktoren erkennt, Handlungsbedarf ableitet und aktiv wird.

Die Komplexität der Dreiecksbeziehung „Funktionen, Funktionsträger und Zielsetzungen" macht es erforderlich, dass der Vertragsmanager in technischer, wirtschaftlicher und juristischer Hinsicht integriert werden kann, damit die Problemidentifizierung auch zu einer Problemlösung führt, wie in Abb. 3.15 präsentiert.

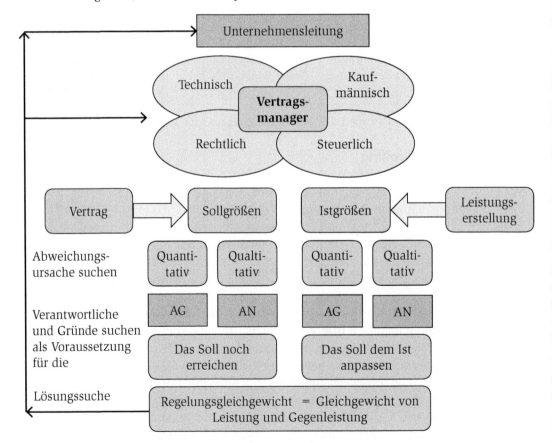

Abb. 3.15: Aufgaben des Vertragsmanagers im Bereich „Controlling", dargestellt im Regelkreissystem, eigene Abbildung

---

138 Vgl. Kyrein, R., Immobilien – Projektmanagement, Projektentwicklung und -steuerung, 1997, S. 127.

3.3 Professionelles Vertragsmanagement

Bei Soll-Ist-Abweichungen müssen entsprechende Korrekturmaßnahmen veranlasst werden. Die gefundene Lösung bzw. der Lösungsvorschlag wird im Regelkreissystem sofort an die Unternehmensleitung weitergegeben, die in ständigem, offenem Dialog mit dem Vertragsmanager steht. Bei kleineren, täglichen Störungen ist häufig diese Rückkopplung nicht erforderlich, der Vertragsmanager kann sie eigenverantwortlich beheben und dafür sorgen, dass ihre Ursachen beseitigt werden. Es sollten aber Leitlinien festgelegt werden, ab wann eine Abweichung vom Regelungsgleichgewicht als gravierend gilt.

Aufgrund der Einbeziehung der innerbetrieblichen wie der externen Verantwortlichen in den Regelungskreis ist die Voraussetzung für ein permanentes Optimieren im Sinne von Schnittstellen (Verknüpfungspunkte)-Management, Prozessmanagement, Know-how-Transfer und Strukturen gegeben.[139]

3.3.5 Abschlussphase

Wenn die Leistungen nach dem Auslaufen des Vertrags an einen anderen Dienstleister übergeben werden sollen, geht die Durchführungs- in die Abschlussphase über. Spätestens jetzt ist eine Rückgabe der ermittelten und bearbeiteten Daten an den Auftraggeber notwendig.

Idealerweise wird beim Übergang der Leistungen auf einen neuen Auftragnehmer ein Parallelbetrieb durchgeführt, damit die Prozessinformationen ankommen. Es finden optimalerweise auch Übergangsgespräche zwischen den Beteiligten statt. Insgesamt ist der Datentransfer die wichtigste zu bewerkstelligende Leistung in dieser Phase. Wiederum zahlt sich die Vorarbeit am Anfang der Verhandlungsphase aus, denn dann existieren z.B. Übergabelisten der Unterlagen, anhand derer diese wieder angefordert werden können.[140]

> **Hinweis!** In vielen umfangreichen Dienstleistungsverträgen ist immer wieder zu beobachten, dass der Auftraggeber die Datenhaltung in seinen eigenen Systemen – auch bei Redundanz einiger Daten – nicht immer konsequent durchführt, was dann zu erheblichen Problemen beim Resourcing oder aber bei der Übergabe an einen neuen Dienstleister führen kann.

3.3.6 Beispiel: Real-Estate-Asset-Management- und Property-Management-Vertrag[141]

Gegenüber externen Dienstleistern übernimmt der Real-Estate-Asset-Manager i.d.R. das Weisungsrecht des Auftraggebers (§§ 665, 675 BGB).

Empfehlenswert ist dabei im Real-Estate-Managementvertrag zu vereinbaren, in welchen Verträgen der Real-Estate-Asset-Manager in die Rechte und Pflichten seines Auftraggebers, des Eigentümers als Investor oder des Real-Estate-Investment-Managements eintritt. Diese Regelung sollte bei bestehenden Verträgen mit externen Dienstleistern ebenfalls in die Dienstleistungsverträge integriert werden.

Der Real-Estate-Asset-Manager erbringt für den Auftraggeber Geschäftsleistungen, die der Investor als Immobilieneigentümer in Wahrnehmung seiner Vermögensinteressen ursprüng-

---

139 Vgl. Hodel, M., Outsourcing Management kompakt und verständlich, 1999, S. 59.
140 Vgl. Kummert, K. u.a. (Hrsg.), Nachhaltiges Facility-Management, 2012, S. 83 f.
141 Vgl. Quante, R., Praxishandbuch Immobilien Asset Management, 2011, S.1–63.

lich selbst zu erbringen hätte. Damit übernimmt der Real Estate Asset-Manager die Entlastung des Immobilieneigentümers bei seinen Eigentümeraufgaben.

Die selbstständige Tätigkeit der wirtschaftlichen Art ermöglicht dem Real-Estate-Asset-Manager eigenverantwortliche Überlegungen und Willensbildungen. Sie steht auch in Beziehung zum Vermögen des Auftraggebers.

Die Erbringung der vertraglichen Leistungen ist für den Asset-Manager in der Regel mit der Vertretung des Auftraggebers gegenüber Dritten verbunden. Zur wirksamen Vertretung muss der Asset-Manager bevollmächtigt werden. Die ausdrückliche Bevollmächtigung mit festgelegtem Umfang der Vertretungsbefugnisse und die Definition von zustimmungspflichtigen Geschäften, die den Umfang der Vertretungsbefugnis beschränken, sind wesentliche Bestandteile des Asset-Managementvertrags.

> **Tipp!** Für die Vornahme bestimmter Rechtsgeschäfte oder Rechtshandlungen erweist sich eine separate Vollmachtsurkunde als praktisch, da der Asset-Manager seine Legitimation nicht durch Vorlage des Asset-Managementvertrages nachzuweisen braucht und andere zeitliche Limitierungen möglich werden.

Es gelten insoweit – neben dem Vertrag – die §§ 164 ff. BGB. In der Vertretung bei einseitigen Rechtsgeschäften im Namen des Auftraggebers, beispielsweise bei der Kündigung von Mietverträgen, ist der Asset-Manager zur Vorlage seiner Vollmachtsurkunde verpflichtet. Unterlassungen können Haftungs- und Schadensersatzansprüche sowie die Unwirksamkeit von Rechtsgeschäften oder Verträgen zur Folge haben.

Eine **Vollmachtserteilung** kann durch Vollmachtsurkunde auf drei unterschiedliche Arten erfolgen:
- Umfassende Generalvollmacht ohne eine für Dritte erkennbare Beschränkung,
- Allgemeine Vollmacht, die im Text der Vollmacht in Geldwerten oder Laufzeiten begrenzt ist,
- Einzelvollmacht, die nur auf Anforderung für die Erfüllung einer konkret definierten Leistung und befristet auf deren Erbringung ausgestellt ist.

Bei einer umfassenden Generalvollmacht, bei Vollmachten zum Kauf oder Verkauf von Grundstücken oder Immobilien sowie Grundbucheintragungen sollte die Vollmacht grundsätzlich notariell beurkundet werden. Im Interesse der Rechtssicherheit ist im konkreten Einzelfall bei allen Unklarheiten von Rechten und Pflichten aus Bevollmächtigungen immer eine immobilien-rechtliche Beurteilung zu empfehlen.

Bei der **Beauftragung des REAMs** sind grundsätzlich zwei verschiedene Arten von Mandaten möglich:[142]
- Discretionary Mandat,
- Non-Discretionary Mandat.

Bei einem **Discretionary Mandat** erhält der Real-Estate-Asset-Manager für seine Tätigkeit eine Generalvollmacht des Auftraggebers. Dies setzt ein hohes Maß an Vertrauen in den Asset-Manager voraus. Die Vertragsabwicklung und die Vertretungsbefugnis im Außenverhältnis werden mit einer Generalvollmacht erheblich erleichtert. Eine umfassende Generalvollmacht

---

142 Vgl. Quante, R., Praxishandbuch Immobilien Asset Management, 2011, S. 164 f.

wird dabei i. d. R. im Innenverhältnis zwischen den Vollmachtgebern und dem Asset-Manager durch die Definition von zustimmungsbedürftigen Geschäften beschränkt. Eine derartig weitreichende Vollmachtsvergabe ist mit hohen Risiken für den Auftraggeber verbunden, weshalb dies nur bei Sitz im Ausland oder sehr geringer Personaldecke empfehlenswert ist.

Bei einem **Non-Discretionary Mandat** erhält der Real-Estate-Asset-Manager vom Auftraggeber einen vorgegebenen Umfang der mit Beauftragung übertragenen Befugnisse. Hiermit ist dann der selbstständige Handlungsrahmen für den Real-Estate-Asset-Manager in den Projektstufen und im Einzelfall noch für einzelne Leistungen genau abgegrenzt. Innerhalb dieser Begrenzungen hat der Asset-Manager die Möglichkeit, seine selbstständige Tätigkeit der wirtschaftlichen Art zu entwickeln.

3.3.7 Die wichtigen Vertragsklauseln für Dienstleistungsverträge

Ein **Vertrag über Gebäudedienstleistungen** sollte den Ausführungsverantwortlichen möglichst als Handbuch dienen. Deshalb empfiehlt sich eine klare Gliederung, wie Abb. 3.16 zeigt.

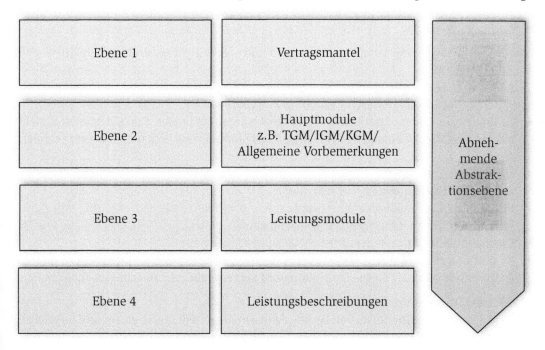

Abb. 3.16: Grundsätze der Vertragsgestaltung[143]

Exkurs: Sprache in Verträgen

Ein FM-Vertrag sollte es den Vertragsparteien möglichst einfach machen, ihre Rechte und Pflichten zu erkennen und damit reibungslos zu arbeiten. Er ist aber auch ein Mittel, um bei späteren – eventuell prozessualen – Auseinandersetzungen seine Position zu halten. Das sind natürlich unterschiedliche Zielsetzungen, weshalb sich die Frage stellt, welche Sprache gewählt werden sollte. Die Funktion einer Handlungsanweisung auch für die mit der Durch-

---

143 Vgl. Hellerforth, M., Outsourcing in der Immobilienwirtschaft, 2004, S. 34.

führung des Vertrags Beauftragten wird vor allem durch die Verwendung der Umgangssprache erreicht, problematisch ist deren Anwendung jedoch, wenn juristisch nachgebessert werden muss. Gerade bei technischen Outsourcing-Verträgen muss hingegen die Fachsprache angewandt werden, wobei die in der Regel 10.000 bis 20.000 Wörter, die eine solche Fachsprache umfasst, den versierten Parteien geläufig sein sollten. Dies gilt aber nicht zwangsläufig für den Auftraggeber, dem viele technische Begriffe, so z.B. im Bereich des Contracting, nicht bekannt sein müssen, denn er will sich ja gerade hiervon entlasten. Hier hilft es – soweit möglich – auf Standards zurückzugreifen (DIN, ISO), wenn nicht vorhanden, sollte man Leistungen, Teilleistungen oder Module selbst definieren und diese Definitionen im Vertrag konsistent verwenden. Gleiches gilt für die Benutzung juristischer Fachsprache, aber auch von Fremdsprachen. Es herrscht eine große Begriffsvielfalt, wie z.B. am Beispiel der Instandhaltung gezeigt. Bei derartigen Unklarheiten sollte man immer auf Begriffserklärungen hinwirken, z.B. durch:[144]

- einheitliche Definition von Begriffen vor oder nach dem Haupttext,
- klare Präambeln mit der Beschreibung der Geschäftsgrundlagen,
- Bildung von Beispielen, so Rechenbeispiele für typische Abrechnungen und
- Auslegungsklauseln.

Gerade bei Verträgen, die komplexe Leistungsbündel regeln, gilt es, Probleme prägnant und kurz zu beschreiben.

In diesem Zusammenhang muss noch einmal auf die Bedeutung rechtlicher Beratung vor Verhandlungsbeginn hingewiesen werden. Dazu gehört z.B.:[145]

- Es müssen rechtliche Checklisten – bezogen auf den konkreten Fall – detailliert erstellt werden und die Bedeutung der einzelnen Punkte muss dem Verhandlungsteam erläutert werden.
- Die rechtlich relevanten Eckdaten sind von vornherein genau zu definieren und als unverzichtbare Verhandlungsziele herauszustellen.
- Intern muss klar herausgearbeitet werden, wie groß die rechtliche Bedeutung von Zugeständnissen ist, die der Gegenseite gemacht werden.
- Es ist auf die Wichtigkeit begrifflicher Klärungen hinzuweisen.
- Es muss abgeklärt werden, wie wahrscheinlich der Aufbau vertrauensbildender Faktoren ist, bzw. inwieweit als Folge eine Haftung aus vorvertraglichem Verschulden möglich ist.

Checkliste: Einzelne Vertragsbestandteile

Im Folgenden ist eine Checkliste von Vertragsklauseln dargestellt, die in einem umfangreichen FM- bzw. Property-Management- oder auch Dienstleistungsvertrag berücksichtigt werden sollten, um Grauzonen von Verantwortlichkeiten zu vermeiden.[146] Diese Grobstruktur folgt der GEFMA-Richtlinie 502.

01.00 Vertragspartner
02.00 Vorbemerkungen

---

144 Vgl. Heussen, B., Vertragsdesign, Rz. 288, in: Heussen, B. (Hsrg.), Handbuch Vertragsverhandlung und Vertragsmanagement, München, 3. Auflage. 2007.
145 Vgl. Heussen, D., Controlling, S. 23 f., in: Heussen, B. (Hsrg.), Handbuch Vertragsverhandlung und Vertragsmanagement, München, 3. Auflage, 2007.
146 Vgl. h. u. i. F.: Hellerforth, M., Outsourcing in der Immobilienwirtschaft, 2004, S. 134, dies., Gebäudemanagement, 2010, S. 45.

3.3 Professionelles Vertragsmanagement

03.00	Vertragsgrundlagen
03.01	Einbeziehung von Unterlagen
03.02	Zu beachtende Gesetze, Verordnungen, Vorschriften
03.03	Zu beachtende technische Normen und Regelwerke
03.04	Zulassungen und Genehmigungen
04.00	Vertragsgegenstand
04.01	Art
04.02	Menge
04.03	Qualität
04.04	Zeit
04.05	Maßnahmen im Interesse beider Vertragspartner
05.00	Mehrleistungen, Leistungsänderungen, Minderleistungen
06.00	Übernahmen durch den Auftragnehmer
06.01	Personal
06.02	Verträge und Rechte
06.03	Eigentum des Auftraggebers
06.04	Individualsoftware des Auftraggebers
07.00	Unterbeauftragung durch den Auftragnehmer
07.01	Zustimmung des Auftraggebers
07.02	Hinzuziehung von Kontrollorganen
08.00	Vertragskoordination
08.01	Vertragsverantwortliche
08.02	Ausführungsverantwortliche
09.00	Pflichten des Auftraggebers
09.01	Vollmachten für den Auftragnehmer
09.02	Bereitstellung von Räumen und Flächen
09.03	Bereitstellung von Energien
09.04	Bereitstellung von Geräten und Material
09.05	Bereitstellung von Daten und Dokumenten
09.06	Einräumen von Rechten
	Hausrechte
	Zutrittsrechte zu Objekten
	Zutrittszeiten
	Nutzung von Verkehrswegen und Flächen
09.07	Information über Änderungen wesentlicher Sachverhalte
10.00	Besondere Pflichten des AN
10.01	Vorlage von Befähigungsnachweisen
10.02	Meldepflicht für besondere Ereignisse
10.03	Beachtung von Herstellervorschriften
10.04	Genehmigung von technischen Arbeitsmitteln
10.05	Genehmigung von Einsatzstoffen
10.06	Dokumentation des technischen Status
10.07	Dokumentationspflichten gegenüber Dritten
10.08	Nutzung der neuesten Technik

10.09		Durchführung notwendiger Investitionen
10.10		Abstimmung von Investitionsplanungen
10.11		Beachtung der Sicherheitsvorschriften des Auftraggebers
10.12		Verkehrssicherungspflicht
10.13		Entsorgung
10.14		Umweltschutz
10.15		Unfallverhütung
10.16		Berichtswesen
10.17		Behandlung von Fundobjekten
10.18		Diebstähle und Schäden
10.19		Vorlage und Aktualisierung von Versicherungsnachweisen
10.20		Einbringung von Sachen
10.21		Personaleinsatz des Auftragnehmers
		Verhaltensvorschriften
		Personallisten
		Personaltausch
		Personalablehnung durch den Auftraggeber
		Qualifikationsanforderungen
		Nachweis der Aufenthalts- und Arbeitserlaubnis
		Nachweis der Sozialversicherung
		Ausweise
		Arbeitskleidung
		Einsatzzeiten des Arbeitnehmers
11.00	Fristen und Termine	
11.01		Nichteinhaltung von Fristen und Terminen
11.02		Vertragsstrafe für die Nichteinhaltung von Fristen und Terminen oder Nichterfüllung von Leistungen
11.03		Fälligkeit der Sicherungsbeträge
12.00	Erfüllung der Leistungspflicht	
12.01		Leistungsnachweis
12.02		Abnahme
		Abnahmeverpflichtung
		Abnahmeberechtigte
		Abnahmebestätigung
12.03		Mängelrüge
13.00	Vergütung, Abrechnung, Zahlung	
13.01		Vergütung
		Vergütung nach Erfolg (Einheitspreise)
		Vergütung nach Zeitaufwand
		Vergütung von Managementleistung
		Vergütung von Planungsleistung
		Aufschlag auf Fremdleistungen
		Nebenkosten
		Gebühren

3.3 Professionelles Vertragsmanagement

	Fahrtkosten
	Trennungsentschädigung
	Auslösung
	Preiseinschlüsse
	Festpreise
	Preisanpassungen
	Preisfindung für Zusatzleistungen
	Hinterlegung der Kalkulation
13.02	Abrechnung
13.03	Aufrechnung, Zurückbehaltung
13.04	Zahlung
13.05	Forderungsabtretung
13.06	Bürgschaft
14.00	Gewährleistung, Haftung
14.01	Gewährleistung
14.02	Gewährleistungsfrist, Garantiefrist
14.03	Verjährungsfrist
14.04	Haftung
15.00	Versicherung
15.01	Versicherung des Auftraggebers
15.02	Versicherung des Auftragnehmers
15.03	Versicherung der Unterbeauftragung
15.04	Deckungssummen
15.05	Versicherungsnachweis
15.06	Maßnahmen zur Schadensverhütung (mit Versicherer)
15.07	Maßnahmen im Schadensfall
16.00	Geheimhaltung
16.01	Einsichtnahme in die Unterlagen
16.02	Geheimhaltungserklärung
16.03	Rückgabe von Unterlagen
17.00	Umgang mit Daten
17.01	Datenschutz
17.02	Umgang mit personenbezogenen Daten
17.03	Datenschutzbeauftragter des Auftragnehmers
17.04	Datensicherheit
18.00	Gewerbliche Schutzrechte, Urheberrechte
18.01	Rechte des Auftraggebers
18.02	Rechte des Auftragnehmers
18.03	Rechte Dritter
18.04	Rechte an Daten
19.00	Vertragsdauer
19.01	Laufzeit
19.02	Option auf Verlängerung
19.03	Kündigung

Kündigungsgründe
Kündigungsfristen
Folgen der Kündigung

20.00	Rückabwicklung
20.01	Andienungspflicht von Personal des Auftragnehmers
20.02	Anwerbung durch den Auftraggeber
20.03	Andienungspflicht für Anlage- und Umlaufvermögen
20.04	Andienungspflicht für Verträge
20.05	Andienungspflicht für Rechte
20.06	Übergabe von Unterlagen und Dokumenten
20.07	Übergabe von Daten
20.08	Übertragung von Geschäftsanteilen des Auftragnehmers
21.00	Überleitung und Vertragsende
21.01	Informations- und Auskunftspflicht
21.02	Schulung von Nachfolgepersonal
21.03	Mitwirkung bei besonderen Anlässen
21.04	Weitergeltung von Vertragsbestimmungen
22.00	Änderungen und Ergänzungen des Vertrages
23.00	Erfüllungsort, ordentliche Durchsetzung, Gerichtsstand
23.01	Erfüllungsort
23.02	Schiedsgericht
23.04	Ordentliches Gericht
24.00	Anwendbares Recht
25.00	Sonstige Bestimmungen
26.00	Salvatorische Klausel

Diese Vertragsstruktur stellt lediglich einen Vorschlag dar. Es träte eine Überforderung ein, wenn man versuchte, hiermit sämtliche Praxisfälle abzudecken. Gerade bei sehr einfachen Verträgen, bei denen es um sehr kurze Laufzeiten, geringe Werte und gleichartige Leistungen geht, kann man den Vertrag verkürzen, auf der anderen Seite können bei komplexen Gesamtvergaben aber auch Verträge mit höherem Detailgrad notwendig sein.

3.4 Flächenmanagement
3.4.1 Einführung

Flächenmanagement hat in den letzten Jahren im Gewerbeimmobilienbereich an Bedeutung gewonnen, denn jeder Quadratmeter, den der Nutzer spart, bedeutet für ihn eine Kostensenkung. Unter diesem Aspekt machen sich viele Non-Property-Companies Gedanken darüber, wie sie Flächen einsparen können, ohne Qualitätsverluste bei den Arbeitsplätzen in Kauf zu nehmen und auch, wie auf einer Fläche optimale Arbeitsabläufe aussehen können. Damit korrespondiert die Zielsetzung der Erhöhung der flächenspezifischen Effizienz.

Die Sichtweise des Vermieters ist zunächst eine andere, denn es geht ja darum, die vorhandenen Flächen zu vermieten und dabei eine Maximierung der Mieterträge zu erreichen. In einem Nachfragemarkt gehört dazu aber immer mehr, vermietbare Flächen in einer Größe und Beschaffenheit bereitzustellen, die geeignet sind, die Kernprozesse von Mietern zu unterstüt-

3.4 Flächenmanagement

zen. Unter diesem Aspekt sollte der Vermieter auch solche Flächen identifizieren, die nicht oder nur eingeschränkt vermietbar sind und über sonstige Verwertungsmöglichkeiten, z.B. durch Verkauf oder auch Abriss, nachdenken. Hier ergibt sich somit ein enger Zusammenhang zwischen Flächenmanagement und dem noch zu behandelnden Portfolio-Management.

3.4.2 Grundsätzliches: Flächenarten und Flächenkosten
Flächenarten

Es gibt kein einheitliches Maß, um Flächen zu messen. Für die Ermittlung von Wohnflächen finden sich in Mietverträgen z.B. die DIN 283, II. BV., die WoFlV, die DIN 277 und – für die Ermittlung der Verkehrswerte von Grundstücken – auch die WertR. Unterschiede bei der Flächenermittlung ergeben sich z.B. in der Berechnung von Räumen mit geringen Höhen, aber auch bezüglich der Anrechnung von Wintergärten, Loggien und Balkonen. Damit ergibt sich je nach angewandtem Flächenmaß eine unterschiedlich große vermietbare Fläche.

Die DIN 283 wurde zwar schon 1983 zurückgezogen, gleichwohl findet sie sich als Flächenmaß noch in einigen Mietverträgen. Auch die II. BV ist nicht mehr gültig, sondern wurde am 01.01.2004 von der Wohnflächenverordnung abgelöst. Diese beiden Flächenmaße sind nur für öffentlich geförderten Wohnungsbau vorgeschrieben, werden aber häufig auch für andere Wohngebäude angewandt. Die DIN 277, die gleich noch näher behandelt wird, trägt den Titel „Grundflächen und Rauminhalte von Bauwerken im Hochbau". Ihr Anwendungsgebiet liegt primär in der Baukostenkalkulation.

Raumteile	DIN 283	II. BV	WoflV	DIN 277	WertR
Räume allgemein mit einer lichten Höhe von **mindestens 2 m**	**Räume allgemein** mit einer lichten Höhe von mindestens 2 m.	100 %	100 %	100 %	100 %
Räume allgemein mit einer lichten **Höhe** von mindestens **1 m**	50 %	50 %	50 %	100 %	100 %
Räume allgemein mit einer lichten Höhe von **weniger als 1,5 m**	keine Regelung	keine Regelung	keine Regelung	100 %	100 %
Kriechkeller, nicht begehbare **Hohlräume** mit einer Höhe von **weniger** als **1,20 m**	keine Regelung	keine Regelung	keine Regelung	0 %	0 %
Allseits umschlossene **ausreichend beheizbare Wintergärten**	100 %	50 %	100 %	100 %	100 %
Allseits umschlossene nicht ausreichend beheizbare Wintergärten	50 %	keine Regelung	keine Regelung	100 %	100 %

Raumteile	DIN 283	II. BV	WoflV	DIN 277	WertR
Allseits umschlossene nicht beheizbare Wintergärten	keine Regelung	keine Regelung	50 %	100 %	100 %
Gedeckte Loggien, Terrassen, Balkone	25 %	bis zu 50 %	25 % bis 50 %	100 %	0 %
Nicht gedeckte Loggien, Balkone, Terrassen	0 %	bis zu 50 %	25 % bis 50 %	100 %	0 %
Dachgärten	keine Regelung	bis zu 50 %	25 % bis 50 %	100 %	0 %
Flächenanteile unter Treppen	100 %, wenn lichte Höhe mindestens 2 m sonst: 0 %	100 %, wenn lichte Höhe mindestens 2 m sonst: 0 %	keine Regelung	100 %	100 %

Tabelle 3.6: Unterschiedliche Flächenmaße im Wohnungsbau[147]

Die DIN 277 und die Gif-Normen

Die DIN 277 geht von der Bruttogrundfläche (BGF) aus. Weitere verwendete Flächenarten sind:
- Konstruktionsgrundfläche: Wände und Stützen,
- Verkehrsfläche: Treppen und Flure,
- Funktionsfläche: Fläche für technische Anlagen wie Klima-, Heizanlagen, Gebäudeleitsysteme,
- Hauptnutzfläche: Büro, Wohnen, Produktion,
- Nebennutzfläche: Sanitäranlagen, wobei in der DIN 277 in der Fassung von 2005 die Unterscheidung zwischen Haupt- und Nebennutzflächen aufgehoben worden ist, in älteren Bauunterlagen bzw. Mietverträgen findet sich diese Unterteilung aber noch.

Neben der DIN 277 gewinnt im gewerblichen Bereich die MF-G der Gesellschaft für immobilienwirtschaftliche Forschung eine immer größere Bedeutung. Die aktuellste Fassung ist vom Mai 2012. Diese Flächennorm, deren grobe Unterschiede zur DIN 277 in der Abbildung 3.16 dargestellt sind, geht von den gleichen Begriffen aus wie die DIN 277, die Grundflächen werden jedoch unmittelbar über dem Fußboden innerhalb der Oberflächen erfasst. Fußleisten, Einbauten und Ähnliches werden unter Berücksichtigung dieser Ermittlungsmethode nicht erfasst, alle raumbegrenzenden Bauteile werden demnach nicht zur Mietfläche gezählt. Gleiches gilt für senkrechte Fassadenprofile – mit der Ausnahme von Vorhangfassaden. Glas-

---

147 https://online-immoberater.de/flnormen.html

3.4 Flächenmanagement

fassaden sind bis zur Scheibe Mietfläche. Raumhöhen von 1,50 m und weniger zählen zur Mietfläche, sie werden aber gesondert ausgewiesen[148].

Vor Mai 2012 gab es bereits eine Gif-G, die zu einem früheren Zeitpunkt in eine Gif-B für Büro und eine Gif-H für Handel unterteilt wurde. Diese Differenzierung wurde aufgehoben. Ebenfalls seit 2012 neu ist die Gif-W für Wohnen, deren Anwendung mehr als folgerichtig bei gemischt genutzten Gebäuden erscheint, bei denen die Gewerbefläche nach Gif-G ermittelt wurde. Im großen Maße hat sich der Gif-Standard aber weder im Gewerbeimmobilienbereich noch im Bereich von Wohnimmobilien durchgesetzt.

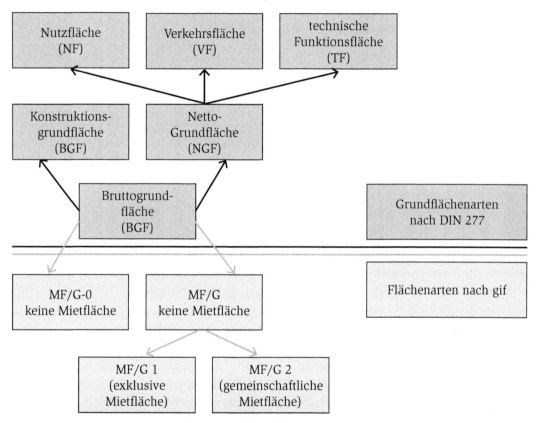

Abb. 3.17: Vergleich der Mf-G und der DIN 277

Für Unternehmen, die ihre Arbeitsplatzflächen ermitteln wollen, können noch folgende Flächen eine Rolle spielen:
- Die DIN 4543 „Büroarbeitsplätze" legt Anforderungen an Flächen für die Aufstellung und Benutzung von Büromöbeln fest. Sie definiert in ihrem Teil 1 u.a. Begriffe des Büroraums, des Büroarbeitsplatzes, der Arbeitsflächen sowie der Stell- und Wirkfläche.
- Die Arbeitsplatzfläche nach GEFMA 195/2 kann zur Errichtung von Arbeitsplätzen unter Berücksichtigung der einschlägigen Vorschriften zur Verfügung gestellt werden. Verkehrsflächen zur Gebäude- und Etagenerschließung sind hierin nicht enthalten, genauso wenig wie die Sozialflächen, Kellerräume, Serviceflächen u.Ä.

---
148 Vgl. Grooterhorst, J., u.a. (Hrsg.), Rechtshandbuch Immobilien Asset Management, Köln, 2009, S. 444.

Flächenkosten

In Bezug auf die Flächenkosten empfiehlt z.B. die GEFMA 195/2 je nach Flächenausstattung abgestuft folgende Wertigkeit (in Prozent des Mietpreises):
- voll ausgestattete Hauptnutzfläche: 100 %,
- Flächen ohne Tageslicht – 20 %,
- Flächen ohne wohnliche Wandbeläge – 10 %,
- Flächen ohne Elektroanschlüsse – 10 %,
- Flächen ohne Telefon/Datenleitung – 10 %,
- Flächen ohne wohnliche Bodenbeläge – 10 %,
- Flächen ohne wohnliche Deckenverkleidungen – 10 %.

Beispiel:
Die Bewertung eines Lagerraums, der keine der genannten Ausstattungsmerkmale aufweist, ergibt sich somit zu 100 % ./. 70 % = 30 % Wertigkeit einer voll ausgestatteten Hauptnutzfläche.

Wie bereits erwähnt, geht es für nutzende Unternehmen um die Vermeidung von zu hohen Flächenkosten, während der Vermieter in der Lage sein muss, die geforderte Zahl an Arbeitsplätzen zur Verfügung zu stellen. Dazu dienen Flächenkennzahlen. So gelten z.B. für:
- Kombibüros: 10–12 m² HNF pro Büroarbeitsplatz,
- Zellenbüros 10–15 m² HNF Büroarbeitsplatz,
- Großraumbüros: 8–15 m² HNF pro Büroarbeitsplatz.

Die Schwankungsbreiten ergeben sich durch unternehmensspezifische oder standortbedingte Anpassungen und durch die unterschiedlichen Arten der Bürotätigkeiten. Ein Standard-Büroarbeitsplatz liegt eher an den unteren Grenzwerten, ein Konstruktionsarbeitsplatz eher an den oberen Grenzwerten.

Flächenbereitstellungs- und Flächennutzungskosten

Bei den Flächenkosten wird generell unterschieden in Flächenbereitstellungskosten und Flächennutzungskosten.

Die Flächenbereitstellungskosten können nach der DIN 276 gegliedert werden. Dazu gehören:

Kostengruppe	Kostenart
100	Grundstück
200	Herrichten und Erschließen
300	Bauwerk – Baukonstruktion
400	Bauwerk – Technische Anlagen
500	Außenanlagen
600	Ausstattungen und Kunstwerke
700	Baunebenkosten

Tabelle 3.7: Gliederung der Flächen nach der DIN 276

3.4 Flächenmanagement

Im Fall eines Gebäudeerwerbs gehören hierzu die gesamten Anschaffungskosten des Grundstücks und des Gebäudes sowie die Kosten für Umbauten und Erweiterungen sowie Ausstattung des Gebäudes.

Die **Flächenbewirtschaftungskosten** umfassen für den Mieter alle laufenden und einmaligen Kosten, die er für die Fläche aufwenden muss, um dort sein Kerngeschäft durchzuführen. Damit können neben den normalen Betriebskosten hierzu auch Miet- oder Leasingkosten für die Büroausstattung, die EDV etc. zählen.

> **Beispiel:**
> Das Immo AG berechnet die Flächenbereitstellungskosten in der Dimension „Arbeitsplätze". Gemäß ihrer Definition gehören zu einem Arbeitsplatz die eigentliche Arbeitsplatzfläche, die anteilige Nebenfläche, die Büroausstattung und die IT-Kosten, wobei die IT von ihrer Tochter, der Bürodata GmbH, geliefert werden.

3.4.3 Flächenanalyse und -planung – Bestimmung des Flächenbedarfs und Abgleich mit dem Flächenbestand

Flächenanalyse

Um eine Flächenoptimierung zu erreichen, muss das nutzende Unternehmen zunächst einmal die Flächen aufnehmen, verbunden mit einer Analyse der bisherigen Flächennutzung, so durch:

- Auswertung bestehender Flächen- und Belegungsdaten,
- Identifikation nicht genutzter, nicht bestimmungsgemäß genutzter und nicht betriebsnotwendiger Flächen,
- Zuordnung der Flächenkosten zu den Flächeneinheiten,
- Bilden von Flächenkennwerten (Flächennutzungsgrad, spezifischer Flächenbedarf, Flächenbedarf je Organisationseinheit),
- Vergleich von Kennwerten anderer Nutzer oder anderer Standorte.

Ein hierzu häufig genutztes Werkzeug ist ein Raumbuch, das in Tabelle 3.8 in einfacher Form dargestellt ist. Es sollte z.B. ermöglichen, die jeweiligen Anteile der einzelnen Flächenarten an der Gesamtfläche sowie eine Auswertung über das Verhältnis belegter Fläche zur gesamten belegbaren Fläche zu ermitteln.

Raumbezeichnung	m² NF	Anzahl	Gebäude
Vorzimmer	26,8	1	1.3A
Besprechungszimmer, klein	18,0	2	1.3A
Besprechungszimmer, groß	35,8	1	1.3A
…	…	…	…
Gesamt	546,8 m² NF	31	

Tabelle 3.8: Das Raumbuch, eigene Darstellung

Flächenplanung

Das Raumbuch bildet den Status quo ab, wie er zurzeit im Unternehmen gelebt wird. Besonders wichtig im Rahmen des Flächenmanagements ist die systematische Flächenplanung, die zum Ziel hat, die die Vorgaben aller Flächen beanspruchenden Aktivitäten der Organisation adäquat und insbesondere kostenoptimal umzusetzen.

Dazu werden in Form eines Soll-Ist-Vergleichs Kriterien und Fragestellungen zur Bestimmung von Art und Umfang des zukünftigen Flächenbestands erarbeitet. Dies beginnt mit der Ermittlung des Flächenbedarfs (Soll-Bestand), um anschließend den Flächenbedarf mit dem Flächenbestand abzugleichen.[149] Dabei verwendete Kriterien können sein:[150]

- Welche Flächenausmaße werden je Aufgabenfeld benötigt?
- Wann und wie oft werden die Flächen je Aktivität benötigt?
- Welche Art von Fläche beziehungsweise Raum wird je Aktivität benötigt?
- Welche Gebäudeausstattung und -qualität wird je Aufgabenfeld benötigt?

Zunächst werden Auslastungsannahmen getroffen, die sich auf der Grundlage der prognostizierten Umsatzentwicklung ergeben sowie aus der Personalplanung. Miteinbezogen werden dabei die Definitionen der Flächen und Arbeitsplatzstandards. Für viele Gebäude, so z.B. im öffentlichen Bereich, erfolgt keine regelmäßige Nutzung. Dann werden hilfsweise über Belegungspläne Raumbelegungsstunden pro Woche ermittelt, um Auslastungsaussagen treffen zu können. Derart ist es möglich, schon aktuell eine bessere Ausnutzung zu erzielen und nicht genutzte Flächen bzw. Reserveflächen zu erkennen. Dann geschieht eine Ausrichtung des Raumkonzepts auf die Zukunft.[151] Im Anschluss daran erfolgt dann die Planung der Zukunft der Immobilien: Dazu gehört, unter Rückkopplung mit dem Portfolio-Management herauszuarbeiten, wo das Minimum an Immobilienflächen, die unmittelbar dem Leistungserstellungsprozess des Unternehmens dienen, liegt und welche Flächen unter strategischen Gesichtspunkten vorgehalten, aber zur Zeit noch nicht benötigt werden.

Typische Determinanten des Flächenbedarfs sind:[152]

- Technischer Flächenbedarf – Minimum betriebsnotwendiger Flächen,
- Strategischer Bedarf an immobiliaren Ressourcen,
- Flächenbedarf aufgrund übergeordneter Unternehmensziele,
- Finanzwirtschaftlicher Flächenbedarf – Immobilie als Kapitalanlage,
- Flächenbedarf aufgrund persönlicher Gründe der Entscheidungsträger.

Derart wird die Flächenplanung transparent und nachvollziehbar.

---

149 Vgl. Heller, U., Immobilienmanagement in Non-Profit-Organisationen, Analyse und Konzeptentwicklung mit Schwerpunkt auf kirchlichen und sozialen Organisationen, 2010, S. 165.
150 Vgl. Heller, U., Immobilienmanagement in Non-Profit-Organisationen, Analyse und Konzeptentwicklung mit Schwerpunkt auf kirchlichen und sozialen Organisationen, 2010, S. 166.
151 Vgl. Wendler, M., Flächenoptimierungs-Maßnahmen bei Büroimmobilien, Fallstudie am Beispiel eines Büroobjekts der Sireo Real Estate GmbH, 2012, S. 31.
152 Vgl. Wendler, M., Flächenoptimierungs-Maßnahmen bei Büroimmobilien, Fallstudie am Beispiel eines Büroobjekts der Sireo Real Estate GmbH, 2012, S. 39.

3.4 Flächenmanagement

Beispiel: Bedeutsame Fragestellungen in Bezug auf die Flächenbedürfnisse der Nutzer
Das Fraunhofer-Institut hat schon 2006 einen signifikanten Zusammenhang zwischen der Qualität der genutzten Räume und der Arbeitsproduktivität festgestellt[153]. Im Zusammenhang zwischen Nutzerbedürfnissen und deren Kenntnis auch als Resultat des Customer-Relationship-Managements ergeben sich im Zusammenhang mit dem Flächenmanagement folgende Fragen:[154] 1. Hierarchische Organisation des Nutzerunternehmens: Flache Hierarchien und kurze Entscheidungswege? 2. Welche Größe hat das Nutzerunternehmen? 3. Kann die Fläche der weiteren Personalplanung angepasst werden (Betrachtungszeitraum: Mietvertragslaufzeit) 4. Anzahl der Voll- und Teilzeitkräfte und Arbeitsplatznotwendigkeiten für diese? 5. Anzahl der behinderten Menschen (besondere Ausstattung) und Auszubildenden? 6. Anzahl permanenter Projektmitarbeiter beim Kunden? 7. Beziehungsdiagramm zwischen den Abteilungen und den einzelnen Mitarbeitern zur Minimierung der Wegezeiten. 8. Zufriedenheit der Mitarbeiter mit der bisherigen Arbeitsplatzsituation.

---

153 Vgl. Fraunhofer Institut, INQA.-Studie, München, 2006.
154 Vgl. Behnke, M., Einführung eines integrierten Kundenmanagements (CRM) als Schlüsselfaktor für die Zukunftsfähigkeit der Bau- und Immobilienbranche am Beispiel eines mittelständischen Unternehmens, 2010, S. 13.

4. Due Diligence und Transaktionsmanagement
4.1 Einführung[155]

Die Due Diligence Real Estate ist ein multidimensionales Analyseinstrumentarium zur Aufdeckung von Chancen und Risiken im Zusammenhang mit Immobilientransaktionen. Dabei ist primär an die Ankaufsprüfung gedacht und zwar von Immobilien, Portfolios, aber auch von Wohnungs- und Immobilienunternehmen. Die Due Diligence bedient sich dabei Analyseinstrumentarien unterschiedlicher Art, so z.B.: Potenzial- bzw. SWOT-Analysen und bezieht z.B. erforderliche Capital-Expenditure-Maßnahmen (CapEx) und Tenant Improvement (TI) mit ein. Derart wird eine langfristige Planung für die jeweilige Immobilie erstellt, die auch genutzt werden kann, um die mit der Immobilie verbundene Wertschöpfungsstrategie festzulegen.[156]

> **Definition:**
> In rechtlicher Hinsicht ist **Due Diligence** (geschuldete Sorgfalt) vergleichbar mit dem im deutschen Recht verankerten Institut der erforderlichen Sorgfalt. Im US-amerikanischen Recht hat dieser Begriff jedoch weitergehende Bedeutung als in Deutschland, da dort Gewährleistungsansprüche bei Unternehmenskäufen eine besondere Rolle spielen.[157] Im Zusammenhang mit Immobilien spricht man auch von Immobilien Due Diligence (IDD).

Durch die Due Diligence sollen die Risiken der Immobilieninvestition minimiert werden, indem man Informationen beschafft und aufarbeitet.[158] Die so geschaffene Transparenz dient den Transaktionsparteien dazu, einen angemessenen Wert zu ermitteln, der pauschale Sicherheitsabschläge für nicht bewertbare Risiken weitgehend vermeidet. Abb. 4.1 zeigt die Komponenten dieser Untersuchung im Überblick, auf die im Weiteren näher eingegangen wird. Weitere häufig anzutreffende Arten der Due Diligence richten sich nach dem Auftraggeber und dem Zeitpunkt ihrer Durchführung. In Bezug auf den Auftraggeber unterscheidet man – bei Unternehmenstransaktionen üblicherweise – die Vendor Due Diligence und die Acquiror Due Diligence. Als Zeitpunkt für die Due Diligence ist eine präakquisitorische Due Diligence möglich, die die Regel darstellt, aber es gibt auch postakquisitorische Due Diligence (post completion Due Diligence), die sinnvoll ist, wenn die Zeit nicht ausreicht, eine ordentliche Analyse durchzuführen und dann häufig zu vorher vertraglich festgelegten Anpassungen des Kaufpreises führt. Dies z.B. bei Altlasten, deren Ausmaß noch nicht abgeschätzt werden kann.

---

155 Vgl. h. u. i. F.: Hellerforth, M., Due Diligence, 2003, S. 4 ff.
156 Vgl. Quante, R., Praxishandbuch Immobilien Asset Management, 2011, S. 72.
157 Vgl. Scott, C., Vorwort, in: Scott, C. (Hrsg.), Due Diligence in der Praxis, Risiken minimieren bei Unternehmenstransaktionen, 2001, S. 5.
158 Vgl. http://www-cgi.uni-regensburg.de/Fakultaeten/WiWi/scherrer/edu/opi/duediligence.html (letzter Abruf: 12.02.2014).

4.1 Einführung

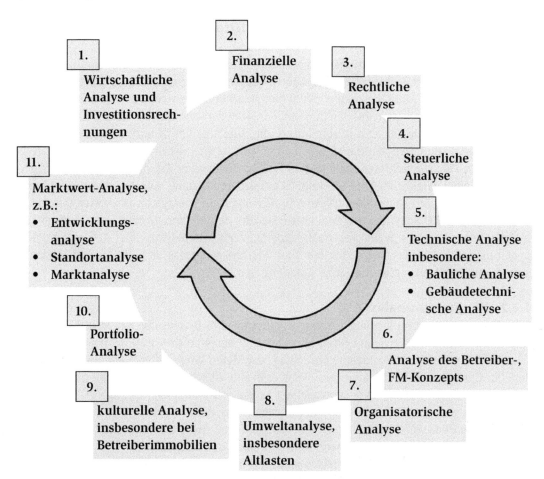

Abb. 4.1: Komponenten der Due Diligence-Untersuchung, eigene Darstellung

In der weiteren Darstellung wird die Image-Analyse vernachlässigt, bei der es um den Repräsentationswert und die Corporate Identity eines Unternehmens bzw. dessen Gebäude geht, weil dies weitgehend durch die kaufmännische Due Diligence (Marketing) abgedeckt ist. Nicht betrachtet werden zudem die FM-Analyse, die organisatorische und die kulturelle Analyse. Die beiden ersten Bereiche sind immer dann wichtig, wenn bestehende Verträge mit Generaldienstleistern oder Asset-Managern übernommen oder optimiert werden sollen, die kulturelle Analyse zusammen mit der organisatorischen steht vor allem bei Betreiberimmobilien im Vordergrund. Die Portfolioanalyse wird in Kapitel 5 dargestellt, weshalb sie hier vernachlässigt wird. Die finanzielle Analyse beschäftigt sich mit Finanzierungsstrukturen und ist Thema des 6. Kapitels.

Die Due Diligence hat in den letzten Jahren enorm an Bedeutung gewonnen und zeigt insbesondere, dass sich im Markt die Erkenntnis durchgesetzt hat, dass, Immobilien nicht mehr automatisch im Wert steigen, weshalb eine genaue Analyse des Investments dringend erforderlich und insoweit auch Folge der Professionalisierung und Internationalisierung im Markt ist.

4.2 Markt-, Standort- sowie Konjunkturanalysen[159]
4.2.1 Einführung
Die Markt-, Standort- sowie Konjunkturanalysen werden wegen ihrer großen Bedeutung, nicht nur im Rahmen eines Ankaufs- oder Verkaufsprozesses, sondern allgemein für die laufende Beurteilung des Portfolios gesondert betrachtet. Marktanalysen setzen sich mit der Angebots- und Nachfragesituation auf den Immobilienmärkten auseinander. Gerade dissaggregierte Marktanalysen gestalten sich i.d.R. sehr aufwändig, sind aber häufig notwendig. Ferner unterscheidet man quantitative Marktanalysen, die sich auf allgemeine Umweltdaten und die daraus resultierende Flächennachfrage beziehen, und solche qualitativer Art, die Anhaltspunkte darüber geben sollen, wie die Flächen im Hinblick auf Größe, Effizienz, Ausstattungsstandard und Bauqualität konzipiert sein sollten. Diese Anforderungen sind bei nutzerbezogenen Gebäuden in der Regel erfüllt. Schwieriger gestalten sie sich für Immobilien-Projektentwicklungen mit spekulativem Charakter, wenn also noch keine Nutzer feststehen bzw. bei Gebäudeverkauf, soweit hiermit Nutzerwechsel verbunden sind. Marktrisiken erfassen nicht nur ein einzelnes Investitionsobjekt, sondern eine ganze Anlagekategorie.

4.2.2 Konjunkturanalysen
Der allgemeinen Konjunkturlage kommt so überragende Bedeutung zu, weil Käufer und Nutzer ihr Investitionsverhalten ihren Erwartungen anpassen und weil derartige systematische Risiken nicht nur eine einzelne Immobilie bzw. deren Weiterentwicklung betreffen, sondern das Gesamtportfolio des Investors. Wenn er in eine Abschwungphase gerät, die vor allem am Gewerbeimmobilienmarkt gekennzeichnet ist durch Kündigungen, (längere) Leerstände, Insolvenzen, weniger Flächenbedarf, muss er versuchen, diese durchzustehen. Entsprechend sind in dieser Phase die Kreditfähigkeit des Unternehmers sowie die allgemeine Kapitalmarktsituation, aber auch die Staying Power des Kreditnehmers entscheidend.

Die Beurteilung des Konjunkturrisikos kann auf den aus vergangenen Konjunkturverläufen abgeleiteten Erkenntnissen beruhen. Es ist eine Unterstützung durch Methoden wie die Regressionsanalyse denkbar. Dazu müssen jedoch auch die Faktoren in die Überlegungen miteinbezogen werden, die durch die Regressionsanalyse nicht erklärt werden können. Zu den Faktoren gehören strukturelle Veränderungen, die politischen Verhältnisse, die steuerlichen und rechtlichen Rahmenbedingungen oder die Zukunftserwartungen.

Typische Indikatoren zeigt Tabelle 4.1, wobei aber nicht vernachlässigt werden sollte, dass sich das Immobiliengeschäft auf regionalen Märkten abspielt, sodass die regionalen konjunkturellen Sondereinflussgrößen zu beachten sind.

1. **Frühindikatoren der Immobilienkonjunktur**
   - Baugenehmigungen (Wohngebäude, Nicht-Wohngebäude)
   - Auftragseingänge (Hochbau, Wohnungsbau, sonstiger Hochbau, Tiefbau usw.)
   - Auftragsbestände: Hoch- und Tiefbau

---
159 Vgl. Hellerforth, M., Risikomanagement bei Projektentwicklungen, 2000, S. 15 ff.

2. Präsenzindikatoren der Immobilienkonjunktur
- Bauproduktion
- Baufertigstellung (Wohngebäude, Nicht-Wohngebäude)
- Umsatz im Baugewerbe, Ausbauhandwerk usw.
- Kapazitätsauslastung
- Zahl der Beschäftigten, Arbeitslosen, Kurzarbeiter
- Bestand und Entwicklung der pfandbriefgesicherten Kredite

3. Spätindikatoren der Immobilienkonjunktur
- Entwicklung der Bauinvestitionen bzw. des Bauvolumens
- Baupreise (Wohngebäude, Bürogebäude, Betriebsgebäude, Straßenbau)
- Bodenpreise
- Bau- und Immobilieninsolvenzen

Tabelle 4.1: Indikatoren der Immobilienkonjunktur[160]

4.2.3 Standortanalyse

Einführung

Die Standortanalyse hat aufgrund der Immobilität der Immobilie eine besondere Bedeutung. Damit spielt das Umfeld für die Wertentwicklung eine entscheidende Rolle. Zudem ist zu beachten, dass es nicht generell gute oder schlechte Lagen gibt, sondern dass die Qualität des Standorts abhängig von der Immobilie bzw. den Nutzeranforderungen ist. Ziel der Standortanalyse ist es, Entwicklungsmöglichkeiten und Risikopotenziale mit Relevanz für das jeweilige Objekt darzustellen. Gerade die Immobilienwirtschaft zeichnet sich durch eine Großzahl regionaler wie auch segmentspezifischer Teilmärkte aus, was der individuellen Marktanalyse besonderes Gewicht verleiht.

Übliche Untersuchungsebenen sind der Makro- und der Mikrostandort der Immobilie, wobei auf beiden Ebenen harte wie weiche Standortfaktoren unterschieden werden können.

Analyse des Makrostandorts

Der Makrostandort ist der Großraum, in dem sich ein Grundstück befindet, sowie dessen Einzugs- und Verflechtungsbereich. Je größer das Objekt ist, umso bedeutsamer sind die Kriterien des Makrostandorts.

In Abhängigkeit zum Wirkungsraum des Investors geht dieser Makrostandort nicht über die Stadt hinaus, in der sich das Unternehmen befindet, bei kleineren Städten gehören dazu häufig auch die umliegenden Städte bzw. der Kreis und die Region. Damit beginnt die Makrostandortanalyse mit der Bestimmung seiner räumlichen Ausdehnung und Struktur. Insoweit ist der Makrostandort für kleinere oder regional gebundene Unternehmen im Wesentlichen vorgegeben. Aufgrund bestimmter Steuerpräferenzen oder interessanter Marktperspektiven kommt es aber ebenfalls dazu, dass Investoren ihre Tätigkeiten in neuen regionalen Marktsegmenten aufnehmen, wie z.B. eine verstärkte internationale Präsenz in deutschen Märkten zeigt. Die Qualität des Makrostandorts ist insofern wichtig, als von ihr Entscheidungen darüber abhängen, ob überhaupt investiert werden soll. Die Informationen über den Makrostandort werden üblicherweise im Rahmen der Sekundärforschung gewonnen.

---

160 Vgl. Maier, K.M., Risikomanagement im Immobilienwesen, Leitfaden für Theorie und Praxis, 1999, S. 121.

Faktoren	Aufgliederung	Wichtigste Kriterien	Bewertung	
			Anforderungen	realer Standort
Regionale und lokale Makrostandortfaktoren	Zentralität des Makrostandorts	• Regionale Verflechtungen • Einrichtungen von regionaler Bedeutung • Qualitative Nachfragepräferenzen		
	Image	• Aktives Standortmarketing • Umweltqualität • Investitionsklima		
	Kommunale politische Rahmenbedingungen	• Förderhilfen • Steuerhebesätze • Kommunale Gebühren • Steuervergünstigungen		
	Weiche Standortfaktoren	• Kulturelles Angebot • Bildungsangebot • Freizeitangebot		

Tabelle 4.2: Makrostandortfaktoren im Überblick, eigene Darstellung

Analyse des Mikrostandorts

Der Mikrostandort ist das unmittelbare Umfeld – die Nachbarschaft – eines Grundstücks. Dabei kann wiederum differenziert werden nach Stadtteilen, Straßen und Umfeld. Auf diese Faktoren wird in besonderem Maß unter dem Aspekt der „Lage" eingegangen.

Viele der Mikrostandortfaktoren sind auf den ersten Blick ersichtlich, wie Größe und Zuschnitt des Grundstücks. Die Analyse anderer, etwa die Verkehrsanbindung, erfordert die Sammlung und Auswertung vorliegender Informationen. Neben diesen harten Standortfaktoren geht es aber auch um das Prestige der Lage in Abhängigkeit von der Nutzungsart.

Faktoren	Aufgliederung	Wichtigste Kriterien	Bewertung	
			Anforderungen	realer Standort
Mikrostandortfaktoren	Verkehrsanbindung	• Öffentlicher Nahverkehr • Öffentlicher Fernverkehr • Individualverkehr • Fußgänger		
	Zugänglichkeit des Grundstücks	• Hammer- oder Hinterliegergrundstück • Parkmöglichkeiten		

Faktoren	Aufgliederung	Wichtigste Kriterien	Bewertung	
			Anforderungen	realer Standort
	Lage	• Gute Adresse • Periphere Lage/ grüne Wiese • Nachbarschaft • Geruchsimmissionen • Lärmimmissionen		
	Grundstücksgröße und -zuschnitt	• Nutzungsmöglichkeiten in Abhängigkeit von den Bebauungsplanvorgaben		

Tabelle 4.3: Mikrostandortfaktoren im Überblick, eigene Darstellung

4.3 Die einzelnen Untersuchungsfelder einer Due Diligence

4.3.1 Wirtschaftliche bzw. kaufmännische Due Diligence

Zusammenfassung wichtiger Untersuchungsfelder der kaufmännischen Due Diligence

Die Untersuchungsfelder der kaufmännischen Due Diligence sind in Tabelle 4.2 dargestellt. Neben den bereits angesprochen Standortanalysen werden eng damit zusammenhängend Marktanalysen erstellt, die Aussagen über die Angebots- und Nachfragesituation im betrachteten Immobiliensegment und für die betrachtete Region ergeben. Erst darauf aufbauend können die tatsächlich vorliegenden Mietverträge auf ihre Werthaltigkeit untersucht werden.

Das politische Risiko besteht in Deutschland insbesondere in einer Änderung der Rahmenbedingungen. Diese können z.B. steuerlicher Natur sein, wenn bestimmte Fördermöglichkeiten verändert oder eingestellt werden, ein Teil der Immobilienkalkulation aber darauf beruht, oder auch allgemeiner politischer Art: Eine funktionierende Mietpreisbremse, könnte ggf. für ein Investment in Wohnimmobilien einer Großstadt nur noch ein geringerer Preis gerechtfertigt werden. Dazu gehören aber auch weiche Faktoren, wie das Genehmigungsverhalten in der jeweiligen Stadt oder die Kooperationsbereitschaft der Behörden.

Nutzungskonzeptanalysen sollten vor allem bei Single-Tenant-Objekten durchgeführt werden, wenn es um deren Drittverwendungsfähigkeit geht. Aber auch für andere – gerade gewerbliche Immobilien – muss über andere Nutzungskonzepte, so z.B. kleinteiligere Aufteilungsmöglichkeiten der Büros bis hin zur Umnutzung, so von Büros in Wohnungen o.Ä. nachgedacht werden. Nutzungsanalysen richten sich auf die Flexibilität im Hinblick auf andere Nutzungsmöglichkeiten und die Gebäudeeffizienz, d.h. im Einzelnen: Flächeneffizienz, Bewirtschaftungseffizienz und Ausstattungseffizienz.

Risikoanalysen fassen die Due Diligence-Ergebnisse noch einmal unter Risikogesichtspunkten zusammen und bedingen nicht selten das Einschalten des Risiko- und Portfolio-Managements je nach den in der Immobilienorganisation üblichen Prozessen.

Die kaufmännische Due Diligence mündet in der Regel in Rentabilitätsanalysen bzw. Wirtschaftlichkeits- oder Investitionsrechnungen, die in Abhängigkeit vom Planungszeitraum des Investors versuchen, die gesammelten Daten in einer Prognoserechnung zu verdichten.

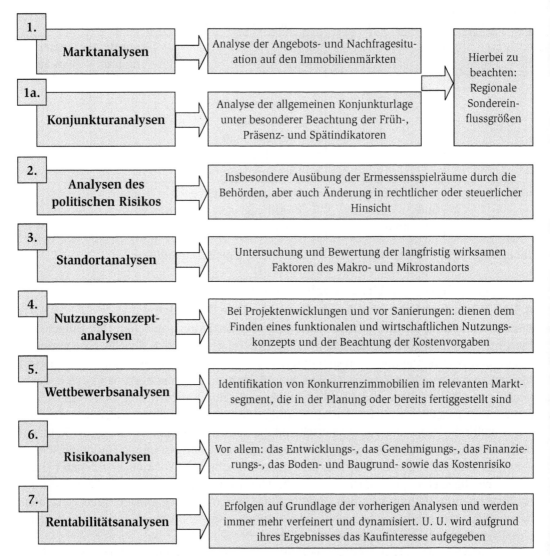

Abb. 4.2: Die Untersuchungsfelder der wirtschaftlichen Due Diligence im Überblick, eigene Darstellung

Die kaufmännische Mietvertragsanalyse

Da der erzielbare Mietertrag in hohem Maße von der Werthaltigkeit der Mietverträge abhängt, werden die Mietverträge von der kaufmännischen Abteilung auf derartige wirtschaftliche Aspekte untersucht. Wenn es sich bei dem zu erwerbenden Objekt um eine Wohnimmobilie mit Standardmietverträgen handelt, ist eine Mietvertragsanalyse auch ohne Einschaltung der Rechtsabteilung möglich. Bei komplexen – nicht standardisierten gewerblichen Mietverträgen – sind demgegenüber häufig Prüfungen notwendig, ob bestimmte Klauseln haltbar sind oder ob z.B. in Einzelfällen ein Verstoß gegen das Schriftformerfordernis vorliegt, mit weitreichenden Folgen für die Gültigkeit des Mietvertrags. Wichtig ist in diesem Zusammenhang eine Abstimmung zwischen beiden Prüfinstanzen, wie der Prozess durchgeführt werden soll.

4.3 Die einzelnen Untersuchungsfelder einer Due Diligence

Entweder der Anstoß der rechtlichen Prüfung geht von der kaufmännischen Abteilung aus oder die Rechtsabteilung bzw. ggf. der externe Rechtsanwalt prüft grundsätzlich alle Mietverträge und es wird dort entschieden, wer welchen Part übernimmt.

Einer der ersten Prüfungspunkte ist i.d.R. die Bonität der Mieter. Dies gilt sowohl für gewerbliche als auch für nichtgewerbliche Objekte.

Die Prüfung von Gewerbeimmobilien bzw. gemischt genutzten Immobilien betrachtet den Mietermix, Mietvertragsstrukturen und die jeweilige Branchenentwicklung. Beim Mietermix wird i.d.R. angestrebt, ein Klumpenrisiko bei gleichen Branchen bzw. gleichem Arbeitgeber weitgehend zu vermeiden. Gewerbliche Mieter können als Mieter mit Teilflächen eine geringe Bedeutung für den Mietertrag haben oder als Magnetmieter eine besonders wichtige Funktion für das Gesamtgebäude. Dann wird dieser Mieter mit seinen weiteren Plänen bezüglich seiner Geschäftsentwicklung besonders intensiv überprüft, auch im Hinblick auf die Restvertragslaufzeit. Der Vorteil eines Objekts mit wenigen großen Gewerbemietern bis hin zum Single-Tenant-Objekt liegt darin, dass wenige Mieter weniger Aufwand in der Verwaltung bedeuten, sich bei einem Ausfall aber entsprechende Auswirkungen auf den Ertrag ergeben. Hier muss eine klare Vorgabe der Geschäftsführung vorliegen, ob solche Objekte gewünscht sind.

Wie bereits erwähnt arbeitet die kaufmännische Abteilung bei der DDE eng mit der rechtlichen zusammen. Aus kaufmännischer Sicht ist es z.B. im Rahmen gewerblicher Mietverträge wichtig zu wissen, wie die Vereinbarungen zum Rückbau der Mieterein- oder -umbauten aussehen: Wer trägt die Kosten des Rückbaus oder die der Anpassung der Mietflächen an den Markt, z.B. bei Flächen aus den 60er-Jahren. Hier finden die rechtlichen Ergebnisse Berücksichtigung. Denn wenn schon die Klausel nicht gültig ist, hat dies natürlich negative Auswirkungen auf den Cashflow des potenziellen Käufers.

Die Werthaltigkeit der Mietverträge wird aber auch daran festgemacht, wie langfristig die Mieter gebunden sind. Dazu dient auch die Historie des Mietverhältnisses. Im Wohnimmobilienbereich wird die Mieterbindung mithilfe von Fluktuationsraten bzw. Verweildauern im Objekt betrachtet.

Bei der Miethöhe wird deren Marktadäquanz sowie die der vereinbarten Mietsteigerungsmöglichkeiten, insbesondere im gewerblichen Bereich, betrachtet, z.B. bei Indexklauseln, wann und in welcher Höhe die Miete erhöht werden kann, z.B. alle zwei Jahre um 80 % des Referenzindex o.Ä. Bei Wohnimmobilien erfolgt ein Vergleich mit der ortsüblichen Miete, mit Angeboten in diversen Medien etc.

Zudem wird überprüft, ob es neben ggf. nicht umgelegten Betriebskosten weitere Potenziale einer verbesserten Kostenumlage gibt. Die Prüfung der letzten Betriebskostenabrechnung umfasst vor allem die Frage danach, ob fristgerecht abgerechnet ist, da sonst ggf. Zurückhaltungsansprüche der Mieter bezüglich der weiteren Betriebskostenvorauszahlungen bestehen. Des Weiteren wird geprüft:

- Erfüllt die Abrechnung die Mindestanforderungen, die an sie gestellt werden?
- Ist die Abrechnung transparent?
- Ist der Wirtschaftlichkeitsgrundsatz eingehalten?
- Inwieweit kommt es zu Nachzahlungen auf Mieter- oder Vermieterseite?
- Wann hat die letzte Betriebskostenanpassung stattgefunden?
- Ist eine Anpassung und wenn ja in welcher Höhe erforderlich?
- Ab wann führt das zu Liquiditätsauswirkungen für den neuen Vermieter?

Erbbaurechtsverträge
Beim Vorliegen von Erbbaurechtsverträgen erfolgt die Prüfung im Rahmen der Rechte und Lasten in Bezug auf rechtliche Aspekte. Aus kaufmännischer Sicht interessiert vor allem die absolute jetzige Höhe des Erbbauzinses, die vereinbarten Steigerungen und damit die wirtschaftlichen Auswirkungen dieses Rechtsinstituts. In Bezug auf die Finanzierbarkeit die Restlaufzeit des Erbbaurechts, da Banken in der Regel verlangen, dass das Erbbaurecht noch 10 Jahre länger läuft, als die Gesamtlaufzeit des Darlehens.

Service- und Dienstleistungsverträge
Die Prüfung der rechtlichen Gestaltung der Verträge ist wiederum Aufgabe der rechtlichen Due Diligence. Mit den hieraus hervorgehenden Ergebnissen wird entschieden, ob die Weiterführung bzw. Übernahme der Verträge aus kaufmännischer Sicht sinnvoll ist oder nicht. Große Immobilienunternehmen haben meist Versicherungsrahmenverträge, die nur mit bestimmten Partnern abgeschlossen werden oder ein Investor wünscht andere Ausschlüsse, als es die bisherigen Versicherungsverträge vorsehen. Ebenso können vom Käufer andere Servicelevel gewünscht sein, z.B. kann für den Käufer die bisher durchgeführte Gartenpflege im Intervall zweimal im Halbjahr unakzeptabel sein. In Bezug auf die Dienstleistungsverträge geht es auch darum zu überprüfen, ob die Strategie des bisherigen Eigentümers mit der der eigenen Organisation übereinstimmt, so bezüglich Wartung: Vollwartung, Teilwartung oder „nur das gesetzlich Notwendigste"? Sind die Vorstellungen bezüglich des Pflegezustands und des Werterhalts der Immobilie identisch?

Wenn sich die Immobilie in einer neuen Region befindet, ist hier auch eine Prüfung auf Marktüblichkeit der Leistungs- und Vergütungsregeln durch Einholen vergleichbarer Angebote möglich, denn hieraus ergeben sich vor allem Aufschlüsse über die Effektivität der Bewirtschaftung der Immobilie und ggf. findet man sofort Möglichkeiten, die Bewirtschaftungs- und Betriebsstruktur zu optimieren. Ebenso werden in Bezug auf das Energiemanagement erste Schlüsse – Kostenfolgen – aus den Ergebnissen der technischen Due Diligence für die Wirtschaftlichkeitsberechnungen abgeleitet. Insgesamt geht es im Bereich dieser Verträge möglichst um fundierte Zahlen zu einer eventuell möglichen Optimierung der Betriebsstruktur.

In diesem Zusammenhang sollte auch festgestellt werden, ob die bisher für die Bewirtschaftung der Immobilien gewählten organisatorischen Lösungen tatsächlich optimal sind oder ob anderen Ansätzen der Vorzug zu geben ist.[161] Die in diesem Zusammenhang hauptsächlich interessierende Frage ist die, wie das Immobilienmanagement bisher geführt worden ist, also z.B. auch, wie die Ergebnisverantwortung ausgestaltet ist, ob Zielvereinbarungen bestehen, wie diese formuliert sind und ob es Anreizsysteme gibt bzw. wie diese ausgestaltet sind. Dies ermöglicht – für den Fall des Erwerbs oder auch des Weiterbewirtschaftens – Optimierungspotenziale, die in der Investitions- bzw. Wirtschaftlichkeitsberechnung rund um die Immobilie ihren Niederschlag finden, möglichst genau durchzuführen.

Der kaufmännischen Due Diligence kommt im ganzen Prozess des Ankaufs eine herausragende Bedeutung zu, da es sich hier um die Klammer und Controllinginstanz handelt. Hier werden auch Wirtschaftlichkeits- und Investitionsrechnungen erstellt, mit deren Hilfe entschieden wird, ob ein Objektankauf durchgeführt werden soll, bzw. ob die Immobilie die Anforderungen an die Eigenkapitalverzinsung tatsächlich erreichen kann. Dabei sollten die

---

161 Zur weiterführenden kulturellen Due Diligence: vgl. Zimmer, A., Unternehmenskultur und Cultural Due Diligence bei Mergers & Acquisitions, 2001, S. 7 ff.

4.3 Die einzelnen Untersuchungsfelder einer Due Diligence

Erkenntnisse der anderen Felder der Due Diligence-Untersuchung berücksichtigt werden. Bei Unsicherheiten, die sich z.B. in Bezug auf Altlasten ergeben, empfiehlt es sich mit unterschiedlichen Szenarien zu rechnen. Eines könnte von der Altlastenfreiheit als Best Case ausgehen. Im anderen Fall geht man davon aus, dass das Grundstück altlastenbehaftet ist. Hier könnte weiter unterschieden werden, wie sich eine vertragliche Regelung zur Teilung der Kosten der Altlastenentsorgung auswirkt als Base Case oder als Worst Case, z.B. bei einem wirtschaftlich nur bedingt gesunden Verkäufer, dass er seinen vertraglich übernommenen Verpflichtungen nicht nachkommen kann. Hieraus können unterschiedliche Szenarien entwickelt werden, sodass der Ankauf unter Berücksichtigung unterschiedlicher Umweltbedingungen beleuchtet werden kann.

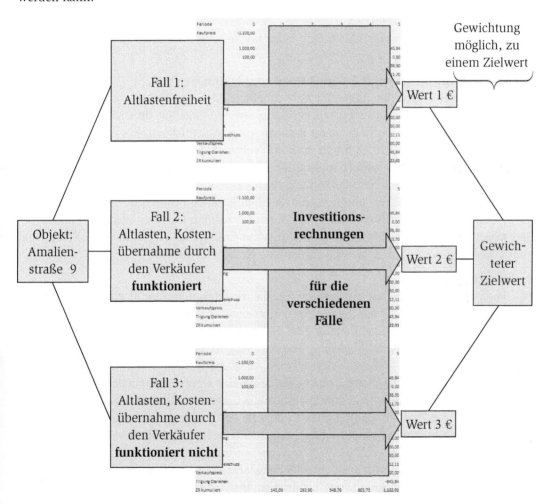

Abb. 4.3: Szenario-Analyse in der Investitionsrechnung, eigene Darstellung

4.3.2 Rechtliche Due Diligence
Einführung
Die rechtliche bzw. Legal Due Diligence hat vor allem die Aufgabe, die gesetzlichen, vertraglichen und allgemein rechtlichen Voraussetzungen zu prüfen. Eine rechtliche Due Diligence

muss neben den gegenwärtigen Verhältnissen auch vergangene Nutzungen des Grundstücks erfassen (Altlasten) und zukünftige Entwicklungsmöglichkeiten umfassen. Des Weiteren werden Streitpotenziale aufgespürt und Lösungsmöglichkeiten für rechtliche Risiken gesucht.

In der Folge der Beurteilung aller bereits bestehenden rechtlichen Verpflichtungen sollte dann der Kaufvertrag so gestaltet werden, dass die Chancen gewahrt und die Risiken minimiert werden können. Im Kaufvertrag finden sich zur Wahrung der eigenen Position dann häufig: Erfüllungsübernahmen, Vertragsstrafeversprechen, Garantiegewährleistungen, Haftungsklauseln, Freistellungsklauseln, Rücktrittsvorbehalte, Bedingungen zur Wahrung der Handlungsfreiheit, Fristen und Termine, z.B. bis zur Erlangung einer Baugenehmigung, aber auch Regeln zur Beweislastumkehr zur Erleichterung der Durchsetzbarkeit vertraglicher Rechte.

Überprüfung der vorliegenden Verträge
Entsprechend beginnt die rechtliche Due Diligence mit der Überprüfung der vorliegenden Verträge:

1. Erschließungsverträge und Erschließungs- und Beitragsrecht
Nach § 124 BauGB wird der Träger des Bauvorhabens dazu verpflichtet, alle Verkehrs-, Ver- und Entsorgungsanlagen in einem vorher festgelegten Baugebiet durchzuführen und die Kosten zu übernehmen. Deshalb ist im Rahmen eines Ankaufsprozesses eine Überprüfung solcher Verträge hinsichtlich: Formvorschriften, Rechtmäßigkeit, Kostenhöhe und Erfüllungsgrad notwendig. Wenn die Erschließungsanlagen bereits hergestellt worden sind, muss überprüft werden, ob die Erschließungsbeiträge vollständig oder nur teilweise geleistet worden sind bzw. welche Beträge eventuell noch ausstehen könnten. Zudem ist zu überprüfen, ob die Erschließung tatsächlich vollständig durchgeführt worden ist. Auch wenn das Bauvorhaben schon länger abgeschlossen ist, im Rahmen der Erschließung aber auch Straßen erstellt wurden, ist zu überprüfen, in wessen Eigentum sich diese befinden.

2. Bauverträge
Bei Bauverträgen sollte überprüft werden, ob die Vertragsinhalte mit der Baubeschreibung übereinstimmen und ob es die notwendigen Unbedenklichkeits- und Versicherungsbescheinigungen sowie eine Baugenehmigung gibt. Neben der Überprüfung, ob gemäß Bauvertrag gebaut wurde, sollte auch ein Abgleich zwischen Erfüllungsgrad und Zahlungsstand erfolgen und in diesem Rahmen auch analysiert werden, ob der Schriftverkehr zwischen den beauftragten Firmen und dem Bauherrn Anhaltspunkte für eine Überschreitung der Auftragssumme oder anderen Problemen gibt, so z.B. auch bezüglich der Einhaltung der vertraglich vereinbarten Fristen. Im Zweifelsfall sind auch Protokolle der Besprechungen heranzuziehen. Die Protokolle bereits erfolgter Zwischenabnahmen sind in jedem Fall eine Muss-Lektüre für einen potenziellen Erwerber.

Wenn die Baumaßnahmen erst vor ein oder zwei Jahren beendet worden sind, sollten Lösungen in Bezug auf die Abwicklung von Gewährleistungen gefunden werden, da der Käufer nicht der Vertragspartner der Bauunternehmen ist.

3. Architekten- und Ingenieurverträge
Neben der allgemeinen Vertragsgestaltung werden hier üblicherweise die vereinbarte Honorarregelung sowie weitere vertragliche Vereinbarungen überprüft, insbesondere ein vereinbarter Fristenplan sowie Anpassungsregeln bezüglich eventueller Planänderungen. Eine immer

größere Bedeutung erhält in diesem Rahmen die Behandlung von Urheberrechten, insbesondere für eine spätere Flexibilität. Zudem sollten auch der Zahlungsstand und bisher erbrachte Leistungen kontrolliert werden.

4. Miet- und Pachtverträge
Die Prüfung der Miet- und Pachtverträge richtet sich hauptsächlich auf die Zulässigkeit der gewählten Klauseln und zwar insbesondere bei Gewerbeimmobilien. Ebenfalls in diesen Bereich gehört die Prüfung des Schriftverkehrs mit den Mietern und hier insbesondere die Frage, ob es bereits – vor Gericht – anhängige Streitigkeiten mit den Mietern gibt.

Baurechtliche Situation
Im Rahmen des öffentlichen Rechts interessiert vor allem, ob das Bauordnungs- und Planungsrecht eingehalten wurde. Soweit sich das Bauordnungsrecht verändert hat, muss untersucht werden, ob dies auf die Mietverträge Einfluss hat, bzw. Einfluss auf neue Mietverträge haben könnte. Des Weiteren muss untersucht werden, ob es eine Baugenehmigung gibt. Sollte dies nicht der Fall sein, benötigt der potenzielle Käufer eine Zusicherung oder auch Garantie über die Einhaltung des Bauordnungs- und Bauplanungsrechts, die Kaufvertragsbestandteil werden sollte, um mögliche Sanktionen wie Nutzungsuntersagung oder sogar eine Abrissverfügung zu umgehen. Wenn ein Baugenehmigungserfordernis besteht, kann sich der Verkäufer auch um eine nachträgliche Genehmigung bemühen. Zudem sollte in diesem Zusammenhang auch überprüft werden, ob der Stellplatznachweis abgelöst wurde. Auch hier kann eine Garantie im Kaufvertrag ratsam sein.

Grundbuchrechtliche Informationen, Rechte und Lasten
Im Rahmen der Due Diligence wird auch das Grundbuch überprüft. Dies beginnt mit der Überprüfung der I. Abteilung bezüglich der eingetragenen Eigentümer, über die Abteilung II, mit den Lasten und Beschränkungen bis zur Abteilung III, in der es um die Grundpfandrechte geht.

Die Abteilung III dient der Aufnahme von Hypotheken, Grundschulden und Rentenschulden einschließlich der sich auf diese Rechte beziehenden Vormerkungen, Widersprüche und Veränderungen. In der Regel ist die Löschung der Rechte in Abteilung III eine der Auflagen im Kaufvertrag.

Typische Beschränkungen aus der Abteilung II des Grundbuchs sind: Nacherbenvermerke, Testamentsvollstrecker-Vermerke, Zwangsversteigerungs- und Zwangsverwaltungsvermerke, Insolvenzvermerke, Sanierungs- und Umlegungsvermerke sowie Verwaltungs- und Benutzungsregelungen bei Miteigentum. Ihnen allen ist gemeinsam, dass diese die Verfügung des Eigentümers über das Grundstück einschränken.

Die weiteren Rechte und Lasten zeigt Abb. 4.4.

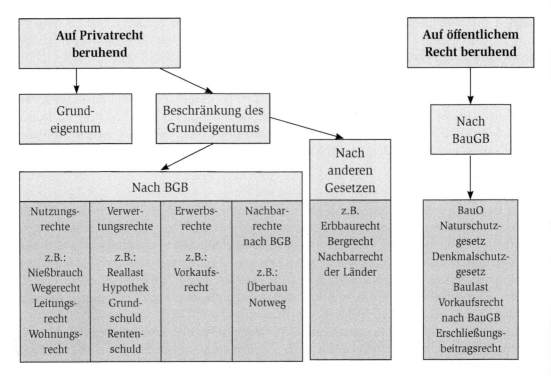

Abb. 4.4: Grundstücksbezogene Rechte und Lasten im Überblick, eigene Darstellung

An die Rechte und Lasten knüpfen einige Fragen an, für die Beispiele gegeben werden sollen.

Beispiel 1:
Überbau.
Definition:
Überbau ist jede Form der Überbauung eines Nachbargrundstücks über die Grundstücksgrenze hinaus.
Fragen:
Inwieweit schränkt der Überbau die Flexibilität in Bezug auf Ausbauten, Anbauten etc. ein? Inwieweit ergeben sich aktuelle Einschränkungen?

Beispiel 2:
Wohnungsrecht nach § 1093 BGB.
Definition:
Das Wohnungsrecht ist eine beschränkte persönliche Dienstbarkeit. Der Wohnungsberechtigte darf das Gebäude oder den Teil eines Gebäudes unter Ausschluss des jeweiligen Eigentümers als Wohnung benutzen. Der Berechtigte ist befugt, seine Familie sowie Haus- und Pflegepersonal aufzunehmen.

4.3 Die einzelnen Untersuchungsfelder einer Due Diligence

> **Fragen:**
> Inwieweit schränkt das Wohnungsrecht eine aktuelle wirtschaftliche Nutzung ein? Welche Auswirkungen sind zu erwarten, z.B. bei Sanierung, Abriss, Neubau etc.?

> **Beispiel 3:**
> Leitungsrecht.
>
> **Definition:**
> Bei einem Leitungsrecht handelt es sich um das Recht, auf einem Grundstück unter- oder oberirdisch Leitungen zu legen und zu betreiben.
> Bei der Begründung der Leitungsrechte werden zumeist Schutzstreifen auf dem Grundstück angelegt, die weder bebaut noch anderweitig genutzt werden dürfen (Ausnahme: Pflanzungen).
>
> **Fragen:**
> Handelt es sich um ein unterirdisches oder oberirdisches Leitungsrecht?
> Wie groß ist die jetzige Einschränkung?
> Kann erreicht werden, dass das Leitungsrecht gelöscht wird (u.U. bereits sehr alter Eintrag)?

Bedeutsam sind in der rechtlichen Due Diligence zudem die Baulasten: Baulasten sind freiwillig übernommene öffentlich-rechtliche Verpflichtungen des Grundstückseigentümers gegenüber der Baubehörde, etwa das das Grundstück Betreffende zu tun, zu dulden oder zu unterlassen, was sich nicht schon aus öffentlich-rechtlichen Vorschriften ergibt. Damit können Baulasten erheblichen Einfluss auf den Verkehrswert haben, z.B. kann die Übernahme einer Flächenbaulast zu einer erheblichen Minderung der baulichen Nutzung führen. Typische Beispiele für Baulasten sind: Flächenbaulast (Abstandsflächen), Stellplatzverpflichtungen, Geh- und Fahrrechte. Über die Baulasten wird bei den meisten Baubehörden ein Baulastenverzeichnis geführt. Daneben enthält das Liegenschaftskataster nachrichtlich Hinweise auf Baulasten im Automatisierten Liegenschaftsbuch (ALB).

Informationen zu Rechtsstreitigkeiten
Neben den erwähnten Rechtsstreitigkeiten mit aktuellen oder ehemaligen Mietern, können strittige Positionen bestehen zwischen den Mietern untereinander, mit Nachbarn, weiteren Stakeholdern oder auch Behörden. Hier ist es besonders wichtig, genau nachzuforschen, denn ein renitenter Mieter kann eine ganze Mietergemeinschaft sprengen.

Altlasten
Als Altlasten gelten Altablagerungen und Altstandorte, durch die schädliche Bodenveränderungen oder sonstige Gefahren hervorgerufen werden. Die wichtigsten und am häufigsten gefundenen Schadstoffgruppen sind Chlorierte Kohlenwasserstoffe (CKW), Benzol, Toluol, Ethylbenzol, Xylol (BTEX), Mineralölkohlenwasserstoffe (MKW), Polyzyklische Aromatische Kohlenwasserstoffe (PAK), Schwermetalle, Polychlorierte Biphenyle (PCB) und Asbest. Mit dem Bundesbodenschutzgesetz (BBodSchG) sowie der Bundesboden- und Altlastenverordnung liegen bundeseinheitliche Bestimmungen für die Sicherung, aber auch die Wiederherstellung der Bodenfunktion vor.

Für die Vermeidung zukünftiger sowie die Sanierung bestehender Altlasten sind demnach verantwortlich:
- der Verursacher der Bodenverunreinigung sowie dessen Gesamtrechtsnachfolger als Handlungsverantwortliche sowie
- der Eigentümer und Nutzungsberechtigte eines verunreinigten Grundstücks als Zustandsverantwortlicher.

Obwohl der Verkäufer im Rahmen seiner Offenlegungspflichten Altlasten und auch Altlastenverdachtsmomente nicht verschweigen darf, sind hier im Rahmen der rechtlichen Due Diligence entsprechende Prüfungen notwendig. Dazu gehören die Einsicht in das Altlastenverzeichnis/-kataster, Fragen nach der Grundstücks- und Gebäudehistorie, Fragen nach der früheren Nutzung der angrenzenden Grundstücke, zumal bei einem im Tal gelegenen Grundstück, Feststellung der jetzigen Nutzung der Nachbargrundstücke, eventuell Bodenuntersuchungen oder Gebäude- bzw. Bauteiluntersuchungen.

Leider gibt es kein Patentrezept, wie weitgehend solche Untersuchungen durchgeführt werden müssen. Dies ist stark standortabhängig. Da die Behörden sich unabhängig von der im Kaufvertrag getroffenen Regelung sich sowohl an den Käufer als auch Verkäufer halten dürfen, empfiehlt sich hier eine ausführliche Prüfung, die, soweit es zu Bodenuntersuchungen kommt, als Umwelt-Due Diligence bezeichnet wird.

Denkmalschutz
Im Rahmen der rechtlichen Due Diligence ist auch immer der Denkmalschutz ein wichtiges Thema. Dies ist insoweit aufwändig, da die meisten Regelungen standortabhängig sind, es gibt in Deutschland 16 Denkmalschutzgesetze, in denen Begriffe wie „Kulturdenkmal", „Denkmal", „Denkmalpflege" und „Denkmalschutz" unterschiedlich definiert sind, wenn die Landesgesetze auch auf inhaltlich einheitlichen Grundprinzipien aufbauen. Viele Städte haben auch Denkmallisten im Internet veröffentlicht. Gerade beim Denkmalschutz ist besonderes Augenmerk auf Überschneidungen zwischen rechtlicher und technischer Due Diligence zu legen, denn häufig sind eventuelle Hinweise und Dokumente, den Denkmalschutz betreffend im rechtlichen Teil der Due Diligence abgelegt, und werden dadurch bei den technischen Gutachten nicht gebührend berücksichtigt. Deshalb sollte bezüglich eines existenten Denkmalschutzes im technischen Bereich vor allem betrachtet werden, ob es Umstände gibt, die zu zusätzlichen baulichen Maßnahmen führen könnten, die möglicherweise Denkmalschutzauflagen widersprechen. Dabei sollte das gesamte Objektumfeld im Rahmen einer bauhistorischen Betrachtung miteinbezogen werden.

4.3.3 Steuer(recht)liche Due Diligence
Die steuerliche bzw. steuerrechtliche Due Diligence beinhaltet die Untersuchung der Einschränkungen und Möglichkeiten steuerlicher Art sowohl beim Steuersubjekt – und zwar auf der Käufer- wie auf der Verkäuferseite – und in Bezug auf die Immobilie. Hinzu kommt die Betrachtung von Wechselwirkungen und Liquiditätsaspekten zwischen den verschiedenen Immobilien. Außerdem sind steuerliche Einzelfragen zu lösen, so z.B. die Behandlung von Veräußerungsgewinnen und von Kosten auf Aufwendungen.

Von besonderer Relevanz für Gewerbeimmobilien ist zudem die Prüfung der Umsatzsteueroptionen – und damit zusammenhängend – inwieweit diese Option vom Finanzamt auch anerkannt wurde. Daran schließt sich in den Mietverträgen die Prüfung an, welche Regelungen bezüglich der Umsatzsteuer bei Untervermietungen vereinbart sind.

Ebenso muss die Entscheidung vorbereitet werden, ob der Kauf mit oder ohne Umsatzsteuer durchgeführt werden soll/kann.

Steuerlich relevant ist zudem die geplante Form des Erwerbs. Zur Vermeidung der Grunderwerbsteuer kann der Käufer statt einer Immobilie selbst (Asset Deal) eine Objektgesellschaft, die eine Immobilie hält (Share Deal), erwerben. Dann muss aber eine andere Person als der Käufer mindestens 5,1 % der Anteile an der Immobiliengesellschaft halten. Er wird als RETT-Blocker bezeichnet (RETT = Real Estate Transfer Tax). Es ist aber unbedingt darauf zu achten, dass die Regelungen bezüglich des Share-Deals bei Kapitalgesellschaften und Personengesellschaften unterschiedlich sind. Da die meisten Wahlprogramme der Parteien eine Veränderung dieser Regelung vorsehen, muss insoweit die aktuelle Gesetzeslage beachtet werden. Diese notwendige steuerliche Due Diligence hat Überschneidungspunkte mit der steuerlichen Außenprüfung, denn auch hier sollen Steuerdifferenzen und steuerliche Problembereiche aufgedeckt werden. Bei einem Share Deal geht die Prüfung damit weiter, denn dann sind auch alle Informationen, die die Gesellschaft bzw. den Jahresabschluss der zu erwerbenden Gesellschaft betreffen, zu erheben. Dazu gehören Prüfungspunkte, wie:
- Rückstellungen und deren Anerkennung,
- Wertberichtigungen auf Forderungen,
- außerplanmäßige Abschreibungen,
- aktivierungspflichtige Anschaffungs- oder Herstellungskosten,
- verdeckte Gewinnausschüttungen oder
- Gesellschafterfremdfinanzierung.

Eine weitere steuerliche Falle kann sich ergeben, wenn die Immobilie von einer Objektgesellschaft erworben wird, die sich vor allem mit der Verwaltung der zu verkaufenden Immobilie beschäftigt, bzw. diese Immobilie als ein „gesondert geführter Betrieb" des Verkäufers angesehen wird. Es kann es zu einer steuerlichen Haftung des „Betriebsübernehmers" nach § 75 AO kommen. Dann wird der Verkauf der Immobilie nicht als solcher betrachtet, sondern als Verkauf des Unternehmens des Veräußerers.

4.3.4 Umwelt-Due Diligence

Bei der Umwelt-Due Diligence geht es im Bereich Immobilien hauptsächlich um die Prüfung, ob Altlasten vorhanden sind, und welchen Einfluss sie ggf. für den Kauf bzw. das Projekt haben. Weitere Punkte sind z.B. die Notwendigkeit der Durchführung von Umweltverträglichkeitsprüfungen, aber auch eventueller Ausgleichmaßnahmen usw.

Im Rahmen der Due Diligence wird die Beachtung der Aspekte der Nachhaltigkeit immer bedeutsamer. Hierbei werden z.B. betrachtet:[162]
- Energieeffizienz,
- Energiebedarf unter Einbeziehung von Verbrauchs- und Speicherkapazitäten,
- Energie- und Entsorgungsmanagement,
- Reparatur- und Instandhaltungsstrategie sowie
- CO_2-Emissionen,

---

162 Vgl. Quante, R., Praxishandbuch Immobilien Asset Management, 2011, S. 72.

- Zertifizierung oder Möglichkeiten der Nachzertifizierung.

Erste Unternehmen haben diese oder ähnliche Prüfpunkte bereits in ihre Due Diligence-Prüflisten aufgenommen.

Ein wichtiger Erfolgsfaktor der Umwelt-Due Diligence ist deren genaue Abgrenzung zur technischen bzw. zur rechtlichen Due Diligence bzw. eine Regelung der Abläufe und Schnittstellen bzw. Zuständigkeiten. Die juristische Lösung umweltrelevanter Probleme im Kaufvertrag obliegt dann den Juristen, die deshalb über die Sachverhalte und damit zusammenhängende Kosten umfangreich informiert werden müssen. Die Umwelt-Due Diligence wird allgemein unterteilt in eine formale und eine physische Überprüfung. Während im Rahmen der formalen Umwelt-Due Diligence sämtliche Unterlagen und Dokumente, die im Zusammenhang mit Belangen der Umwelt stehen können, auf Vollständigkeit und Inhalte überprüft werden, so z.B. der Schriftverkehr mit Behörden, das Altlastenkataster und erforderliche Umweltgenehmigungen, geht es bei der physischen Untersuchung darum, bei einer Ortsbegehung, das Grundstück, die Bausubstanz oder die Raumluft zu untersuchen, um neben den offensichtlichen auch die versteckten Risiken aufdecken zu können. Dabei am häufigsten überprüft werden:

- wesentliche Gesetze und Verordnung auf EU-, Bundes-, Landes oder Kommunalebene – maßgeblich Landesumweltrecht,
- die Grundwasser- und oder Bodenbelastung,
- eventuelle Schadstoffe im Gebäudeinnenraum, z.B. Asbest oder PCB,
- die Verwendung umweltunverträglicher Baumaterialien,
- Bausubstanz und Bauphysik,
- Ressourcen- und Energieverbrauch der Immobilie (auch wichtig für eine eventuell angestrebte Zertifizierung),
- Abwasser- und Abfall- bzw. Recyclingsystem innerhalb des Gebäudes,
- Emissionen und Lärmbelästigungen,
- Trinkwasserschutzgebiet.

4.3.5 Technische Due Diligence

Im Bereich der baulichen und gebäudetechnischen Due Diligence werden Ingenieure, aber auch Sonderfachleute tätig, die formale Untersuchungen durchführen, welche beispielsweise Baugenehmigungen bzw. hieraus resultierende Auflagen und Bedingungen und deren Erfüllung in technischer Hinsicht betreffen. Dabei kann es sich zum Beispiel um Belange des Schall- und Wärmeschutzes handeln. Neben diesem formalen Teil der Untersuchung, ist es auch notwendig, das Objekt im Rahmen einer ausführlichen Ortsbegehung zu untersuchen und u.a. mit der Baubeschreibung abzugleichen. Die Flächenberechnung wird auf ihre Berechnungsmaßstäbe (z.B. DIN 277 oder Gif) sowie auf ihre Plausibilität begutachtet. Gleiches gilt für die Statik.

Zur technischen Due Diligence gehört auch die Prüfung der Gebäudetechnik in ihrer Funktionalität, bezüglich ihres Alters und ihres Instandhaltungszustands. Dabei verwendet werden die Dokumente zur Gebäudeabnahme und Erstabnahme der technischen Gebäudeeinrichtungen und Anlagen. In diesem Rahmen werden auch die Dokumente zur Wartung und Instandhaltung der technischen Anlagen und Ausstattungen gesichtet, wobei ein Augenmerk auf die Vollständigkeit ihrer Inhalte gelenkt werden muss, so z.B. der Sanitär- und Elektrotechnik, der

4.3 Die einzelnen Untersuchungsfelder einer Due Diligence

Wärmeversorgung, der Fördertechnik, wie Aufzüge bzw. Rolltreppen, der Gebäudeautomation, aber auch sonstige nutzerspezifische Einbauten.

Bei neuen Gebäuden oder nach Umbauten werden zudem Gewährleistungsmängel systematisch erhoben, soweit der Verkäufer noch nicht tätig geworden ist. Alle bei der Abnahme festgestellten Mängel sollten dokumentiert und auch beseitigt worden sein, sonst können sich bei gravierenden Mängeln Kaufpreisabschläge ergeben.

Gerade bei Gewerbeimmobilien sollte auch die Aktualität des Brandschutzkonzepts, nicht zuletzt im Hinblick auf Mieterwechsel oder auch Mieterumbauten geprüft werden, denn dadurch kann der Bestandsschutz verlorengegangen sein. Dies ist umso wichtiger bei Sonderbauten unter Berücksichtigung der einzelnen Länderbestimmungen.

Wenn sich im technischen Bereich inhaltliche Differenzen, Abweichungen oder Unvollständigkeiten bei den Dokumentationsunterlagen ergeben, sind diese im Endbericht der technischen Due Diligence auf ihre Wertigkeit hin zu untersuchen, da sich hieraus erhöhte Instandhaltungsaufwendungen ergeben können. Zudem wird hier häufig die Möglichkeit verspielt, Gewährleistungen wegen mangelnder Information über Fristen etc. in Anspruch zu nehmen. Bei der technischen Due Diligence, insbesondere im Rahmen der physischen Analyse, werden in der Regel Experten involviert, so Architekten, Bauingenieure, Statiker oder spezielle Bausachverständige. Auch hier empfiehlt sich eine ausführliche Dokumentation, ggf. auch für den Fall späterer rechtlicher Auseinandersetzungen.

6. Dachhaut, Dachaufbauten		
Bestandteile:		
Beurteilungskriterien:	Zustand A B C D	Geschätzte Kosten 18 19 20 21 22
Dichtigkeit von Eindeckungen		
Dachkehlen, Grate, Firste		
Blechanschlüsse an Dachbauteile		
Dichtigkeit von Bitumenbahnen		
Dachkantenabschlüsse, Wandanschlüsse		
Traufgesime, Gesimsbekleidungen		
Dachrinnen, Dacheinläufe		
Dachfenster, Dachluken		
Kaminköpfe, Kaminquerschnitte		
Dachgauben, Dacheinschnitte		
Dachgeländer, Schneefanggitter		
Summe pro Jahr		

Abb. 4.5: Teil einer technischen Due Diligence mit Kostenschätzung, eigene Darstellung

4.3.6 Brandschutz

Wie bereits erwähnt handelt es sich beim Brandschutz um einen sensiblen Bereich, in dem hohe finanzielle Risiken lauern können. Normale Prüfungen im Rahmen des Brandschutzes richten sich vor allem auf die Bereiche:

- Baulicher Brandschutz,
- Technischer Brandschutz,
- Organisatorischer Brandschutz.

Baulicher Brandschutz	Technischer Brandschutz	Betrieblicher/organisatorischer Brandschutz
Baustoffe Brandabschnitte Rauchschutzanlagen Brandabschottungen Flucht- und Rettungswege Zufahrtsmöglichkeiten Gebäudeabstände Angriffsflächen für die Feuerwehr Rohrleitungen Lüftungsleitungen …	Brandmeldeanlagen Löschanlagen Rauch- und Wärmeabzugsanalgen Elektrische Anlagen Klima- und Lüftungsanlagen Energieversorgung Notstromversorgung EDV-Zentrale Blitzschutz Löschwasseranlage …	Betriebliche Brand- und Explosionsgefahren Blitz- und Überspannungsschutz Vorkehrungen für die Menschenrettung Absperrmaßnahmen Vorbeugende Maßnahmen zum Schutz von Betriebsmitteln Schutz gegen Brandstiftung Verfahrenstechnik Betriebs- und Werksfeuerwehr Brandschutzbeauftragter Unterweisung der Belegschaft Alarmpläne Brandschutzordnung Feuerarbeiten Offenes Feuer und Rauchen …

Tabelle 4.4: Die Felder des Brandschutzes im Überblick, eigene Darstellung

In einer ersten formalen Überprüfung wird festgestellt, ob es ein Brandschutzkonzept und Feuerwehrpläne etc. gibt und von wann diese datieren. Ebenso wird festgestellt, wann die letzte Brandschau stattgefunden hat und ob sich seitdem Veränderungen gegenüber dem Status quo ergeben haben. Die Anlagen zum Brandschutz werden aufgenommen und auch hier wird geprüft, ob alle Prüfpflichten erfüllt sind, insbesondere, wenn es sich bei der Immobilie um einen Sonderbau handelt.

Daran anschließend kann eine erste Kostenschätzung zur Behebung der Brandschutzmängel erfolgen.

4.3.7 Portfolio-Due Diligence

Die Portfolio-Due Diligence sorgt dafür, dass trotz umfangreicher Prüfungen der einzelnen Untersuchungskomponenten nicht außer Acht gelassen werden darf, inwieweit die Immobilie in das Portfolio des Investors passt bzw. wo sie sich in die Portfoliomatrix einordnen lässt und ob sie sich in die vom Investor gewählte Strategie unter Risiko-/Rendite-Gesichtspunkten und unter Berücksichtigung eines eventuellen Exits einfügt.

4.3.8 Marktwert-Due Diligence

Die Ergebnisse der unterschiedlichen Prüfdisziplinen fließen in die Einschätzung des Marktwertes der Immobilie bzw. des Portfolios ein. Hierbei werden entweder normierte nationale Verfahren oder internationale Verfahren angewandt,[163] wobei die Entscheidung für eine bestimmte Wertermittlungsmethode mit der Art des Objektes und den Erwartungen sowie den Erfahrungen des Investors zusammenhängt. Die Marktwert-Due Diligence stellt häufig den Abschlussbericht der gesamten Due Diligence dar und gibt dem Investor Möglichkeiten, in Anlehnung an den ermittelten Marktwert den Kaufpreis zu verhandeln oder seinen persönlichen Grenzpreis abzusichern, mit anderen Worten, die Chancen und Risiken der Immobilie zu erkennen und zu gestalten, respektive vertraglich auszuschließen.

4.3.9 Zusammenfassung der wichtigsten Prüfungsfelder

Die Ergebnisse der einzelnen Felder der Due Diligence werden in der Regel in einem Due Diligence-Report zusammengefasst, der dem Auftraggeber zur Verfügung gestellt wird, und auf dem eine Ankaufs- oder Weiterverwendungsentscheidung bezüglich der Immobilie resultiert.

Komponente	Beschreibung
Wirtschaftliche und kaufmännische Due Diligence	• Untersuchung von Markt- und Standort • Analyse des Miet- und Kaufpreises • Wettbewerbssituation • Beurteilung der politischen Lage • Entwicklungsmöglichkeiten bzw. -notwendigkeiten usw.
Finanzielle Due Diligence	• Untersuchung der Vermögens- und Ertragslage des Investors • Erfassung und Kontrolle sämtlicher mit den Immobilien verbundenen pekuniären Vorgängen zur Feststellung ihrer nachhaltigen Ertragslage • Berücksichtigung von Vergangenheits- und Zukunftsdaten • Prüfung der Bonität der Mieter, Bürgen, Garantiegeber, Betreiber, Contractinggeber usw.
Rechtliche Due Diligence	• Überprüfung des gesamten Vertragsgeflechts auf Risiken, Lücken und Potenziale • Überprüfung der öffentlich-rechtlichen Situation • Finden adäquater und finanzierbarer Vertragsgestaltungen

---

[163] Zu den einzelnen Verfahren vgl. Hellerforth, M., BWL für die Immobilienwirtschaft, Eine Einführung, 2012, S. 155 ff.

Komponente	Beschreibung
Steuerliche/Steuerrechtliche Due Diligence	• Untersuchung der Einschränkungen und Möglichkeiten steuerlicher Art beim Steuersubjekt, also bei der Objektgesellschaft oder in der privaten Sphäre • Prüfung des gesamten rechtlichen Konstrukts unter steuerlichen Aspekten
Bauliche und gebäudetechnische Due Diligence	• Formale Untersuchung der Erfüllung der Auflagen und Anforderungen der Baugenehmigung(en) • Physische Ortsbegehung durch Architekten, Ingenieure und Bauschadensgutachter
Betreiber und FM-Due Diligence	• Prüfung der Realisierbarkeit einer optimierten Betriebsführung • Analyse bisher bestehender vertraglicher Vereinbarungen rund um das Gebäude • Aufgabenfelder dabei: Betriebsführung, Instandhaltung, Energiemanagement, Flächenmanagement etc. • Kostenentwicklung über den bisherigen Lebenszyklus

Abb. 4.6: Komponenten der Due Diligence im Überblick, eigene Darstellung

4.3.10 Organisation des Due Diligence-Teams

Die Organisation des Due Diligence-Teams, das interdisziplinär unter Nutzung unterschiedlicher Fachkompetenzen die (geplanten) Immobilien durchleuchten soll, ist eine schwierige Aufgabe. Wenn diese Aufgabe aber sowohl personell wie organisatorisch vernünftig gelöst wird, kann sie zu einem der Erfolgspotenziale werden. Zum einen muss sichergestellt sein, dass ausreichend fachliches Know-how vorhanden ist, zum anderen geht es aber auch um die personelle Zusammensetzung einer solchen Gruppe. Grundsätzliche Möglichkeiten hierbei sind, externe oder interne Beteiligte einzusetzen, bzw. hier die richtige Mischung zu finden und auch eine geeignete Koordination durch den Projektleiter. Dabei geht es einerseits um den Ablauf der Due Diligence-Prüfung, andererseits um die zeitliche Positionierung zur Investition. Das ist deshalb wichtig, weil gute Projekte, gute Grundstücke und gute Immobilien in der Regel nur selten angeboten werden, die Verkäufer aber auf eine schnelle Entscheidung drängen. Ideal ist es natürlich, die Due Diligence vorher durchzuführen, und die Chancen und Risiken, die sich hieraus ergeben, direkt als Bestandteile bzw. Klauseln in den Kaufvertrag einzufügen. Reicht die Zeit nicht aus, muss der Projektleiter festlegen, auf welche Prüfgänge verzichtet werden kann und auf welche keinesfalls.

Bei externen Beratern – insbesondere, wenn man mit ihnen keine Exklusivverträge hat – ist zu bedenken, dass sie zwar auch die Konkurrenz beraten, aber auf der anderen Seite auch für ihre Aussagen haften. Insoweit sind ihre Kosten vor diesem Hintergrund zu prüfen.

Im Rahmen der Organisation des Due Diligence-Teams und daran anknüpfend der Due Diligence-Untersuchung muss deshalb geprüft werden, ob und ggf. inwieweit der Rat von Fachingenieuren, Architekten, Bauingenieuren und -statikern, Biologen, Chemikern, Kaufleuten, Steuerberatern, Wirtschaftsprüfern, Facility-Managern und Rechtsanwälten hinzugezogen werden sollte. Diesen Ablauf verdeutlicht Abb. 4.7.

Planung	1.	Die Beschreibung des Anlasses und des Umfang der Due Diligence für das Unternehmen und für die Immobilien durch den Auftraggeber der Due Diligence
	2.	Verschaffung möglichst umfassender Kenntnisse über die Immobilien im Überblick
	3.	Erarbeitung der Analyseschwerpunkte nach Ortsbesichtigungen
	4.	Abstimmen des Prüfungsvorgehens zur Sicherstellung eines reibungslosen Prüfungsablaufs
	5.	Gemeinsames Festlegen des Zeit-, Kosten- und Fremdhonorarrahmens
Durchführung	1.	Regelmäßige Mitteilung der Zwischenergebnisse
	2.	Rücksprache bei Änderung des Prüfungsverlaufs, bei Verlagerung der Analyseschwerpunkte, bei zeitlichen, personellen oder die Kosten beeinflussenden Engpässen bzw. Imponderabilien im weitesten Sinn
	3.	Vorschläge zur Verbesserung der Prüfungsqualität oder der Zielrichtung der Untersuchung
Abschluss	1.	Mitteilung der Abschlussergebnisse (Due Diligence-Kompendium oder Due Diligence-Report)
	2.	Ausarbeitung der Risiken und Unterbreitung von Lösungsvorschlägen mit Angabe des Zeit- und Kostenrahmens
	3.	Chancenbeschreibung
	4.	Abschlussreview und Einbau verbesserter Prüfungsroutinen bei den nächsten Ankäufen

Abb. 4.7: Organisation der Due Diligence, eigene Darstellung

4.3.11 Beispiel: Due Diligence aus der Sicht eines langfristig denkenden Investors

In der Betrachtungsweise eines langfristig – strategisch[164] – denkenden Investors geht es um mehr als um einen einmaligen Due Diligence-Report mit strategischen Handlungsanweisungen, nämlich darum, die gewonnenen Daten für die weitere Bewirtschaftung der Immobilie nutzbar zu machen. Die Untersuchungsergebnisse sollen von vornherein durch ein Konzept so gelenkt werden, dass sie in EDV-lesbarer Form vorliegen und Berechnungen usw. entsprechend hinterlegt und damit nachvollziehbar und in ihren Parametern veränderbar sind. Gleiches gilt für die gewonnenen technischen Daten. Auch hier ist es erforderlich, bestimmte

---

164 Vgl. ausführlich zur strategischen Sichtweise: Brauner, H.U./Grillo, U., Due Diligence aus strategischer Sicht, 2002, S. 273 ff.

Ergebnisse, Pläne usw. in das vom Unternehmen genutzte System einpflegen zu können. Hier liegt die eigentliche und sehr schwierige Aufgabe einer Due Diligence, die nicht nur zur Ankaufsentscheidung, sondern auch darüber hinaus Wert haben soll. Dabei geht es um die Beachtung der Ziele:
- Senkung der (Rest-)Lebenszykluskosten der Immobilie,
- Erhöhung der Rendite und
- Werterhalt.

Als Oberziel der Due Diligence-Untersuchung lässt sich damit formulieren, dass sie den Investor in die Lage versetzen soll, sich im Zuge der Kaufvertragsverhandlungen gegen einzelne im Rahmen der Due Diligence aufgedeckte Risiken abzusichern.[165] Daraus ergeben sich zwei weitere bedeutsame Sachverhalte, nämlich:
- dass der Organisation sowohl des Due Diligence-Teams als auch der gesamten Due Diligence-Untersuchung eine herausragende Bedeutung zukommt, und
- dass entgegen der in der Praxis häufig anzutreffenden Verwendung von Formularchecklisten eine Überprüfung immer mittels auf den Einzelfall abgestimmter Checklisten erfolgen sollte, denn jede Immobilie und die mit ihr verbundenen technischen, kaufmännischen, rechtlichen, steuerrechtlichen und allgemeinen Besonderheiten hat Unikats-Charakter. Deshalb darf auch bei einer an die jeweilige Situation angepassten Checkliste das Mitdenken der beauftragten Personen nicht gänzlich ausgeschaltet bzw. durch ein zu starres Programm eingegrenzt werden. Insoweit sollten sie nur als „Anleitung zur Selbsthilfe"[166] gesehen werden, die den Prüfern eigenes Nachdenken nicht abnehmen können.[167]

Die Due Diligence stellt für die Immobilienwirtschaft auf den ersten Blick keine Neuerung dar. Eine genauere Untersuchung von Immobilien vor Transaktionen kann aber – je nach Gesellschaftsform des Investors – aufgrund des KontraG notwendig sein,[168] damit die Aufsichtsräte keine Haftungskonsequenzen zu befürchten haben, und sich insoweit als wichtiger Bestandteil eines Risikomanagementsystems erweisen.[169]

Das Problem bei der Due Diligence sind weniger die Einzelanalysen als die Zusammenschau der Ergebnisse ihrer einzelnen Prüfungsfelder. Wenn dies mithilfe eines adäquaten Informationsmanagements gelingt, stehen gleichzeitig die Daten für die weitere Bewirtschaftung der Immobilie im Sinne des Einsatzes von Immobilien- bzw. Gebäudemanagement zur Verfügung.

Zumindest die datentechnische Lösung wird bei Käufen, aber auch bei späteren Verkäufen vereinfacht, wenn der Verkäufer die Daten in einem Dataroom zur Verfügung stellt und mit entsprechenden Zugriffsrechten für die Beteiligten ausstattet.

---

165 Vgl. Eilers, S., Steuerliche Strukturierung der Transaktionen, 2000, S. 80.
166 Berens, W./Hoffjan, A./Strauch, J., Planung und Durchführung der Due Diligence, 2002, S. 136.
167 Vgl. Zünd, A., Revisionslehre, 1982, S. 416.
168 Vgl. Welling, P., (Immobilien) Wirtschaftliche Immobilien Due Diligence, Dokumentation der Management Forum Starnberg Konferenz Immobilien-Due Diligence, 2001, S. 6.
169 Wegen Einzelheiten vgl. Kapitel 5.

4.3.12 Das Ergebnis der erfolgreichen Due Diligence: Der Grundstückskaufvertrag

Einführung

Die Erkenntnisse der Due Diligence, die in der Regel in einen Due Diligence-Report zusammengefasst werden, führen im Kaufvertrag entweder zu einer Minderung des Kaufpreises oder werden in anderen Vertragsklauseln berücksichtigt.

Die wichtigsten im Rahmen von Grundstückskaufverträgen zu beachtenden Bestimmungen sind insbesondere:

- § 433 BGB, der sich mit den vertragstypischen Pflichten beim Kaufvertrag befasst,
- § 925 BGB, der die Auflassung regelt,
- § 311b BGB, der die Formvorschrift für Verträge über Grundstücke festlegt,
- §§ 8–16 BeurkG, in denen es um die Niederschrift des Vertrags geht,
- §§ 17–20 BeurkG, die die Prüfungs- und Belehrungspflichten des Notars regeln sowie
- §§ 140 ff. KostO, in denen die Kosten festgelegt werden.

Die notarielle Beurkundungspflicht des § 17a Abs. 2a BeurkG gilt für alle Grundstückskaufverträge, außer bei der Übertragung von Gesellschaftsanteilen an eine Gesellschaft, deren Hauptkapital aus Grundstücken besteht, denn in diesem Fall wird der Grundstückserwerb nicht als unmittelbarer Vertragsgegenstand angesehen.

Da viele dieser gesetzlichen Regelungen Formalien regeln, ist eine ausführliche Formulierung des Grundstückskaufvertrags mit vielen Details empfehlenswert. Im Folgenden wird auf einige typische Regelungstatbestände eingegangen, wobei die meisten dieser Punkte im Rahmen der Due Diligence entdeckt worden sein sollten. Je nach den Ergebnissen der Due Diligence sollten einige Punkte explizit geregelt werden, um zu vermeiden, dass das Grundstück verkauft wird „wie es steht und liegt".

Kaufvertragsgegenstand

Es empfiehlt sich eine möglichst genaue Beschreibung des Grundstücks im Kaufvertrag, u.a. durch das Anfügen von Plänen und Karten. Die Flurnummern, Flurstücknummern etc. sollten unbedingt noch einmal überprüft werden, denn zum einen entstehen hier manchmal Kopierfehler, zum anderen ist in der Regel in Grundstückskaufverträgen keine Haftung des Verkäufers für die Grundstücksgröße vorgesehen. Da aber die Angabe im Grundbuch nicht verbindlich ist, sollte zumindest, wenn ein noch nicht vermessenes Teilgrundstück verkauft wird, hierzu eine Regelung aufgenommen werden.

Zahlungsmodalitäten und Eigentumsübertragungsabsicherung

Die Zahlungsmodalitäten umfassen neben einer Terminfestlegung, die Angabe eines Kontos, wobei u.U. ein Notaranderkonto eingesetzt werden kann, was allerdings mit Zusatzkosten für den Käufer einhergeht. In der Regel wird zur Finanzierung des Kaufpreises dem Käufer eine Belastungsvollmacht erteilt, damit er bereits vor Eigentumsumschreibung Grundpfandrechte eintragen kann und zum Zeitpunkt der Kaufpreisfälligkeit die Finanzierung auch gesichert ist. Die übliche Absicherung des Verkäufers erfolgt dann durch eine Zwangsvollstreckungsunterwerfungsklausel, bei der es sich um eine Vereinbarung handelt, dass sich der Käufer mit allen aus der Verkaufsurkunde geschuldeten Verpflichtungen der sofortigen Zwangsvollstreckung in sein gesamtes Vermögen unterwirft (§ 794 ZPO).

Die Fälligkeit des Kaufpreises kann eintreten nach einem kalendermäßig bestimmbaren Zeitpunkt oder nach Vereinbarung laut Kaufvertrag, die der Absicherung der Vertragspartner dienen soll. Ohne Vereinbarung wäre der Kaufpreis sofort fällig (vgl. § 271 Abs. 1 BGB).

Aufgrund der Gefahren eines Zug-um-Zug-Geschäfts gibt es Sicherstellungsmöglichkeiten für den Käufer und Verkäufer. Dies sind vor allem: eine Vollstreckungsunterwerfung des Käufers, die Eintragung einer Sicherungshypothek oder Grundschuld, eine Bankbürgschaft, der bereits erwähnte Einsatz eines Notaranderkontos, die Aussetzung oder der Vollzugsaufschub der Auflassung, ein Rücktrittsvorbehalt oder eine Rückauflassungsvormerkung und die Löschungsbewilligung der Auflassungsvormerkung für den Fall, dass der Kaufvertrag nicht zustande kommt.

Für den Käufer kann eine Sicherstellung erfolgen durch die Eintragung einer Auflassungsvormerkung an rangsicherer Stelle im Grundbuch, die Freistellung des Kaufobjektes von nicht übernommenen Belastungen, das Vorliegen und Wirksamwerden erforderlicher Genehmigungen als Kaufpreisfälligkeitsvoraussetzung, der Nachweis des Nichtbestehens oder der Nichtausübung gesetzlicher oder sonstiger Vorkaufsrechte, die Zahlung auf ein Notaranderkonto und der Rücktrittsvorbehalt oder eine Rückauflassungsvormerkung.

Ebenfalls werden in diesem Zusammenhang die Verzinsung sowie die Verzugszinsen vereinbart, wenn der Kaufpreis nicht zum festgelegten Zeitpunkt erbracht wird.

Eigentumsübergang und Besitzübergang
Auch der Besitzübergang muss geregelt werden, denn zu diesem Zeitpunkt gehen das Nutzungsrecht und die Pflicht zur Tragung von Kosten und Lasten am Vertragsbesitz auf den Käufer über. Dies ist auch der steuerlich maßgebliche Anschaffungszeitpunkt. Der Zeitpunkt des Besitzübergangs ist nicht identisch mit dem Zeitpunkt des Eigentumsübergangs, denn dazu muss die Umschreibung im Grundbuch erfolgt sein.

Rechte und Lasten
In der Regel gilt für Grundstücksverkäufe, dass es zu einer lastenfreien Übertragung kommen soll. Hier liegt eine der notariellen Pflichten vor, denn der Notar muss feststellen, ob und welche Lasten im Grundstück eingetragen sind und diese Lasten werden im Grundstückskaufvertrag dokumentiert. Die rechtliche Due Diligence des Käufers umfasst diesen Prüfpunkt ebenfalls. Dabei wird vor allem untersucht, inwieweit Rechte und Lasten, die nicht zu löschen sind, einen anderen Kaufpreis rechtfertigen können, z.B. Leitungsrechte, Nachbarrechte o.Ä.

Bei der Belastung des Grundstücks mit Grundschulden oder Hypotheken sollten Löschungsbewilligungen der Gläubiger Bestandteil des Vertrags werden. Freistellungen von nicht im Grundbuch eingetragenen Rechten, so z.B. bestimmte Befugnisse aus Miet- oder Pachtverträgen, sind ebenfalls im Kaufvertrag mitaufzunehmen. Immer wenn eine Regelung fehlt, bei der der Käufer Lasten übernehmen soll, ist der Verkäufer nach § 434 BGB verpflichtet, das Grundstück lastenfrei zu übergeben. Dabei muss unbedingt beachtet werden, dass der Verkäufer nicht für die Freiheit von öffentlichen Lasten des Grundstücks haftet (§ 436 BGB).

Wenn als Grundstücksmerkmal „**voll erschlossen**" vereinbart ist, trägt der Verkäufer das Risiko, dass bereits erstellte Erschließungsanlagen abgerechnet sind. Demgegenüber trägt der Käufer die Anschlusskosten, d.h. die Kosten für die auf dem Grundstück notwendige innere Erschließung bei unbebauten Grundstücken.

Weitere wichtige Regelungen im Kaufvertrag
Des Weiteren sollte im Kaufvertrag auch die Kostenübernahme sowie die der Steuern eindeutig geregelt werden.

Haftung und Gewährleistung
Für den Käufer ist es natürlich besonders günstig, wenn der Verkäufer die Gewährleistung dafür übernimmt, dass das Grundstück frei von Mängeln, einschließlich Bodenverunreinigungen und Baulasten ist, die die Nutzung des Grundstücks gegenüber dem vereinbarten Gebrauch erheblich mindern. Eine sehr weitgehende Freistellungserklärung bei Altlastenverdacht könnte folgende Form haben:

„Wird der Käufer wegen etwaiger Boden- oder Grundwasserverunreinigungen öffentlich-rechtlich oder privatrechtlich in Anspruch genommen, so hat der Verkäufer den Käufer von den Kosten einer solchen Inanspruchnahme ohne jede Einschränkung freizustellen."

Idealerweise erfolgt dann noch eine Ergänzung durch eine Verpflichtung zur Abdeckung der sonstigen Risiken, z.B. durch eine Verpflichtung des Verkäufers, für sanierungsbedingte Bauzeitverlängerungen entstehende Mehrkosten zu tragen. Derartig weitgehende Vereinbarungen sind in der Praxis natürlich sehr selten anzutreffen, da sich nur sehr wenige Verkäufer auf einen solchen Passus einlassen werden.

Häufiger sind in der Praxis Kaufvertragsvereinbarungen anzutreffen, in denen der Verkäufer die Kosten für die Beseitigung etwa vorhandener Altlasten bis zu einem bestimmten Höchstbetrag übernimmt, die darüberhinausgehenden Kosten verbleiben dann beim Käufer.

Mängel des Grundstücks
Beim Vorliegen eines Mangels stehen dem Käufer generell die in § 437 BGB beschriebenen Rechte zu. Er kann Nacherfüllung verlangen (§ 439 BGB), vom Vertrag zurücktreten (§§ 440, 323, 326 Abs. 5 BGB) oder den Kaufpreis mindern (§ 441 BGB) und Schadensersatz (§§ 440, 280, 281, 283, 311a BGB) oder den Ersatz vergeblicher Aufwendungen (§ 284 BGB) verlangen. Primär wird dabei der Nacherfüllungsanspruch interessant sein, wobei dies bei Grundstücksgeschäften nur in der Form einer Nachbesserung möglich ist, so z.B. durch die Entfernung vorhandener umweltgefährdender Stoffe oder die Behebung eines Baumangels. Sollte ein Rechtsmangel vorliegen, ist z.B. die Beseitigung durch Löschung einer im Grundbuch eingetragenen aber nicht übernommenen Belastung möglich.

Unbedingt ist zu beachten, dass es zu einem Haftungsausschluss des Verkäufers für zugesicherte Eigenschaften kommt, wenn der Käufer Mängel erkannte (§ 442 Abs. 1 Satz 1 BGB). Zum Beispiel eine fehlende Baugenehmigung, die nicht garantierte Standsicherheit oder wenn er von Schimmelbefall Kenntnis hatte. Insoweit empfiehlt sich eine eindeutige Regelung der Erkenntnisse, die sich aus der Due Diligence ergeben haben.

Wenn aber der Verkäufer einen Mangel arglistig verschwiegen hat und gleichzeitig die Rechte des Käufers wegen Mangels ausgeschlossen hat, hat diese Vereinbarung keine Gültigkeit (§ 444 BGB). Dabei nimmt der BGH schon dann Arglist an, wenn der Veräußerer einen Mangel für möglich hält, gleichzeitig aber zumindest billigend in Kauf nimmt, dass der Vertragspartner den Mangel nicht kennt und bei Offenlegung den Vertrag nicht oder nicht mit dem vereinbarten Inhalt geschlossen hätte.[170]

---

170 Vgl. BGH Urteil vom 8.11.1991 – VZR 193/90, NJW-RR 1992, 334.

> **Beispiel:**
>
> Die Verkäufer AG hat einen Altlastenverdacht aufgrund einer seit Jahren geschlossenen Galvanik auf dem Grundstück, ist sich aber sicher, dass die Käufer GmbH den Kaufvertrag nicht schließen würde, wenn sie davon wüsste. Also verschweigt die Verkäufer AG den Mangel. Die Verkäufer AG hat auch noch ein anderes Grundstück, das sie der Käufer AG verkaufen möchte. Sie versteckt das vorhandene Altlastengutachten in der Mitte eines der 39 Objektordner und meint damit, ihren Offenlegungspflichten gerecht geworden zu sein.
> Im zweiten Fall handelt es sich nicht nur um das Verschweigen eines Verdachts, sondern auch um die Verletzung einer Offenlegungspflicht.

Bei Haftungsausschlüssen gemäß § 444 BGB sollte zum Schutz des Verkäufers ggf. eine Obergrenze für den Gewährleistungsfall aber auch insgesamt vorgesehen werden (sogenannter Cap). Zudem kann es sinnvoll sein, nicht jeden unbedeutenden Gewährleistungsfall zu einem Anspruch des Käufers führen zu lassen, da andernfalls die Kosten der Rechtsverfolgung und -verteidigung leicht ihren eigentlichen Anlass übersteigen. Derartige Klauseln werden als De-Minimis-Klausel bezeichnet.

Garantien

Mittels einer Garantie übernimmt der Verkäufer gemäß § 443 Abs. 1 BGB die verschuldensunabhängige Haftung für eine bestimmte Beschaffenheit (Beschaffenheitsgarantie) des Kaufgegenstands. Ebenso ist eine Garantieübernahme durch eine dritte Partei, z.B. einer Konzernmutter möglich. Die Garantie wird damit dort eingesetzt, wo besonders bedeutsame Punkte verschuldensabhängig geregelt werden sollen.

Klauseln wie: **„Versteckte Mängel sind dem Verkäufer nicht bekannt."**, stellen keine Garantie für die Abwesenheit unerkannter Mängel dar. Es handelt sich vielmehr um eine reine Wissenserklärung des Verkäufers.

Aufschiebende Bedingungen

Aufschiebende Bedingungen sind in § 158 BGB geregelt und führen dazu, dass ein Vertrag vom Zeitpunkt seiner Beurkundung bis zum Zeitpunkt des Eintritts der Bedingung schwebend unwirksam ist und erst dann der Schwebezustand beendet und der Vertrag endgültig wirksam wird.

> **Beispiel:**
>
> Investor Investman hat bei der Durchführung der Legal Due Diligence festgestellt, dass ein für den wesentlichen Geschäftsraummietvertrag kalkulierter Cashflow mit Schriftformproblemen belastet ist. Da eine Kaufpreisanpassung in der Verhandlung nicht durchsetzbar ist, entschließt er sich, den Kaufvertrag unter einer aufschiebenden Bedingung abzuschließen.

Hierbei hat es sich in der Praxis durchgesetzt, einen nur teilweise aufschiebend bedingten Kaufvertrag abzuschließen. Dann wird der schuldrechtliche Teil des Kaufvertrags sowie die Belastungsvollmacht vom Eintreten der Bedingung abhängig gemacht, während die dinglichen Verfügungen, also die Auflassung und Bewilligung einer Auflassungsvormerkung für den Käufer sowie die Vollmachten nicht unter dieser Bedingung stehen, denn dann kann der

Erwerber schon eine grundbuchrechtlich gesicherte Position durch die Auflassungsvormerkung erlangen. Da dieses Procedere mit Kosten des Käufers verbunden ist, empfiehlt sich eine solche Gestaltung nur dann, wenn mit dem Eintreten der Bedingung mit hoher Wahrscheinlichkeit gerechnet werden kann.

Rücktrittsrechte

Ein Rücktrittsrecht ist eine Vereinbarung für den Fall, dass dem Grundstück eine bestimmte Eigenschaft fehlt bzw. diese nicht erlangt werden kann. Dies kann der Fall sein, wenn die Bebaubarkeit nicht gegeben ist oder die Baugenehmigung bis zu einem bestimmten Termin noch nicht erteilt ist. Damit wird – anders als bei der aufschiebenden Bedingung – der Kaufvertrag sofort wirksam und auch sein dinglicher Vollzug ist schon möglich. Das Rücktrittsrecht beinhaltet den Vorteil, dass dessen Ausübung den Parteien freisteht. Es sollte auf jeden Fall die Kostentragungspflicht geregelt werden und es muss beachtet werden, dass die Grunderwerbsteuer aufgrund der Gültigkeit des Erwerbsgeschäfts sofort fällig wird.

5. Ausgewählte Beispiele wichtiger Analyse- und Controllinginstrumente des Immobilienmanagements

5.1 Einführung

Es gibt viele Instrumente, die in Bezug auf ihre Analysekraft hilfreich im Immobilienmanagement sind. Aus dem großen Katalog dieser, häufig als Controllinginstrumente bezeichneten Hilfsmittel, sind hier nur einige ausgewählt worden, die es erlauben, ein Gleichgewicht zwischen strategischem Anspruch und Alltagswirklichkeit sowie die Einbeziehung der Unternehmenswelt in die Umwelt herzustellen. Dabei ist bei den hier dargestellten Instrumenten, namentlich der SWOT-Analyse, dem Portfolio-Management und der Balanced Scorecard sowie dem Berichtswesen versucht worden, sie in der Breite, in der sie angewandt werden können, darzustellen.

Die wichtigsten strategischen und operativen Controllinginstrumente werden im Folgenden aufgezählt:

Strategische Controllinginstrumente:
- strategische Planung (fünf und mehr Jahre),
- Stärken-Schwächen-Analyse,
- Gap-Analyse,
- Szenario-Analyse,
- Potenzialanalyse (SWOT Analyse),
- Wettbewerbsanalyse,
- Produktlebenszyklus-Analyse,
- Vorteils-Matrix,
- Produkt-Markt-Matrix,
- Portfolioanalyse,
- Marktanteils- und Marktwachstums-Analyse (Vier-Felder-Matrix),
- Marktattraktivitäts- und Wettbewerbsstärken-Analyse (Neun-Felder-Matrix),
- Balanced Scorecard,
- Target Costing,
- Benchmarking,
- Six Sigma,
- Immobilieninvestitionsrechnungen, wobei Investitionsrechnungen in der allgemeinen betriebswirtschaftlichen Literatur zu den operativen Controllinginstrumenten gerechnet werden, was aber bei der Investitionsrechnung für Immobilieninvestitionen aufgrund der langen Amortisationszeiten, aber in der Regel auch längerfristigen Investitionsdauer unpassend erscheint.

Operative Controllinginstrumente:
- klassische Soll-/Ist-Vergleiche,
- Deckungsbeitragsrechnung,
- Kennzahlen,
- Kennzahlensysteme,
- Budgetierung,
- Kapitalflussrechnung,

- ABC-Analyse,
- operative Planung (G + V, Bilanz, Liquidität),
- operative rollierende Planung, Betriebsabrechnungsbogen (BAB) und Gebäudeabrechnungsbogen (GAB),
- Break-Even-Analyse, der ebenfalls ein Sonderstatus zukommt. Wenn sie im Sinne einer Amortisationsrechnung verwendet wird, hat sie durchaus langfristigen Charakter, wenn sie die Frage beantworten soll, wie viele Quadratmeter vermietet sein müssen, damit die Immobilienorganisation schwarze Zahlen schreibt, hat sie kurzfristigen Charakter,
- Prozesskostenrechnung, die in diesem Buch im Rahmen der Diskussion über Prozessmanagement aufgegriffen wurde.

5.2 SWOT-Analyse
5.2.1 Einführung

> **Definition:**
> Der Begriff „SWOT" steht für Strength-Weakness-Opportunities-Threats, also für Stärken-Schwächen-Chancen und Gefahren. Eine SWOT-Analyse ermöglicht damit eine Feststellung des Ist-Zustands.

Das Ziel einer SWOT-Analyse im Immobilienbereich ist es, auf der Basis einer internen Stärken-Schwächen-Analyse und einer externen Chancen-Risiken-Analyse mögliche Quellen für Wettbewerbsvorteile und internen Handlungsbedarf zu identifizieren, was erst durch einen Abgleich mit dem wirtschaftlichen Umfeld möglich ist.[171] Aufgrund der Innen- wie Außenorientierung wird die SWOT-Analyse auch als „integrative Analysemethode"[172] bezeichnet.

5.2.2 Nutzen und Vorgehen

Die SWOT-Analyse wird zum einem im Unternehmenscontrolling eingesetzt, um das Gesamtunternehmen im Hinblick auf seine Zukunftspotenziale abzuklopfen und aus Stärken bzw. Defiziten einen langfristigen Handlungsrahmen aufzubauen. Zum anderen kann die SWOT-Analyse aber auch für Bestandsobjekte angewandt werden oder als Analyseinstrumentarium, um Städte oder Regionen zu bewerten und derart Perspektiven für den Wohn- bzw. Gewerbeimmobilienmarkt herauszuarbeiten.[173] Abb. 5.1 deutet die Dimensionen der SWOT-Analyse im Hinblick auf eine gesamte Immobilienorganisation an.

---

[171] Vgl. Steiniger, H., Die SWOT-Analyse, 2006, S. 1.
[172] Bruhn, M., Kommunikationspolitik, 2010, S. 139.
[173] Vgl. für die Region Frankfurt/Rhein Main: http://www.frankfurt-main-ihk.de/standortpolitik/metropolregion/veranstaltungen (letzter Abruf: 06.02.2013).

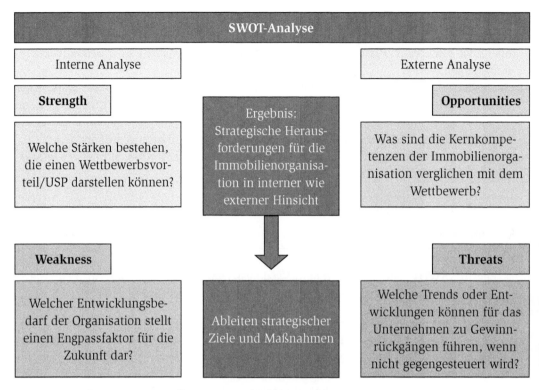

Abb. 5.1: SWOT-Analyse im Überblick, eigene Darstellung

Das Ergebnis der SWOT-Analyse ist zunächst eine Zustandsbewertung, aus der in einem zweiten Schritt dann strategische Maßnahmen abgeleitet werden. Die Vorraussetzung für die Besetzung der vier Felder mit Inhalten sind detaillierte Erhebungen, in die die Mitarbeiter miteinbezogen werden sollten. Fragen, die dabei eingebunden werden können, sind in der Tabelle 5.1 zusammengefasst.

Abteilung	Bearbeiter	Datum
Stärken	Was läuft besonders gut?	
	Worauf sind wir stolz?	
	Was können wir besser als andere Immobilienunternehmen/ -organisationen?	
	Was schätzen unsere Kunden/Mieter/Nutzer besonders an uns?	
	…	

5.2 SWOT-Analyse

Schwächen	Was war/ist schwierig?
	Welche Barrieren gibt es zurzeit?
	Was machen andere Immobilienorganisationen/-unternehmen besser?
	Was könnten wir aus Kundensicht besser machen?
	Wo sind unsere Kunden unzufrieden?
	Wo sind unsere Mitarbeiter unzufrieden?
	...
Chancen	Worin sehen Sie unsere Zukunftschancen?
	Welche Leistungen sollen/können wir ausbauen?
	Welche Verbesserungsmöglichkeiten sehen Sie?
	Welche Trends in der Region/Immobilienbranche können wir nutzen?
	Was erwarten die Kunden in Zukunft von unserem Unternehmen?
	...
Bedrohungen	In welchen Bereichen sehen Sie Risiken für unsere Immobilienorganisation?
	Welche speziellen Branchenrisiken sehen Sie?
	Welche externen Einflüsse (Finanzmarkt etc.) könnten uns drohen?
	Welche Risiken gehen vom Wettbewerb aus?
	...

Tabelle 5.1: Beispielhafter Fragenkatalog für eine SWOT-Analyse, eigene Darstellung

Einer der großen Vorteile der Mitarbeiterbeteiligung kann insbesondere dann genutzt werden, wenn Mitarbeiter aus unterschiedlichen Abteilungen angesprochen werden, denn häufig kommen so voneinander abweichende Sichtweisen bezüglich der Immobilienorganisation zu Tage, die teilweise verhindern, dass eine einheitliche Strategie von allen gelebt wird. Dabei wird versucht, die kritischen Erfolgsfaktoren (Key Success Factors) – wie in Tabelle 5.1 angedeutet – für das Unternehmen oder auch für einzelne Objekte herauszuarbeiten. In Relation zu den definierten Erfolgsfaktoren werden die Stärken und Schwächen geprüft und in eine Skala übertragen. Bei Büroimmobilien sind die entscheidenden Faktoren z.B.: Standort, Objekt und Mietvertrag.

Damit ist einer der wichtigen Faktoren der SWOT-Analyse, dass sie in den Strategieprozess der Immobilienorganisation eingebettet ist. Dies zeigt Tabelle 5.2 für ein Nichtimmobilienunternehmen aus dem Handelsbereich. Im Gegensatz zu den anderen Beispielen ist hier von besonderer Bedeutung, dass Immobilien nur Hilfsfunktionen für das Kerngeschäft wahrnehmen.

Umfeldanalyse	Überblick über die Markt- und Immobilientrends im Kerngeschäft, Vergleich mit dem eigenen Portfolio, den eigenen Aktivitäten, Fremdbild eingrenzen, Hauptanforderungen aus Sicht der Anspruchsgruppen formulieren
SWOT-Analyse	Maßgebliche Trends im Kerngeschäft und Immobilien zu Chancen und Risiken in Bezug bringen, Stärken und Schwächen in Bezug auf Positionierung, Kompetenzen und Stellung herausarbeiten
Immobilienstrategie	Mission aus der Beantwortung der Kernfragen erarbeiten, Mission Statements pro Geschäftseinheit definieren
Synthese	Abgleichen der Prinzipien des Asset-, Portfolio- und Facility-Managements mit der Unternehmensstrategie (Stimmigkeit der Bausteine, der Wertesysteme etc.) Formulierung der Werte, Darstellung der Resultate, Strategiekonfiguration
Umsetzung	Formulierung der strategischen Ziele, strategische Initiativen und Maßnahmenpläne, Umsetzung in Businesspläne, Budgets, Controlling und Risikomanagement

Tabelle 5.2: **Stellung der SWOT-Analyse im Strategieprozess der Immobilienorganisation einer Non-Property-Company**[174]

5.2.3 Beispiele: SWOT-Analysen auf Objektebene

Auf Objektebene wird die SWOT-Analyse auch häufig als ein Teil der Due Diligence eingesetzt, wobei es dann häufig darum geht, welches Objekt erworben werden soll. Darüber hinaus kann die SWOT-Analyse aber auch Hinweise darauf geben, welche Immobilie nicht in das Portfolio passt (s. Tabelle 5.2) oder welche Immobilie wie weiterentwickelt werden kann. Für diese Fragestellung ermöglicht die SWOT-Analyse, dezidierte Entwicklungspotenziale einer Immobilie herauszuarbeiten vor dem Hintergrund eines bestimmten Standorts, Quartiers und den sich hieraus ergebenden Chancen und Risiken.

---

174 Eigene Darstellung in Anlehnung an: Klausner, H., Herausforderungen im Corporate Real Estate Management, 2011, S. 3.

5.2 SWOT-Analyse

Relevante Faktoren		Sehr gut	Gut	Mittel	Weniger gut	Problematisch
Standort	Infrastrukturelle Zentralität und Erschließung	Objekt B			Objekt A	
	Image, Prestige der Lage					
	Erscheinungsbild Umfeld					
	Parkplatzsituation					
Objekt	Flächeneffizienz (Anteil Mietfläche an Gesamtfläche)					
	Bewirtschaftungskosten					
	Ausstattungseffizienz					
	m²/Arbeitsplatz					
Mietvertrag	Mieterlöse					
	Vermietungsgrad					
	Länge der Verträge					

Abb. 5.2: Stärken- und Schwächen-Analyse zweier Standorte im Vergleich[175]

Abb. 5.2 bildet die kritischen Erfolgsfaktoren ab und gibt einen ersten Hinweis auf ein optimierungsbedürftiges Objekt. In dieser internen Analyse wird deutlich, dass Objekt B einen deutlichen Standortvorteil gegenüber Objekt A aufweist. Dies zeigt vor allem die bessere infrastrukturelle Zentralität und Erschließung sowie – darüber hinaus – das sehr gute Lageimage. Bei der Objektbewertung sind hingegen klare Vorteile des Objekts A zu erkennen, was an der größeren Flächeneffizienz und den geringeren Bewirtschaftungskosten liegt. Auch die Mietvertragsbewertung lässt Vorteile des Objekts A erkennen. Denn hier gibt es höhere Mieterlöse und einen hohen Vermietungsstand. Das Analyseergebnis kann auch als ein „Objektrating"[176] bezeichnet werden. Hierauf aufbauend, kann eine Chancen-Risiken-Analyse beider Objekte durchgeführt werden.

In der folgenden SWOT-Analyse für ein Wohnobjekt sind die kritischen Fragen, die das Objekt, aber auch den Umgang des Unternehmens mit dem Objekt betreffen, für die einzelnen sich überschneidenden Bereiche noch einmal aufgeführt, um dann das Kurzergebnis für das Objekt darzustellen.[177]

---

[175] Eigene Darstellung in Anlehnung an: Wendler, Flächenoptimierungs-Maßnahmen bei Büroimmobilien, Fallstudie am Beispiel eines Büroobjekts der Sireo Real Estate GmbH, 2012, S. 54.
[176] Hemmsen, J., Ansätze zur Qualifizierung des Immobilienmarketing-Erfolgs für den Schweizer Wohnimmobilienmarkt, Masterthese, 2011, S. 1 f.
[177] Vgl. Hemmsen, J., Ansätze zur Qualifizierung des Immobilienmarketing-Erfolgs für den Schweizer Wohnimmobilienmarkt, Masterthese, 2011, S. 1 f.

	Strength		**Weakness**	
Opportunities ①	Haben wird die Stärken, unsere Chancen zu nutzen?	Hoher Bekanntheitsgrad der Leistung im Luxussegment	② Verpassen wir die Chancen wegen unserer Schwächen?	Die Objekte haben kleine Balkone.
	Durch Zinstief sind die Wohnungen für andere Kundengruppen attraktiv	Kundengruppe muss erschlossen werden	Durch Zinstief sind die Wohnungen für andere Kundengruppen interessant.	Nicht zu beurteilen
Threads ③	Haben wir die Stärken, unsere Bedrohungen zu bewältigen?	Hoher Bekanntheitsgrad im Luxussegment	④ Welchen Risiken sind wir wegen unserer Schwächen ausgesetzt?	Die Objekte haben kleine Balkone.
	Trend in Richtung Nachhaltigkeit bisher verschlafen	Für diese Kundengruppe irrelevant	Trend in Richtung Nachhaltigkeit bisher verschlafen	Für die aktuellen Projektentwicklungen nicht mehr lösbar

Abb. 5.3: SWOT-Analyse für ein Wohnobjekt der Luxusklasse, eigene Darstellung

Die Nummern in der Abbildung stehen für jeweils zu treffende Maßnahmen, die teilweise die aktuelle Projektierung, teilweise aber auch weitere Projekte betreffen, z.B.:

1. Um die Chancen auch in Zukunft zu nutzen, müssen weitere Kundengruppen erschlossen werden, was bei den jetzigen Finanzierungsbedingungen möglich ist. Insoweit wird eine kundengruppenspezifische Marketingstrategie entwickelt.
2. Ob gerade diese Kundengruppe, die zu klein geratenen Balkone als Problem sieht, ist nicht bekannt. An dieser Stelle wird weitere Marktforschung notwendig.
3. Bisher sieht das Unternehmen noch nicht, dass Nachhaltigkeit als von der Kundengruppe besonders wichtiger Faktor wahrgenommen wird. Es muss aber genau beobachtet werden, ob sich dies ändert.
4. In Zukunft sollten die Projekte eine andere Architektur aufweisen und es wird intensiv der Trend hin zur Nachhaltigkeit und die Bereitschaft dafür mehr zu bezahlen beobachtet.

5.3 Portfolio-Management
5.3.1 Begriffe und Abgrenzungen

> **Definition:**
> Das **Immobilien-Portfolio-Management** soll die ohnehin notwendige Verwaltungstätigkeit in Bezug auf die Immobilienbestände fachübergreifend strukturieren. Der Begriff „Portfolio-Management" stammt aus der Kapitalmarkttheorie; hier wird unter einem Portfolio die Zusammensetzung von Wertpapieren unterschiedlicher Art unter der Prämisse der Risikominimierung und der Renditesteigerung verstanden.[178]

Auch das Portfolio-Management kann von zwei unterschiedlichen Standpunkten aus betrachtet werden und zwar zum einen zur Systematisierung des Immobilienbestands bei einem bestandshaltenden Unternehmen oder auch bei einem Nichtimmobilienunternehmen mit Immobilienbeständen und zum anderen zur Darstellung der unterschiedlichen Geschäftsfelder, in denen das Immobilienunternehmen tätig ist.

Im Übrigen wird das Portfolio-Management als einer der Bereiche genannt, in denen Immobilienunternehmen noch große Prozessoptimierungsmöglichkeiten sehen, denn dieser ist gemäß einer empirischen Studie vor allem die Datensammlung und -aktualisierung betreffend noch stark ausbaufähig.[179]

Angestrebt werden soll mithilfe des Portfolio-Managements – hier auf den Immobilienbestand bezogen – ein Zustand, in dem sich spezifische Objektrisiken gegenseitig aufheben, d.h. es sollten möglichst viele schwach korrelierte Anlagen in einem Bestand vorhanden sein. Dies gilt gerade für Unternehmen mit einem historisch entstandenen Immobilienbestand, denn hier geht es darum, sich vom Paradigma dieser gewachsenen Bestände zu lösen. Entsprechend beschreibt Harry M. Markowitz ein gutes Portfolio als ein ausgeglichenes Ganzes, welches dem Investor Chancen und Absicherungen bietet und seinen Bedürfnissen entspricht. Damit sollte das Portfolio-Management als kontinuierlicher Prozess gesehen werden, der einem Investor das für seine Zwecke optimale in sich ausgeglichene, mit Chancen und Absicherungen versehene Portfolio zur Verfügung stellt oder ein Portfolio entsprechend den Bedürfnissen des Investors kontinuierlich anpasst.[180] Für den Immobilieneigentümer ergibt sich eine verbesserte Transparenz seiner Investition, sodass er seine Managemententscheidungen verbessern und auf das Gesamtportfolio beziehen kann (vgl. Abb. 5.3).[181]

---

[178] Vgl. Hellerforth, M., Handbuch Facility Management für Immobilienunternehmen, 2006, S. 234.
[179] Vgl. Pfnür, A./Heyden, F., Prozessmanagement & -optimierungen in der Immobilienwirtschaft, 2003, S. 4.
[180] Vgl. Lehner, C. Erfolgreiches Portfolio- und Asset Management für Immobilienunternehmen, Die 8 Werthebel, Wiesbaden 2010, S. 27.
[181] Vgl. Lehner, C. Erfolgreiches Portfolio- und Asset Management für Immobilienunternehmen, Die 8 Werthebel, Wiesbaden 2010, S. 28.

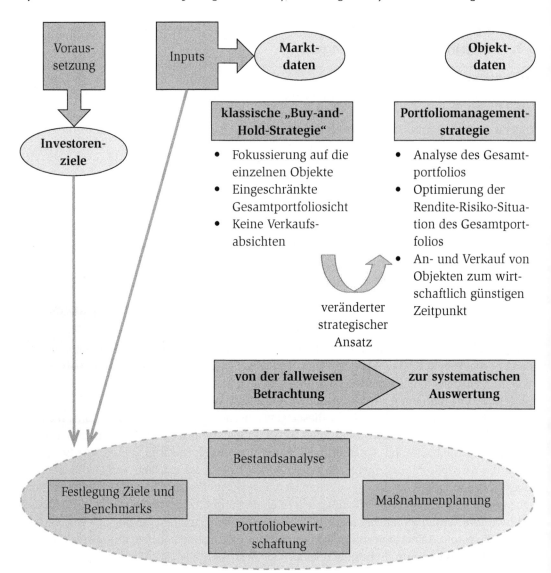

Abb. 5.4: **Grundidee des Portfolio-Managements am Beispiel eines bestandshaltenden Unternehmens, eigene Darstellung**

Die in diesem Zusammenhang erstrebte Diversifikation muss nicht um jeden Preis angestrebt werden. Ein Wohnungsunternehmen aus Deutschland muss jetzt nicht in Logistikimmobilien in Indien investieren, sondern es kann versuchen, in Bezug auf Standorte (Quartiere), Objektgrößen und Objektstandards zu diversifizieren.

Anders als im Portfolio-Management bei Wertpapieren, die Gegenstand der klassischen Portfoliotheorie sind, bedingt ein Immobilien-Portfolio-Management nicht nur die Auswahl der richtigen Objekte und des richtigen An- und Verkaufszeitpunkts, sondern es beinhaltet auch

5.3 Portfolio-Management

die Chance der Objektoptimierung im Sinne aktiver Einflussnahme, eine Möglichkeit, die bei Wertpapieren nicht besteht.

5.3.2 Strategisches Management der Geschäftsfelder eines Immobilienunternehmens

Portfolio-Management kann wie erwähnt zum einen verstanden werden als das Management unterschiedlicher Immobiliencluster eines bestandshaltenden Immobilienunternehmens zum anderen als aktives Management bestimmter Geschäftsfelder.

Ein für die Immobilienwirtschaft noch relativ neuer Ansatz besteht darin, ein sogenanntes Wertbereichsportfolio für die einzelnen Geschäftsfelder zu erstellen. Dabei werden die Achsen mit Return on Capital Employed (ROCE) und Wachstumspotenzial benannt.

> **Definition:**
> Der ROCE wird vor allem zur wertorientierten Unternehmenssteuerung eingesetzt und steht für das Verhältnis des Betriebsergebnisses in Verhältnis zum eingesetzten Kapital. Es wird so die Ertragskraft des eingesetzten Kapitals abgebildet. Der EBIT ist der um Zinsen und Steuern bereinigte Jahresüberschuss.
>
> $$\text{ROCE} = \frac{\text{Earnings before Interests and Taxes (EBIT)}}{\text{verzinsliches Fremdkapital (Capital Employed)}}$$

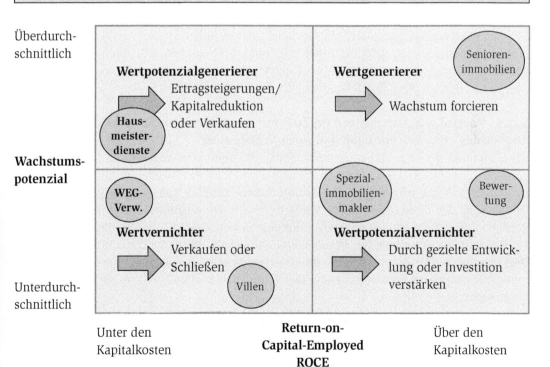

Abb. 5.5: Wertbasiertes Geschäftsfeldportfolio, eigene Darstellung

In Abb. 5.5 wird die Höhe des Umsatzes der einzelnen Geschäftsfelder zusätzlich durch die Größe des Kreises dargestellt. So zeigt sich, dass der Geschäftsbereich „Villen" ein Nischensegment ist, in dem sowohl ein unterdurchschnittliches Wachstum zu verzeichnen ist als auch ein ROCE, der unter den Kapitalkosten des Unternehmens liegt. Die WEG-Verwaltung wird ebenfalls den Wertvernichtern zugeordnet, weil es hier trotz höheren Wachstumspotenzials im Vergleich zum Geschäftssegment Villen auch nicht gelingt, einen ROCE zu erzielen, der über den Kapitalkosten liegt. Damit lautet eine Empfehlung für diese Geschäftsfelder, sie zu veräußern. Der Bereich der Hausmeisterdienste ist durch ein starkes Wachstumspotenzial gekennzeichnet, hier gelingt es dem Immobilienunternehmen aber (noch) nicht, einen adäquaten ROCE zu generieren, sodass entweder das Ziel durch Ertragssteigerungen bzw. Kostenreduktionen erreicht werden oder über die Aufgabe des Bereichs nachgedacht werden sollte. Denn in dieser Konstellation muss das Unternehmen „Geld mitbringen". Anders sieht es bei den Seniorenimmobilien aus: Diese sind dem Marktsegment der Wertgenerierer zuzuordnen, da sie sich durch ein hohes Wachstumspotenzial und einen hohen ROCE auszeichnen. Dieser Bereich sollte unbedingt ausgebaut werden. Das Geschäftsfeld Immobilienbewertung verzeichnet ein leicht unterdurchschnittliches Wachstumspotenzial, dafür ist der erzielte ROCE aber hoch. Hier muss entschieden werden, ob ein Ausbau der Aktivitäten dennoch möglich ist. Auch die Spezialimmobilienmakler-Tätigkeit gehört zu den Wertpotenzialvernichtern, jedoch zeigt die Lage dieses Geschäftssegments, ein nur leicht unterdurchschnittliches Marktwachstum und einen ROCE, der gerade über den Kapitalkosten liegt. Deshalb sollte hier eine genaue Analyse erfolgen, ob und inwieweit eine Veränderung möglich ist, bevor diese Geschäftstätigkeit in das Feld der Wertvernichter abrutscht. Der so beschriebene Ablauf ist nicht zwingend: Ein Wertpotenzialgenerierer kann aufgrund veränderter Marktbedingungen, z.B. durch das Abschaffen von Fördermöglichkeiten oder durch neue gesetzliche Auflagen, zum Wertvernichter werden oder in den Bereich eines ROCE kommen, der über den Kapitalkosten liegt.

5.3.3 Portfolio-Management im Zusammenspiel mit anderen Disziplinen
Abgrenzung zwischen Portfolio- und Asset-Management
Der Hauptunterschied zwischen dem Immobilien-Portfolio-Management und dem bereits dargestellten Immobilien-Asset-Management liegt darin, dass das Zweite auf die Top-down-Planung des Portfolios ausgerichtet ist, das Immobilien-Portfolio-Management hingegen auf die Optimierung des Bestandsportfolios, weshalb es von den einzelnen Immobilienanlagen im Portfolio ausgeht. Es handelt sich dann um eine Bottom-up-Orientierung. Beide zielen aber auf die optimale Gestaltung des Immobilien-Portfolios ab, wenn auch aus unterschiedlichen Blickrichtungen. Das Immobilien-Portfolio-Management ist vor allem für die Umsetzung der Immobilienstrategie von entscheidender Bedeutung. Insoweit sind beide Ansätze komplementär zu sehen.[182]

Portfolio-Management und Gesamtunternehmensstrategie
Auch das Portfolio-Management kann nicht für sich allein gesehen werden, sondern es geht um die Integration in die Immobilienorganisation. Diese enge Abstimmung ist im Rahmen der Darstellung der Investorenstrategien erwähnt worden, es wurden in Zusammenarbeit zwischen Investor, Investment- und Asset-Management-Märkten, Marktsegmente oder

---

[182] Vgl. Schulte, K.-W./Walbröhl, V., Immobilien Asset Management: Grundlagen – Rahmenbedingungen – Produkte – Prozess, Wiesbaden 2002, S. 659.

5.3 Portfolio-Management

Marktnischen festgelegt, die die Wahl der strategischen Geschäftsfelder als Orte des Wettbewerbs manifestieren.[183] Um dauerhaft Erfolgspotenziale aufzubauen, muss der Investor sein Geschäftsfelder-Portfolio ständig überprüfen, um fundierte Entscheidungen darüber treffen zu können, ob die eingeleiteten Aktivitäten in den Geschäftsfeldern die gesetzten strategischen Ziele grundsätzlich erreichen werden. Zudem muss die Frage gestellt werden, ob bestehende Geschäftsfelder aufzugeben und dauerhaft Neue aufzubauen bzw. dem Portfolio hinzuzufügen sind.

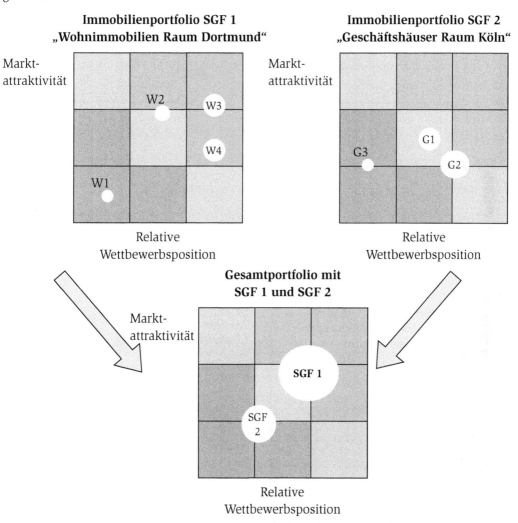

Abb. 5.6: Beispielhaftes Gesamtportfolio bestehend aus zwei Geschäftsfelder-Portfolios, eigene Darstellung

Portfolio-Management zur Steuerung von Immobilienbeständen
Im Rahmen des Portfolio-Managements kommen verschiedene zwei- und mehrdimensionale Modelle, wie die Vier- und Neun-Felder-Matrix, der strategische Quader oder andere drei-

---

183 Vgl. Bone-Winkel, S., Immobilien-Portfolio-Management, 2000, S. 806.

dimensionale Modelle zum Einsatz. Das Ziel der langfristigen Entwicklung der Immobilienbestände ist aber gleichbleibend. In Abhängigkeit vom Modell werden die Achsen der zwei- oder mehrdimensionalen Matrix unterschiedlich benannt, z.B. Marktattraktivität/relative Wettbewerbsposition, Ausschüttungsrendite/Risiko oder Ausschüttungsrendite/Wertentwicklung, Marktwachstum/relativer Marktanteil oder bei CREM-Organisationen bzw. Non-Profit-Organisationen (NPO) Bewirtschaftungskosten/Nutzungsauslastung (vgl. Abb. 5.7).

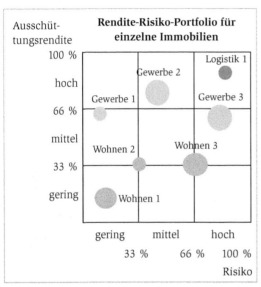
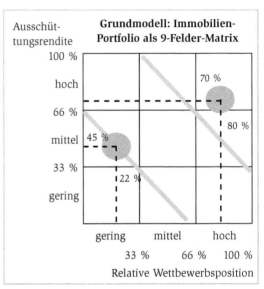
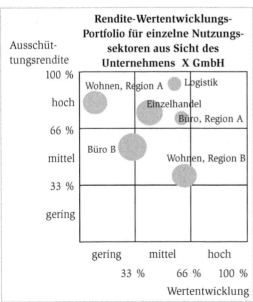
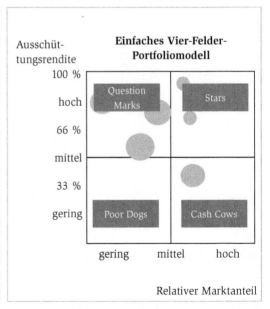

Abb. 5.7: Verschiedene zweidimensionale Portfoliomodelle im Überblick, eigene Darstellung

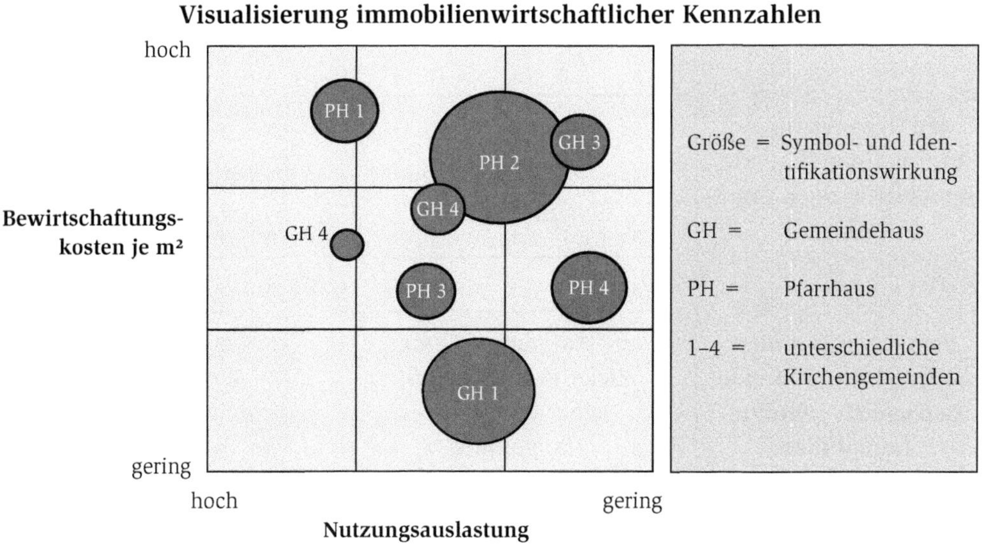

5.3 Portfolio-Management

Visualisierung immobilienwirtschaftlicher Kennzahlen

[Bubble-Diagramm: Y-Achse „Bewirtschaftungskosten je m²" von gering bis hoch; X-Achse „Nutzungsauslastung" von hoch bis gering. Positionen: PH 1, PH 2, GH 3, GH 4, GH 4, PH 3, PH 4, GH 1.]

Größe = Symbol- und Identifikationswirkung
GH = Gemeindehaus
PH = Pfarrhaus
1–4 = unterschiedliche Kirchengemeinden

Abb. 5.8: Einordnung für öffentliche Immobilien[184]

Denkbar ist Portfolio-Management auch kurzfristig, zur operativen Steuerung des Immobilienbestands, dann wird mit liquiditätsorientierten Kennzahlen gearbeitet.

Allen Portfolio-Management-Systemen ist gemeinsam, dass sie an unterschiedlichen Positionen in der Matrix Handlungsempfehlungen anknüpfen. Diese bezeichnet man als Normstrategien. Sie werden in Abhängigkeit von der Anzahl der betrachteten Felder differenzierter. Dabei ist jedoch unbedingt zu beachten, dass sich sowohl die Achse, die die Umwelt darstellt, als auch diejenige, die die Immobilie repräsentiert, einer ständigen Veränderung durch externe wie interne Einflüsse ausgesetzt ist. Dies kann zu Positionsverschiebungen führen, z.B. durch das Unterlassen planmäßiger Instandhaltung und den Übergang auf eine Feuerwehrstrategie bei der Instandhaltung oder z.B. für eine Einzelhandelsimmobilie durch eine (externe) Veränderung der Standortattraktivität durch den Bau eines Einkaufszentrums an anderer zentraler Stelle in der Stadt. Dies ist mit dem kontinuierlichen Prozess gemeint, der in diesem Kapitel angesprochen wurde. Abb. 5.8 deutet die Strategien an, die – hier für eine NPO, die ihren Immobilienbestand segmentiert hat – für die unterschiedlichen Strategiepositionen möglich sind. Damit handelt es sich um das Ergebnis der Analyse, die in einer ersten Visualisierung schon in Abb. 5.6 erläutert wurde. Abb. 5.8 stellt eine mögliche Anwendung des Portfolio-Managements am Beispiel von Kirchengemeinden dar. Die Achsen wurden mit „Nutzungsauslastung" sowie „Bewirtschaftungskosten je m²" gewählt. Da die Symbol- bzw. Identifikationswirkung für Kirchengemeinden von besonderer Bedeutung ist, ist diese durch die Größe der jeweiligen Kreise berücksichtigt. Derart sind auch qualitative Faktoren mit in die Analyse einbezogen. Auf dieser Basis können Entscheidungen über das Bestandsportfolio bzw. die zu veräußernden Immobilien getroffen werden (Abb. 5.9).

---

[184] Eigene Darstellung in Anlehnung an: Heller, Immobilienmanagement in Non-Profit-Organisationen, Analyse und Konzeptentwicklung mit Schwerpunkt auf kirchlichen und sozialen Organisationen, 2010, S. 201.

Natürlich sind auch andere Kennzahlen möglich, so kann z.B. das Verhältnis der Gemeindemitglieder zur Auslastung ausschlaggebend sein oder andere Faktoren.

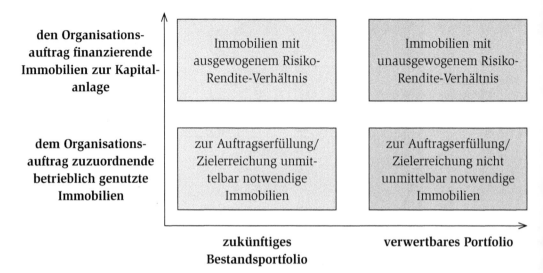

Abb. 5.9: Portfoliosegmentierung[185]

Abb. 5.9 zeigt, dass die Einordnung der Immobilien in einzelne Geschäftsfelder immer ein individueller Vorgang ist, der von den Zielsetzungen der Immobilienorganisation abhängt. Im obigen Beispiel einer Non-Profitorganisation ist der Immobilienbestand zunächst nach den Kriterien: „Immobilien zur Kapitalanlage" und „betrieblich genutzte Immobilien" unterschieden worden. Danach wurde im Bereich der Immobilien zur Kapitalanlage eine weitere Analyse durchgeführt, die die Immobilien in Bezug auf ihr Risiko-Rendite-Verhältnis betrachtete und so den zu haltenden Bestand von dem zu verwertenden trennte. Gleiches wurde mit den betrieblich genutzten Immobilien durchgeführt. Die Frage, welche Immobilien betriebsnotwendig sind und welche nicht, erfolgt mithilfe einer Flächenanalyse, wie in Kapitel 4 dargestellt. Aber auch hier spielt die Organisationsphilosophie eine große Rolle, denn vorangestellt ist die Entscheidung, die betrieblich notwendigen Immobilien nicht zu mieten, sondern im Bestand zu halten.

5.3.4 Von der strategischen in die operative Ebene: Scoringmodell zur Einordnung der Immobilien

Die Einfachheit der Darstellung der Portfoliomatrix täuscht häufig darüber hinweg, dass die notwendigen Faktoren definiert werden müssen, die die Umweltdimension und die Immobilien- bzw. Geschäftsfelddimension beschreiben. Wiederum gibt es keine Patentlösung, sondern die Festlegung erfolgt im Rahmen der Zielvorstellungen des Investors bzw. der Immobilienorganisation. Deshalb werden im Folgenden zwei unterschiedlich differenzierte Arten der Festlegung der Kriterien dargestellt.

---

185 Eigene Darstellung in Anlehnung an: Heller, M., Immobilienmanagement in Non-Profit-Organisationen, Analyse und Konzeptentwicklung mit Schwerpunkt auf kirchlichen und sozialen Organisationen, 2010, S. 121.

5.3 Portfolio-Management

Zunächst wird die Kennzahl relativer Wettbewerbsvorteil anhand eines Kennzahlensystems dargestellt und gewichtet. Dies erfolgt für den Immobilieneigentümer Öffentliche Hand.[186] Der relative Wettbewerbsvorteil wird festgemacht an den Kriterien Substanzerhalt, Bereitstellungskosten, Erträge der Immobilie, Flächenverbrauch, Ressourcenverbrauch und Schadstoffausstoß, wobei die Kriterien jeweils in weitere Unterkriterien unterteilt werden. Der Kriterienkatalog ergibt sich daraus, dass auf der einen Seite die Finanzen und auf der anderen Seite das Potenzial der Immobilien betrachtet werden sollen, womit auch die Zukunftsdimension bzw. nicht monetäre Faktoren einbezogen werden. Die Finanzen werden mit 72 %, die Potenzialkategorie mit 28 % gewichtet. In einer Tabelle mit Unterkriterien dargestellt ergibt sich folgendes Bild (s. Tabelle 5.3).

Substanzerhalt				12 %
	Instandhaltungsstau (€/m²)	[€/m²]	9 %	
	Prozentuale Ausgabe Instandhaltung am Wiederbeschaffungswert	[%]	12 %	
Bereitstellungskosten				55 %
	Instandhaltungskosten	[€/m²]	4 %	
	Inspektion Wartung		1 %	
	Instandsetzung		1 %	
	Modernisierung		1 %	
	Modifikation		1 %	
	Betriebskosten	[€/m²]	43 %	
	Versicherungen		3 %	
	Wasserversorgung		4 %	
	Wasserentsorgung		4 %	
	Stromversorgung		5 %	
	Wärme- und Kälteerzeugung		5 %	
	Abfallbeseitigung		5 %	
	Gebäudereinigung		5 %	
	Außenreinigung		5 %	
	Grünflächenpflege		2 %	
	Hausmeisterdienste		5 %	
	Hausverwaltungskosten	[€/m²]	5 %	
	Kapitalkosten	[€/m²]	3 %	
	Kalkulatorische Zinsen		2 %	

---

186 Vgl. h. u. i. F.: Seilheimer, S., Immobilien Portfoliomanagement für die Öffentliche Hand, Ziele, Nutzen und Vorgehen in der Praxis auf der Basis von Benchmarks, 2007, S. 111 ff.

	AfA Gebäude		1 %	
Erträge der Immobilie		[€/m²]		5 %
Flächenverbrauch		[m²/Personen]		15 %
Ressourcenverbrauch		[m³/m²]		9 %
	Wasser		3 %	
	Strom		3 %	
	Wärme		3 %	
Schadstoffausstoß		[l/m²]		4 %
	CO2-Emissionen		1 %	
	NO-Emissionen		1 %	
	Stickstoffemissionen		1 %	
	Staub-Emissionen		1 %	

Tabelle 5.3: **Beispiel für eine Punktbewertung für den relativen Wettbewerbsvorteil von Immobilien der Öffentlichen Hand**[187]

Es kristallisiert sich heraus, dass es zur Festlegung derartiger Bewertungsskalen immer auf die individuelle Situation einer Organisation ankommt. Im öffentlichen Bereich sind die Erträge, die erzielt werden, nebensächlich, deshalb haben sie nur eine Gewichtung von 5 % bekommen. Damit ist eine Portfolioanalyse aber auch möglich für nicht renditeorientierte Unternehmen, was einer ihrer großen Vorteile ist.

Demgegenüber drücken die laufenden Kosten, weshalb ihnen ein Gesamtgewicht von 67 % zugemessen wird. Dabei wird in Abhängigkeit vom Alter und Zustand des Bestandes eine höhere Gewichtung der Instandhaltungs- bzw. Modernisierungskosten notwendig sein usw. Ebenso werden Immobilienorganisationen in Abhängigkeit von ihren Vorstellungen bezüglich des Umweltschutzes die Potentialkategorie geringer gewichten oder gar nicht erst mitberücksichtigen.

Hinweis! Es ist an einigen Stellen darauf hingewiesen worden, dass die betrachteten Kriterien sich ebenso ändern können wie deren Gewichtung. Das bedeutet: Je mehr Faktoren der Investor in die Punktbewertung einbezieht, umso arbeitsintensiver ist der Folgeprozess für ihn.
So ist davon auszugehen, dass vor einigen Jahren Potenzialfaktoren, wie die dargestellten, für die meisten Organisationen keine große Bedeutung hatten.

Gerade im Hinblick auf diese Arbeitsintensität und bei entsprechenden Zielen des Investors ist auch eine einfachere Art der Kriterienaufstellung und der Gewichtung möglich. Dies wird beispielhaft für die Marktattraktivität einer Wohnimmobilie gezeigt. Die zugrunde gelegten Kriterien lassen sich einteilen in die Kategorien 1 bis 5:

---

[187] Vgl. h. u. i. F.: Seilheimer, S., Immobilien Portfoliomanagement für die Öffentliche Hand, Ziele, Nutzen und Vorgehen in der Praxis auf der Basis von Benchmarks, 2007, S. 112.

5.3 Portfolio-Management

Punkte	Bewertung
5	sehr gut
4	gut
3	befriedigend
2	genügend
1	ungenügend

Tabelle 5.4: Einfaches Bewertungsschema für das Scoring, eigene Darstellung

Damit eine Bewertung von ungenügend bis sehr gut überhaupt möglich wird, muss hinter dieser Skala eine konkrete Einordnung des Objekts stehen. Dazu wird folgende Punkteskala verwendet:

Infrastruktur (1 Kreuz = 1 Punkt; 2 Kreuze = 3 Punkte; 3 Kreuze = 5 Punkte) Richtlinie: in fußläufiger Entfernung (1 km Umfeld) sind vorhanden		
		Öffentliche Verkehrsmittel
		Einkaufsmöglichkeiten (Lebensmittel)
		Freizeit- und Erholungsmöglichkeiten
		Punkte
Parkmöglichkeiten (nur 1 Kreuz möglich)		
	5	zu vermietende Parkplätze für zwei Drittel der Wohnungen
	4	zu vermietende Parkplätze für mindestens die Hälfte der Wohnungen
	3	ausreichende Parkmöglichkeiten am Haus
	2	erschwerte Parkplatzsuche am Abend
	1	keine Parkmöglichkeit
		Punkte

Tabelle 5.5: Ausschnitt aus der Bewertungsskala der Marktattraktivität einer Wohnimmobilie, eigene Darstellung

Ziel dieses Portfoliomodells ist es, eine schnelle und für alle Immobilien zu wiederholende Einordnung der Objekte zu erlauben, wobei der Fokus auf die Kriterien gelegt wird, die für Wohnimmobilien bzw. für deren Anmietung und für den Verbleib der Mieter im Objekt als besonders relevant eingestuft werden. Die Bewertung einer Beispielimmobilie könnte dann die in Tabelle 5.6 dargestellte Form haben. Neben den im Ausschnitt gezeigten Kriterien Infrastruktur und Parkmöglichkeiten hat das Unternehmen noch die Faktoren Immission, Bebauung, Wohnumfeld, Nachbarschaft, Miethöhe, Leerstand und Fluktuationsraten einbezogen und gewichtet. Auch die Gewichtung erfolgt individuell und ist in hohem Maße standortabhängig.

> **Beispiel:**
>
> Die Wohngut GmbH hat mehrere Häuser in der Düsseldorfer Altstadt sowie in einem Vorort von Düsseldorf. Hier sind die Anforderungen an Parkplätze völlig unterschiedlich. Während die Bewohner der Altstadt ihre Wohnungen unabhängig vom Parkplatzangebot mieten, ist eine der Hauptanforderungen in dem Vorort, dass mindestens eine Parkmöglichkeit pro Wohnung vorhanden ist bzw. angemietet werden kann.

Marktattraktivität	Erreichte Punkte	Gewichtung	Gesamtpunktwert
Infrastruktur	5,0	1,0	5,0
Parkplätze	5,0	1,5	7,5
Immission	4,0	2,0	8,0
Bebauung	2,0	1,0	2,0
Wohnumfeld	2,0	1,5	3,0
Nachbarschaft	2,0	3,0	6,0
Miethöhe	5,0	6,0	30,0
Leerstand	5,0	3,0	15,0
Fluktuationsraten	4,0	1,0	4,0
Summe			**80,5**

Tabelle 5.6: Einordnung einer Beispielimmobilie auf der Achse „Marktattraktivität"

Jede Immobilienorganisation muss die Entscheidung treffen, wie hoch ihre Ressourcen für die Ersterfassung der Objekte bzw. Geschäftsfelder im Rahmen des Portfolio-Managements sind und auch, wie die weitere und permanente Pflege des Systems sichergestellt werden kann. Nicht zuletzt vor diesem Hintergrund sollten dann Entscheidungen über einen sinnvollen Komplexitätsgrad eines solchen Systems getroffen werden.

5.4 KPI, Kennzahlensysteme, Benchmarks und Balanced Scorecard (BSC)

5.4.1 Von KPIs zur Balanced Scorecard

Key Performance Indicators (KPI) – Schlüsselkennzahlen – sind zu einem wichtigen Begriff im Rahmen des Immobilienmanagements sowohl der Non-Property-Companies als auch der Immobilienunternehmen geworden. Entsprechend den unterschiedlichen Neigungen der Investoren, gibt es auch eine Vielzahl von Ansätzen. Während für Wohnungsunternehmen großer Wert auf Leerstands- und Fluktuationsraten gelegt wird, streben Non-Property-Companies vor allem eine Optimierung der Flächenkosten an. Betrachtet man das Phasenmodell der Funktionen (z.B. Abb. 1.8) wird deutlich, dass auch für die unterschiedlichen Ebenen andere Kennzahlen Bedeutung haben.

So wird für die Kennzahl „Net Asset Value" im Kennzahlenwiki der gif[188] angegeben, dass sie geeignet ist für die Investment- bzw. Investitionsebene, während den „Modernisierungskosten pro m²" vor allem für die strategische Objektebene bzw. die operative Ebene Bedeutung zugemessen wird. Diese Aufteilung ist sicher unternehmensintern zu treffen, zeigt aber, dass es keine KPIs per se geben kann, die für alle Immobilienorganisationen und Ebenen Bedeutung haben können, zumal die individuelle Situation nur bedingt vergleichbar ist.

Damit KPIs als konkrete Kennzahlen möglichst effizient genutzt werden können, sollte auf folgende Punkte besonderer Wert gelegt werden:[189]

- Jede Kennzahl muss einem konkreten strategischen Ziel zugeordnet werden.
- Es muss festgelegt werden, an welcher Stelle des betrachteten Prozesses gemessen wird.
- Ein besonders wichtiger Punkt ist die eindeutige fachliche Definition der gewählten Kennzahl über alle Abteilungen und über alle an der Erhebung Beteiligten (auch außerhalb des Unternehmens, wenn unterschiedliche Partner beteiligt sind, so z.B. Asset-Management und Facility Services).
- Zudem sollte festgelegt werden, welche Daten zu erheben sind.
- Ein weiterer Erfolgsfaktor ist die Festlegung zeitlicher Intervalle für die Kennzahlenermittlung sowie eine klare Eingrenzung des zu betrachtenden Zeitraums, um die Zeiträume vergleichbar zu machen.
- Damit KPIs auch im Rahmen des Risikomanagements eingesetzt werden können, sollten zudem Schwellenintervalle festgelegt werden. Wenn diese nicht erreicht werden, führt dies automatisch zu Reaktionen in der Immobilienorganisation.
- Das Erheben, Verarbeiten und Verändern der KPIs sollte durch das Bestimmen klarer Verantwortlichkeiten festgelegt werden.

Wenn mehrere KPIs der Erreichung eines strategischen Ziels dienen sollen, muss festgelegt werden, welcher Mindestwert pro KPI bzw. gemeinsam erreicht werden soll.

> **Beispiel:**
>
> Wohnungsunternehmen Sonnenschein strebt einen höheren Jahresüberschuss an. Als wichtigste KPIs sind identifiziert worden, die Leerstandsquote, die Mietrückstandsquote, die Mieterträge und die Instandhaltungskosten. Ziel ist es, den Jahresüberschuss in den Folgejahren jeweils um 5 % zu steigern. Damit sollte festgelegt werden, ob dieses Ziel durch Verbesserungen in jedem der vier genannten Bereiche erreicht werden soll oder ob es allein ausreichend ist, z.B. die Mieterträge zu erhöhen. Wenn nur die Instandhaltung minimiert wird, führt dies ebenfalls zu einer Verbesserung des Jahresüberschusses, geht aber zu Lasten zukünftiger Ergebnisse, denn irgendwann muss diese Einsparung nachgeholt werden. Somit könnte eine Zielformulierung lauten, den Jahresüberschuss unter Einhaltung einer Mindestinstandhaltung von 13,50 €/m²-Wohnfläche zu erreichen.

Beim Arbeiten mit KPIs ist es – genau wie bei der noch zu behandelnden BSC – wichtig, die richtige Kennzahlentiefe für die unterschiedlichen beteiligten Ebenen festzulegen. Es ist damit eine Verdichtung der Kennzahlen auf die für die Immobilienorganisation tatsächlich relevan-

---

188 www.gif-wiki.de (letzter Abruf: 02.02.2014).
189 In Anlehnung an: Tröndle, R., Strategische Zielsysteme und Entwicklung von prozessorientierten Balanced Scorecards, Berlin u.a. 2013, S. 106.

ten Sachverhalte anzuraten. KPIs nützen zudem nur etwas, wenn sie aus einer Planung hervorgehend Solldaten liefern, die dann mit den erreichten Ist-Daten verglichen werden.

Um dies zu realisieren, kann eine Immobilienorganisation nicht einfach beliebige Kennzahlen aus einem Katalog entnehmen, sondern muss diese auch mit konkreten Werten, in Bezug auf die Definition, die Zielerreichung, das Zeitintervall, die inhaltliche Ausgestaltung usw. füllen, wie Tabelle 5.7 anhand eines Beispiels aus dem Gewerbeimmobilienbereich zeigt.

Kennzahlenname	Durchschnittliche Restlaufzeit der Mietverträge in Abhängigkeit zur Fläche				
Inhalt	Flächengewichtete Restlaufzeit im Verhältnis der mit der Restlaufzeit multiplizierten vermieteten Flächen zur gesamten vermieteten Fläche per Stichtag betrachtet				
Formel:	$$RLZ_t = \frac{\sum_{n=1}^{i} (RLZ_{t,i}^{Vertrag} \times MF_{t,i}^{Vertrag})}{\sum_{n=1}^{i} MF_{t,i}^{Vertrag}}$$				
Betrachtungsintervall	**Erhebungsfrequenz**		**Einheit**		
Stichtag	Monatlich		Monate		
Inhaltliche Ausgestaltung					
Wert	Plan-Ist-Vergleich	Forecast-Plan-Vergleich	Ist-Ist-Vergleich	Trend	Ampel
x	x				x Vorgabe: xy
Verantwortlicher	Herr Ingo Immobilie				

Tabelle 5.7: Kennzahlenbeispiel durchschnittliche Restlaufzeit der Mietverträge[190]

Bei der inhaltlichen Ausgestaltung kann die Organisation im Einzelnen entscheiden, welche Angaben interessant sind. Im Beispielsfall wird ein Wert vorgegeben und ein Plan-Ist-Vergleich festgelegt. Demgegenüber ist auf weitere Vergleiche und eine Trenddarstellung verzichtet worden. Für eine Ampel sind aber Vorgaben zu machen, die hier direkt aufgeführt werden. Ebenso wird ein Verantwortlicher bestimmt.

5.4.2 Von Kennzahlen zu Kennzahlensystemen

Bei Kennzahlensystemen gilt, dass ihre einzelnen Komponenten entweder multiplikativ oder additiv miteinander verknüpft sein sollen, und dass sie in einer „Spitzenkennzahl" münden.

Kennzahlensysteme können zum einen, die gesamte Immobilienorganisation umfassen oder auch nur Teilaspekte davon abbilden.

---

190 Eigene Darstellung in Anlehnung an: Tröndle, R., Strategische Zielsysteme und Entwicklung von prozessorientierten Balanced Scorecards, Berlin u.a. 2013, S. 112.

5.4 KPI, Kennzahlensysteme, Benchmarks und Balanced Scorecard (BSC)

So werden im Rahmen des Betriebskostenbenchmarkings häufig nur bestimmte Teilaspekte mithilfe von Kennzahlen betrachtet, beispielsweise die verbrauchsabhängigen und verbrauchsunabhängigen Bestandteile der Betriebskosten (s. Abb. 5.10).

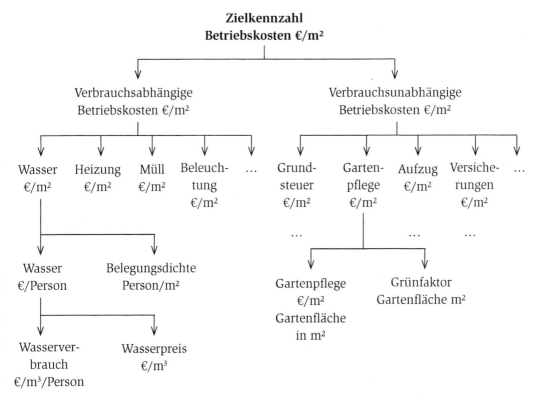

Abb. 5.10: Betriebskostenpyramide[191]

Wenn sich die Betriebskosten verändern oder wenn die Betriebskosten eines Objekts stark von denen anderer Objekte abweichen, ist eine Analyse möglich, welche Komponenten sich verändert haben und daran anschließend die Frage, inwieweit das Unternehmen Änderungsmöglichkeiten hat.

Für Nichtimmobilienunternehmen sind ähnliche Kennzahlensysteme denkbar, wie in folgender Abb. 5.11 veranschaulicht, in der es um die Kosten einer Immobilie je m² und Mitarbeiter geht. Grundvoraussetzung ist die Definition des Mitarbeiteräquivalents für Voll- und Teilzeitkräfte sowie eine einheitliche Flächendefinition[192]. Individuelle Anpassungen sind je nach Art der Gebäude und deren Bewirtschaftung durchzuführen.

---

191 Eigene Darstellung in Anlehnung an: Gondring, Facility Management Handbuch für Studium und Praxis, 2007, S. 56.
192 Vgl. Kapitel 3.4.3.

Kosten der Immobilie je m²/Mitarbeiter, m²/Nutzer			
Flächenbereit-stellungskosten	Bewirtschaftungs-kosten	Verbräuche	Infrastruktur-kosten
Zinsen	Verwaltungskosten	Wasser	Flächenmanagement
Miete	Reinigung	Heizenergie	Kommunikation
Leasingrate	Bauunterhalt	Betriebsstrom	Verpflegung
AfA	technischer Betrieb		Fuhrpark
Steuern/Abgaben	Sicherheit		Hausdruckerei
Versicherungen	Entsorgung		Sonstige Dienste

Abb. 5.11: Kosten der Immobilie je m² bzw. Mitarbeiter[193]

Eines der bekanntesten Kennzahlensysteme ist das Du-Pont-Kennzahlensystem – auch als ROI-Baum bezeichnet –, das sich dadurch auszeichnet, dass es von der Spitzenkennzahl Return on Investment (ROI) ausgeht und durch eine Erweiterung mit der Größe Bruttoumsatz im oberen Teil eine Analyse der einzelnen Komponenten der Kostenrechnung ermöglicht, während im unteren Teil die einzelnen Bilanzgrößen abgebildet sind. Das dargestellte Kennzahlensystem ist bereits an die Praxis bestandsverwaltender Unternehmen angepasst, denn es werden Größen wie Sollmieten, Mietminderungen sowie Betriebskostenvorauszahlungen betrachtet. Gleiches gilt für die Bilanzanalyse, denn hier wird das Anlagevermögen, welches ja bei den bestandsverwaltenden Unternehmen gegenüber dem Umlaufvermögen eine überragende Rolle spielt. Für Unternehmen, deren Zielkennzahl der ROI ist, ist dieses Kennzahlensystem sinnvoll anwendbar.

Formel zur Ermittlung des ROI:

$$ROI = \frac{Ergebnis}{Bruttoumsatz} \times \frac{Bruttoumsatz}{Bilanzsumme}$$

d.h. der ROI bildet ab: Ergebnis in % des Umsatzes/Kapitalumschlag

Die Führung des Unternehmens hat mit dem ROI eine verdichtete Kennzahl, die über unterschiedliche Perioden hinweg verglichen werden kann. Wenn sich der ROI über ein vorher definiertes Maß hinaus verändert, kann direkt in die Ursachenanalyse eingestiegen werden, indem festgestellt wird, welche Parameter sich in den darunterliegenden Ebenen verändert haben.

---

193 Eigene Darstellung in Anlehnung an: http://www.heuer-dialog.de/Dialog/pub/imobench/vorbem.html (letzter Abruf: 13.01.03).

5.4 KPI, Kennzahlensysteme, Benchmarks und Balanced Scorecard (BSC)

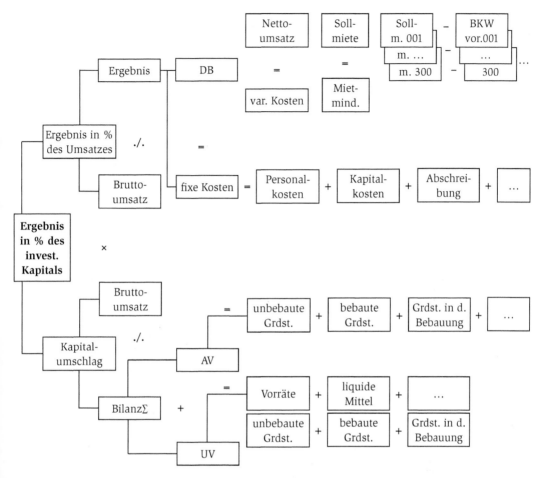

Abb. 5.12: Immobilienwirtschaftlich angepasstes Du-Pont-Kennzahlensystem, eigene Darstellung

Weitere bekannte Kennzahlensysteme sind z.B.:
- das Kennzahlensystem des Zentralverbandes der Elektrotechnischen Industrie (ZVEI),
- das Kennzahlensystem von Reichmann und Lachnit (RL) sowie
- die Balanced Scorecard, die in ihrer Grundstruktur auch ein Kennzahlensystem widerspiegelt.

Alle diese Systeme sind nicht für die Immobilienwirtschaft entwickelt worden und müssen, ebenso wie das Du-Pont-System, angepasst werden.

Auch wohnungswirtschaftliche Kennzahlensysteme gibt es in unterschiedlicher Ausprägung.

Ein bereits 2002 veröffentlichtes Kennzahlensystem[194], welches sehr detailliert ist, zeigt die Tabelle 5.8 im Überblick. Der hohe Detaillierungsgrad ermöglicht es, unterschiedliche operative Prozesse und Unternehmensziele zu berücksichtigen, auf der anderen Seite fragt man

---

194 Scharp, M./Galonska, H./Knoll, M., Benchmarking für die Wohnungs- und Immobilienwirtschaft, Entwicklung einer Balanced Scorecard, 2002, S. 31. f.

sich, ob der Erhebungsaufwand in Relation zur Aussagekraft steht, zumal angesichts der Vielzahl der Kennzahlen ggf. der Überblick und damit deren Steuerungspotenziale für ein Unternehmen verlorengehen können.

Kennzahl	Definition	Erläuterung
Netto-Cashflow	Jahresüberschuss + Abschreibungen + Zinszahlungen + Ertragssteuern	Höhere Abschreibungen aufgrund aktivierter Modernisierungen und höhere Zinszahlungen wegen der Aufnahme von Krediten führen nicht zu einer Verschlechterung der Kennzahl.
Bereinigter Cashflow	Jahresüberschuss + Abschreibungen auf Sachanlagen + Zinszahlungen + Ertragssteuern – Abbau-/Rückbaukosten	Abbau- und Rückbaukosten werden bereinigt und führen nicht zu einer Verschlechterung der Kennzahl.
Erlösschmälerungsquote wegen Leerstands	(Erlösschmälerungen wegen Leerstands × 100)/ (Sollmieten + Gebühren + Umlagen)	Alternativ kann die Zahl der leerstehenden WE bzw. die Leerstandsquote verwendet werden.
Verwaltungskostenanteil am Umsatz	Verhältnis Verwaltungskosten zum Umsatz	Die Definition muss im Unternehmen erfolgen, um alle Geschäftsbereiche und Kostenarten zu erfassen.
Umsatzanteil Region	Anteil des Umsatzes aus der Region (Expansionsgebiet) zum Gesamtumsatz	Messung der Strategieumsetzung zur territorialen Ausweitung der Tätigkeit; Problem: Geht der Umsatz im bisherigen Gebiet zurück, steigt die Kennzahl, ohne dass im Zielgebiet mehr Umsatz erzielt wird.
Umsatzwachstum neue Sektoren	(Umsatz aus neuen Sektoren/Geschäftsfelder aktuelle Periode/letzte Periode – 1) × 100	Wachstumsrate wird wegen des geringen Grundumsatzes und der Dynamik gemessen
Kündigungsquote	Mietvertragskündigungen/ vorhandene Mietverträge	Entweder eingegangene Kündigungen (höhere Fehlerquote) oder wirksame Kündigungen erfassen

Kennzahl	Definition	Erläuterung
Wiedermietquote	Verhältnis der Mieter, die gekündigt haben, aber ihre neue Wohnung wieder beim Unternehmen anmieten, zu allen Mietern, die gekündigt haben	Aussage darüber, inwieweit die Mieter zwar mit ihrer alten WE unzufrieden waren bzw. eine neue WE benötigten, aber mit ihrem Vermieter zufrieden waren
Kundenzufriedenheitsindex	(jährliche) Mieterbefragungen	Lässt neben zeitlicher Entwicklung auch Vergleiche verschiedener Ortschaften, Siedlungen, Geschäftsstellen o.Ä. zu
Beschwerdeindex	Anzahl der erfassten Beschwerden × Bearbeitungszeit	Kann direkter als der Kundenzufriedenheitsindex von den Mitarbeitern durch Senkung der Zahl und Bearbeitungszeit beeinflusst werden
Neuvermietungsrate	Verhältnis von neu vermieteten zu verfügbaren WE	Drückt Angebots- und Nachfrageschwankungen deutlich aus
Anteil der WE in guten Wohnlagen	Verhältnis der WE in guten Wohnlagen zu Gesamtzahl der WE	Ermittlung über den Mietspiegel; Beobachtung der Ergebnisse der An- und Verkaufspolitik
Anzahl der in den letzten fünf Jahren modernisierten WE	Verhältnis der modernisierten WE zum Wohnungsbestand	Zeitraum muss unternehmensspezifisch bestimmt werden; liefert Aussage über Umfang, jedoch nicht Erfolg der Modernisierungen
Anteil der WE mit positiven Merkmalen	Verhältnis der WE mit Positivmerkmalen zum Wohnungsbestand	Definition entsprechend der Kundennachfrage
Quote sofortige Erledigung	Anteil der Kundenanfragen/-beschwerden, die vom ersten Mitarbeiter sofort erledigt werden konnten, im Verhältnis zu allen Kundenanfragen/-beschwerden	Kennzahl ist Ausdruck für Kompetenz der Mitarbeiter, klare Strukturen, hohe Bearbeitungsgeschwindigkeit, Übertragung von Verantwortung

Kennzahl	Definition	Erläuterung
Kontaktwachstum E-Mail/ Internet	Anzahl der Kundenkontakte über E-Mail/Internet aktuelle Periode/letzte Periode	Erfassung der Wachstumsrate wegen geringer Ausgangsgröße; Umlenkung auf die neuen, kostengünstigen Medien
Kontaktanteil Telefon	Verhältnis der Telefonkontakte zu allen Kundenkontakten	Erfassung der Wachstumsrate wegen geringer Ausgangsgröße; Umlenkung auf die neuen, kostengünstigen Medien
Wartezeit Kundenzentrum	Durchschnittliche Wartezeit bis zum Beginn des Kundengesprächs	Verbesserung der Kundenzufriedenheit, optimaler Einsatz der Mitarbeiter
Warteschleifendauer Callcenter	Durchschnittliche Wartezeit in der Warteschleife	Verbesserung der Kundenzufriedenheit, optimaler Einsatz der Mitarbeiter
Neuvermietungsqualität	Verhältnis der einwandfreien Neuvermietungen zu allen Neuvermietungen	Ein Wert von 100 % sollte angestrebt werden, damit zufriedene Neukunden die erste Etappe der Beziehung erleben
Vermietungszeit	Zeitraum in Tagen zwischen der Mietanfrage und der Vertragsunterzeichnung	Nur unter der Bedingung anwendbar, das ausreichend Angebote vorhanden sind
Bearbeitungsdauer	Bearbeitungsdauer festgelegter Geschäftsprozesse	Überprüfung der Zielerreichung
Bearbeiter je Vorgang	Anzahl der verschiedenen Bearbeiter je definiertem Geschäftsprozess	Aussagen über Bearbeitungsdauer und Qualität; Kundenverwirrung
Relation Bearbeitungs- zu Durchlaufzeit	Messung der reinen Bearbeitungszeit an der Durchlaufzeit eines Vorgangs	Bearbeitungszeit ca. 10 % der Durchlaufzeit; Stichprobenerhebung
Weiterbildungsquote	Verhältnis der absolvierten Weiterbildungen zu dem ermittelten Weiterbildungsbedarf	Neueinstellung bzw. Versetzung von Mitarbeiter; neue Anforderung an Stelle

Kennzahl	Definition	Erläuterung
Mitarbeiterzufriedenheitsindex	Stichprobenartige Erhebung bei den Mitarbeitern	Erhebung durch einen Neutralen in Zusammenarbeit mit dem Betriebsrat; aus den Antworten, die auf einer Notenskala bewertet werden, wird der Index errechnet.
Neuvermietungsprämienindex	Zahl der Prämienfälle × Anzahl der prämierten Mitarbeiter	Höhe muss so gewählt werden, dass sie motivierend wirkt, aber nicht zu Verwerfungen führt
Informationsdeckungsgrad	Anzahl der Mitarbeiter, die über den gewollten Datenzugriff verfügen, im Verhältnis zu allen Mitarbeitern, die über einen solchen Zugriff verfügen sollten	Annahme: Alle Mitarbeiter sollten über die notwendigen Informationen online und in Echtzeit verfügen.
Vielführungsquote	Verhältnis von Mitarbeitern, die mit Zielvereinbarungen geführt werden, zu allen Mitarbeitern	Stetige Führung mit Zielvereinbarungen
Anteil der Leistungskomponenten	Anteil der leistungsabhängigen Gehaltsanteile an der gesamten Gehaltssumme	Umsetzung der Zielvereinbarungen in Anreizsysteme
Elektronische Archivierungsquote	Verhältnis von elektronisch zu konventionell archivierten Schriftstücken	Aussagen über Durchsetzung elektronischer Archivierung und stattfindende Medienbrüche und den damit verbundenen Kosten
Interner Papierverbrauch	Menge des insgesamt verbrauchten Druckpapiers – Postausgang	Zahl hat große Symbolkraft, es geht nicht primär um Geld

Tabelle 5.8: Beispiel für eine wohnungswirtschaftliche umfassende Kennzahlenauflistung[195]

Eines der Hauptprobleme dieses „Kennzahlensystems" liegt darin begründet, dass es zwar einerseits viele Kennzahlen unterschiedlicher Bedeutung für das Unternehmen erfasst, ande-

---

195 Eigene Darstellung in Anlehnung an: Scharp, M./Galonska, H./Knoll, M., Benchmarking für die Wohnungs- und Immobilienwirtschaft, Entwicklung einer Balanced Scorecard, 2002, S. 31 f.

rerseits aber keine Spitzenkennzahl oder Kennzahlenzusammenfassungen bietet, was der schnellen Informationsgewinnung abträglich ist.

Der Kennzahlen-Katalog des gif-Arbeitskreises REIM wurde bereits an anderer Stelle angesprochen und mit einer Beispielkennzahl belegt. Auch dieser Katalog stellt kein Kennzahlensystem dar, sondern hat die Aufgabe Kennzahlen für Planung, Steuerung und Kontrolle immobilienwirtschaftlicher Aktivitäten aufzulisten. Auch wenn diese Kennzahlen nicht in ein Kennzahlensystem münden, ermöglichen sie, ein einheitliches Verständnis für Kennzahlen zu entwickeln und ihre Ableitung transparenter zu machen. Derart soll dauerhaft die Transparenz verbessert werden, was gerade für überbetriebliche Vergleiche von großem Vorteil sein kann, denn viele externe Benchmarking-Untersuchungen scheitern daran, dass nicht einheitlich erhobene Kennzahlen zu einem Äpfel-mit-Birnen-Vergleich führen.

5.4.3 Benchmarking
Definition und Einordnung des Benchmarkings unter strategischen Gesichtspunkten
Das Messen der richtigen Daten ist natürlich auch beim Benchmarking immer ein wichtiges Thema. Unter Benchmarking wird ein Prozess des Messens der eigenen Fähigkeiten gegenüber den besten Wettbewerbern verstanden mit einer Analyse, die dazu führen soll, die Leistungen der besten Wettbewerber zu erreichen oder sie sogar zu überholen. „To set a benchmark" bedeutet einen Maßstab zu setzen.[196]

Auch wenn Benchmarking-Ergebnisse Einflüsse auf die Unternehmensstrategie haben können, handelt es sich um keine Managementphilosophie wie Lean Management oder Total-Quality-Management, sondern um ein Instrument, welches Ähnlichkeit mit Kaizen (Kontinuierlicher Verbesserungsprozess, KVP) hat und das bei den aktuellen Geschäftsprozessen intern ansetzt und die beteiligten Mitarbeiter veranlassen soll, im eigenen Handlungsfeld diesen Bereich ständig in kleinen Schritten zu verbessern.[197] Business Reengineering hingegen versucht alle Systeme eines Unternehmens fundamental zu verbessern. Hierbei kann das Benchmarking als Hilfsmittel eingesetzt werden.

Da beim Benchmarking i.d.R. die Außenorientierung angestrebt wird und Branchengrenzen überschritten werden können, geht Benchmarking über die klassische Konkurrenzanalyse, die innerhalb einer Branche bleibt und vor allem auf Unternehmensstrukturen gerichtet ist, hinaus.

Voraussetzung für ein ernsthaft betriebenes Benchmarking, das i.d.R. mit entsprechendem Aufwand für das Unternehmen einhergeht, ist das Vorhandensein eines Problems, das es rechtfertigt, in einen Vergleich zu gehen und festzustellen, wie dieses Problem bei anderen Immobilien, in anderen Unternehmen und in anderen Branchen gelöst wird.

Die Technik des Benchmarkings ist dem klassischen Betriebsvergleich sehr ähnlich, wobei es nicht um das gesamte Unternehmen gehen muss, sondern um alle Abteilungen, Prozesse, Produkte oder Funktionen. Besonders maßgeblich beim Benchmarking ist im Unterschied zum Betriebsvergleich, dass es in ein Streben nach gezielten Veränderungen mündet: Aufgrund der gefundenen Leistungsunterschiede werden Hebel für Optimierungsmaßnahmen genutzt.

---

196 Vgl. Reisbeck, T./Schöne, L.B., Immobilien-Benchmarking, Ziele, Nutzen, Methoden und Praxis, 2006, S. 31.
197 Vgl. Scharp, M./Galonska, H./Knoll, M., Benchmarking für die Wohnungs- und Immobilienwirtschaft, Entwicklung einer Balanced Scorecard, 2002, S. 4.

5.4 KPI, Kennzahlensysteme, Benchmarks und Balanced Scorecard (BSC)

Hieraus resultieren die wichtigsten Funktionen des Immobilien-Benchmarkings:[198]
- Information, d.h. Ordnung der Vielzahl betrieblicher Daten in übersichtlicher und komprimierter Form.
- Risikoerkennung und Chancengenerierung: Benchmarking soll helfen, Risiken und Fehlentwicklungen im Immobilienportfolio in ihren Ursachen aufzudecken und die daraus resultierenden Chancen zur Kostensenkung oder Ertragssteigerung auszunutzen.
- Planung und Kontrolle: Zur Erfüllung dieser Funktion dient insbesondere der Soll-Ist-Vergleich.
- Gezieltes Anstreben von Veränderungen.

Betrachtungsobjekte im Benchmarking sind unterschiedlich, sodass eine Systematisierung in Abhängigkeit von der Reichweitere dieser Technik folgendermaßen aussehen kann:[199]

Typ	Strategisches Benchmarking	Organisations-Benchmarking	Prozess-Benchmarking	Produkt-/Dienstleistungs-Benchmarking
Gegenstand	ganzes Unternehmen	Organisationsstrukturen	Prozesse	Produkte und Dienstleistungen
Ziel	Optimierung der Unternehmensstrategie	Effizienzsteigerung von Strukturen	Optimierung von Prozessen	Optimierung der Produkt- und Dienstleistungserstellung
Fokus	Leistung des Gesamtunternehmens	Strukturelle Rahmenbedingungen des Gesamtunternehmens	Kosten, Zeit- und Qualitätskriterien der Prozesse	Kosten und Qualität von Einzelprodukten

Tabelle 5.9: Benchmarking-Arten im Vergleich, eigene Darstellung

Anwendungsbeispiel des Benchmarkings in einer Auftraggeber-Auftragnehmerbeziehung
Im ersten Kapitel wurden typische Leistungsketten zwischen Auftraggeber- und Auftragnehmerebene dargestellt, u.a. durch die Funktionen Eigentümer/Investor, Asset-Manager, Property-Manager und Dienstleister. Nicht zuletzt aufgrund des Wirtschaftlichkeitsgrundsatzes[200] bei der Vermietung und zur Kostenoptimierung bei Eigennutzung sind Auftragnehmer im weitesten Sinne immer stärker verpflichtet, den wirtschaftlichen Umgang mit den von ihnen bewirtschafteten Immobilien nachzuweisen. Dabei kann Benchmarking als neutraler und akzeptierter Leistungsvergleich eingesetzt werden und unterstützt damit die Bestimmung der betrieblichen Leistungsfähigkeit und zeigt Potenziale zur Effizienz- und Effektivitätssteigerung auf. So kann Benchmarking das Schnittstellencontrolling unterstützen bzw. in das Controlling der Zieleinhaltung Marktdaten einpflegen (s. Abb. 5.13).

---

198 Vgl. Homann, K./Schäfers, W., Immobiliencontrolling,1998, S. 199 f.
199 Scharp, M./Galonska, H./Knoll, M., Benchmarking für die Wohnungs- und Immobilienwirtschaft, Entwicklung einer Balanced Scorecard, 2002, S. 15.
200 Vgl. zu Einzelheiten: Hellerforth, M., Schnelleinstieg Immobilienbewirtschaftung, 2014, S. 65 ff.

Dabei müssen die voneinander abweichenden Anforderungen der unterschiedlichen mit der Immobilie beschäftigten Ebenen Beachtung finden: Während für den Investor die Rendite des eingesetzten Kapitals, in Form eines ROI, ROCE, Return on Equity oder anderer Kennzahlen die größte Bedeutung hat, spielt für den Betreiber bzw. Dienstleister die Rendite seiner eingesetzten Ressourcen die größte Rolle. Demgegenüber geht es für den gewerblichen Nutzer oder Mieter um die kostenoptimalste Nutzung.

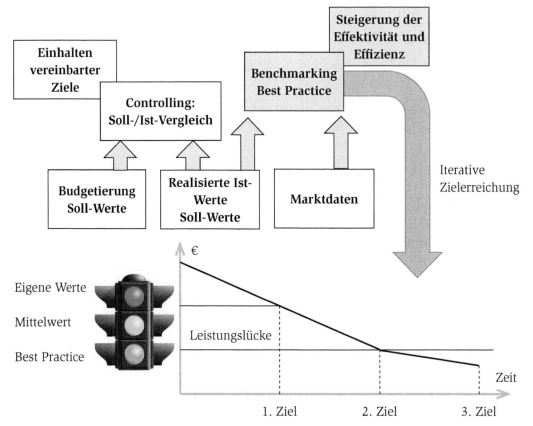

Abb. 5.13: Benchmarking-Daten für das Controlling der Dienstleister[201]

Systematisierung von Benchmarks anhand einiger Beispiele[202]
Benchmarks können je nach Fragestellung unterteilt werden in Portfolio-Kennzahlen, Gebäudeökonomische Kennzahlen, Kosten-Kennzahlen, Produktivitätskennzahlen und Performance-Kennzahlen.

Portfoliokennzahlen dienen der Sicherung des Anlageerfolgs auf Portfolioebene und bewerten einen Immobilienbestand auf Gebäude, Teilportfolio- oder Portfolioebene im Verhältnis

---

201 Eigene Darstellung in Anlehnung an: Neumann, G., Mit Benchmarking zu Führungskennzahlen im Asset, Real Estate, Property und Facility Management, 2011, S. 4–5.
202 In Anlehnung an: Neumann, G., Mit Benchmarking zu Führungskennzahlen im Asset, Real Estate, Property und Facility Management, 2011, S. 11 ff.

5.4 KPI, Kennzahlensysteme, Benchmarks und Balanced Scorecard (BSC)

zueinander, zur Unternehmensstrategie oder auch zum Markt. Eine typische Einschätzung von Klumpenrisiken kann z.B. über die Kennzahl:

Anteil Flächentypen $= \dfrac{\text{ausgewählter Flächentyp in m}^2}{\text{alle Flächen in m}^2} \times 100$ erfolgen.

Ergänzt werden kann diese Zahl durch Renditekennzahlen.

Gebäudeökonomische Kennzahlen geben Anhaltspunkte zur Wirtschaftlichkeit im Gebäudebetrieb. Hierbei wird vor allem die vermietbare oder nutzbare Fläche in das Verhältnis zur Gesamtfläche gestellt. Die Kennzahl hierzu:

Flächenproduktivität $= \dfrac{\text{Nutzfläche/vermietbare Fläche}}{\text{Gesamtfläche}} \times 100$.

Für diese Kennzahl ist es notwendig, sich auf Flächengrößen festzulegen, wie in Kapitel 4. gezeigt. In Erweiterung dieser Kennzahl können der Flächenverbrauch je Mitarbeiter oder auch die Flächenkosten pro m² berechnet werden.

Kostenkennzahlen haben einen direkten Bezug zu den Nutzungskosten des Gebäudes. Bei allen Immobilienorganisationen werden dabei zum einen die Betriebskosten betrachtet, die in umlegbare, nicht umlegbare und nutzerspezifische Betriebskosten (z.B. Reinigung des Mietbereichs) unterschieden werden sowie die Infrastrukturkosten, die bei den Non-Property-Companies wichtig sind und definiert werden als die von der Organisation verursachten Kosten. Hierbei handelt es sich vor allem um die Kosten für Leistungen im infrastrukturellen Gebäudemanagement, so z.B. für den Fuhrpark, die Kantine, die IT, die Druckerei, den Pförtnerdienst bis hin zu betriebsärztlichen Diensten.[203] Bei den Non-Property-Companies werden diese Kosten dann häufig auf die Anzahl der Arbeitsplätze bezogen, z.B. in folgender Kennzahl:

Nutzungskosten $= \dfrac{\text{Betriebskosten + Infrastrukturkosten}}{\text{Anzahl der Arbeitsplätze}}$

In Anlehnung an Betriebskostenpyramiden ist eine sehr weitgehende Aufspaltung der Betriebskosten möglich, hier dargestellt am Beispiel der Entsorgungskosten.

---

[203] Vgl. für eine vollständige Aufzählung dieser Kosten und ihrer Abgrenzung zu den weiteren Gebäudemanagementkosten, z.B.: Hellerforth, M., Gebäudemanagement, 2010, S. 113, dies., Handbuch Facility Management für Immobilienunternehmen, 2006, S. 245.

Ver- und Entsorgungskosten [€/m²]			
	Wasseraufwand [€/m²] = $\dfrac{\text{Wasserkosten [€]}}{\text{NGF [m²]}}$		
		Wasseraufwand [€/pro Person] = $\dfrac{\text{Wasserkosten [€]}}{\text{Personenzahl}}$	
		Belegungsdichte [Personen/m²] = $\dfrac{\text{Personenzahl}}{\text{NGF [m²]}}$	
	Stromaufwand [€/m²] = $\dfrac{\text{Stromkosten [€]}}{\text{NGF [m²]}}$		
		Stromaufwand [€/pro Person] = $\dfrac{\text{Stromkosten [€]}}{\text{Personenzahl}}$	
		Belegungsdichte [Personen/m²] = $\dfrac{\text{Personenzahl}}{\text{NGF [m²]}}$	
	Heizaufwand [€/m²] = $\dfrac{\text{Heizkosten [€]}}{\text{NGF [m²]}}$		
		Heizaufwand [€/pro Person] = $\dfrac{\text{Heizkosten [€]}}{\text{Personenzahl}}$	
		Belegungsdichte [Personen/m²] = $\dfrac{\text{Personenzahl}}{\text{NGF [m²]}}$	
	Entsorgungsaufwand [€/m²] = $\dfrac{\text{Abfall- und Abwasserkosten [€]}}{\text{NGF [m²]}}$		
		Abfallbeseitigung [€/m²] = $\dfrac{\text{Abfall}}{\text{NGF [m²]}}$	
		Abwasseraufwand [€/m²] = $\dfrac{\text{Entwässerungskosten [€]}}{\text{NGF [m²]}}$	
			Entwässerungskosten [€] = Kosten Schmutzwasser [€] + Kosten Regenwasser [€]
	Entsorgungskosten [%] = $\dfrac{\text{Entsorgungskosten [€]}}{\text{Nutzungskosten [€]}}$		

Tabelle 5.10: Beispielhafte Aufgliederung der Kennzahl Ver- und Entsorgungskosten[204]

Welche Detaillierungstiefe notwendig ist, hängt von der Bedeutung der Kennzahl für die Immobilienorganisation ab sowie von ihrer jetzigen Höhe bezüglich des angestrebten Ziels. Ver- und Entsorgung sind wie die Reinigung ein großer Kostenblock, sodass bei größeren Gebäuden eine detaillierte Erfassung der Verbrauchswerte der Anlagen durchaus sinnvoll sein kann, um z.B. Ausreißer aufgrund veralteter Anlagen zu ermitteln.

---

204 Eigene Darstellung in Anlehnung an: Reisbeck, T./Schöne, L.B., Immobilien-Benchmarking, Ziele, Nutzen, Methoden und Praxis, 2006, S. 109.

Performance-Kennzahlen stellen auf den Erfolg der unterschiedlichen Ebenen der Immobilienbewirtschaftung ab. Klassisch sind hier z.B. der bereits dargestellte ROI, der ROCE oder ähnliche Größen.[205]

Erfolgskriterien eines Benchmarkings

Die wichtigsten Erfolgskriterien eines Benchmarking-Projekts können abschließend wie folgt darstellt werden. Zunächst können mit einem ersten Benchmarkingprojekt nicht alle Probleme einer Organisation auf einmal gelöst werden, sondern es empfiehlt sich in Teilbereichen, mit einem Piloten, für ein Gewerk o.Ä zu beginnen. Es sollte unbedingt sichergestellt sein, dass die richtigen Zahlen miteinander verglichen werden, was eine Überprüfung der Grundlagen der Datenerhebung notwendig macht. Gerade durch das Arbeiten mit unterschiedlichen oder schlichtweg ungenauen Flächendaten o.Ä. werden die Potenziale des Benchmarkings verschenkt. Für einen zielgenauen Vergleich ist es zudem von Bedeutung, die Leistungen exakt abzugrenzen. In Kapitel „Instandhaltung" ist darauf eingegangen worden, dass gerade bei Nichtimmobilienunternehmen die Abgrenzung zwischen Instandhaltung, Instandsetzung, Verbesserung, Sanierung, Modernisierung nicht immer eindeutig ist, was dann zu verzerrten Ergebnissen führt.

Das Benchmarking sollte mit einer Geschäftsprozessanalyse verbunden werden, um die vorhandenen Potenziale besser heben zu können. Dabei geht es u.a. um die Ermittlung unnötiger Aufgaben sowie die Ermittlung von Redundanzen, einer verbesserten Effizienz bei den durchgeführten Aufgaben und um eine stärkere Fokussierung auf Aufgaben, die bisher mitdurchgeführt worden sind, die aber z.B. aufgrund ihrer Relevanz für die Betreiberverantwortung oder die Mieterzufriedenheit außerordentlich bedeutsam sind. Zudem sind auf der Basis erzielbarer Verbesserungen bzw. einer Kostentransparenz Outsourcingentscheidungen basierter zu treffen.

Das Benchmarking kann bei einer Untergliederung nach Hierarchien oder Verantwortlichkeiten für unterschiedliche Ebenen genutzt und im Rahmen von Zielvereinbarungen auch für die Umsetzung einer Balanced Scorecard eingesetzt werden, wie im nächsten Teilkapitel gezeigt wird.

5.4.4 Die Balanced Scorecard
Definition und Anwendungsbeispiele

> **Definition:**
> Die **Balanced Scorecard** (BSC) geht auf Arbeiten von Robert S. Kaplan und David P. Norton zurück. Bisher gibt es kein griffiges deutsches Fachwort für Balanced Scorecard, weshalb sich sinngemäße Übersetzungen finden wie: ausgewogener Berichtsbogen, ausbalancierte Kennzahlentafel oder Punktekarte, ausgewogene Zählkarte, Strategietableau u.A. Wichtig in Bezug auf die BSC ist, dass es sich nicht einfach nur um ein neues Kennzahlensystem handelt, in dem auch nicht finanzielle Kennzahlen Beachtung finden: Sie ist ein Management- und auch ein Führungssystem. Durch die vernetzte Mehrdimensionalität der Steuerungsgrößen werden finanzielle Symptome mit dahinterliegenden Ursachen verknüpft.

---

[205] Vgl. Neumann, G., Mit Benchmarking zu Führungskennzahlen im Asset, Real Estate, Property und Facility Management, 2011, S. 14.

Die Balanced Scorecard ist bereits bei den Kennzahlensystemen erwähnt worden, diese Definition zeigt aber, dass sie über den reinen Kennzahlenvergleich hinausgeht.

Interessant in diesem Zusammenhang ist, dass die Strategiebestimmung nicht das Problem darstellt, sondern vielmehr deren unzureichende Implementierung auf allen Unternehmensebenen. Die Schwierigkeit liegt also in der Umsetzung, weshalb die BSC genau an dieser Stelle ansetzt und den Managementansatz der strategiefokussierten Organisation forciert.[206]

Die BSC arbeitet grundsätzlich mit vier Dimensionen, nämlich:
- Finanzen,
- Kunden,
- Geschäftsprozesse und
- Mitarbeiter bzw. Potenzial.

Damit die Umsetzung im Sinne einer Transformation der strategischen Ziele Top-down gelingt, erhält jede dieser Kategorien vier Dimensionen, in denen die Ziele konkretisiert werden (s. Abb. 5.14).

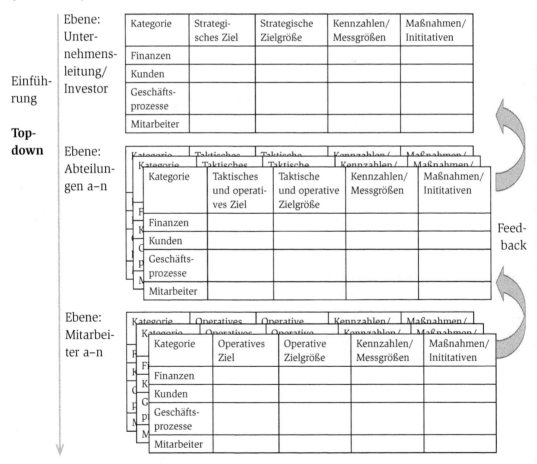

Abb. 5.14: Die vier Bereiche der Balanced Scorecard und deren Konkretisierung, eigene Darstellung

---

206 Vgl. Grimscheid, G., Strategisches Bauunternehmensmanagement, Prozessorientiertes Management für Unternehmen in der Bauwirtschaft, 2010, S. 141.

Das System der BSC ist keinesfalls starr, sondern die Dimensionen können erweitert werden, z.B. um eine Partnerperspektive oder – wenn die Zielsetzung der Immobilienorganisation dies nahelegt – auch verändert werden, z.B. kann eine Umweltperspektive an die Stelle der Mitarbeiterperspektive treten oder der Bereich der Geschäftsprozesse ersetzt werden durch eine Produktdimension.

> **Beispiel:**
> Das Wohnungsunternehmen Sonnenschein GmbH hat erkannt, dass ein längerfristiges erfolgreiches Agieren am Markt nur dann möglich ist, wenn das Produkt Wohnung in einem wettbewerbsfähigen Zustand ist. Deshalb ist eine der Kategorien die Produktdimension.

Beispiel für die Anwendung einer BSC[207]

Ein Immobilienunternehmen hat Defizite in den Bereichen des Mieter- also des Kundenservices und der Instandhaltung, mit der Folge unzufriedener Kunden und im Weiteren einer erhöhten Kündigungsrate. Da gewerbliche Mietverträge jedoch häufig langfristig abgeschlossen werden bzw. die Suche nach einer neuen passenden Wohnung manchmal dauert, bemerkt das Unternehmen die erhöhte Wechselbereitschaft bzw. die in Folge steigende Leerstandsrate erst nach einiger Zeit: Umsatz und Rendite sinken. Dann weiß die Unternehmensleitung häufig gar nicht, was schiefgelaufen ist. Wenn sich die Führungsetage also lediglich auf die (vergangenheitsbezogenen) Finanzkennzahlen verlassen hat, kann es viel zu spät für kurzfristig greifende Gegenmaßnahmen und langfristig gezielte Verbesserungen sein. Die im Beispiel genannten Prozesse, die gleichzeitig die vier Perspektiven der BSC sind, stellt Abb. 5.15 im Zusammenhang dar.

---

[207] Vgl. Hellerforth, M., BWL für die Immobilienwirtschaft, Eine Einführung, 2012, S. 86 f.

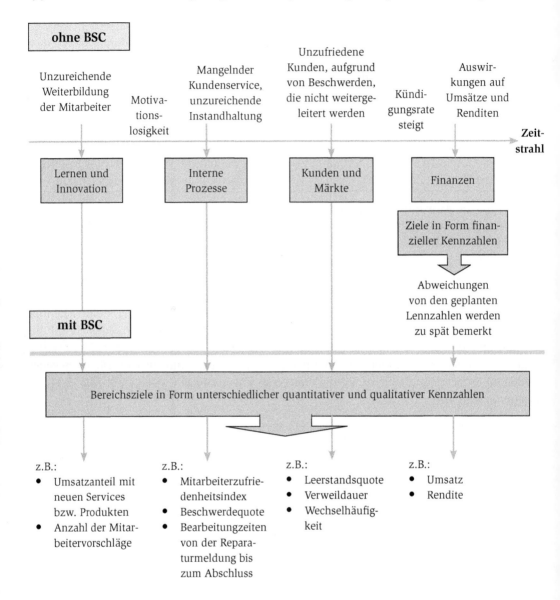

Abb. 5.15: Die Perspektiven mit und ohne Balanced Scorecard am Beispiel

Die BSC ist also zum einen ein Kennzahlensystem zur Überprüfung von Zielerreichungen, zum anderen aber auch ein Managementsystem zur Umsetzung von Strategien und soll insofern den langfristigen Erfolg des Unternehmens unterstützen. Dies funktioniert mithilfe eines Netzwerks von Kennzahlen, wie in den bisherigen, vor allem aber den weiteren Grafiken

5.4 KPI, Kennzahlensysteme, Benchmarks und Balanced Scorecard (BSC)

angedeutet, wobei Ursache/Wirkungsbeziehungen eine große Rolle spielen. Zudem werden immaterielle und damit nicht rein finanziell messbare Ressourcen eingebracht.[208]

Weitere Aspekte der BSC

Die Balanced Scorecard ermöglicht anhand von unternehmensindividuell entwickelten Kennzahlen, die mit quantitativen und qualitativen Zielsetzungen verknüpft sind, strategische Planung, ist auch ein Instrument des Risikomanagements und dient der Zukunftssicherung. Die Ziele – die durch die strategische Planung gesetzt werden – können durch den Einbau von Meilensteinen abgearbeitet werden, weshalb sich die Balanced Scorecard besonders als Steuerungsinstrument anbietet, wenn ein Unternehmen Wachstumsschwellen erreicht hat.[209] Insoweit handelt es sich um ein um Aktionspläne angereichertes Kennzahlensystem,[210] welches eines der großen Probleme, die sich bei der Handhabung von Immobilien ergeben, zu beheben hilft: Häufig wird nämlich durch Feuerwehrstrategien versucht, die Immobilien in den Griff zu bekommen, eine klare Immobilienstrategie – so zum Beispiel ein Instandhaltungsmanagement und -controlling – ist selbst bei Immobilienunternehmen nicht immer anzutreffen.[211]

Insbesondere die Transformation der strategischen Unternehmensziele auf die unteren Ebenen in der Immobilienorganisation ist schwierig. Dies erfolgt durch Zielvereinbarungen, die folgendes Muster haben könnten (s. Tabelle 5.11).

Strategische Unternehmenssteuerungsdimension	Niederlassungsleiter	Bereichsleiter Wohnen	Bereichsleiter Gewerbe	Objektmanager Wohnen 1	Objektmanager Wohnen 2	Objektmanager Gewerbe 1	Objektmanager Gewerbe 2
Finanzen							
Umsatzsteigerung							
DB							
Kunden							
Neuaufträge							
Kundenbesuche							
Objektbesuche							
Interne Prozesse							
Prozesskosten							
Kostensicherheit							
Terminsicherheit							

---

208 Vgl. Grimscheid, G., Strategisches Bauunternehmensmanagement, Prozessorientiertes Management für Unternehmen in der Bauwirtschaft, 2010, S. 139.
209 Vgl. Feldhaar, B., Balanced Scorecard, Strategische Planung und Steuerung in mittelständischen Unternehmen, 2000, S. 8.
210 Vgl. Lennertz, U./Schriefer, V., Die Balanced Scorecard, 1999, S. 22.
211 Vgl. Hellerforth, M., Immobilien-Controlling während der Nutzungsphase, 2000, S. 311 ff.

Strategische Unternehmens-steuerungs-dimension	Niederlas-sungsleiter	Bereichs-leiter Wohnen	Bereichs-leiter Gewerbe	Objekt-manager Wohnen 1	Objekt-manager Wohnen 2	Objekt-manager Gewerbe 1	Objekt-manager Gewerbe 2
Lernen und Entwickeln							
Mitarbeiter-befragung							
Mitarbeiter-gespräche							
Weiterbildung							

Tabelle 5.11: Herunterbrechen der Ziele auf das operative Management – Ausschnitt[212]

Beispiel für eine Balanced Scorecard eines bestandhaltenden Wohnungsunternehmens
Die BSC kann damit der Steuerung des gesamten Immobilienbestands dienen; es ist aber auch ein Herunterbrechen auf einzelne Immobilien oder Objektgruppen möglich (s. Abb. 5.16 und ihre Anwendung für z.B. Sanierungsprojekte).[213] Das bestandhaltende Wohnungsunternehmen hat in dieser BSC zunächst das Ziel, einen hohen, aber auch langfristig sicheren Cash-flow zu erreichen. Dazu arbeitet das Unternehmen mit den Dimensionen Immobilienergebnis, Produkt, Mieter und Umwelt.

Die Umweltachse ist unbeeinflussbar, es sei denn, das Unternehmen würde in eine andere Region diversifizieren, was in der Regel bei kommunalen Wohnungsunternehmen ausgeschlossen ist. Damit stehen diese Werte als Datum fest und engen den Handlungsspielraum ein. Die Mieterzufriedenheit und -bonität werden an Fluktuationsraten und Leerstandsraten, Beschwerden sowie dem Mietausfall festgemacht. Hinzu kommt als qualitative Größe die Zufriedenheit (Befragungsergebnis). Beim Immobilienergebnis wird zum einen auf die aktuellen Werte geschaut, aber auch auf zu erwartende Änderungen der Ein- und Auszahlungen innerhalb der nächsten fünf Jahre. Derart bindet man neben der Kurzfristperspektive auch die langfristige Perspektive mit ein. Um das gewünschte Ergebnis zu erreichen, wird zudem in starkem Maße auf das angebotene Produkt geachtet. Dies erfolgt durch die Formulierung von Qualitätsstufen, des Zustands, der Restnutzungsdauer und der letzten Sanierung. Damit werden die Kriterien formuliert, die nachhaltig dafür sorgen sollen, dass das angebotene Produkt den Mieterwünschen in dem von den Unternehmen bearbeiteten Segment entspricht.

Im Ergebnis wird eine Steuerung des Immobilienbestands über wenige Kennzahlen möglich, die natürlich in Abhängigkeit von geänderten Anforderungen angepasst oder anders priorisiert werden müssen.

---

212 Eigene Darstellung in Anlehnung an: Grimscheid, G., Strategisches Bauunternehmensmanagement, Prozessorientiertes Management für Unternehmen in der Bauwirtschaft, 2010, S. 168.
213 Vgl. Metzner, S., Immobiliencontrolling, 2002, S. 145 ff.

5.4 KPI, Kennzahlensysteme, Benchmarks und Balanced Scorecard (BSC)

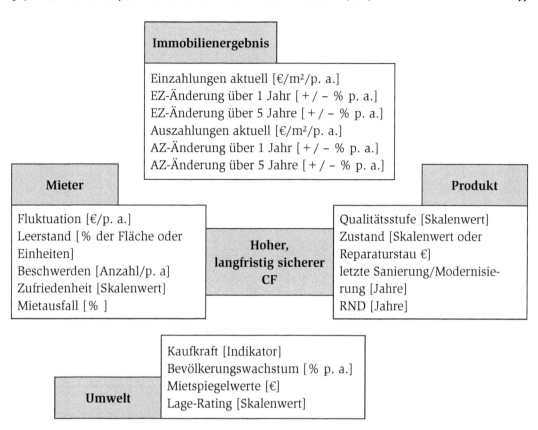

Abb. 5.16: Balanced Scorecard für einen langfristig orientierten Investor der Immobilienwirtschaft[214]

Auf dem Weg zum Ergebnistableau werden für jeden einzelnen Bereich Ziele, Kennzahlen, Vorgaben und Maßnahmen definiert. Dies ist der Abb. 5.17 für die Perspektive Finanzen dargestellt.

---

214 Eigene Darstellung in Anlehnung an: http://www.wiwi.unis-muenster.de/06/toplinks/fgevebts7symposien/wohnungs, S. 7 (letzter Abruf: 08.02.2013).

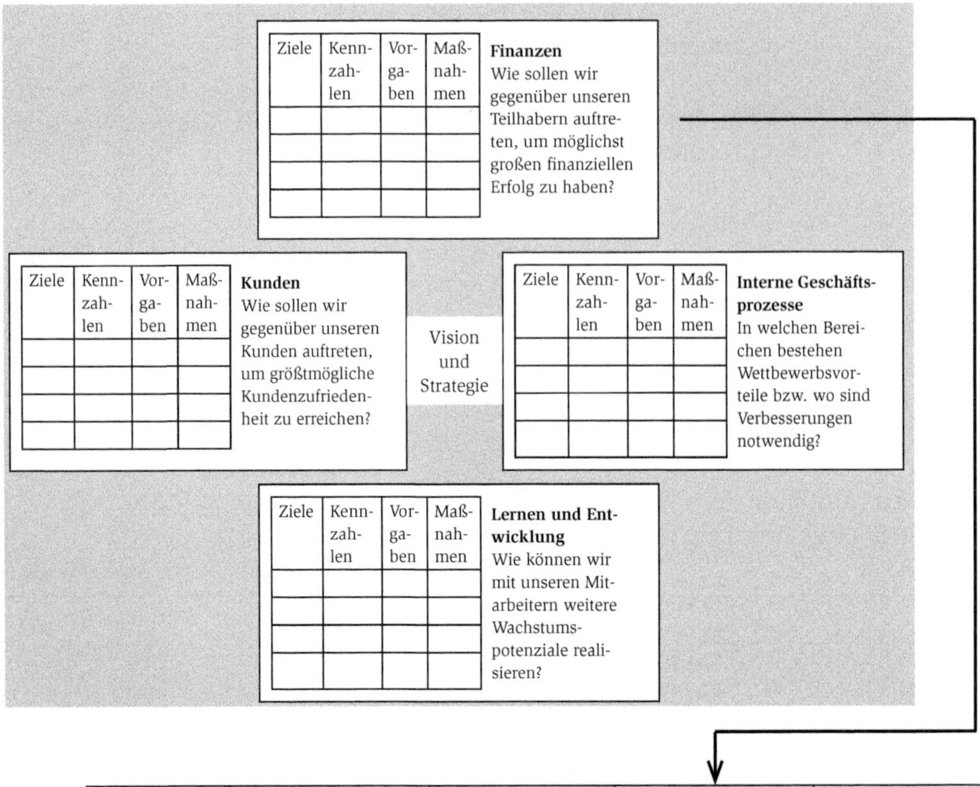

Finanzen
Wie sollen wir gegenüber unseren Teilhabern auftreten, um möglichst großen finanziellen Erfolg zu haben?

(Ziele | Kennzahlen | Vorgaben | Maßnahmen)

Kunden
Wie sollen wir gegenüber unseren Kunden auftreten, um größtmögliche Kundenzufriedenheit zu erreichen?

(Ziele | Kennzahlen | Vorgaben | Maßnahmen)

Vision und Strategie

Interne Geschäftsprozesse
In welchen Bereichen bestehen Wettbewerbsvorteile bzw. wo sind Verbesserungen notwendig?

(Ziele | Kennzahlen | Vorgaben | Maßnahmen)

Lernen und Entwicklung
Wie können wir mit unseren Mitarbeitern weitere Wachstumspotenziale realisieren?

(Ziele | Kennzahlen | Vorgaben | Maßnahmen)

Perspektive	Ziele	Kennzahlen	Vorgaben	Maßnahmen
Ökonomische Perspektive, Sicht des Kapitalgebers bzw. Eigentümers	Wirtschaftlich optimiertes Immobilienmanagement	Preis-/Leistungskatalog	Marktpreis	Benchmarking
	Hohe Planungsqualität	Kosten	Budget: 3 % geringer	langfristige Controlling-Strategie
	Werterhaltung	Marktpreise/ Selbstkosten	Selbstkosten unter Marktpreisen	
	Hohe Objektrendite	Leerstände	unter 5 %	insbesondere langfristige Mieterbindung durch Service

Abb. 5.17: Ziele, Kennzahlen, Vorgaben und Maßnahmen für die Perspektive Finanzen I, eigene Darstellung

Die hierzu notwendige Vorarbeit bedeutet neben der Bestimmung der Ziele, die Identifizierung von Indikatoren, die das Ursache-Wirkungsverhältnis in Bezug auf die gewählten Ziele wiedergeben. Zudem sollten die Indikatoren definiert werden (s. Tabelle 5.12).

5.4 KPI, Kennzahlensysteme, Benchmarks und Balanced Scorecard (BSC)

	Ziele	Indikatoren	Messzahlen
Finanzen	Verbesserung der Rentabilität	Gesamtkapitalrentabilität	$\dfrac{\text{Jahresergebnis} + \text{Fremdkapitalzinsen}}{\text{Bilanzsumme}}$
		Return on Investment	$\dfrac{\text{Jahresergebnis}}{\text{Bilanzsumme}} \times 100$
		Cashflow	(Jahresergebnis + Ab- und Zuschreibungen auf Gegenstände des AB + Veränderungen der langfristigen Rückstellungen + andere nicht zahlungswirksame Aufwendungen und Erträge + Bereinigung ungewöhnlicher zahlungswirksamer Aufwendungen/Erträge von wesentlicher Bedeutung
		Eigenkapitalrentabilität	$\dfrac{\text{Jahresergebnis}}{\text{Eigenkapital}} \times 100$
	Verbesserung der Kapitalstruktur	Verschuldungsgrad	$\dfrac{\text{Fremdkapital}}{\text{Eigenkapital}} \times 100$
		Dynamischer Verschuldungsgrad	$\dfrac{\text{langfristiges Fremdkapital}}{\text{Cashflow}} \times 100$
	Verbesserung der Vermögensstruktur	Anlagenintensität	$\dfrac{\text{Anlagevermögen}}{\text{Bilanzsumme}} \times 100$

Tabelle 5.12: Ziele, Indikatoren und Messzahlen für die Perspektive Finanzen II[215]

Aus diesem Vergleich wird deutlich, dass eine BSC nur als individuelles Produkt funktionieren kann, das die größten Probleme bzw. wichtigsten Bereiche der Immobilienorganisation quantitativ und qualitativ erfasst.

Die Balanced Scorecard in der Unternehmensorganisation unter organisatorischen Aspekten

Damit sind die wichtigsten Aspekte der Balanced Scorecard dargestellt, was zeigt, warum sie ein Managementinstrument ist, um die Kritik an den ex post ausgelegten traditionellen Kennzahlensystemen zu überwinden und auch die Strategieumsetzung zu vereinfachen. Es sollen jeweils die ausgewählten bedeutsamsten strategischen Ziele in die BSC überführt werden, mit der Folge, dass sich die Perspektiven der BSC im Werttreibermodell widerfinden sollten, wie in Abb. 5.18 angedeutet. Dabei kommt der Ausgewogenheit der BSC in Bezug auf die Einbeziehung monetärer und nichtmonetärer Kennzahlen, der Berücksichtigung der internen wie der externen Sicht auf das Unternehmen und der Aufnahme der Früh- und Spätindikatoren entscheidende Bedeutung zu.

---

[215] In Anlehnung an: Scharp, M./Galonska, H./Knoll, M., Benchmarking für die Wohnungs- und Immobilienwirtschaft, Entwicklung einer Balanced Scorecard, 2002, S. 40.

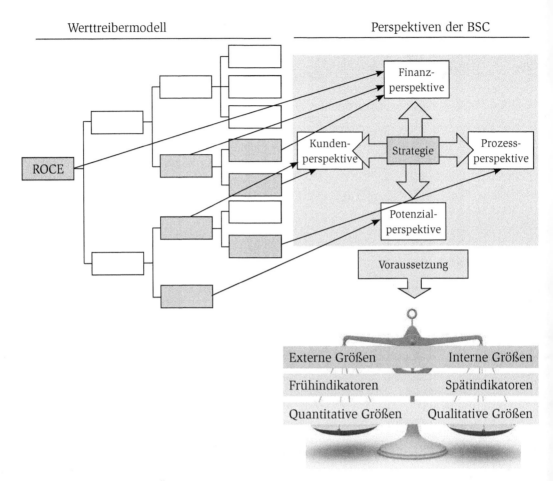

Abb. 5.18: **Prinzip der Überführung des Werttreibermodells in die Perspektiven der BSC**, eigene Dastellung

5.5 Controlling und Reporting im Immobilienmanagement
5.5.1 Reporting

Definition:
Unter „**Berichtswesen**" oder „**Reporting**" versteht man alle systematisch erstellten, entscheidungs- und führungsrelevante Informationen enthaltenden Berichte in schriftlicher oder elektronischer Form[216].

Das Berichtwesen ist eine zentrale Aufgabe des Controllings (internes Berichtswesen), zunehmend auch des externen Rechnungswesens (Value Reporting für den Eigen- und Fremdkapitalmarkt). Das Ziel des Berichtswesens lässt sich zusammenfassen als die Deckung des Infor-

---
216 Vgl. Gabler Verlag (Hrsg.), Gabler Wirtschaftslexikon, Stichwort: Berichtswesen, online im Internet: http://wirtschaftslexikon.gabler.de/Archiv/5838/berichtswesen-v5.html (letzter Abruf: 10.02.2013).

mationsbedarfs der Berichtsempfänger, wobei es vor allem um das Schaffen von Transparenz sowie die Vorbereitung und Kontrolle von Entscheidungen geht.[217]

Im Rahmen des Reportings werden nicht selten Sachverhalte unnötigerweise erhoben und dem Management berichtet, obwohl diese keine definierte, d.h. vereinbarte Steuerungsgröße darstellen.[218] Darum empfiehlt es sich bei der Gestaltung des Berichtswesens, folgende Fragestellungen zu beachten:
- Wozu soll berichtet werden, d.h. welcher Auswertungszweck ist notwendig?
- Was soll berichtet werden, d.h. welche Inhalte benötigt man für den Auswertungszweck?
- Wer liefert/wer empfängt und auf welchem fachlichem Niveau treffen sich die beiden (Sender/Empfänger-Konzept)?
- Wie ist zu liefern, d.h. in welcher Form kann die Information am besten transportiert werden?
- Wann ist zu liefern, mit anderen Worten: passen Termin und erwartete Qualität? und:
- Welchen Wert hat der Bericht? Wie teuer ist dessen Erstellung und ist der Nutzen des Berichts entsprechend groß?

Damit gehören zu den wesentlichsten Teilproblemen im Rahmen der Berichterstattung vor allem die Auswahl der wesentlichen Informationen und die Frage, wie die Einzelinformationen bestmöglich verdichtet werden können sowie wie die Informationsinhalte am besten dargestellt werden können. Deshalb ist die unabdingbare Grundvoraussetzung eines jeden Reportings eine Informationsbedarfsanalyse, bei der aufgezeigt wird, in welchem Umfang Informationen für die zu erfüllenden Planungs- und Kontrollaufgaben benötigt werden. Dazu müssen die zu lösenden Aufgaben und der zurzeit ablaufende Informationsverarbeitungsprozess ebenso analysiert werden, wie die zur Verfügung stehenden Dokumente.

5.5.2 Strategisches und operatives Controlling

Eine Strategie bringt zum Ausdruck, wie ein Unternehmen seine vorhandenen und seine potenziellen Stärken einsetzt, um Veränderungen der Umweltbedingungen planmäßig zu begegnen mit der Zielsetzung, eine führende Position im Wettbewerb einzunehmen. Die Umweltveränderungen beeinflussen die Unternehmensstrategie. Unternehmen reagieren hierauf entweder aktiv gestaltend oder reaktiv, das heißt mit einer Anpassungsstrategie.[219] Strategisches Controlling hilft, im Zusammenspiel mit den anderen eingesetzten Instrumenten, vom Reagieren zum Agieren zu gelangen und damit Rationalisierungs- und Kostensenkungspotenziale auszuschöpfen sowie langfristig zu planen, zu steuern und zu betreiben.

Das operative Controlling ist zunächst darauf ausgerichtet, durch die Nutzung der Potenziale ein positives Ergebnis und damit die aktuelle Existenzsicherung zu erreichen.[220] Es bricht die Strategievorgaben des strategischen Controllings auf einzelne, konkret definierte Projekte und Maßnahmen herunter.[221]

---

217 Vgl. Gabler Verlag (Hrsg.), Gabler Wirtschaftslexikon, Stichwort: Berichtswesen, online im Internet: http://wirtschaftslexikon.gabler.de/Archiv/5838/berichtswesen-v5.html (letzter Abruf: 10.02.2013).
218 Vgl. Quetting, M., in Search of Excellence in Real Estate Management, 2009, S. 26.
219 Vgl. Mentzel, W., Praxiswissen BWL: Crashkurs für Führungskräfte und Quereinsteiger, Freiburg u.a. 2007, S. 509.
220 Vgl. Eber, G., Controlling in der Wohnungs- und Immobilienwirtschaft, 1997, S. 209.
221 Vgl. Baum, H.-G./Coenenberg, A.G/Günther, T., Strategisches Controlling, 2010, S. 4.

5.5.3 Integration des strategischen und operativen Controllings

Formal verfügen das operative und das strategische Controlling über die gleichen Bausteine, während eine inhaltliche Abgrenzung insbesondere die unterschiedlichen angesprochenen Hierarchieebenen, den Zeithorizont, die Zielsetzung, die Orientierung und die inhaltliche Differenzierung sowie die Dimensionen erfasst.

Dabei kommt dem operativen Controlling die klar ersichtliche Aufgabe zu, die Vorgaben, Chancen und Risiken zu erkennen und in Zahlen umzusetzen, z.B. durch Aufgabenstellungen, Veränderungen im Budget oder im Ergebnis. Bedeutsam dabei ist, dass zwischen den beiden Ebenen eine enge Verbindung gewährleistet ist. Diese wird nämlich häufig aufgrund der langen Lebensdauer der Immobilien vernachlässigt.

Die Phase der Kontrolle dient einerseits der Funktion eines Feedbacks, das heißt einer Rückkopplung, ob das Planungsziel erreicht wurde, einer Abweichungsanalyse und daraus resultierend dem Versuch einer Verbesserung der Planung. Andererseits führt die Integration operativer und strategischer Planung auch zu einem Feed-Forward, dergestalt, dass Maßnahmen eingeleitet werden, um die zukünftigen Planwerte doch noch zu erreichen.[222]

Hilfreich für die Durchführung des Controllings ist ein Controllingkonzept, das auf die Bedürfnisse der Immobilienorganisation ausgerichtet ist. Im Controllingkonzept wird i.d.R. festgelegt, was in welcher Periodizität und wie an wen berichtet werden muss, wobei eine Gestaltung nach strategischen und operativen Gesichtspunkten erfolgen kann (s. Tabelle 5.13).

Controlling-Konzept	Operatives Controlling	Strategisches Controlling
Fokus	kurzfristiger Erfolg	nachhaltiger Erfolg
Instrumente	Budgets, Abschlüsse (Erfolgsrechnung, Betriebsaufwand, Kennzahlen, Free Cashflow, Vorschau) Liquidität, Betriebsabrechnungs-Gebäudeabrechnungsbogen	SWOT, Integrierter Finanzplan (Planjahres 1–3, Freier Cashflow, Investitionen), Finanzbedarf, Risk Management
Zeithorizont	Vergangenheit (ex-post)	Zukunft (ex-ante)
Informationsarten	strukturiert, vorwiegend quantitativ	strukturiert, vorwiegend qualitativ
Informationsquellen	vorwiegend intern (BSC), Kundenbefragungen, Projekt-Statusberichte	vorwiegend extern (SWOT), Immobilien-Monitoring, Research, Statistiken
Kontrollrhythmen	ereignisbezogen, zweimonatlich jährlich	ereignisbezogen, jährlich, dreijährlich
Analyse	faktenbasiert, analytisch/ präzise, interpretiert	faktenbasiert, analytisch/ intuitiv, plausibel erklärt
Resultate	Mängel beheben, zurück auf Kurs	Werthaltigkeit und solide Bilanz

Tabelle 5.13: Beispiel: ein von der Immobilienorganisation festgelegtes Controllingkonzept[223]

---

222 Vgl. Baum, H.-G./Coenenberg, A.G/Günther, T., Strategisches Controlling, 2010, S. 5.
223 Eigene Darstellung in Anlehnung an: Klausner, H., Herausforderungen im Corporate Real Estate Management, 2011, S. 7.

5.5.4 Controlling im Lebenszyklus

Im Idealfall wird das Controllingsystem lebenszyklusübergreifend konzipiert. Dann werden in den einzelnen Lebenszyklusphasen, in der Entstehungsphase, der Nutzungsphase und der Verwertungsphase, die jeweils bedeutsamen unternehmerischen Entscheidungsfelder identifiziert, und es wird ein Fokus pro Phase festgelegt, der natürlich abhängig davon ist, ob das Unternehmen die Immobilie selbst nutzen, verkaufen oder vermieten möchte. Entsprechend ergeben sich unternehmerische Handlungsfelder, aus denen dann wiederum Controllingmodule und -instrumente abgeleitet werden können, wie in Tabelle 5.14 dargestellt. Bei der Immobilieninformationsversorgung kann z.B. die bereits thematisierte Balanced Scorecard zum Einsatz kommen, was sich empfiehlt, da es gerade mit ihrer Hilfe möglich ist, die strategische und die operative Perspektive in Einklang zu bringen.

Lebens-zyklus-phase	Entstehungsphase			Nutzungsphase			Verwertungsphase		
	Projektent-wicklung	Pla-nung	Realisie-rung	Nut-zung	Instand-haltung	Moder-nisie-rung	Abriss	Rede-velop-ment	Ver-kauf
Fokus	Objektqualität Nutzungsreversibilität Cashflow Zukünftige Nutzungsmöglich-keiten			Kostenverhalten Verfügbarkeit/Nutzbarkeit Leistungsbereitschaft Marktgängigkeit			Verwertungsfähigkeit Substanzerhalt Werterhalt Marktgängigkeit		
Unterneh-merische Hand-lungsfelder	Immobilienbereitstellung als Investition Technische Serviceleistungen			Flächenbereitstellung als betriebliche Leistung			Immobilienverwertung als Des- oder Folgeinvestition		
				Technische Service-leistungen		Wirtschaft-liche Service-leistungen			
Cont-rolling-module und -instru-mente	Immobiliencontrolling			Instandhaltungscontrolling			Immobilienprojekt-controlling		
	Qualitätscontrolling			Planungs- und Steuerungs-systeme					
	Projektsteuerung			Nutzungskostencontrolling			Absatzcontrolling		
				Immobilienbezogene Kostenrechnung					
	Immobilieninvestitionscontrolling								
	Immobilieninvestitionsrechnung								
	Immobilieninformationsversorgungs- und -managementsystem								

Tabelle 5.14: Lebenzyklusorientiertes Immobiliencontrollingsystem[224]

---

[224] Eigene Darstellung in Anlehnung an: http://www.wiwi.uni-muenster.de/06/toplinks/fgevebts7symposien/wohnungs, S. 7 (letzter Abruf: 08.02.2013).

5.5.5 Nutzungskostencontrolling[225]

Das Immobiliencontrolling in der Phase der Nutzung hat nicht nur deshalb Bedeutung, weil es sich hier um die längste Phase im Lebenszyklus handelt, sondern auch, weil sich die meisten Gebäude, wenn ein Nutzer, Investor, Eigentümer, Asset-Manager mit ihnen in Berührung kommt, in dieser Phase befinden.

Das Ziel des Immobiliencontrollings in der Nutzungsphase: Es soll eine optimale Wertschöpfung im Hinblick auf Nutzbarkeit, Kostenwirtschaftlichkeit und Werthaltigkeit der Immobilie dadurch gewährleisten, dass es die Immobilien und ihre technischen Systeme kontinuierlich betreibt, funktionsfähig hält und an die sich wandelnden Anforderungen der Nutzer anpasst.[226] Zentrale Handlungsfelder sind entsprechend das Immobilieninstandhaltungscontrolling und das Immobilienkostencontrolling.

Geht man nun weiter in der Betrachtung der Kostenrechnung bzw. in dem Versuch, ein Nutzungskostencontrolling zu installieren, muss man sich generell überlegen, welche Kosten gut, welche kaum und welche nur eingeschränkt zu beeinflussen sind.

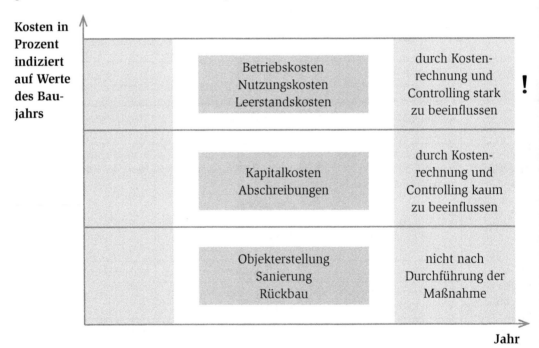

Abb. 5.19: Kostensenkung und Kostenbeeinflussbarkeit von Gebäudekosten[227]

---

225 Vgl. h. u. i. F.: Hellerforth, M., Handbuch Facility Management für Immobilienunternehmen, 2006, S. 220 ff.
226 Vgl. Homann, K./Schäfers, W., Immobiliencontrolling, 1998, S. 195.
227 Eigene Darstellung in Anlehnung an: Schneider, H., Internes Facility Management in der Unternehmensstrategie Einführung oder Neuordnung der FM-Organisation, Dokumentation der Euroforum-Tagung: Fit im Facility Management, 2002, S. 16.

Die erste Säule stellt die Kosten in Prozent der Gesamtkosten indiziert auf die Werte des Baujahres dar. Diese Kosten sind in drei große Kostenblöcke eingeteilt, um deren unterschiedliche Beeinflussbarkeit während der Nutzungsphase einer Immobilie darzustellen.

Die Kosten der Objekterstellung, der Revitalisierung und des Rückbaus sind während der Phase der Nutzung im Grunde gar nicht mehr zu beeinflussen. Auch die aus dem Objekt resultierenden Kapitalkosten und Abschreibungen stellen weitgehend ein Datum dar. Die wirtschaftlichen, aber auch die steuerlichen Abschreibungen sind abhängig von den Herstellungs- oder Anschaffungskosten, den steuerrechtlichen Gegebenheiten zurzeit der Erstellung des Objekts und den eventuellen anschaffungs- bzw. herstellungsnahen Aufwendungen. Die Kapitalkosten sind abhängig vom Objekttyp, dem Verschuldungsgrad des Eigentümers bzw. der Höhe des auf das Objekt aufgenommenen Fremdkapitals, den Kapitalmarktbedingungen zu der Zeit der Kreditaufnahme und auch vom Verhandlungsgeschick des Eigentümers. Sie sind nur sehr eingeschränkt beim Auslaufen der Zinsbindung zu beeinflussen, die Annuität kann man durch die Wahl eines anderen Tilgungssatzes verändern.

Noch einmal zurück: Controlling ist Planen, Steuern und Kontrollieren. Der erste Schritt, nämlich der der Planung umfasst die Frage, welche dieser gesamten Objekte ein Immobilien- oder Facility-Manager denn nun eigentlich in den Griff bekommen möchte. Wie geht man in der Praxis an das Controlling Problem heran. Schön, wenn man ein gut funktionierendes Controllingsystem hat, mit den geeigneten Tools und alle Daten quasi als Abfallprodukte entstehen. Dass dies realitätsfremd ist, ist bereits deutlich geworden. Was sollte man also tun? Wenn man mit dem Controlling beginnen will, sollte man Objekte und Prioritäten fallbezogen festlegen.

5.5.6 Die Planungsfunktion des Controllings

Die Planung des Controllings ist determiniert durch das im Unternehmen existierende Kostenrechnungssystem. Ansatzpunkte für diesen Prozess sind damit organisationsabhängig, wie Abb. 5.20 zeigt.

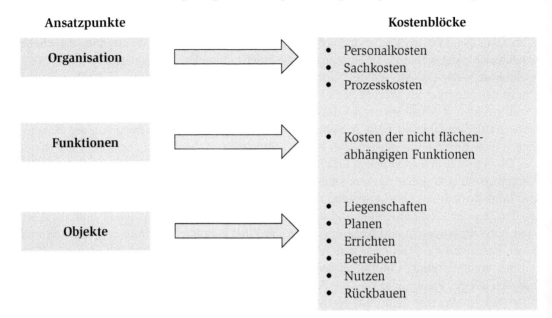

Abb. 5.20: Ansatzpunkte des Controllings[228]

Besondere Bedeutung für die Wirksamkeit des Controllings hat dessen Implementierung in die Immobilienorganisation. Grundsätzlich bieten sich folgende Möglichkeiten an:
- **Controlling als Linienstelle:** Das Controlling erhält zur Erfüllung seiner Aufgaben häufig Antrags-, Entscheidungs-, Anordnungs-, Mitsprache-, Veto- und Vertretungskompetenzen. Es ist auf einer hohen Ebene der Unternehmenshierarchie angeordnet, meist im Bereich Finanzen in der zweiten Ebene.
- **Controlling als Stabstelle**: Die Aufgaben des Controllers bestehen in der Entlastung der Unternehmensführung bei Planung und Kontrolle. Als Stabstelle in der ersten Ebene besitzt der Controller Informations-, Beratungs- und Ausführungskompetenzen gegenüber anderen Bereichen, aber keine Weisungsbefugnisse und nimmt typische Leitungshilfsfunktionen wahr. Der Controller hat nur Informations- und Serviceaufgaben.
- **Controlling als Querschnittsbereich:** Der Controller erhält zu seinen Stabsaufgaben zusätzliche Linienfunktionen. Er besitzt fachliche und disziplinarische Anordnungsbefugnis innerhalb der Controllingabteilung. Gegenüber den anderen Bereichen der Immobilienorganisation hat er funktionale Anweisungsbefugnis hinsichtlich controllingspezifischer Fragen. Die Praxis ist durch eine stärkere und differenziertere Einbindung des Controllers in die Entscheidungsprozesse des Managements gekennzeichnet.

Da das Reporting die Grundlage für das Controlling bildet, ist die Konzentration auf die wesentlichen Daten besonders wichtig. In der Regel gibt die heutige IT – egal, welche Lösung eine Immobilienorganisation gewählt hat – eine Vielzahl von Daten her, die nicht ungefiltert für ein Controlling übernommen werden können, sondern bei denen entschieden werden muss, wie eine Auswahl auszusehen hat. Dabei gelten folgende Grundsätze:

---

[228] In Anlehnung an: Schneider, H., Internes Facility Management in der Unternehmensstrategie Einführung oder Neuordnung der FM-Organisation, Dokumentation der Euroforum-Tagung: Fit im Facility Management, 2002, S. 21.

- Daten sollten nicht extra erzeugt werden, sondern aus den bereits bestehenden Kostenrechnungs- und Controllingwerkzeugen übernommen werden.
- Die Daten sollten damit Abfallprodukte sein und
- Controlling geringer Mengen zu geringen Preisen bringt nicht viel.

Wenn man hier den Betrachtungshorizont des Investors zugrunde legt, stellt sich die Frage, wann die Ergebnisse des Controllings für ihn diese Wertigkeit besitzen. Dies ist immer dann der Fall, wenn sie nachhaltig zu einer Verbesserung seiner Rendite führen. Wie seine Rechnung aussehen sollte, zeigt die Abb. 5.21. Die Problematik der immobilienwirtschaftlichen Renditerechnung liegt sowohl im besonders langen Planungshorizont als auch in den aperiodisch anfallenden Kosten. Erschwerend kommt hinzu, dass diese teilweise umgelegt werden können. Sowohl die Liquiditätssituation des Investors als auch sein Verwaltungsaufwand wird davon beeinflusst, ob der Mieter direkt mit den Erzeugern oder Lieferanten abrechnet oder dies durch den Investor erfolgt und in den Betriebskostenabrechnungen berücksichtigt wird. Wenn die Untersuchung exakt im Sinne der Renditerechnung ausfallen soll, sollte sie auf Barwerten oder Endwerten beruhen.[229]

Abb. 5.21: Modell der Renditerechnung eines Investors[230]

---

229 Vgl. Hellerforth, M., Immobilieninvestition und -finanzierung, München 2008, S. 34 ff.
230 In Anlehnung an: Schneider, H., Internes Facility Management in der Unternehmensstrategie Einführung oder Neuordnung der FM-Organisation, Dokumentation der Euroforum-Tagung: Fit im Facility Management, 2002, S. 24.

5.5.7 Controlling bei Non-Property-Companies[231]

Bei den Non-Property-Companies beschäftigt sich das Controlling mit den Immobilien und Immobilienservices der indirekten Leistungsbereiche. Hier bietet es sich gerade an: Denn nur selten ist ein Unternehmen stark genug, den Beschaffungs- oder den Absatzmarkt zu beeinflussen, sodass die Möglichkeiten, Kosteneffizienz zu erzielen, auf interne Faktoren beschränkt bleiben. In diesen Organisationsformen werden zunehmend die Potenziale der Immobiliennutzung und der Immobilienkosten erkannt, es geht um den Mitteleinsatz im Rahmen des Produktionsprozesses. Der Unterscheidung eines solchen unterstützenden Immobilienmanagements vom kerngeschäftlichen kommt insoweit Bedeutung zu, als sich hieraus unterschiedliche Zielsetzungen ergeben. Soll die controllingtypische Führungsunterstützungsfunktion gewährleistet werden, muss sich das Immobiliencontrolling an diesen Zielen orientieren,[232] indem die zur Verfügung stehenden Instrumente mit differierenden Schwerpunkten angewandt werden.

Controllingansätze in der Art des internen Controllings sind nämlich nur für solche Immobilien notwendig, die im Unternehmensbesitz sind und selbst genutzt werden. Bei betrieblichen Immobilien, die nicht im Zusammenhang mit der Erfüllung des Unternehmenszwecks stehen und fremdvermietet sind, ergeben sich für das Controlling keine Besonderheiten gegenüber dem allgemeinen Controlling von Immobilienunternehmen. Bei lediglich angemieteten Immobilien kann sich ein Controlling i.d.R. darauf beschränken, nur notwendige Flächen anzumieten bzw. Flexibilität durch Mietverträge mit großzügigen Optionsmöglichkeiten zu wahren.

Des Weiteren müssen in Abhängigkeit vom Grad des Outsourcings (Ebene der Leistungserbringung) andere Controllinginstrumente zum Einsatz kommen. Steuerungshilfe ist hierbei das Schnittstellenmanagement, welches auch die Verbindung zu den anderen Unternehmensbereichen herstellt.

Während des gesamten Lebenszyklus einer Immobilie kann das grundsätzliche Ziel des Immobiliencontrollings mit dem Kernsatz „Optimierung der strategischen Gesamtkosten" beschrieben werden. Das bedeutet aus der Sicht eines Immobilieninvestors die Rendite- und Wertsteigerung der Immobilie, für eine betrieblich genutzte Immobilie geht es dagegen um die Bereitstellung kostengünstigen Raums über die veranschlagte Nutzungsdauer der Immobilie, während der fremde Mieter rein kostenorientiert denkt. Dabei sind als steuerungsrelevante Besonderheiten betrieblicher Immobilien für den Eigennutzer vor allem deren Bewertungsspielräume bzw. die stillen Reserven interessant, die daraus resultieren, dass es keinen einheitlichen Wert gibt und dass verschiedene Verfahren der Wertermittlung für unterschiedliche Bewertungszwecke verwendet werden.[233]

---

231 Vgl. h. u. i. F.: Hellerforth, M., Controlling von Facilities-Management-Prozessen, 2000, S. 289 ff.
232 Vgl. Homann, K., Immobiliencontrolling in den Lebenszyklusphasen, Berlin u.a. 1999, S. 102.
233 Vgl. ausführlich: Grünert, L., Wertorientierte Steuerung betrieblicher Immobilien, Wiesbaden 1999, S. 14.

6. Finanzierung und Risikomanagement von Immobilienobjekten

6.1 Finanzierung

6.1.1 Rahmenbedingungen der Finanzierung

Insgesamt hat sich das Umfeld für Immobilienfinanzierungen durch strengere regulatorische Anforderungen und eine erhöhte Wettbewerbsintensität verändert. Aber auch der Markt im Immobilienbereich ist volatiler geworden und einzelne Asset-Klassen verändern sich in unterschiedlicher Art und Weise. Die Finanzmarktkrise[234] wirkt hier ebenfalls noch nach, denn sie führte zu einer strategischen Neuausrichtung vieler Banken, nicht zuletzt aufgrund der verstärkten Bankenregulierung, ein noch nicht abgeschlossener Prozess, der z.B. darin gipfelt, dass die Aufsicht von 24 deutschen Großbanken von der BaFin auf die EZB übergeht.[235] Die Banken beklagen aufgrund der hohen Konkurrenzdichte und der Niedrigzinspolitik der EZB einen Margenschwund.[236] Eine Betrachtung der Finanzierungsbedingungen und -möglichkeiten für Immobilieninvestitionen setzt damit zunächst eine Darstellung der Marktveränderungen voraus.

6.1.2 Veränderte regulatorische Anforderungen

Basel II[237]

1988 hat der in Basel bei der Bank für Internationalen Zahlungsausgleich (BIZ) ansässige Basler Ausschuss erstmals Empfehlungen für die Eigenkapitalunterlegung von Kreditrisiken verabschiedet (Basel I).[238] Ziel des Ausschusses ist die Erarbeitung von Richtlinien zur grenzüberschreitenden Kontrolle von Banken um Kreditrisiken zu senken. Die Regelungen in Basel I waren jedoch nicht risikosensitiv ausgelegt. Dies führte zur Ausarbeitung der differenzierteren Anforderungen nach Basel II.[239] Das tatsächliche Risiko wird in erster Linie durch die Einführung interner Rating-Ansätze zur Messung des individuellen Kreditrisikos sichergestellt. Mithilfe effizienter Instrumente zur Risikomessung, die von den Aufsichtsbehörden zu genehmigen sind, soll für die Banken das notwendige Eigenkapital für ihr gesamtes Kreditportefeuille gesenkt werden.[240] Basel II fußt dabei auf drei Säulen, wobei die erste festlegt, wie viel regulatorisches Eigenkapital für die jeweiligen Risiken vorzuhalten ist, die zweite sich mit der qualitativen Aufsicht beschäftigt und die dritte Säule erweiterte Publizitäts- und Offenlegungsvorschriften festlegt.[241] Die Auswirkungen auf die Immobilienwirtschaft manifestieren sich

---

234 Vgl. zu Einzelheiten: Hellerforth, M., Die globale Finanzmarktkrise, Ursachen und Auswirkungen auf die Immobilien- und die Realwirtschaft, 2009, S. 120 ff.

235 Vgl. Zoller, E., Die Bank als Fremdkapitalgeber – Anforderungen an Objekt und Partner, in: Immobilien und Finanzierung, 2014, S. 83.

236 Vgl. von Stengel, R./von der Brüggen, S./Nußbaum, J., Kompetenz versus Kapital – worauf achten Immobilienfinanzierer?, 2014, S. 86.

237 Vgl. Hellerforth. M, BWL für die Immobilienwirtschaft, Eine Einführung, 2012, S. 152.

238 Vgl. Kälberer, W., Anforderungen von Basel II an die Immobilienwirtschaft, 2005, S. 371; Krämer-Eis, H., Ratings, S. 22.

239 Vgl. Bosch, BWL-Praxiswissen für die Immobilienwirtschaft, 2007, S. 109.

240 Vgl. Lauritzen, C., Auswirkungen von Basel II auf die Immobilienwirtschaft, o.J., S. 1.

241 Vgl. Hellerforth, M., Die globale Finanzmarktkrise, Ursachen und Auswirkungen auf die Immobilien- und die Realwirtschaft, 2009, S. 21.

dabei vor allem in den strengeren Mindestkapitalanforderungen, die zu einer Einschränkung der Kreditvergabemöglichkeiten der Banken führen.

Basel III

Unter dem Begriff Basel III verbirgt sich ein weiteres Reformpaket des Basler-Ausschusses der BIZ, das die Regelungen von Basel II verschärft bzw. flankierend erweitert. Grundidee dieser Regelung ist es, offengelegte Schwächen der Bankenregulierung, wie sie in der Finanzmarktkrise erkannt wurden, zu beseitigen. Basel III tritt seit dem 01.01.2014 nach und nach in Kraft und setzt bei der Eigenkapitalbasis und den Liquiditätsvorschriften an, wobei u.a. für das harte Kernkapital (bei einer Aktiengesellschaft, z.B. nur das gezeichnete Kapital und die offenen Rücklagen) 14 Kriterien formuliert worden sind und auch antizyklische Kapitalpuffer (Countercyclical Buffer) vorgesehen sind, die ein übermäßiges Kreditwachstum verhindern sollen. Im Ergebnis wird für die Kreditvergabe mehr Eigenkapital gebunden und die Banken müssen mehr Liquidität vorhalten, was zu einer Einschränkung ihrer Kreditvergabemöglichkeiten führt. Abb. 6.1 zeigt die Veränderungen durch Basel III.

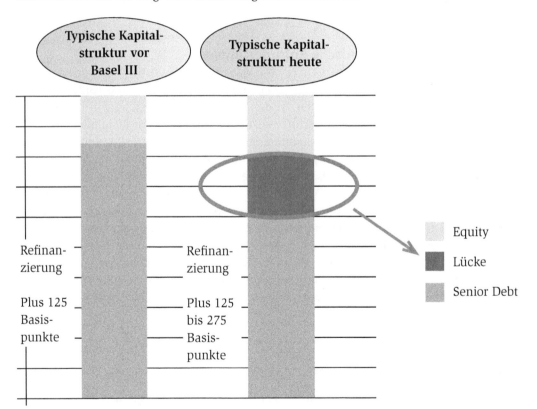

Abb. 6.1: Immobilienfinanzierung vor und mit Basel III[242]

---

242 Eigene Darstellung nach: Morgenroth, M., Kreditfonds als Fremdkapitalgeber – Alternative oder Ergänzung zum Bankkredit?, 2014, S. 93.

Das Füllen der Lücke zwischen Eigen- und Fremdkapital wird nach der Darstellung von Solvency II noch näher betrachtet.

Zusammenfassend können die Veränderungen, die zusätzlich zu Basel II gelten, folgendermaßen dargestellt werden:

1. **Stärkung des Eigenkapitals**
   - Innovatives Hybridkapital mit Rückzahlungsanreizen, welches unter Basel II bis zu 15 % ausmachen kann, wird nicht mehr als Tier-1-Kapital akzeptiert werden.
   - Tier-2-Kapital wird harmonisiert werden, das heißt, nationale Definitionen sollen einem internationalen Standard weichen.
   - Tier-3-Kapital wird komplett abgeschafft werden.
   - (Tier: Klassifizierung der Eigenmittel eines Kreditinstituts: Kernkapital, Ergänzungskapital, bzw. Drittrangmittel).
2. **Risikodeckung**
   - Erhöhung der Kapitalanforderungen für Kredit- und Marktrisiken, sowie komplexe Verbriefungen (Säule I).
   - Erhöhte Standards für den bankenaufsichtlichen Überprüfungsprozess (Säule II).
   - Erhöhte Standards für die Offenlegung (Säule III).
   - Überarbeitung der Bestimmungen für das Handelsbuch (noch nicht abgeschlossen).
   - Erhöhung der Kapitalanforderungen für Gegenparteienexposures aus Derivat-, Repo- und Wertpapiergeschäften; Reduktion der Prozyklizität und Anreize zur Abwicklung von OTC-Kontrakten über zentrale Gegenparteien.
   - Reduktion der Abstützung auf externe Ratings.
3. **Einführung einer Verschuldungsgrenze** (Leverage Ratio)
4. **Reduktion von Prozyklizität** und **Stärkung von antizyklischen Puffern**
5. **Systemische Risiken** und **gegenseitige Geschäftsbeziehungen**
   - Kapitalanreize für Banken, OTC-Derivatgeschäfte über zentrale Gegenparteien abzuwickeln.
   - Höhere Kapitalanforderungen für Handels- und Derivatgeschäfte sowie für Verbriefungen und außerbilanzielle Geschäfte.
   - Höhere Kapitalanforderungen für Interbankgeschäfte.
6. **Liquidität:**
   - Liquidity Coverage Ratio,
   - Net Stable Funding Ratio.

Solvency II

Solvency II wendet sich im Gegensatz zu den Basler-Regelungen an Versicherungsunternehmen und formuliert Anforderungen an sie. Dabei erfolgt ebenfalls eine Unterteilung in drei Säulen, wobei die erste quantitative Regelungen enthält, also insbesondere Kapitalanforderungen und Eigenmittelregelungen. Die zweite Säule benennt Governance-Vorschriften qualitativer Art, die sich vor allem auf Funktionen des Risikocontrollings, der Compliance der Versicherungsmathematik und der internen Revision beziehen. Die Berichts- und Offenlegungspflichten der dritten Säule erweitern diese u.a. durch die Schaffung neuer Berichte.[243]

---

[243] Vgl. http://www.bafin.de/DE/Internationales/Regelungsvorhaben/Solvency2/solvency2_node.html (letzter Abruf: 06.02.2014).

Die Bedeutung der Versicherungswirtschaft in der Immobilienfinanzierung hat nach der Finanzmarktkrise zugenommen, u.a., weil sich einige Banken aus Teilbereichen der Immobilienfinanzierung zurückgezogen haben. Die Regelungen zur Durchführungsverordnung zu Solvency II sind sehr eng gefasst, da auch risikoarme Hypothekendarlehen an Wohnungs- und Immobilienunternehmen sowie sämtliche Darlehen oberhalb von einer Million € dem Spreadrisiko-Submodul für Bonds ohne Rating zugeordnet werden. Unabhängig davon, dass Solvency II auch Folgen für die Anlagemöglichkeiten der Versicherungen als Marktteilnehmer des Immobilienmarktes hat, ergibt sich hierdurch auf jeden Fall eine Verengung der Kreditvergabemöglichkeiten für immobilienwirtschaftliches Kapital. Daran ändert auch die Omnibus II-Richtlinie nichts, deren Ziel lediglich ist, die Zuständigkeiten der neuen europäischen Versicherungsbehörde EIOPA in Solvency II einzuarbeiten.

6.1.3 Kunde oder Objekt?

Während vor der Finanzmarktkrise Non-Recourse-Finanzierungen in hohem Maße durchgeführt wurden, wird im Rahmen des Kreditratings auch der Kunde wieder näher betrachtet und zwar im Hinblick auf seinen Track Record, seine Bonität sowie seine Marktexpertise.[244]

Anforderungen an die Finanzierungsobjekte sind in Abhängigkeit von der Art der zu finanzierenden Gewerbeimmobilien aus Bankensicht beispielsweise:[245]

Immobilienart	Kriterien
Gewerbliche Immobilien allgemein	verkehrsgünstige Lage mit ÖPNV Etablierter Bürostandort Flexible Aufteilungsmöglichkeiten (kleinste Einheit ab etwa 400 m²) Hohe Flächeneffizienz Nachhaltigkeit und Greenbuilding interessant Exiteignung Kapitaldienstfähigkeit mit Puffer für einen Zinsanstieg Refinanzierbarkeit unter Einsatz von Pfandbriefen und Fördermitteln
Single-Tenant-Objekte	Dauer der Mietsicherung/Vertragsdauer Marktkonformität der Miete Drittverwendungsfähigkeit angesichts der Objektlage und Konzeption Finanzierungsstruktur

---

244 Vgl. Zoller, E., Die Bank als Fremdkapitalgeber – Anforderungen an Objekt und Partner, in: Immobilien und Finanzierung, 2014, S. 83.
245 In Anlehnung an Zoller, E., Die Bank als Fremdkapitalgeber – Anforderungen an Objekt und Partner, in: Immobilien und Finanzierung, 2014, S. 84 f., dort in Textform.

Immobilienart	Kriterien
Einzelhandelsimmobilien	
Stationärer Einzelhandel	Hohe Konkurrenzdichte, nicht nur bei Büchern und Elektroartikeln Kapitaldienst muss auch gesichert sein, wenn Mieten unter Druck geraten Probleme bei schwächeren Qualitäten hinsichtlich Lage und Konzeption
Shoppingcenter	Bildung attraktiver Third Places Hohe Aufenthaltsqualität Größere und bessere gastronomische Konzepte Professionalität des Centermanagements gewinnt an Bedeutung, insbesondere bezüglich einer Optimierung des Mietermix Gestiegene Standortanforderungen: Strahlkraft Bei Bestandsobjekten Umsatzentwicklung Vorlage eines qualifizierten Standortgutachtens
Discounter bis zu Fachmarktzentren	Verkehrsgünstige Lage mit Agglomerationseffekten durch benachbarte Einzelhandelsimmobilien Gut bemessene Parkplatzsituation Auch Klein- und Mittelstädte wegen der Nahversorgungsfunktion Mieter mit erfolgreichen Handelskonzepten Mietverträge: 10–15 Jahre Mietverträge sollten vor Finanzierungszusage schon abgeschlossen sein
Innerstädtische Geschäftshäuser	Fußgängerzone Gute Nutzungskonzepte, zumal bei Warenhäusern Herausforderungen: Zuschnitt der Häuser und Belange des Denkmalschutzes Verlässliche Kosten- und Vermietungskalkulation wegen hoher Schwankungsbreiten
Logistikimmobilien	Optimale Verkehrsanbindung, nah an den typischen Logistikdrehkreuzen und großen Ballungszentren Flexibles Nutzungskonzept und zeitgerechte Gebäudetechnik Drittverwendungsfähigkeit Optimal: durch die Lage in einem entsprechenden Güterverkehrszentrum ist ein 24-Stunden-Betrieb möglich Im Hinblick auf die großen Nutzflächen und Raumvolumina niedriger Energieverbrauch für Heizung und Kühlung als wichtiger Faktor

Immobilienart	Kriterien
Hotelimmobilien	Pachtvertrag Managementvertrag – im Ausnahmefall – mit etablierter Hotelkette Feasibility-Studie eines renommierten Hotelconsulting-Unternehmens Bestandsobjekte: bisheriger wirtschaftlicher Erfolg der letzten drei Jahre
Sozialimmobilien	Örtliche Situation von Bedarf und Konkurrenz Arbeitsmarkt für Pflegekräfte Besondere Anforderungen an die Professionalität des Investors und Betreibers

Tabelle 6.1: **Bankenanforderungen an unterschiedliche Immobilientypen, eigene Darstellung**

Durch die Verschärfungen der Eigenkapitalanforderungen prüfen Banken Finanzierungen genauer und die Finanzierungskosten oberhalb der 60 % des Beleihungswerts (Pfandbrieftranchen) oder eines Loan to Value – LTV von rund 50 % steigen an, auch wenn das in einem Niedrigzinsumfeld nur geringfügig ins Gewicht fällt.[246]

Definition:
Der **Beleihungswert** ist gemäß § 3 Abs. 1 BelWertV der Wert einer Immobilie, „der erfahrungsgemäß unabhängig von vorübergehenden, etwa konjunkturell bedingten Wertschwankungen am maßgeblichen Grundstücksmarkt und unter Ausschaltung von spekulativen Elementen während der gesamten Dauer der Beleihung bei einer Veräußerung voraussichtlich erzielt werden kann." Er stellt damit einen vorsichtig kalkulierten Marktwert dar.[247]
Loan To Value (LTV) stellt eine Kennzahl zur Definition des Verhältnisses zwischen maximaler Beleihung bzw. Kredithöhe und dem ermittelten Wert der Immobilie – nicht dem möglichen Kaufpreis – dar und dient auch zur Definition des notwendigen Eigenkapitals.

Formel LTV $= \dfrac{\text{Kreditvolumen}}{\text{Wert der Immobilie}} \times 100\,\%.$

Während früher in der Regel ein LTV von 70 bis 80 % gefordert wurde, aber vor 2007 auch durchaus bis zu einem LTV von 90 % finanziert wurde, verlangen Banken mittlerweile höhere Eigenkapitalquoten, was für viele Projektenwickler, die häufig eigenkapitalschwach sind, eine Herausforderung darstellt.

Bezüglich des Kunden wird Wert auf seinen Track Record gelegt. Insbesondere bei Projektentwicklungen sollte der Projektenwickler über Erfahrung aus nahegelegenen bzw. ähnlichen Projekten verfügen, die in wesentlichen Risikomerkmalen übereinstimmen.

---

246 Vgl. von Stengel, R./von der Brüggen, S./Nußbaum, J., Kompetenz versus Kapital – worauf achten Immobilienfinanzierer?, 2014, S. 86.
247 Vgl. Hellerforth, M., BWL für die Immobilienwirtschaft, Eine Einführung, 2012, S. 293.

6.1.4 Die Welt jenseits der herkömmlichen Bank- oder Versicherungsdarlehen

Strukturierte Finanzierungen

> **Definition:**
> **Strukturierte Finanzierungen** setzen sich aus mehreren Elementen zusammen, die häufig zu einer komplexen wirtschaftlich, rechtlich und steuerrechtlich sowie individuell optimierten Zusammensetzung der Finanzierung führen. Hierzu werden alle Arten der Mezzanine-Finanzierung gezählt, aber auch Verbriefungen und die Cashflow-orientierte Projektfinanzierung.

Zu den strukturieren Finanzierungen gehört auch die Trennung von Liquidität und Zinsmanagement, d.h. es erfolgt die reine Liquiditätsaufnahme über einen variabel verzinslichen Kredit und die Zinsrisikosteuerung erfolgt – soweit gewünscht – außerhalb des Kreditvertrags über Zinsderivate, insbesondere über Swaps.[248]

> **Definition:**
> Ein **Zinsswap** ist eine vertragliche Vereinbarung, bestimmte Zinsverbindlichkeiten zeitlich befristet zu tauschen – ohne dass eine Kapitalübertragung stattfindet. Auch die Bilanz wird nicht berührt. Der Schuldner erreicht damit eine Veränderung seiner zunächst gewählten Zinsbindung **außerhalb** des Kreditvertrags.[249]

> **Beispiel:**
> Die Immobilieninvest GmbH tauscht die für acht Jahre aufgenommene variable Finanzierung über ein von ihr erstelltes Shopping Center nach drei Jahren in eine faktisch synthetische Festzinsvereinbarung für die weiteren fünf Jahre. Die Immoinvest GmbH zahlt hierfür einen festen Zinssatz, den Swapsatz in den Swap und erhält einen variablen Zinskupon, welchen sie zur Bedienung ihrer variablen Finanzierung benötigt. Dann zahlt die Immobilieninvest GmbH den festen Swapsatz und ihre individuelle Kreditmarge.

---

248 Vgl. Doll, G.F., Gewerbliche Immobilien-Finanzierung, Liquiditäts- und Zinsmanagement, 2008, S. 60.
249 Vgl. Doll, G.F., Gewerbliche Immobilien-Finanzierung, Liquiditäts- und Zinsmanagement, 2008, S. 62.

Ziel: Trennung der Kreditaufnahme bei der Bank von dem Zinssicherungsgeschäft

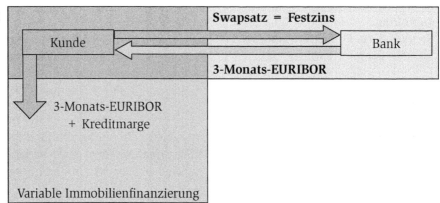

Abb. 6.2: **Absicherung einer variabel verzinslichen Verbindlichkeit durch einen Swap**[250]

Eine weitere Möglichkeit der strukturierten Finanzierung zur Absicherung einer variabel verzinslichen Verbindlichkeit stellt ein außerhalb des Kreditvertrags abgeschlossener Zinscap dar.

> **Definition:**
> Ein **Zinscap** ist eine „Versicherung" gegen steigende Zinsen. Der Kreditnehmer zahlt eine Prämie für eine bestimmte Vertragslaufzeit. Es werden eine Zinsobergrenze festgelegt sowie der Referenzzinssatz und der Nominalbetrag des Darlehens aus dem Darlehensvertrag übernommen. Der Vertragspartner zahlt immer dann, wenn der Marktzins die vereinbarte Zinsobergrenze übersteigt.

Mit dem Cap außerhalb des Kreditvertrags gelingt es nicht nur, den Zinsanstieg auf ein bestimmtes Maß zu begrenzen, sondern selbst bei vorzeitiger Rückzahlung des Kredits bleibt der Cap als eigenständiger Vertrag bestehen und kann z.B. an den Cap-Partner, der häufig eine Bank ist, verkauft werden. Der Restwert kann dann vom Darlehensnehmer vereinnahmt werden. Dabei muss immer betrachtet werden, dass die Zinssicherung nicht umsonst ist, sondern eben die Prämie kostet.

Um diese Prämie zu neutralisieren, kann der Darlehensnehmer sich auch für einen Zinscollar entscheiden, der eine bestimmte Zinsbandbreite (Zins-Range) festlegt.

> **Definition:**
> Der **Zinscollar** ist ein Finanztermingeschäft. Ein Zinscollar als Zinssicherung gegen steigende Zinsen setzt die Vereinbarung einer Zinsobergrenze (Kauf eines Zinscaps) voraus und die gleichzeitige Vereinbarung einer Zins-Untergrenze (Verkauf eines Zinsfloors).[251]

---

250 Eigene Darstellung in Anlehnung an: Doll, G.F., Gewerbliche Immobilien-Finanzierung, Liquiditäts- und Zinsmanagement, 2008, S. 62.
251 Vgl. Doll, G.F., Gewerbliche Immobilien-Finanzierung, S. 87.

Wenn es durch dieses Geschäft gelingt, die Prämie zu neutralisieren, handelt es sich um einen Zero-Cost-Collar. Im Bereich der strukturierten Finanzierung erfolgt die Vereinbarung des Zinscollars außerhalb des eigentlichen Darlehensvertrags.

Solche und ähnliche Möglichkeiten zur Zinsoptimierung sollten nur dann in Betracht gezogen werden, wenn die Immobilienorganisation das nötige Know-how zum optimalen Einsatz dieser Instrumente vorhält.

Mezzanine-Finanzierungen

Unter Mezzanine-Kapital – auch Ergänzungskapital[252] genannt – versteht man alle Arten von Finanzierungen, die die Lücke zwischen vorhandenem und dem von der Bank geforderten Eigenkapital schließen. Damit gewinnt diese Finanzierungsform in Zeiten einer erschwerten Kreditaufnahme an Relevanz.

Die bekannteste Form des Mezzanine-Kapitals ist Private Equity im Immobilienbereich als Real Estate Private Equity (REPE) bezeichnet. Dieses externe Eigenkapital ist eine sehr teure Finanzierungsform, da die Investoren hohe Renditeanforderungen haben, gerade bei Immobilienprojekten mit hohen Risiken stellen sie aber häufig den einzigen Weg der Realisierung dar.

> **Beispiel:**
> Die Projektentwickler GmbH benötigt für ein Großprojekt 15 Mio. €. Die Bank AG ist bereit, 60 % der Projektsumme, also 9.000.000 € als Kredit zu geben. Die Projektentwickler GmbH kann selbst Eigenkapital in Höhe von 2,5 Mio. € aufbringen. Der Investor Family Office ist bereit, die noch fehlende Summe in Höhe von 3,5 Mio. € als Mezzanine-Kapital zur Verfügung zu stellen. Dafür fordert er aber 8 % laufende Verzinsung sowie eine Gewinnbeteiligung in Höhe von 20 %.

Eine Gewinnbeteiligung wie im Beispiel dargestellt wird auch als Equity-Kicker bezeichnet und kann u.U. auch darin bestehen, dass der Mezzanine-Kapitalgeber Anteile der Gesellschaft, an der er sich beteiligt, übernimmt.

Der Nachteil solcher Konstruktionen für den Kreditnehmer liegt hauptsächlich in den häufig erhöhten Dokumentations- und Prüfungsanforderungen, weshalb diese Art der Finanzierung insbesondere bei hohem Kapitalbedarf eingesetzt wird.

Ebenso werden zum Mezzanie-Kapital gezählt: Genusskapital, Optionsanleihen und Wandelanleihen sowie partiarische Darlehen und stille Beteiligungen, wobei die beiden Letzteren neudeutsch wie bereits dargestellt als Private Equity bezeichnet werden. Auch die anderen Formen der Finanzierung sind nicht neu, sondern aufgrund der hohen Margen verbunden mit der zurückhaltenden Kreditvergabe der Banken wiederentdeckt worden.

Kreditfonds

Ein Kreditfonds bzw. Debt Fund zeichnet sich dadurch aus, dass dieser nicht selbst Kreditgeber ist, sondern dass es sich dabei um von ausgebenden Banken verkaufte Darlehen handelt. Mit dem Kredit gehen auch die Sicherheiten des Kredits auf den Fonds über. Der Fonds ist kein Kreditinstitut, d.h. er darf keine Bankgeschäfte machen, also Zinssätze verändern, Kredite verlängern oder fällig stellen. In Debt Funds können neue Kredite, aber auch Tranchen bereits

---

252 Vgl. Morgenroth, M., Kreditfonds als Fremdkapitalgeber – Alternative oder Ergänzung zum Bankkredit?, 2014, S. 93.

bestehender Kredite aufgenommen werden.[253] So können Banken Kredite aus ihrer Bilanz entfernen und haben damit Eigenkapital für die Vergabe neuer Kredite frei.

Mittlerweile haben sich im Bereich gewerblicher Immobilienfinanzierungen fünf unterschiedliche Investmentstrategien der Debt Funds herausgebildet. Es werden unterschieden:[254]

- **Senior-Debt-Funds** investieren in Darlehen, die maximal einen LTV von 60 % aufweisen.
- **Subordinated Debt Funds**, bei denen der LTV-Bereich zwischen 60 und 70 % (Low Risk) bzw. bei den High Risk Subordinated Debt Funds zwischen 70 und 80 % liegt. Diese werden auch Junior-Debt-Funds bzw. Mezzanine-Debt-Funds genannt.
- **Whole Loan Funds** investieren in einen LTV-Bereich, bei Krediten von 0 bis 75 % weisen sie aber in der Regel eine geringere Kreditlaufzeit auf als die Senior Debt Funds.
- Ebenso gibt es **Mixed Debt Funds**, die durch die Mischung unterschiedlicher Kreditformen in einem LTV-Bereich, der zwischen 0 und 80 % liegt, eine optimale Risiko-Rendite-Strategie zu erreichen versuchen.
- Das Segment der **Distressed-Debt-Funds** ist hingegen immer hochriskant, denn hier werden Kredite im LTV-Bereich von 50 bis 100 % untergebracht, die bereits problembehaftet sind.

Kredit-status			
	Distressed	Distressed Debt	Distressed Asset
			Distressed Debt
	Non Distressed	Performing	Distressed Asset
		Non Distressed	Distressed
		Immobilienstatus	

Abb. 6.3: Distressed Debt[255]

Crowd-Finanzierungen

> **Definition:**
> Das Besondere beim **Crowdfunding bzw. -finanzierung** ist, dass eine Vielzahl an Menschen – die Crowd – ein Projekt finanziell unterstützen und somit mit ermöglichen.

Mit Crowdfunding lassen sich Projekte, Produkte, Startups und vieles mehr finanzieren. Klassischerweise werden Crowdfunding-Projekte über das Internet organisiert. Zumeist gibt es

---

253 Vgl. Thomeczek, H., Wellenbrecher im Bau, Immobilienmanager, 2012, S. 22–23.
254 Vgl. Morgenroth, M., Kreditfonds als Fremdkapitalgeber – Alternative oder Ergänzung zum Bankkredit?, 2014, S. 92.
255 Vgl. Morgenroth, M., Kreditfonds als Fremdkapitalgeber – Alternative oder Ergänzung zum Bankkredit?, 2014, S. 92.

eine im Vorfeld definierte Mindestsumme, die in einem vorher festlegten Zeitraum erreicht werden muss, damit das Projekt realisiert wird. Es wird zwischen verschiedenen Crowdfunding-Modellen unterschieden:
1. Klassisches Crowdfunding-Crowdsponsoring,
2. Crowdinvesting – Equity based Crowdfunding.
   Die Crowd wird finanziell am Projekterfolg beteiligt. Die Mikro-Investitionen haben eigenkapitalähnlichen Charakter (aktuell laufen Crowdinvestments in Deutschland meist über nachrangige Darlehen).
3. Spenden-Crowdfunding.
4. Crowdlending.

> **Definition:**
> Die Crowd vergibt über eine feste Laufzeit einen Kredit zu einem vereinbarten Zins. Bei dem Crowdkredit handelt es sich um Fremdkapital das eine Alternative zum klassischen Bankkredit darstellt.

Gerade das Crowdlending ist im Immobiliengeschäft angekommen. Dabei wird über eine Plattform Kapital eingeworben. Dieses Kapital – bei einer Mindestinvestitionssumme von in der Regel 500 € – wird dem Investor von den Kreditgebern für eine bestimmte Zeit zur Verfügung gestellt und die Investoren erhalten hierfür eine über dem Marktzins liegende endfällige Verzinsung, die zahlbar ist, wenn das Projekt abgeschlossen ist. Diese liegt je nach Projekt zwischen drei und acht Prozent. Die Bank wertet das Kapital wie Eigenkapital des Investors, es gibt keine grundbuchliche Absicherung für dieses Geld.

Die Zahlen in Bezug auf dieses Marktsegment variieren. Es sollen im Jahr 2017 Projekte im Wert von 131,7 Mio. € allein im Immobilienbereich durch deutsche Emittenten erfolgreich abgeschlossen worden sein.[256] Ebenso gibt es aber auch erste Berichte über gescheiterte Projekte.

6.2 Immobilien- und Kreditratings

> **Definition:**
> **Rating**s treffen Aussagen darüber, ob ein Schuldner die Fähigkeit besitzt, seinen finanziellen Verpflichtungen vollständig und fristgerecht nachzukommen. Dabei geht es vor allem um Wahrscheinlichkeiten für den Eintritt von Zahlungsverzögerungen oder -ausfällen.

Es sollen solche Kriterien ermittelt und dargestellt werden, die durch die Immobilie bzw. den Schuldner in unterschiedlichem Maße erfüllt sind. Dem Immobilien-Rating kommt neben Aufgaben im Bankensektor auch Relevanz als System der Risikobestimmung zu, denn es wird versucht, unter Berücksichtigung wesentlicher Risikofaktoren, die zukünftige Entwicklung einer Immobilie bzw. eines Schuldners zu erfassen und damit Aussagen über die nachhaltige Qualität einer Immobilie bzw. eines Schuldners abzuleiten.[257] Damit ist die Prognosefunktion besonders wichtig.

---

256 Vgl. www.crowdfunding.de, 05.01.2018.
257 Vgl. Brauer, K., Funktion und Aufbau eines Frühwarnsystems für immobilienspezifische Risiken, 2007, S. 44 f.

Der große Unterschied zur traditionellen Wertermittlung ist darin zu sehen, dass beim Rating auf Verlustwahrscheinlichkeiten abzustellen ist, d.h. es interessiert der Wert künftiger Mietzahlungen und Verkaufserlöse. Das Rating, derart betrachtet, vertritt die Gläubigersicht.[258] Damit kommt dem Rating eine ergänzende Funktion zu, z.B. zum Wert, der sich aus der Investitionsrechnung[259] ergibt oder auch zum Verkehrswert nach Wertermittlungsverfahren.

Aus der Gläubigerperspektive heraus kann unterschieden werden zwischen:[260]
- dem Rating einer spezifischen Finanzierung einer Immobilie, z.B. einer immobilienbesicherten Anleihe oder eines Bankkredits und
- der Beurteilung eines Immobilienobjekts einschließlich seiner Finanzierung. In diesem Fall ist eine Deckungsgleichheit mit dem Begriff des Corporate Ratings gegeben.

Das Kreditrating ist durch Basel II und in Folge Basel III in seiner Bedeutung gestärkt worden und zwar sowohl von Kreditinstituten als auch für kreditsuchende Unternehmen. Dabei verwenden unterschiedliche Institute voneinander abweichende Ratingskalen, die sich aber in ihrer Grundaussage, der Ermittlung einer Ausfallwahrscheinlichkeit, ähneln.

Das sogenannte Immobilienrating ist demgegenüber ein Ausschnitt aus dem Kreditrating und umfasst die besonderen Merkmale des betrachteten Objekts, unter Ausblendung der Bonität des Schuldners. Bezüglich der Analysefelder eines Immobilien-Ratings gibt es unterschiedliche Ansatzpunkte. Eine Möglichkeit besteht darin, die Portfoliostruktur, den Markt, den Standort, die Mieten und die Fremdmittel unter Berücksichtigung der Indikatoren Wettbewerb, Nachfrage nach der Immobilie und rechtlicher Bereich zu analysieren und das Ergebnis in einer Matrix zu gewichten. Hierbei wird die eklatante Nähe des Immobilienratings zum Portfolio-Management deutlich.

Bereiche	Indikatoren	Gewichtung in Prozent	Note 1 ... 10
Angebot	Konkurrenz		
	Markteintrittsbarrieren		
	Substituierbarkeit		
	Marktpreise		
	Summe		
Nachfrage	Einkommensverhältnisse und -entwicklung		
	Arbeitslosenquote		
	Haushaltsstruktur		
	Demografische Entwicklung		
	Summe		

---

258 Vgl. Gleißner, W./Wiegelmann, T., Immobilienrating im Zusammenhang mit der Risikoanalyse, 2012, S. 23.
259 Hellerforth, M., Immobilieninvestition und -finanzierung, 2010, S. 45.
260 Vgl. Gleißner, W./Wiegelmann, T., Immobilienrating im Zusammenhang mit der Risikoanalyse, 2012, S. 23.

Bereiche	Indikatoren	Gewichtung in Prozent	Note 1 ... 10
Objekt	Mieterstruktur und -bonität		
	Anbindung an ÖPNV und allgemeine Erreichbarkeit		
	Nutzungskonzept, Drittverwendungsfähigkeit		
	Energieverbrauch		
	Summe		
Recht	Umweltrechtliche Bestimmungen		
	Rechte und Lasten		
	Rechtliche Besonderheiten		
	Summe		

Tabelle 6.2: Mögliche Ratingskala für eine Immobilie[261]

6.3 Risikomanagement

6.3.1 Einführung in das Risikomanagement

Die Errichtung eines Früherkennungs- bzw. Risikomanagementsystems ist für Aktiengesellschaften in § 91 Abs. 2 AktG geregelt, wobei der Anstoß zur Änderung des Handelsgesetzbuches, des Aktien- sowie des Genossenschaftsgesetzes durch das Gesetz zur Kontrolle und Transparenz im Unternehmensbereich (KonTraG) 1998 kam, in dem die Umsetzung der Risikotatbestände in die Gesetze initiiert wurde.

Im § 91 Abs. 2 AktG steht: „Der Vorstand hat geeignete Maßnahmen zu treffen, insbesondere ein Überwachungssystem einzurichten, dass den Fortbestand der Gesellschaft gefährdende Entwicklungen früh erkannt werden."

Von besonderer Bedeutung ist, dass der Gesetzgeber den Standpunkt vertritt, dass diese Regelung auch den Pflichtenrahmen anderer Gesellschaftsformen betrifft. Dies ist im Genossenschaftsgesetz in § 34 Abs. 1 auch ausgeführt:

„Vorstandsmitglieder haben bei ihrer Geschäftsführung die Sorgfalt eines ordentlichen und gewissenhaften Geschäftsleiters einer Genossenschaft anzuwenden ...". Absatz 2 geht noch hierüber hinaus, denn hier wird ausgeführt, dass Vorstandsmitglieder, die ihre Pflichten verletzen, der Genossenschaft zum Schadensersatz als Gesamtschuldner verpflichtet sind. Sollte streitig sein, ob die Sorgfalt eines ordentlichen und gewissenhaften Geschäftsleiters angewandt worden ist, tragen die Vorstandsmitglieder die Beweislast.

Für die GmbH greift der § 43 GmbHG:

„(1) Die Geschäftsführer haben in den Angelegenheiten der Gesellschaft die Sorgfalt eines ordentlichen Geschäftsmanns anzuwenden.

(2) Geschäftsführer, welche ihre Obliegenheiten verletzen, haften der Gesellschaft solidarisch für den entstandenen Schaden."

---

261 In Anlehnung an: Brauer, K., Funktion und Aufbau eines Frühwarnsystems für immobilienspezifische Risiken, 2007, S. 47.

Damit wird der Maßstab immer auf der Ebene des Handelns eines ordentlichen Geschäftsführers angesetzt, der mit eigenem Geld agiert. In Schadensfällen wird nicht nur darauf abgestellt, ob ein Risikomanagementsystem im Unternehmen vorhanden ist, sondern auch, wie dieses ausgestaltet ist. Insoweit ergibt sich hier wiederum ein Berührungspunkt mit der Betreiberverantwortung, denn dort wird u.a. auf die Aufbau- und Ablauforganisation als Pflicht der Geschäftsführung hingewiesen sowie auf das das Prozessmanagement.

Beispiel:
Ein Risikomanagementsystem ohne Dokumentation und ohne engmaschiges Berichtswesen erfüllt die Anforderungen nicht.
Ein Risikomanagementsystem, das allein auf Kennzahlen der Vorperiode aufbaut, reicht im Sinne eines Früherkennungssystems nicht aus.

Der Deutsche Rechnungslegungsstandard (DRS) 20 beschäftigt sich mit der Lageberichterstattung und listet auf, was ein Risikomanagementsystem enthalten kann. Auch wenn die Verbindlichkeit dieser Standards umstritten ist,[262] wobei nach deren Veröffentlichung im Bundesanzeiger gemäß § 342 Abs. 2 HGB deren Beachtung als GoB vermutet wird, kann man hier einige Anleihen machen, was durch ein Risikomanagementsystem mindestens erkannt und veröffentlicht werden sollte.

D) Risikobericht				
Risiken, die die Entscheidungen der Adressaten des Lageberichts beeinflussen können				
Kriterien nach DRS 20 für die Aufstellung des Lageberichts	Entfällt	Enthalten	Nicht enthalten	Bemerkungen
Gefahr der deutlichen Verschlechterung der wirtschaftlichen Lage des Konzerns/Unternehmens				
Hinweise auf mögliche wirtschaftliche oder rechtliche Bestandsgefährdung				
Ein Risiko, welches den Bestand des Unternehmens gefährden könnte, ist als solches zu bezeichnen				
Risiken, die mit spezifischen Gegebenheiten des Konzerns/Unternehmens und seiner Geschäftstätigkeit verbunden sind				
Risikokonzentrationen (z.B. Konzentration auf einzelne Kunden, Lieferanten, Produkte, Patente, Länder)				

---

262 Vgl. Pellens/Füllbier/Gasse/Sellhorn, Internationale Rechnungslegung, 2008, S. 48.

6.3 Risikomanagement

Kriterien nach DRS 20 für die Aufstellung des Lageberichts	Entfällt	Enthalten	Nicht enthalten	Bemerkungen
Zusammenfassung zu Risikokategorien: • Umfeldrisiken und Branchenrisiken • Unternehmensstrategische Risiken • Leistungswirtschaftliche Risiken • Personalrisiken • Informationstechnische Risiken • Finanzwirtschaftliche Risiken • Sonstige Risiken				
Beschreibung der einzelnen Risiken, Quantifizierung und Erläuterung möglicher Konsequenzen				
Bei der Risikoeinschätzung ist von einem dem jeweiligen Risiko adäquaten Prognosezeitraum auszugehen.				
Darstellung der Interdependenzen zwischen einzelnen Risiken				
Keine Verrechnung von Risiken und Chancen				
Angemessene Beschreibung des Risikomanagements				
Aus Gründen der Klarheit hat Risikoberichterstattung in einer geschlossenen Darstellung und getrennt von der Prognoseberichterstattung zu erfolgen.				
Risikoberichterstattung bezieht sich auf die Lage des Konzerns/Unternehmens zum Zeitpunkt der Aufstellung des Lageberichts				
Wesentliche Veränderungen gegenüber dem Vorjahr sind zu beschreiben.				

Tabelle 6.3: DRS 20 – Ausschnitt Risikoberichterstattung, eigene Darstellung

6.3.2 Immobilienwirtschaftliches Risikomanagementsystem
Grundlagen
Ein Risikomanagementsystem für die Immobilienwirtschaft hat die Aufgabe, möglichen Risiken systematisch zu begegnen. Hilfreich beim Aufbau eines immobilienaufgabenspezifischen Risikomanagementsystems kann die Berücksichtigung der Grundsätze des Qualitätsmanage-

ments sein, insbesondere dargestellt in der DIN ISO 9001, 2000. Demnach sollte ein Risikomanagementsystem enthalten:
- ein Risikofrühwarnsystem,
- ein internes Kontrollsystem (IKS),
- ein Risikocontrolling und
- ein Risikoreporting.

Für eine Immobilienorganisation stellt sich im Rahmen eines Risikofrühwarnsystems die Frage, welche Indikatoren hierfür gewählt werden sollten. Dies ist natürlich abhängig von den jeweiligen Tätigkeiten der Organisation und auch vom geografischen Radius, in denen die Immobilienorganisation agiert. In einem solchen Frühwarnsystem müssen sowohl externe, wie auch interne Faktoren Eingang finden, wobei die externen (z.B. Eurokrise o.Ä.) nicht beeinflussbar sind, da die Immobilienorganisation nur auf sie reagieren kann. Interne Risiken liegen im Unternehmen selbst begründet und sind beeinflussbar. Abb. 6.4 zeigt einen Frühwarnradar. Dabei ist ein Risiko umso bedeutsamer, je näher es zur Mitte der Abb. liegt. In diesem Fall ist unterschieden worden zwischen Finanzmarkt- und konjunkturellen Risiken, Compliance-Risiken, solchen des operativen Geschäfts und Risiken, die die Strategie betreffen. Diese Risikoeinschätzung stellt die einer bestimmten Immobilienorganisation dar, und sieht in Abhängigkeit vom Tätigkeitsschwerpunkt bzw. der Organisation anders aus.

> **Definition:**
> **Compliance** bzw. **Regeltreue** (auch Regelkonformität) ist in der betriebswirtschaftlichen Fachsprache der Begriff für die Einhaltung von Gesetzen und Richtlinien in Unternehmen, aber auch freiwilliger Kodizes.

Außerdem sind Wechselwirkungen zwischen den Risiken zu betrachten: So können die strategischen Risiken, dass bisher nur eine unzureichende Orientierung in Richtung Nachhaltigkeit und Klimawandel im Rahmen der Strategie vorgedacht ist, und dass die Energiekosten steigen, für sich gesehen relativ unkritisch sein, beide Risiken zusammen mit dem mittelgroßen strategischen Risiko einer Nachfolgeregelung können aber zu eine kritischen Situation für die Zukunft der Immobilienorganisation führen.

Für Immobilien ist zu beachten, dass es branchenspezifische Besonderheiten beim Risikomanagement gibt, die nicht zuletzt aus der Teilmarktsituation resultieren, die das Erfassen von Marktrisiken erschwert. Es geht aber auch um die Standortgebundenheit, die große Kapitalbindung, die langen und kostenintensiven Nutzungsdauern sowie insgesamt die Vielfältigkeit der Risiken bis hin zur Betreiberverantwortung. Die Dienstleistungen rund um die Immobilie sind managementintensiv, mit der Folge, dass sich viele Risiken auch aus Fehlern von Mitarbeitern, Nutzern, Mietern, Besuchern und Fremddienstleistern ergeben.

6.3 Risikomanagement

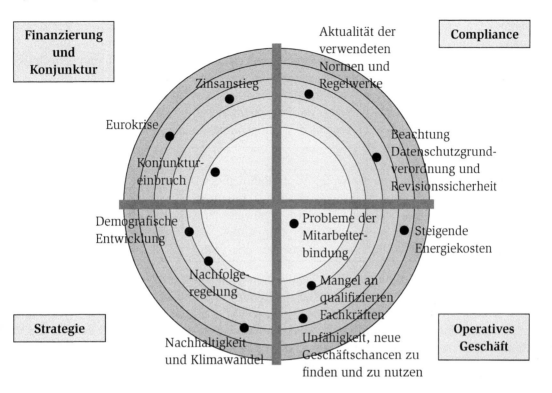

Abb. 6.4: Beispiel für Unternehmensrisiken einer Immobilienorganisation[263]

Es sollte also in jeder Immobilienorganisation die Frage gestellt werden, was für die Organisation besondere Bedeutung hat: Sind es die fähigen Mitarbeiter, der Cashflow, die möglichst hohe Verfügbarkeit sämtlicher Gebäudedienstleistungen? Wenn diese Fragen beantwortet sind, ist es möglich, sich Gedanken über Indikatoren zu machen, die möglichst früh auf diese Bereiche hindeuten. Über Frühwarnindikatoren verfügen nach Studien nur sehr wenige Unternehmen.[264]

Das interne Kontrollsystem lebt von organisatorischen Regelungen, so:
- Funktionstrennung nach Verantwortlichkeiten,
- Vier-Augen-Prinzip,
- Unterschriftsregelungen,
- Zuordnung von Wertgrenzen,
- Verteilung von Zugriffsrechten, die IT betreffend,
- Prozessbeschreibungen zu Arbeitsabläufen,
- Stellenbeschreibungen,
- Arbeits- und Dienstanweisungen,
- Belegwesen etc.

---

263 In Anlehnung an: Riedmüller, H., Ernst & Young Business Report 2009: Einsatz des Business Risk Radar und der Risk Impact Matrix im Rahmen des strategischen Risikomanagements, 2009, S. 94.
264 Monjau, G., Risikomanagement, Teil 2, Aufbau und Organisation, 2013, S. 24.

Damit wird der organisatorische Aspekt des Risikomanagementsystems angesprochen, wobei immer wieder hervorgehoben wird, dass die Verantwortlichkeiten hoch in der Hierarchie anzusetzen sind. Hierzu gehören neben der Konzeption, der Dokumentation und dem Unterhalt eines Risikomanagementsystems, dessen Integration in die Unternehmensplanung, die Sicherstellung der Informationsversorgung aller Risikoverantwortlichen in den Unternehmensbereichen und -prozessen sowie die Risikoberichterstattung (ad-hoc-Reporting).[265] Die Risikoorganisation zählt zu den besonders wichtigen Risikomanagementerfolgsfaktoren.

Beispiel:
Bei Objektankauf wird von der Wohn AG im Rahmen der Due Diligence eine Objektrisikoprüfung durchgeführt und ist insoweit prozessual integriert.
Da dies trotz aller Due Diligence-Checklisten teilweise zu Ankäufen geführt hat, bei denen wichtige risikorelevante Punkte nicht überprüft wurden, wird jetzt zusätzlich zum zentralen Risikocontrolling das Portfolio auf Risikoaspekte überprüft.

Derart sollte es gelingen für alle Bereiche, die besonders risikogefährdet erscheinen, das Risikomanagement zum zentralen Bestandteil, nicht zum Gegner der Prozesse zu machen. Insoweit kann der Nutzen gesteigert werden, gleichzeitig erhöht sich aber auch der Aufwand, zum einen bei der organisatorischen Implementierung zum anderen in der Durchführung.[266] Zudem ist in diesem Zusammenhang darauf zu achten, um welche Unternehmensart es sich handelt, entsprechend werden die Anforderungen an ein Risikomanagement andere sein, wie die Tabelle 6.4 zeigt.

Unternehmensart	Funktion des Immobilienmanagements	Funktion des Risikomanagements
Offener Immobilienfonds	Erwirtschaften einer attraktiven Rendite für den Anleger durch passenden Einkauf, Bewirtschaftung und Verkauf	Risikotransparenz zur Optimierung von Risiko und Rendite im Portfolio gemäß der gewählten Anlagestrategie
Wohnungsgenossenschaft	Nachhaltige Versorgung der Mitglieder mit zeitgemäßem und günstigem Wohnraum	Risikobegrenzung über den gesamten Lebenszyklus
Industrieunternehmen	Effiziente und effektive Bereitstellung von Flächen für das Kerngeschäft	Kostenoptimierung bei Erfüllung der Flächenanforderungen Begrenzung der Kosten aus veränderten Flächenbedarfen

Tabelle 6.4: Funktionen des Immobilien- und Risikomanagements[267]

---

265 Vgl. Monjau, G., Risikomanagement, Teil 2, Aufbau und Organisation, 2013, S. 24.
266 Vgl. Brede, H., Proaktives Risikomanagement internationaler Immobilieninvestments, 2013, S. 99.
267 In Anlehnung an: Blahusch, M.O./Lausberg, C., Prozessorientiete Weiterentwicklung des Risikomanagements, 2013, S. 80.

Risikoanalyse[268]

Der Risikobegriff ist weder im Gesetz, also z.B. im KonTraG, noch in dessen Begründungen konkretisiert. Risiko kann verstanden werden als jede Möglichkeit des Abweichens von geplanten Größen,[269] so von Ergebniszielen durch Umsatzrückgang, Mehrkosten, geringeren Gewinn, z.B. wenn ein Auftrag von einem lukrativen Kunden nur durch Kampfpreise gewonnen werden kann. Zugrunde gelegt wird ein bestimmter Betrachtungszeitraum[270], der meist dem Zeitraum der operativen Planung entspricht oder auch der Dauer eines Servicevertrags. Insoweit ist jede unternehmerische Entscheidung mit Risiko verbunden, da ihre Auswirkungen nicht vorhergesagt werden können.[271] Während sich die Ungewissheit jeglicher Quantifizierung entzieht und somit völlige Unkenntnis zukünftiger Umweltlagen bedeutet, versteht man unter Risiko im engeren Sinne eine messbare Größe, da objektive oder zumindest subjektive Wahrscheinlichkeiten für das Eintreten bestimmter Konstellationen angegeben werden können.[272] Dieses hier behandelte Risiko kann wiederum unterteilt werden in das unsystematische und das systematische Risiko.

Unsystematische Risiken sind Einzelrisiken bzw. titelspezifische Risiken, die nicht im Zusammenhang mit übergeordneten Ereignissen stehen. Sie sind schwer prognostizierbar, lassen sich aber durch Diversifikation weitgehend ausschalten. Wenn ein Auftraggeber verspätet zahlt oder Insolvenz anmelden muss, ist dies ein derartiges Einzelrisiko.

Systematische Risiken sind marktinhärente Veränderungen, die nicht nur ein einzelnes Projekt oder Objekt betreffen, sondern die Gesamtheit der jeweiligen Geschäftskategorie gleichermaßen. Derartige Risiken lassen sich zwar leichter prognostizieren, allerdings können sie durch die Wahl verschiedener Auftraggeber nicht reduziert werden.[273] In diese Kategorie fallen z.B. Risiken aufgrund eines ruinösen Anbieterwettbewerbs im FM-Markt. Das Gesamtrisiko einer Investition bzw. eines Unternehmens setzt sich zusammen aus der Addition des systematischen und des unsystematischen Risikos (s. Abb. 6.5).

---

268 Vgl. Hellerforth, Was ist aktives Immobilienmanagement?, 2001, S. 61-66.
269 Vgl. Galitz, L.C., Financial Engineering: Tools and Techniques to Manage Financial risk, 1995, S. 9.
270 Vgl. Spannagel, T., Risikomanagement in der praktischen Umsetzung, 2000, S. 19.
271 Vgl. Lück, W., Der Umgang mit unternehmerischen Risiken durch ein Risikomanagementsystem und durch ein Überwachungssystem, 1998, S. 192, m.w.N.
272 Vgl. Spannagel, T., Risikomanagement in der praktischen Umsetzung, 2000, S. 19.
273 Vgl. Steiner, M./Bruhns, C., Wertpapiermanagement, 1995, S. 49.

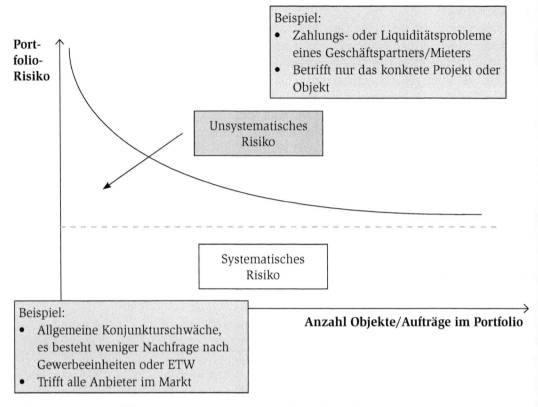

Abb. 6.5: Gesamtrisiko einer Investition anhand von Beispielen

6.3.3 Beispiele für Risiken von Immobilienorganisationen

Das Vertragsrisiko

Die meisten Verträge scheitern an unklaren Formulierungen, die dann in Rechtsstreitigkeiten münden. Kritisch sind z.B. bei Verträgen mit Dienstleistern weniger die gesetzlichen Regelungen oder die Rechtsprechung, sondern die lückenlose Darstellung komplexer Prozesse mit vielen Schnittstellen. Bei der Betreiberverantwortung geht es vor allem darum, dass die Schnittstellen im Sinne der Pflichtenübertragung nicht einwandfrei erkannt werden. Die Folge davon kann sein, dass sich für bestimmte Pflichten keine der Parteien verantwortlich zeigt.

Das Auftragnehmerrisiko

Zunächst müssen Bonität, Finanzkraft und Geschäftsgebaren sowie die Professionalität des Auftragnehmers genau analysiert werden. Diese Informationen sind nur bedingt am Markt einzukaufen, weshalb jeder Pressemitteilung, jedem Geschäftsbericht und jedem informellen Gespräch mit seinen Mitarbeitern große Bedeutung zukommt. Wenn ein Auftragnehmer durch Kündigung – meist des Auftraggebers – oder auch unplanmäßig ausfällt, muss der Betreiber bzw. Auftraggeber überprüfen:

1. Wurden zwischen Kündigung und Beendigung der Arbeit bzw. vor der Insolvenz des Auftragnehmers die Aufgaben noch ordentlich erledigt? Hier sind zumindest Stichproben erforderlich.

2. Wie kann die Kontinuität der Leistung sichergestellt werden? Dazu müssen Verantwortliche neu bestimmt, ggf. neu eingewiesen werden bzw. es muss ein neuer Vertragspartner ausgewählt und mit ihm ein Vertrag geschlossen werden.

Das Wechselspiel zwischen Preis- und Qualitätsrisiko
Der Status quo in vielen Immobilienorganisationen ist dadurch gekennzeichnet, dass der Bieter mit dem geringsten Preis den Auftrag bekommt. Dabei ergibt sich das Risiko, dass der Auftragnehmer die angebotene Leistung zu diesem Preis nicht kostendeckend erbringen kann, mit anderen Worten, der Gebäudebetrieb gefährdet sein könnte. Dann stimmt die Qualität der erbrachten Leistung nicht; dies wird u.U. aber erst nach einiger Zeit, im ungünstigsten Fall nach einem Unfall sichtbar.

Hieraus können auch Sachmängel resultieren, die Haftungsansprüche gegenüber dem Dienstleister auslösen. Diese in Anspruch zu nehmen, erscheint nur dann sinnvoll, wenn sie auch tatsächlich durchsetzbar sind.

6.3.4 Risikomanagementsystem
Einführung
Risikomanagement für das gesamte Unternehmen bedeutet, eine Gesamtrisikoschau zu veranstalten. Es müssen also die Einzelrisiken der Objekte und Projekte bemerkt, aufgenommen, bewertet und an die Unternehmensleitung übermittelt werden. Hierzu ist eine Risikokultur im Unternehmen erforderlich, die in einem Risikomanagementsystem mündet, dessen Voraussetzung vor allem ist, dass es all jene zur Verantwortung zieht, die für die Kontrolle des komplexen Bündels von Risiken zuständig sind.[274]

---

274 Vgl. Santomero, A., Die Revolution des Risikomanagements, 1999, S. 333.

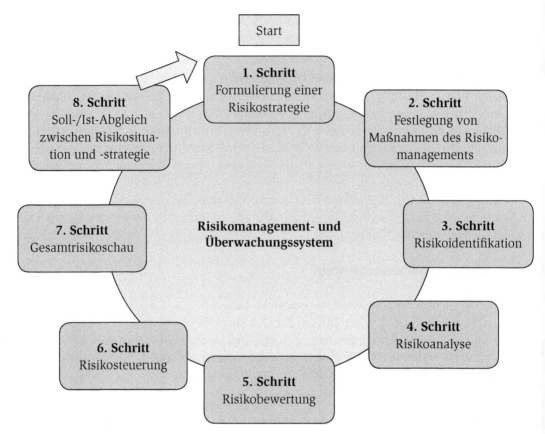

Abb.: 6.6: Risikomanagementsystem im Überblick[275]

In einzelnen Schritten soll jetzt die Risikostrategie einer Immobilienorganisation aufgeschlüsselt werden:[276]

1. Schritt: Risikostrategie

Die zu formulierende Risikostrategie legt vor allem fest, auf welche Risiken eingegangen werden soll, welches Verhältnis zwischen Risiken und Chancen in den einzelnen Unternehmensbereichen oder bei einzelnen Projekten mindestens einzuhalten ist und ab welcher Schadenshöhe explizite Maßnahmen zur Risikosteuerung eingeleitet werden müssen. Dazu gehört auch die Vorgabe einer maximalen Verlusthöhe. An dieser Stelle werden auch die Verantwortlichkeiten für das Risikomanagement in der Immobilienorganisation festgelegt,[277] um die Rollen insbesondere zwischen Management bzw. Führungsebenen und den Mitarbeitern zu verteilen: Ab wann darf eine Risikosituation, ein sich abzeichnender Verlust oder eine Ungewissheit nicht vertuscht oder ausgebessert werden? Diese Frage sollte Teil der Berichterstattung sein? Dabei

---

275 Vgl. Lück, W., Risikomanagementsystem – Internes Überwachungssystem, Controlling und Frühwarnsystem, 1998, o.S.
276 Vgl. h. u. i. F.: Lück, W., Internes Überwachungssystem (IÜS), in: Lück, W. (Hrsg.), Lexikon der Internen Revision, München 2001, S. 29.
277 Vgl. Spannagel, T., Risikomanagement in der praktischen Umsetzung, 2000, S. 29.

spielt es für diejenigen, die direkt mit dem Risiko konfrontiert sind, keine Rolle, ob ein Verlustausgleich beispielsweise unter steuerlichen Gesichtspunkten mit der Firmenpolitik übereinstimmt. Reporting-Leitlinien sollten verbindlich festgelegt werden.

2. Schritt: Festlegung der Maßnahmen des Risikomanagements
Im Einklang mit der Risikostrategie sind geeignete Maßnahmen festzulegen. Dieser Einklang bedeutet, dass sowohl das in der Risikostrategie vorgegebene Verhältnis zwischen Chancen und Risiken bei Einzelprojekten bzw. -objekten eingehalten wird als auch die vorgegebene maximale Verlustgrenze.

3. Schritt: Risikoidentifikation – Risikoinventur
Bisher wurde im Soll-Bereich gearbeitet, das heißt, es wurden bestimmte Grenzwerte bzw. Wesentlichkeitsgrenzen festgelegt. Im dritten Schritt geht es nun darum, eine Risikoinventur durchzuführen, das bedeutet, es soll möglichst vollständig erfasst werden, welche Gefahrenquellen, Schadenspotenziale und Störfaktoren im Unternehmen bestehen. Auf der anderen Seite müssen aber auch die Garanten des Unternehmenserfolges einer genauen Analyse unterzogen werden; bei dieser sollten vor allem die Ursachen für die Volatilität der Einkünfte und des Marktes betrachtet werden.[278] Am nützlichsten sind die Ergebnisse der Risikoinventur, wenn man die aus ihnen gewonnen Erfahrungswerte in ein Frühwarnsystem derart einbindet, dass man eine aktive Risikosteuerung erreicht, anstelle einer Reaktion auf veränderte Umweltbedingungen.[279]

Hierbei sollte beachtet werden, dass gemäß PS 430 IDW die Risikoinventur vollständig sein muss, d.h. es sollten alle betrieblichen Prozesse und Bereiche unter Einbeziehung aller Hierarchiestufen einbezogen werden, ebenso die Tochterunternehmen eines Konzerns.[280] Für Immobilienunternehmen, zumal, wenn sie in mehreren Geschäftsfeldern tätig sind, besteht das größte Problem der Risikoinventur zunächst darin, auch die Überschneidungen der unterschiedlichen Risikodimensionen zu bewerten und darauf zu achten, dass durch die Betrachtung der umfangreichen im Tagesgeschäft erscheinenden Risiken nicht die strategischen Risiken vernachlässigt oder auf die lange Bank geschoben werden. Dies gelingt i.d.R., wenn die unterschiedlichen Ebenen im Unternehmen, die einmal den operativen Blickwinkel haben (mittleres und unteres Management und Mitarbeiter) sowie die Geschäftsführung bzw. die zweite Ebene wie Finanzen und Controlling miteinbezogen werden.

Tabelle 6.5 zeigt eine mögliche Grundsystematik zur Gliederung und Kategorisierung immobilienwirtschaftlicher Risiken, die jedoch unternehmensindividuell angepasst werden müssen.

---

278 Vgl. Santomero, A., (Revolution) Die Revolution des Risikomanagements, 1999, S. 331.
279 Vgl. zu Frühwarnsystemen in der Wohnungswirtschaft: Mändle, E., Frühaufklärungssysteme, 4. Nachlieferung 11/1991, in: Handbuch Controlling, e.A., Landsberg 1991, S.1–48, , S. 15 ff.
280 Vgl. Weinstock, M./Scibbe, P., Unternehmerisches Handeln als Management von Chancen und Risiken, 2013, S. 123.

Immobilienwirtschaftliche Risiken		Unternehmensrisiken
Standort- und Marktrisiken	**Objektrisiken**	
Nationale Ebene Gesamtwirtschaftliche Entwicklung Soziodemografische Entwicklung Politische, steuerliche und juristische Rahmenbedingungen	**in Nutzung** Gebäudesubstanz Ökologische Risiken Mietwert Bewirtschaftungskosten Wertentwicklung Rechtliche Risiken	**Managementrisiken**
		Führungs- und Organisationsrisiken
		Ertragsrisiken
		Kostenrisiken
Regionale Ebene Wirtschaftliches Umfeld Soziodemografische Entwicklung Immobilienmarkt Politische und rechtliche Risiken Standortrisiken Großschadensereignisse		Risiken aus der Finanzierung
		Rechtliche Risiken
	Bauphase Projektkonzeption Projektfinanzierung Boden- und Baugrundrisiko Altlastenrisiko Kostenrisiko Terminrisiko Genehmigungsrisiko Technische Risiken	Personalrisiken
Standort Immobilienmarkt Standortrisiken Rechtliche und politische Risiken Soziale Risiken Ökologische Risiken Großschadensereignisse		
	Objekteigenschaften Architektonische Gestaltung Image Bauweise Ausstattung Ökologische Qualität Soziale Qualität	

Tabelle 6.5: Gliederung und Kategorisierung immobilienwirtschaftlicher Risiken[281]

4. Schritt: Risikoanalyse

Die Risikoanalyse dient der Ursachenermittlung der identifizierten Risiken und liefert damit erste Anhaltspunkte zu ihrer Vermeidung. Einige Risiken werden sich nur dann vermeiden lassen, wenn man z.B. weniger Projekte durchführt, so bei schlechten Konjunkturaussichten oder Veränderungen der rechtlichen oder steuerlichen Situation. Hier können sich kurzfristig

---

281 Vgl. Urschel, O., Risikomanagement in der Immobilienwirtschaft, Ein Beitrag zur Verbesserung der Risikoanalyse und -bewertung, 2010, S. 113.

6.3 Risikomanagement

Veränderungen im Sinne von Risiken, aber auch von Chancen ergeben, sodass sich eine permanente Beobachtung empfiehlt.

5. Schritt: Risikobewertung

Jetzt wird das Ausmaß der einzelnen Risiken bestimmt bzw. der Schaden, der durch ihre Realisierung entstehen kann. Diese Quantifizierung ist erforderlich, weil nur ein bewertetes Risiko zu steuern ist. So reicht es nicht aus zu wissen, dass durch eine Überschreitung des Terminplans Kosten entstehen können, sondern eine genaue Quantifizierung dieser Kosten pro Tag ist betriebswirtschaftliche Notwendigkeit. Je einheitlicher und konsistenter eine derartige Bewertungssystematik ist, je regelmäßiger sie durchgeführt wird, umso besser ist dies für das gesamte Risikomanagement.[282]

Hierzu bietet sich beispielsweise eine Anlehnung an den DRS 5 – Risikoberichterstattung – an,[283] bzw. an die ONR 49002, in der folgende Beispiele für Eintrittswahrscheinlichkeiten und Schadenshöhen im technischen Bereich angeführt werden.

Eintrittswahrscheinlichkeit		Schadenshöhe	
häufig	einmal in 2 Jahren	unbedeutend	belastet das Budget nicht
möglich	einmal in 3 Jahren	gering	belastet das Budget, werden in der GuV nicht wirklich sichtbar
selten	einmal in 10 Jahre	spürbar	Jahresgewinn wird sichtbar vermindert
sehr selten	einmal in 33 Jahren	kritisch	Jahresgewinn wird aufgezehrt
unwahrscheinlich	einmal in 100 Jahren	katastrophal	mehrere Jahresgewinne fallen dem Risiko zum Opfer

Tabelle 6.6: **Risikobewertung in Abhängigkeit von Eintrittswahrscheinlichkeiten und Schadenshöhe**

Im Rahmen der Risikobewertung ergeben sich ebenfalls einige Probleme, die eine Immobilienorganisation im Griff haben sollte. Gerade Risiken, die noch sehr schwache Signale aussenden, werden entweder nicht beachtet, oder sind nur unzureichend quantitativ zu erfassen. In diesem Zusammenhang kann z.B. durch quantitative Techniken nur bedingt Abhilfe geschaffen werden,[284] bei denen auf analytischem Weg singuläre Größen prognostiziert werden. Dies sind insbesondere:

- die Trendextrapolation,
- die einfache und multiple Regression sowie
- die Methode der gleitenden Durchschnitte.

---

282 Vgl. Keitsch, D. Risikomanagement, Stuttgart 2000, S. 52.
283 Veröffentlichung im Bundesanzeiger durch das BMJ erfolgt.
284 Vgl. Metzner, S. Immobiliencontrolling, 2002, S. 276.

Deshalb greift man häufig auf qualitative Techniken zurück, bei denen aus qualitativen Größen in einem zweistufigen Prognoseverfahren quantitative Planzahlen abgeleitet werden[285]. Zuerst erfolgt die Prognose oder Analyse qualitativer Sachverhalte, wobei den Chancen und Risiken in Bezug auf Immobilien in Folge allgemeiner Trends eine große Bedeutung zukommt. Erst im zweiten Schritt wird auf die eigentliche – quantitative – Prognosegröße (z.B. Mietertrag) geschlossen. Am häufigsten werden angewendet:

- die Szenario-Technik,
- die Relevanzbaum-Methode,
- die Delphi-Methode und
- die historische Analogie.

6. Schritt: Risikosteuerung

Die Risikosteuerung hat zur Aufgabe, die identifizierten und bewerteten Risiken zu vermeiden bzw. zu reduzieren, wobei beachtet werden sollte, dass sich viele der Einzelrisiken wechselseitig beeinflussen, sodass die Reduktion eines Risikos durchaus zur Erhöhung eines anderen führen kann. Entsprechend kann das Ziel des Risikomanagements nicht die vollständige Risikovermeidung sein.

Wenn es gelingt, die Risiken durch eine entsprechende Risikosteuerung zu vermindern, ergibt sich direkt ein operativer Wertbeitrag des Risikomanagements, wenn die eingetretenen Schäden zurückgehen. Wenn diese Erkenntnisse dann systematisch genutzt werden und hieraus ein Lernprozess in der Immobilienorganisation entsteht, wird es auch in strategischer Hinsicht gelingen, einen Wertbeitrag durch das Risikomanagement zu realisieren, z.B. weil die Organisation leistungsfähiger und kompetenter wird. Ein Beispiel für den Ablauf eines ganzheitlichen Risikomanagements bei Ankauf ist in Abb. 6.7 dargestellt.

---

285 Vgl. Metzner, S. Immobiliencontrolling, 2002, S. 282.

6.3 Risikomanagement

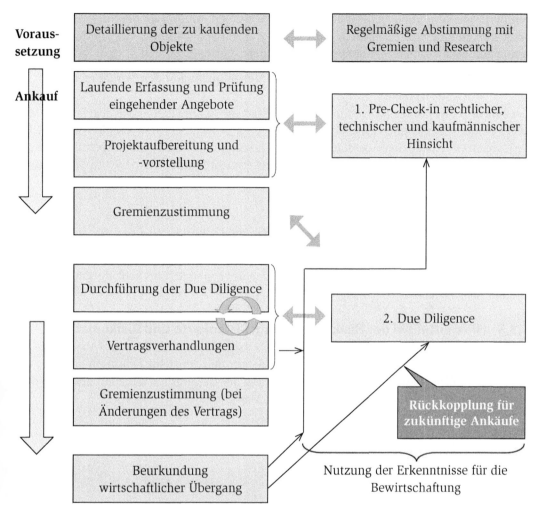

Abb. 6.7: Beispiel für die Einbeziehung des Risikomanagements im Ankaufsprozess[286]

Hierbei ist neben den Implikationen für neue Ankaufsprozesse, die als Rückkopplungspfeile dargestellt sind, auch zu beachten, dass ein Risikomanagement darauf abhebt, Fehler bei der Bewirtschaftung zu vermeiden, weshalb die Erkenntnisse an die entsprechenden Abteilungen weitergeleitet werden sollten.

7. Darstellung der gesamten Risikosituation des Unternehmens

Nur ein umfassender Überblick über die Gesamtrisikosituation des Unternehmens ermöglicht es, sowohl potenzielle als auch bestehende Risiken zu erfassen und eine Gesamtschadenshöhe zu quantifizieren. Dies kann in Form einer Risikokarte oder einer Risikomatrix erfolgen. Denn häufig bedeuten z.B. die finanziellen Risiken eines Projektes noch keinen Engpass für das Unternehmen, sie können kurz- oder mittelfristig aus liquiden Reserven oder durch Ausnut-

---

[286] Eigene Darstellung unter Erweiterung des Rollenmodells von Weinstock/Scibbe: vgl. Weinstock, M./Scibbe, P., Unternehmerisches Handeln als Management von Chancen und Risiken, 2013, S. 131.

zen der Kontokorrentmöglichkeiten ausgeglichen werden. Wenn sich aber derartige Risiken bei mehreren Projekten realisieren, müssen alle Ampeln auf Rot springen, dem Unternehmen kann dann ein ernsthafter Zahlungsengpass drohen.

8. Schritt: Vergleich der Risikosituation des Unternehmens mit den Vorgaben der Risikostrategie

Der 8. Schritt umfasst die klassische Soll-Ist-Analyse, aus deren Ergebnissen abgeleitet werden kann, ob die vorgegebenen Ziele erreicht werden. Es ist nachzuprüfen, ob die vorgegebenen Verlustgrenzen eingehalten wurden und ob ein im Sinne der Unternehmenspolitik ausgewogenes Verhältnis zwischen Chancen und Risiken erreicht wurde. Die dabei zu beachtenden Maßgaben umfassen sowohl:
- die Richtigkeit der Risikoanalyse als auch
- die Richtigkeit der Risikobewertung und
- die Angemessenheit der eingeleiteten Maßnahmen der Risikosteuerung.

Bei nicht tolerierbaren Abweichungen muss das Unternehmen seine Risikostrategie überprüfen und neu formulieren. Mit dieser Überarbeitung des ersten Schritts schließt sich der Kreislauf der Risikosteuerung.

6.3.5 Hilfsmittel bei der Risikosteuerung: Risikokarte und Risikomatrix
Risikokarte

Herausgegriffen werden noch einmal der fünfte Schritt und der siebte Schritt, in denen es um die konkrete Risikobewertung bzw. die Darstellung der Gesamtrisikosituation des Unternehmens geht, in der Form einer Risiko-Karte (Risk-Map).

6.3 Risikomanagement

Risiko-kategorie	Unter-kategorie	Schadens-höhe	Eintritts-wahr-schein-lichkeit	Etablierte Maß-nahmen	Über-wachung	Handlungs-bedarf/ Maßnahmen
Externes Umfeld	Bautenstands-überwachung	3, 2	D	+	+	Kommunikation auf den Baustellen, bessere Auswahl der Bauleiter
Mana-gement	Gewährleis-tungsver-folgung	3	E	-	+	Datenbanklösung zur Überwachung, insbesondere bei Einbau in Bestand
	Mitarbeiter	3	E	+	+	Mitarbeiter-motivation durch Workshops steigern
Recht/ Steuern	Share Deals	3	E	-	+	Vor Kauf von Objektgesellschaf-ten steuerliche Vor-aussetzungen noch einmal überprüfen
...						

Schadenshöhe:
1 Unbedeutend
2 Gering
3 Mittel
4 Schwerwiegend
5 Existenzgefährdend

Eintrittswahrscheinlichkeit:
A Sehr unwahrscheinlich
B Unwahrscheinlich
C Möglich
D Wahrscheinlich
E Sehr wahrscheinlich

Abb. 6.8: Ausschnitt aus einer Risiko-Karte[287]

Hier sind die oben angedeuteten Wesentlichkeitsgrenzen formuliert, vor allem solche, bei denen ein Risiko so bedeutsam erscheint, dass es explizit gemanagt werden muss, weil es beispielsweise einen wesentlichen Einfluss auf die Vermögens-, Finanz- oder Ertragslage hat. Man spricht in diesem Zusammenhang auch von materiellen bzw. bestandsgefährdenden Risiken. Ein Eingehen auf sämtliche Risiken ist nämlich weder praktisch durchführbar noch im Interesse der Klarheit und Steuerbarkeit. Ebenso lohnt es sich kaum, Risiken zu erfassen, deren Eintrittswahrscheinlichkeit ausgesprochen gering ist (Naturkatastrophen). Nicht erfasst werden auch die durch Versicherungen bzw. Sicherungsgeschäfte abgesicherten Risiken, z.B. ein Zinsänderungsrisiko bei Festzinsvereinbarungen.[288]

---

[287] Eigene Darstellung in Anlehnung an: Lück, W., Risikomanagementsystem – Internes Überwachungssystem, Controlling und Frühwarnsystem, 1998, o.S.
[288] Vgl. Schmid, W., Risikomanagement durch den Vorstand, in: Dokumentation der WSF-Tagung: Risikomanage-ment in der Umsetzung, 2000, S. 8.

Also kann man formulieren: Immer, wenn die Schadenshöhe im Bereich vier (schwerwiegend) oder fünf (existenzbedrohend) liegt, die Eintrittswahrscheinlichkeit im Bereich D (wahrscheinlich) oder E (sehr wahrscheinlich) oder beide mindestens im Bereich dreich C und darüberliegendarüber liegen, ist diese Wesentlichkeitsgrenze überschritten.

Ein Kritikpunkt, der in diesem Zusammenhang immer wieder geäußert wird, ist die Tatsache, dass subjektive Einschätzungen einbezogen werden. Dies ist jedoch eine bewusste und auch eine unvermeidbare Bedingung einer jeden mit Bewertung zusammenhängenden Unternehmensdisposition und im übrigen Ausfluss indvidueller Risikofreude, -Riskoneutralität oder auch -Risikoaversion.

Die Risikomatrix

Aus der Risikokarte lässt sich eine weitere Darstellung der Gesamtrisiken ableiten: Die Risikomatrix, bei der Schadenshöhe und Eintrittswahrscheinlichkeit in einer Matrix abgetragen und Wesentlichkeitsgrenzen mithilfe zweier Linien markiert werden. Alle im rechten oberen Quadranten liegende Risiken werden einer näheren Untersuchung unterzogen. Es ist auch noch möglich, ein weiteres Feld zu identifizieren. Wenn Felder in diesem Feld liegen, muss unverzüglich gehandelt werden.

Gleichzeitig kann auch miteinbezogen werden, ob es weitere Risiken mit der Schadenshöhe fünf gibt, die aufgrund ihrer großen finanziellen Auswirkungen auf die Immobilienorganisation beobachtet werden müssen.

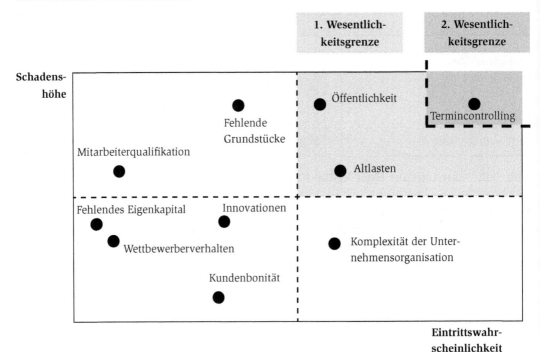

Abb. 6.9: Ausschnitt einer Risikomatrix[289]

---

289 Vgl. Spannagel, T., Risikomanagement in der praktischen Umsetzung, 2000, S. 20.

Wahrscheinlichkeiten – wie die hier verwendete Eintrittswahrscheinlichkeit eines Risikos – kann man i.d.R. am einfachsten über statistisch erfasste Werte ermitteln, das heißt über eine große Zahl gleichartiger Fälle,[290] indem man z.B. prüft, bei wie vielen Projektentwicklungen die Kosten um mehr als 10 % überschritten wurden. Dann können negative Erfahrungen aus der Vergangenheit in die Zukunft projiziert werden.[291] Eine andere Möglichkeit besteht im Einsetzen subjektiver Wahrscheinlichkeiten.

6.3.6 Beispiel: Risikostrategie im Zusammenhang mit dem Portfolio-Management

Eine typische Art, Immobilienrisiken zu vermindern, ist eine Diversifikationsstrategie. Dies kann bestehen in:
- dem Angebot bestehender Produkte in neuen Märkten (vertikale Diversifikation),
- in der Entwicklung neuer Produkte in bestehenden Märkten (horizontale Diversifikation) oder
- neuen Produkten in neuen Märkten (laterale Diversifikation).

Diese Optionen führen zu einer Erweiterung des vorhandenen Geschäftsfeldspektrums, wenn Produkte als Immobiliennutzungsarten sowie Phasen des Lebenszyklus und Märkte als Gebiete oder Ballungsräume interpretiert werden. Beispielsweise bedeutet für ein Unternehmen, das sich bisher nur mit Büroimmobilien in Frankfurt beschäftigt hat, eine horizontale Diversifizierung, dass jetzt auch gemischtgenutzte Immobilien in das Portfolio (das ja durchaus nur aus Immobilien in der Entwicklung bestehen kann) aufgenommen werden. Eine vertikale Diversifizierung liegt vor, wenn das Unternehmen jetzt auch Büroimmobilien im Raum Köln mit in das Portfolio nimmt. Eine laterale liegt beispielsweise vor, wenn neben Büroimmobilien in Frankfurt, jetzt auch Geschäftshäuser im Raum Köln Teil des Portfolios sind. Die Diversifizierungsstrategien im unteren Bereich der Abb. 6.10 beziehen sich auf Wertschöpfungsfunktionen in unterschiedlichen Lebenszyklusphasen gepaart mit unterschiedlichen Immobilienarten.

Die dritte Dimension, nämlich die der Lebenszyklusphase, wurde eingeführt, weil die Dimension der räumlichen Differenzierung (Standortfaktoren) der Aufgabenstellung einer zukunftsorientierten Portfolioanalyse nur bedingt gerecht wird. Standortfaktoren zu bestimmen ist deshalb wichtig, weil es sich bei ihnen um eine nur sehr schwer bzw. teilweise gar nicht zu verändernde Qualität der Immobilien handelt. Doch wenn ein Standort nicht grundsätzlich in Frage gestellt werden kann, sind zukunftsorientierte Informationen zur Ertragslage und den zukünftigen (Bewirtschaftungs-)Kosten für eine fundierte Portfolio-Analyse umso zwingender.[292] Die Diversifikation dient aber auch der Risikostreuung im Unternehmen.

---

290 Vgl. Schmid, W., Risikomanagement durch den Vorstand, in: Dokumentation der WSF-Tagung: Risikomanagement in der Umsetzung, 2000, S. 18.
291 Vgl. Schüz, M., (Werte) Werte – Risiko – Verantwortung, Dimensionen des Value Managements, 1999, S. 95.
292 In Anlehnung an: Raschper, N., Portfolio Management für Zukunftssicherung, 2002, S. 46.

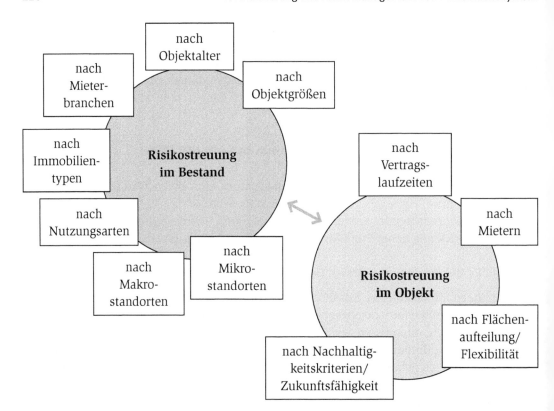

Abb. 6.10: Kriterien der Risikostreuung in Immobilienportfolien, eigene Darstellung

6.3.7 Risikomanagement im Zusammenspiel mit dem Prozessmanagement

Dem Risikomanagement wird in einem volatileren Umfeld ein immer größerer Platz eingeräumt – nicht nur aufgrund gesetzlicher Vorgaben. Jeder Fehler in den Prozessen einer Immobilienorganisation stellt ein Risiko dar, weshalb im Rahmen des Risikomanagements auch diese operationalen Risiken betrachtet und gemanagt werden müssen.

> **Beispiel:**
> Die FM-Profi-GmbH bietet u.a. auch Betriebskostenabrechnungen für ihre Kunden an. Es stellt sich im Rahmen der genauen Betrachtung der Ergebnisse heraus, dass die FM-Profi-GmbH zwar Verträge abgeschlossen hat, in denen die Margen ungewöhnlich hoch sind, auf der anderen Seite gibt es aber ständige Probleme wegen fehlerhafter Betriebskostenabrechnungen. Und das, obwohl die FM-Profi-GmbH die gleiche Abrechnungssoftware wie ihr Mutterunternehmen, die „Riesen-Immo-AG", einsetzt. Beim Mutterunternehmen ist die Fehlerhäufigkeit der Abrechnungen demgegenüber sehr gering. Eine genaue Betrachtung der Prozesse brachte zu Tage, dass als Abrechnungsgrundlagen bei der „Riesen-Immo-AG" die selbst erhobenen Bestandsdaten verwendet wurden, während die Abrechnung bei der „FM-Profi-GmbH" aufgrund von Unterlagen der Kunden erfolgte, die teilweise ungenau oder lückenhaft waren. Das Abrechnungsteam war zudem an vertraglich vorgesehene Rahmendaten gebunden, wann eine Abrechnung zu erfolgen hatte, was dazu führte, dass es zu

6.3 Risikomanagement

> Fehlern und infolge von Abwanderungen der Kunden auch zu Schadensersatzforderungen kam. In der Folge wurde der Prozess der Abrechnung verändert, indem eine weitere Stufe Prüfen der Abrechnungsgrundlagen hinzugefügt wurde, in die nicht nur das Abrechnungsteam, sondern auch die Vor-Ort-Tätigen Mitarbeiter der FM-Profi-GmbH einbezogen wurden.

Die Implementierung eines Risikomanagementprozesses – wie oben dargestellt – ist dabei ein entscheidender Erfolgsfaktor, muss aber für jede Praxisanwendung konkretisiert werden, auch im Hinblick darauf, wer Prozessverantwortlicher und wer Prozessbeteiligter ist und wie der Prozess Risikomanagement in den strategischen und operativen Ablauf integriert werden kann. Im Rahmen des operativen prozessorientierten Risikomanagements empfehlen sich unterstützende Maßnahmen, von denen die wichtigsten sind:[293]

- Workflow-Dokumentation kritischer Pfade,
- Risikomanagement-Prozess-Audits,
- Prozessuale Verhaltensanalysen sowie
- IT- und Datenmanagement, das sicherstellen sollte, dass das interne Risikoreporting in der Aufbauorganisation des Immobilienunternehmens funktioniert.

In diesem Zusammenhang geht es auch um die organisatorische Implementierung des Risikomanagements, wobei grundsätzlich eine zentrale oder eine dezentrale Organisation denkbar und in Prozesse integrierbar ist.

---

293 Vgl. h. u. i. F.: Blahusch, M.O./Lausberg, C., Prozessorientierte Weiterentwicklung des Risikomanagements, 2013, S. 88 f.

7. Weitere Trends im Immobilienmanagement
7.1 Einführung
In diesem abschließenden Kapitel sollen anstelle eines Resümees unterschiedliche Trends im Immobilienmanagement dargestellt werden, und zwar das Lebenszyklusmodell, welches ursprünglich aus dem Facility-Management kommt, sowie Nachhaltigkeit und Green Building als weitere aktuelle Themen.

7.2 Lebenszyklusphasenmodell von Immobilien
7.2.1 Einführung
Das Lebenszyklusphasenmodell erfasst die Zusammenhänge der einzelnen Lebenszyklusphasen der Immobilien und korrespondiert mit dem Ansatz des ganzheitlichen – lebenszyklusübergreifenden – Facility-Managements. Die einzelnen Lebenszyklusphasen sind die:
1. Vorplanungsphase
2. Planungsphase
3. Erstellungsphase
4. Phase der Inbetriebnahme,
5. Nutzungsphase und
6. Verwertungsphase.

Diese Phasen hängen, da es sich um ein Gebäude handelt, eng miteinander zusammen bzw. es gibt wechselseitige Abhängigkeiten. Fehler, die in den ersten drei bzw. vier Lebenszyklusphasenauftreten, üben potenzierende Auswirkungen auf die gesamte Nutzungsphase aus. Dies ist umso gravierender als bei Immobilien die sogenannte 80:20-Regel gilt, nach der nur rund 20 % der Kosten bis zur Fertigstellung entstehen, beinahe 80 % der Kosten während der Nutzungsphase, wie in Abb. 7.1 gezeigt. Auch die Verwertungskosten sind relativ gering im Verhältnis zu den Nutzungskosten. Man spricht in der Unterscheidung zwischen den Phasen bis zur Fertigstellung und den darauffolgenden Phasen auch von Erst- und Folgekosten.

Auch wenn in diesem Zusammenhang immer wieder der Terminus Zyklus auftaucht, besteht allgemeine Einigkeit darüber, dass eine Immobilie diesen Lebenszyklus zwar mehrfach durchlaufen kann, da sie im Rahmen der Verwertungsphase wieder marktgängig gemacht werden kann, dass aber nur die Lebensdauer des Grundstücks unendlich ist. Insoweit wird auch vorgeschlagen, bei Gebäuden den Terminus „Lebensspanne" oder „linearer Lebenszyklus"[294] anzuwenden.

---

294 Vgl. GEFMA, Richtlinie 100-1, Anhang A.

7.2 Lebenszyklusphasenmodell von Immobilien

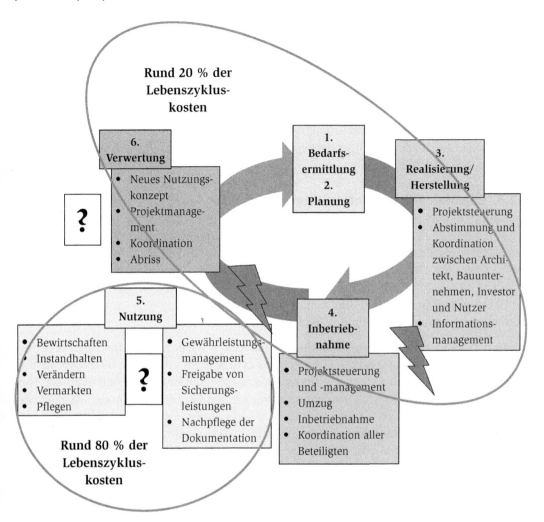

Abb. 7.1: Das Lebenszyklusphasenkonzept verbunden mit der „80:20-Regel", eigene Darstellung [295]

7.2.2 LCC (Life Cycle Costing) und Prozessdenken

Die Immobilie wird im Rahmen des Lebenszykluskostenansatzes als ein Gesamtprozess gesehen, der sich in Einzelprozesse aufteilt. Der Managementansatz hält diese einzelnen Prozesse zusammen und verschmilzt sie zu einem sinnvollen und optimierten Gesamtprozess. Hier gelingt es, die Diskontinuitäten im Lebenszyklus systematisch abzubauen und die Schnittstellen zwischen Erstellungsphase und Phase der Inbetriebnahme bzw. Nutzung zu vermindern. Man kann so weit gehen, die auf die Periode heruntergebrochene Berechnung als Instrument

---

[295] Vgl. Lebenszykluskonzept: Hellerforth, M., Handbuch Facility Management für Immobilienunternehmen; 2006, 80:20-Regel: In Anlehnung an: Gondring, H./Wagner, T. (Hrsg.), Facility Management Handbuch für Studium und Praxis, 2007, S. 214.

des Controllings zu sehen und hieran eine Soll-Ist-Betrachtung festzumachen, um aus Abweichungen wichtige Steuerungsinformationen zu generieren.[296]

Damit geht es im Lebenszykluskostenmanagement darum, bereits in der Planung die gesamte Lebensspanne eines Gebäudes vom Anfang bis zum Ende in der Gesamtheit seiner Kosten zu erfassen und die notwendigen Vorkehrungen zu treffen, die eine optimale Nutzung ermöglichen.

Somit ist das Denken über den Lebenszyklus hinweg das theoretisch bestechende Konzept. Im Folgenden wird anhand einiger Beispiele untersucht, inwieweit Wunsch und Wirklichkeit voneinander abweichen.

7.2.3 Beispiele für Diskontinuitäten im Lebenszyklus[297]
Reinigung – „Dienstleisterchaos"
Bei Wohnimmobilien reinigt jeder Mieter seine Mietfläche selbst, ggf. kauft er hierfür eine Reinigungsleistung ein. Hinzu kommt die regelmäßige Verpflichtung, Gemeinschaftsflächen, wie Treppenhaus, Dachboden, Keller und Flure zu reinigen. Hierfür wird u. U. eine fremde Kraft in der Regel vom Vermieter beauftragt, in Abhängigkeit von der Art des Wohnhauses und der Zahlungskraft der Mieter. Damit können in einer Wohnimmobilie bei acht Parteien bis zu neun unterschiedliche Kräfte für die Reinigung beschäftigt sein.

Wirtschaftlichkeit für Nichtimmobilienunternehmen = wirtschaftlich für einen Investor?
Viele als wirtschaftlich propagierte Lösungen aus dem Non-Property-FM haben noch nicht in die Immobilienwirtschaft Eingang gefunden. Wenn ein Nichtimmobilienunternehmen, welches Eigentümer seiner betrieblich genutzten Immobilien ist, in Maßnahmen investiert, die zu geringeren Betriebskosten führen, lassen sich viele dieser Investitionen durch ihre kurze Amortisationsdauer rechnen bzw. führen sie schnell zu einer Verminderung der Gesamtkosten. Wenn ein Vermieter investiert, um niedrigere Nebenkosten zu erreichen, z.B. in Perlatoren, Aqua-Stop-Systeme, ein Blockheizkraftwerk oder auch in neue wärmegedämmte Fenster, stehen adäquaten Mieterhöhungen nicht nur gesetzliche Bestimmungen entgegen, sondern auch die Zahlungsbereitschaft und -möglichkeit der Mieter.[298]

Wenn ein Bauträgerunternehmen Wohnimmobilien erstellt mit höheren als den marktüblichen Herstellungskosten, dafür aber niedrige Folgekosten darstellen kann, besteht zum einen das Problem, ob die Kunden sich diese erhöhten Herstellungskosten leisten können, zum anderen aber auch, ob die Banken sie dann noch finanzieren. Auch hier sind also FM-Konzepten Grenzen gesetzt. Auch wenn immer wieder dargelegt wird, dass die Senkung der Nutzungskosten zu einer besseren Vermietbarkeit führt, bleibt das Problem, dass eine eindeutige Ursache-Wirkungskette zwischen niedrigen Nebenkosten und Mietertreue noch nicht nachgewiesen ist. Dies gilt umso mehr, wenn ein Immobilienunternehmen für den anonymen Markt baut und dann verkauft.

---

296 In Anlehnung an: Gondring, H./Wagner, T. (Hrsg.), Facility Management Handbuch für Studium und Praxis, 2007, S. 214.
297 Vgl. Hellerforth, M., Was bringt die Lebenszyklusorientierung für Immobilienunternehmen?, 2009, S. 33
298 Vgl. zur Umlegbarkeit energetischer Modernisierungen im Wohnungsmietrecht unter Berücksichtigung des Mietrechtsänderungsgesetzes 2013: Hellerforth, Schnelleinstieg Immobilienbewirtschaftung, 2014, S 154.

7.2 Lebenszyklusphasenmodell von Immobilien

Der Leidensdruck – Baufolgekosten

Abb. 7.2 zeigt das Verhältnis von Baukosten und Baufolge- bzw. Nutzungskosten im Vergleich. Dabei wird deutlich, dass gerade bei öffentlichen Gebäuden die Baufolgekosten innerhalb relativ kurzer Zeiträume die Baukosten überschreiten, so bei Schulen und Kindertagesstätten nach ungefähr drei bis vier Jahren, bei Hallenbädern nach circa vier bis fünf Jahren. Demgegenüber erreichen im Büro- bzw. Verwaltungsbau die Nutzungskosten erst nach rund elf bis zwölf Jahren die Erstellungskosten, im Wohnungsbau dauert dies um die 66 Jahre. Das bedeutet im Umkehrschluss, dass es für die öffentlichen Gebäude natürlich viel attraktiver ist, Facility-Management zu implementieren bzw. sich die Gedanken des Life Cycle Costing zu eigen zu machen, da hier innerhalb kurzer Zeit Amortisationseffekte der die Nutzungskosten senkenden Investitionen erreicht werden können. Büro und Verwaltung rangieren im Mittelfeld. Ähnlich sieht es bei Produktionsgebäuden aus, wobei sich im Bereich der Gewerbeimmobilienvermietung – anders als bei Wohnimmobilien – die Frage danach stellt, welche dieser Kosten der Vermieter trägt und, welche er auf den Mieter abwälzen kann. Insoweit ist die Kostenbelastung bzw. eine geringere Kostenbelastung ein Marketingargument.

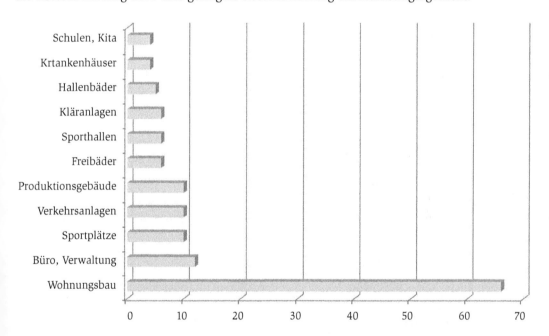

Abb. 7.2: Verhältnis von Bau- zu Baufolgekosten, eigene Darstellung

Sanierung

Der Bereich des Facility-Managements beginnt – wie erwähnt – bereits mit der Einarbeitung in das Projekt, und es übernimmt Aufgaben der Dokumentation und Archivierung von Projektunterlagen. Während der Erstellungsphase bedeutet dieser Grundgedanke, dass Planänderungen bezüglich der Grundrisse oder auch verwendeter Materialien eingepflegt werden. Ein typisches Beispiel für die Bedeutung solcher Planänderungen ergab sich bei der Sanierung von 30 Mehrfamilienhäusern, die von einer Wohnungsbaugesellschaft in den 70er-Jahren errichtet worden waren und noch in ihrem Eigentum standen. U.a. sollten die Vordächer entfernt und im Erdgeschoss sowie in das erste Obergeschoss hineinragend durch einen Wintergartenvorbau ersetzt werden. Auf den Vordächern lag Kies, darunter erwartete man eine reine Holzkonstruktion. Stattdessen befand sich auf den Vordächern eine massive Betonplatte, wobei der Beton jedoch nicht einfach entsorgt werden konnte, sondern aufgrund seiner Mischung klein gemahlen und in eine bestimmte Deponie gebracht werden musste. Dies verzögerte den Umbau und führte zu erheblichen, nicht kalkulierten Mehrkosten. Wäre von vornherein eine ordentliche Planpflege erfolgt, hätte man das Problem im Vorfeld – preiswerter – lösen können.

Unterlagen
Gerade bei den technischen Unterlagen ergeben sich Lücken. Wie gravierend aber die Auswirkungen in der Praxis sein können, zeigt das Beispiel eines Vermieters einer Wohn- und Gewerbeimmobilie. Der gewerbliche Teil wurde von vier Mietern genutzt. Die Abrechnung der Nebenkosten scheiterte an der Abrechnung des Wärmedienstleisters, der seine Zähler aufgrund fehlerhafter Quadratmeterangaben falsch installiert hatte. Entsprechend hatte der kleinste Mieter die höchsten Heizkosten, die er sich natürlich zu bezahlen weigerte. Daraus resultierten gerichtliche Auseinandersetzungen, wobei u.a. herauskam, dass der Wärmelieferant seine Zähler auf der Basis von Mietverträgen installiert hatte, bei denen die Quadratmeterangaben fehlerhaft waren; der Voreigentümer hatte mehr Fläche vermietet, als tatsächlich vorhanden war. Eine Berichtigung hatte zwar stattgefunden, war dem Wärmelieferanten aber nicht mitgeteilt worden. Und hier ergibt sich ein weiterer Ansatzpunkt für den erfolgreichen Gebäudebetrieb mithilfe des Facility-Managements: Kommt es zu Veränderungen am Objekt, müssen diese nicht nur nachgehalten werden, die entsprechenden Mietverträge sollten nicht nur abgeheftet werden, sondern die damit zusammenhängenden Änderungen für die Vertragspartner müssen diesen automatisch mitgeteilt werden. Derartige Routinen sollte man in Listen festhalten.

Reinigung[299]
Von den gesamten Reinigungskosten eines Gewerbegebäudes werden bis zu Hälfte allein für die Bodenreinigung ausgegeben. Neben diesen wirtschaftlichen Faktoren bestimmen die Bodenbeläge natürlich auch das Erscheinungsbild, die Nutzung der Räume sowie die Raumluftqualität.

Bei der Auswahl des Fußbodenbelags sind unter Reinigungsgesichtspunkten folgende Faktoren maßgeblich:
- Anschaffungskosten,
- technische Lebensdauer,
- Kosten der Unterhaltsreinigung.

Besonders bedeutsame Faktoren für die Reinigungskosten sind:
- die Art der Möblierung und der Überstellungsgrad eines Raumes,
- die Architektur und der Grundriss,
- die Art, Farbe und Musterung der Bodenbeläge. Hier sind Kostensteigerungen um bis zu 500 % möglich,
- die Lage, Größe und Ausstattung der Putzräume,

---

299 Vgl. Berti, D.A., Im Boden verborgene Kosten, 2004, S. 34.

- das Benutzerverhalten.

Bei der Wahl des Bodenbelages ist zu beachten, dass es sich um strapazierfähige, dichte und glatte Oberflächen handeln sollte, während Offenporige und stark Strukturierte zu vermeiden sind. Zudem sollten die Farbe und das Design der Bodenbeläge keinen großen Kontrast zum Schmutz bilden, weshalb von kalten Farben, Unifarben und extrem hellen sowie dunklen Farben abzuraten ist. Des Weiteren sind genügend hohe schrammfeste und reinigungsfreundliche Sockelleisten von mindestens acht Zentimetern vorzusehen. Kostensenkend wirkt sich in diesem Zusammenhang auch die Gestaltung durchgängiger Fußbodenflächen ohne Höhensprünge aus (vgl. Abb. 7.3).[300]

Einflussfaktor in Prozent der Reinigungskosten	Variante 1	Variante 2	Variante 3
Möblierung Erhöhung bis 20 %	Zwischenräume gut zugänglich	Zwischenräume mit Schwierigkeiten zugänglich	Größere Flächen verstellt und unzugänglich, viele Gegenstände wie Kabel, Kleinmöbel, Blumentöpfe usw.
Architektur Erhöhung bis 20 %	Gute Schmutzschleuse, keine freistehenden Säulen, keine Nischen und unzugänglichen Ecken	Einige Vor- und Rücksprünge	Viele Vor- und Rücksprünge, Niveauunterschiede, schlechte Erschließung
Bodenbelag Erhöhung bis 500 %	Erdfarbene, leicht gemusterte Textilien oder Hartbeläge	Textilbeläge mit ungünstiger Farbe oder Grauwert, teilweise offenporige Hartbeläge	Ungünstige Textilien, unifarben, helle und kalte Farben, hoher Velours, offenporige Hartbeläge, raue Oberflächen, vertiefte Fugen
Benutzerverhalten Erhöhung bis 40 %	Benutzer ist gut informiert, leert Papierkörbe selbst, räumt Pult auf, gießt Pflanzen selbst	Benutzer hat geringes Interesse oder ist mäßig informiert, Verhalten unterschiedlich	Benutzer eher nachlässig, überlässt alles dem Reinigungspersonal
Lage Putzraum Erhöhung bis 20 %	Dezentral in den Geschossen	Zentral	Zentral

Abb. 7.3: Einige relevante Faktoren für die Reinigungskosten, eigene Darstellung

---

300 Vgl. Krimmling, J., Facility Management, Strukturen und methodische Instrumente, 2005, S. 159.

7.3 Lebenszyklusberechnung
7.3.1 Arten der Lebenszykluskostenberechnung

Wenn beabsichtigt ist, unter Berücksichtigung einiger der oben bereits dargestellten Parameter eine Lebenszykluskostenberechnung durchzuführen, muss zur Vergleichbarkeit unterschiedlicher Ansätze berücksichtigt werden, welche Vorschrift einer solchen Lebenszykluskostenberechnung zugrunde gelegt wird. Dies wird kurz an einem Beispiel verdeutlicht.[301] Typische für die Lebenszykluskostenberechnung angewendete Verfahren sind die DIN 18960, die GEFMA 220 und die Berechnung nach DGNB (Deutsche Gesellschaft für nachhaltiges Bauen). Der Beispielberechnung sind folgende Daten zugrunde gelegt worden.

Es werden die Lebenszykluskosten für ein neugebautes Bürogebäude mit 18.844 m² BGF bei einem Kalkulationszinssatz von 5,5 % berechnet. Bei den Kosten ist von einer Preissteigerungsrate von 2,0 % ausgegangen worden, mit Ausnahme der Heiz- und Elektroenergie; hier wurden 4,0 % angenommen. Eine Berechnung der Lebenszykluskosten nach den unterschiedlichen Vorschriften führt zu folgender Ergebnistabelle:

	DIN 18960	GEFMA 220	DGNB
Barwert	63.345.364 €	54.665.977 €	50.352.528 €
Endwert	873.142.965 €	753.507.598 €	694.051.673 €
Annuität	3.756.526 €/a	3.241.818 €/a	2.986.021 €/a
Barwert/m²/BGF	3.362 €/m²	2.901 €/m²	2.672 €/m²
Annuität/m²/BGF	199 €/m²/a	172 €/m²/a	158 €/m²/a

Tabelle 7.1: Ergebnisse der LZK-Berechnungen nach DIN 18960, GEFMA 220 und DGNB im Vergleich[302]

Damit liegt der errechnete Barwert nach der DIN 18960 (Fassung Februar 2008) um 8,6 Mio. € über denjenigen der GEFMA und mit knapp 13 Mio. € über den nach DGNB ermittelten Werten. Betrachtet man alle relevanten Nutzungskosten, wie dies z.B. das Büro Rotermund und Partner für den fm-benchmarking Bericht durchführt, erfasst die DIN 18960 rund 80 % der dort berücksichtigten Nutzungskosten. Den Grund zeigt die Tabelle 7.2, in der aufgeschlüsselt wird, welche Kostenarten in welcher Norm einbezogen werden.

---

301 Vgl. h. u. i. F.: Rotermund, U./Nendza, S., Lebenszykluskostenberechnung nach DIN 18960, 2012, S. 34 ff.
302 Vgl. Rotermund, U./Nendza, S., Lebenszykluskostenberechnung nach DIN 18960, 2012, S. 36.

7.3 Lebenszyklusberechnung

		im fm-benchmarking-Bericht berücksichtigte NK	in DIN 18960 berücksichtigte NK	in GEFMA 220 – Teil 2 berücksichtigte NK	in LZK-Berechnung nach DGNB/BNB berücksichtigte NK
01	**Infrastrukturelles GM gebäudebezogen auf**	teils	teils	teils	
0101	Verpflegungsdienste	–		nein	nein
0102	Hausmeisterdienste	–		nein	nein
0103	Reinigungs- und Pflegedienste (Gebäude)	KGR 330		teils	teils
010301	Unterhaltsreinigung	KGR 331		ja	ja
010302	Fassadenreinigung	KGR 333		ja	ja
010303	Glasreinigung	KGR 332		ja	ja
010304	Grundreinigung	KGR 339		nein	nein
010305	Schornsteinfeger	–		nein	nein
010306	Sonderreinigung	–		nein	nein
0104	Außenanlagendienste	KGR 340		nein	nein
010401	Außenanlagenreinigung	KGR 341		nein	nein
010402	Gärtnerdienste	KGR 342		nein	nein
010403	Winterdienste	KGR 341		nein	nein
02	**Infrastrukturelles GM – nutzerbezogen**	teils	teils	nein	
0201	Interne Postdienste	–		nein	nein
0202	Kopie- und Druckerdienste	–		nein	nein
0203	Datenverarbeitungsdienste	–		nein	nein
0204	Umzugsdienste	–		nein	nein
0205	Waren- und Logistikdienste	–		nein	nein
0206	Zentrale Kommunikationsdienste	–		nein	nein
0207	Parkraumbewirtschaftung	–		nein	nein
0208	Fuhrpark und Fahrdienste	–		nein	nein

	im fm-benchmarking-Bericht berücksichtigte NK	in DIN 18960 berücksichtigte NK	in GEFMA 220 – Teil 2 berücksichtigte NK	in LZK-Berechnung nach DGNB/BNB berücksichtigte NK
0209	Zentrale Archivierung	–	nein	nein
2010	Sicherheitsdienste	KGR 360	ja	nein
03	**Technisches Gebäudemanagement**	teils	teils	teils
0301	Instandhalten	KGR 352–355/400	ja	ja
030101	Inspektion und Wartung	KGR 352–355	ja	ja
030102	Instandsetzen	KGR 400	ja	ja
0302	Sanieren	–	nein	ja
0303	Modernisieren Verbessern	–	nein	ja
0304	Betreiben/ Betriebsführen	KGR 351	ja	nein
0305	Dokumentieren	–	ja	nein
0306	Energiemanagement	–	ja	nein
0307	Informationsmanagement	–	ja	nein
0308	Verfolgen der techn. Gewährleistung	–	ja	nein
04	**Kaufmännisches Gebäudemanagement**	Teils	teils	nein
0401	Beschaffungsmanagement	KGR 200	ja	nein
0402	Kostenplanung und Kontrolle	KGR 200	ja	nein
0403	Objektbuchhaltung	KGR 200	ja	nein
0404	Vertragsmanagement	KGR 200	ja	nein
0405	Öffentliche Abgaben, Gebühren	KGR 371	nein	nein
0406	Versicherung	KGR 372	nein	nein
0407	Kapitaldienst	KGR 100	nein	nein
040701	Zinsen	KGR 111	nein	nein

7.3 Lebenszyklusberechnung

	im fm-benchmarking-Bericht berücksichtigte NK	in DIN 18960 berücksichtigte NK	in GEFMA 220 – Teil 2 berücksichtigte NK	in LZK-Berechnung nach DGNB/BNB berücksichtigte NK
040702	AfA	KGR 130	nein	nein
04073	Bürgschaften	KGR 112	nein	nein
040704	Erbpachtzins	KGR 113	nein	nein
040705	Dienstbarkeiten	KGR 114	nein	nein
040706	Leasing	–	nein	nein
040707	Mietkosten	KGR 220	nein	nein
05	**Ver- und Entsorgung**	ja	ja	teils
0501	Abfallstoffe	KGR 322	ja	nein
0502	Abwasserentsorgung	KGR 321	ja	ja
0503	Strom	KGR 316	ja	ja
0504	Brennstoffe/Wärmeträger	KGR 312–315	ja	ja
0505	Wasser	KGR 311	ja	ja
Anteile	100 % (Benchmark)	**79,85 %**	**39,07 %**	**37,26 %**

Tabelle 7.2: Berücksichtigte Nutzungskosten je LZK-Berechnungsmethode[303]

Diese unterschiedlichen Ergebnisse fallen an, weil die Normen andere Zielsetzungen haben: Während die DIN 18960 der Nutzungskostenermittlung und dem Nutzungskostencontrolling dient, hat die GEFMA 220, Teil 2 vor allem den Anwendungsfall des Benchmarkings im Blickwinkel, während es bei der DGNB um Kennwertbildung zur Bewertung von Gebäuden bei der Zertifizierung geht. Die DIN 18960 bezieht ausschließlich gebäudebezogene Nutzungskosten mit ein. Damit muss der Anwender die darüberhinausgehenden nutzerbezogenen Kosten selbst hinzufügen. Die Berechnung nach GEFMA 220 stellt eine vereinfachte Berechnung für den Benchmarking-Fall dar, bei der ebenfalls eine Anpassung möglich ist, wenngleich komplexer als bei der DIN 18960. Das Ziel der DGNB ist es, hohe Vergleichbarkeit unterschiedlicher Gebäude mithilfe einer vereinfachten Berechnung herzustellen. Dabei ist nicht beabsichtigt, die Gesamtheit der real zu erwartenden Lebenszykluskosten abzubilden. Für den Anwender der Lebenszykluskostenrechnung bedeutet dies, dass er bei vergleichenden Berechnungen nicht nur nachfragen sollte, wie Preissteigerungen, unregelmäßig anfallende Kosten wie Instandhaltung usw. in die Berechnung einbezogen worden sind, sondern auch, welche Norm der Berechnung unter welchen individuellen Anpassungen des Anwenders eingesetzt wurde.

---

303 Vgl. Rotermund, U./Nendza, S., Lebenszykluskostenberechnung nach DIN 18960, 2012, S. 36.

7.3.2 LCC und Stoffströme

In Erweiterung der klassischen Lebenszyklusgrafik (s. Abb. 7.1) kann eine Betrachtung der jeweiligen Stoffströme durchgeführt werden, die in die Immobilie eingebracht werden bzw. sie wieder verlassen. Dies zeigt Abb. 7.4.

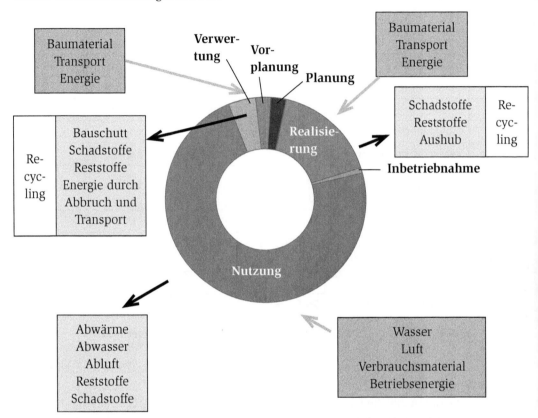

Abb. 7.4: Lebenszyklusmodell unter Berücksichtigung der Stoffströme, eigene Darstellung

Derart gelingt es, sämtliche Stoffströme zu analysieren, weshalb man dieses Verfahren als Life Cycle Analysis (LCA) bezeichnet. Dieses Modell ist durch die ISO 4100 ff. normiert, die aber keinen Kostenbezug aufweist. Dieser entsteht erst durch Bepreisung, womit die ökonomischen Kosten erfasst wären.

Im Rahmen der nachhaltigen Betrachtung von Immobilien geht man aber weiter und bepreist nicht nur die Stoffströme, sondern vergleicht neben den ökonomischen Kosten die Stoffmasse, die erneuerbare Primärenergie, die nicht erneuerbare Primärenergie, das Treibhauspotenzial sowie das Versauerungspotenzial.

7.4 Green Building und Nachhaltigkeit: Die Themen der Zukunft?
7.4.1 Einführung

Die Diskussion um die Nachhaltigkeit bewegt sich üblicherweise innerhalb der Triade der nachhaltigen Entwicklung, die sich unterteilt in die ökonomische Dimension, die soziale und die ökologische Dimension.

Die Basis der Hinwendung zur Nachhaltigkeit bildet die Grundidee, dass ein Konzept angestrebt werden sollte, das natürliche Systeme ausschließlich so nutzt, dass diese in ihren wesentlichen Charakteristika langfristig erhalten bleiben können. Dies erfolgt im Rahmen der Corporate Social Responsibility (CSR) in Unternehmen u.a. auf der Grundlage der ISO 26000 „Guidance on Corporate Responsibility". Hier wird definiert, was gesellschaftlich verantwortliches Handeln bedeutet, und es werden Empfehlungen für die Implementierung von CSR sowohl in Unternehmen als auch in öffentlichen und gemeinnützigen Organisationen jeder Art und Größe ausgesprochen.[304]

Diese Prinzipien fußen jeweils auf drei Säulen, die hier bereits auf Immobilien bezogen dargestellt sind.

Zur ökonomischen Dimension gehören z.B.:
- Minimierung der Lebenszykluskosten von Gebäuden für Erstellung, Betrieb, Instandhaltung, Rückbau und Recycling,
- relative Verbilligung von Umbau- und Erhaltungsinvestitionen im Vergleich zum Neubau,
- Optimierung der Aufwendungen für technische und soziale Infrastruktur,
- Verringerung des Subventionsaufwands.

Die **soziale Dimension** umfasst, z.B.:
- Sicherung bedarfsgerechten Wohnraums,
- Sicherung erträglicher Ausgaben für das Wohnen,
- Schaffung eines geeigneten Wohnumfelds, soziale Integration, Vernetzung von Arbeit, Wohnen und Freizeit in der Siedlungsstruktur,
- Gesundes Wohnen innerhalb wie außerhalb der Wohnung,
- Erhöhung der Wohneigentumsquote unter Entkopplung von Eigentumsbildung und Flächenverbrauch,
- Schaffung und Sicherung von Arbeitsplätzen im Bau- und Wohnungsbereich.

Im Rahmen der ökologischen Dimension werden u.a. betrachtet:
- Reduzierung des Flächenverbrauchs,
- Orientierung der Stoffströme im Baubereich an den Zielen der Ressourcenschonung,
- Vermeidung der Verwendung und des Eintrages von Schadstoffen in Gebäude, Schließung des Stoffkreislaufes bei Baumaterialien,
- Verringerung der Co^2-Emissionen der Gebäude.

7.4.2 Aspekte der Nachhaltigkeit und Umsetzung in Unternehmen

Im Folgenden wird kurz eingegangen auf die Aspekte, die im Rahmen der Nachhaltigkeitsdiskussion und der allgemeinen Verantwortung von Unternehmen auch für die Umwelt Bedeutung erlangt haben:

---

304 Vgl. Otte, M., Nachhaltiges Wirtschaften!, 2012, S. 28-29.

- die CSR-Berichterstattung,
- Ansatzpunkte der Nachhaltigkeit in Transaktionsstandards,
- Green Lease Standards und
- Zertifizierungen.

Nachhaltigkeits- bzw. CSR-Berichte

Nachhaltigkeits- bzw. CSR-Berichte werden dem Bereich der Öffentlichkeitsarbeit zugeordnet und haben die Aufgabe, den Stakeholdern und der Öffentlichkeit die Bemühungen des Unternehmens punkto Nachhaltigkeit nahezubringen und damit auch die Reputation des Unternehmens zu verbessern.

Die Global Reporting Initiative, eine gemeinnützige Multi-Stakeholder Stiftung, hat bereits 1999 einen Rahmen für Nachhaltigkeitsberichtserstattung erarbeitet, der seither mehrfach aktualisiert worden ist. Hier definieren Guidelines standardisierte Prinzipien und Indikatoren, die Organisationen dabei unterstützen, ihre ökonomischen, ökologischen und sozialen Leistungen zu messen. 2011 wurde eine branchenspezifische Ergänzung (GRI-3.1-Berichtsrahmen) eingebracht, die den Namen GRI Construction & Real Estate Sector Supplement (CRESS) trägt und sich an alle Unternehmen richtet, die in Immobilien investieren, Immobilien entwickeln, bauen oder verwalten sowie solche, die sich mit Infrastruktur im Bau-, Entwicklungs- oder Verwaltungsbereich beschäftigen.[305] Der Zentrale Immobilien Ausschuss (ZIA) hat 2012 einen Branchenkodex veröffentlicht, der Selbstverpflichtungen enthält,[306] die für alle Unternehmen der Branche gelten sollen, wobei dort für die jährlich zu erstellenden Nachhaltigkeitsberichte die Übernahme der GRI-Leitlinien empfohlen wird.[307]

In der deutschen Immobilienwirtschaft veröffentlichen nach einer Untersuchung des Deutschen Instituts der Wirtschaft aus dem Jahr 2013[308] im Jahr 2012 neun Unternehmen der Immobilienbranche in Deutschland Nachhaltigkeitsberichte, vier davon nach CRESS. Betrachtet man die Anwendung weniger strenger Standards, die nur Corporate Sustainability oder Corporate Social Responsibility erfassen, erhöhen sich die Zahlen.

Nachhaltige Investitionen = Transaktionsstandards

Die Beachtung der Nachhaltigkeit fängt bereits bei der Due Diligence an, in dem eines der K.o.-Kriterien, die zu einem Abbruch der Due Diligence führen, das Nichtvorhandensein bestimmter gewünschter nachhaltiger Eigenschaften bei den Akquisitionsobjekten ist. Ein solches Kriterium könnte z.B. Ressourceneffizienz im Hinblick auf die Verbrauchskosten von Gebäuden sein. Derartige Kriterien können dann nach individuellen Gewichtungsfaktoren des Unternehmens, die davon abhängig sind, welche Nachhaltigkeitszeile erreicht werden sollen, gewichtet werden. Im Ergebnis könnte sich dann ein zweistufiger Prüfungsprozess im Hinblick auf die Nachhaltigkeit ergeben, der fester Bestandteil einer Due Diligence bzw. des Transaktionsprozesses ist, wie am Beispiel der IVG gezeigt, die zehn Kriterien verwendet.[309]

---

305 Vgl. GRI, Sustainability Reporting Guidelines Construction and Real Estate Sector Supplement, Version 3.1., Version 3.1/CRESS Final Version, Amsterdam 2011.
306 Vgl. EPRA, Best Practice Recommendations on Sustainability Reporting, Brüssel 2011.
307 Vgl. ZIA e.V., Nachhaltigkeit in der Immobilienwirtschaft: Kodex, Berichte und Compliance, Berlin 2012.
308 http://www.iwkoeln.de/de/studien/iw-trends/beitrag/rosemarie-stibbe-michael-voigtlaender-corporate-social-responsibility-in-der-immobilienbranche-119298, S. 7 (letzter Abruf: 18.02.2014).
309 IVG (Hrsg.) Nachhaltigkeitsbericht, 2012, S. 48.

7.4 Green Building und Nachhaltigkeit: Die Themen der Zukunft?

1. Stufe

Standards sind ...

Pre-Check				
CS-Kriterien	Gewichtung	Einzelscore	Gewichteter Score	
1. Nachhaltigkeit der Lage				10 überdurchschnittlich erfüllt
2. Anbindungsqualität				
3. Gebäudeeffizienz und Flexibilität				5 durchschnittlich erfüllt
4. Energieeffizienz und Ressourcen				
5. Green-Building-Zertifizierung				
Gesamt				0 nicht erfüllt

2. Stufe

Final Check				
CS-Kriterien	Gewichtung	Einzelscore	Gewichteter Score	
6. Energieverbrauch				10 überdurchschnittlich erfüllt
7. Altlasten und Bausubstanz				
8. Geräusch- und Geruchsemissionen				5 durchschnittlich erfüllt
9. Betriebskosteneffizienz				
10. Möglichkeit der Nachzertifizierung				0 nicht erfüllt
Gesamt				

Abb. 7.5: 1. Stufe: Pre-Check mithilfe von fünf Kriterien im Rahmen grundsätzlicher Ankaufsüberlegungen und damit noch vor der Due Diligence Phase und 2. Stufe, eigene Darstellung

Die IVG prüft in dieser ersten Stufe Objekteigenschaften, die grundsätzlich im Rahmen einer Vorprüfung erhoben werden können, z.B. anhand des Exposees. Das hier erzielte Ergebnis wird beim DIT (Deal Introduction Template) berücksichtigt und es wird eine Empfehlung ausgesprochen, ob überhaupt eine Due Diligence durchgeführt wird.

Green Lease

Die Idee des grünen Mietvertrags besteht darin, zu einer umweltfreundlichen Nutzung und Instandhaltung von Mietobjekten zu gelangen, indem grüne Klauseln in Mietverträgen eingebaut werden. Entsprechend gibt es den grünen Mietvertrag genauso wenig, wie es den

Gewerbemietvertrag gibt. Die Möglichkeiten sind vielmehr abhängig von Vermieter und Mieterwünschen, dem Gebäude, dessen Möglichkeiten und dessen Substanz, der Laufzeit der Mietverträge, der Frage nach der Mieteranzahl im Gebäude, der Frage, wie Instandhaltungs- und Instandsetzungspflichten im Vertrag geregelt sind und vor allem davon, ob es sich um einen bereits abgeschlossenen Mietvertrag handelt Dann wäre eine Vertragsergänzung notwendig. Bei noch abzuschließenden Mietverträgen,[310] handelt es sich um den einfacheren Fall. Unterschieden werden grundsätzlich zwei Regulierungskategorien:[311]

- Möglichkeiten von Regelungen an der Substanz und Ausstattung der Immobilie, z.B. durch umweltfreundliche Baukonzepte und grüne Ausstattungsmerkmale der Immobilie.
- Nachhaltige Nutzung und Bewirtschaftung der Immobilie, z.B. Energiebezug aus regenerativen Quellen bis hin zur Nutzung umweltfreundlicher Reinigungsmittel.

Auch bezüglich der **Bindungswirkung grüner Klauseln** gibt es unterschiedliche Stufen, so kann eine grundsätzliche Verpflichtungserklärung zwischen Vermieter und Mieter, bestimmte Verhaltensvorgaben zu berücksichtigen, abgeschlossen werden, so beispielsweise:[312]

- Maßvolle Beheizung der Mietobjekte,
- Verwendung ökologisch unbedenklicher Materialien,
- Verwendung regenerativer Energiequellen.

Die bisherige Erfahrung hat gezeigt, dass derartige Klauseln in Unternehmen verbindlich vorgeschrieben werden müssen, um zu vermeiden, dass sie dem schnellen Abschluss geopfert werden.

Seit 2012 hat eine Arbeitsgruppe aus Mitarbeitern verschiedener Unternehmen und universitärer Einrichtungen[313] einen Green Lease Standard vorgelegt, der 50 Regelungsempfehlungen für grüne Gewerbemietverträge enthält.[314] Thematisiert werden u.a. der Einsatz umweltschonender Materialien bei Baumaßnahmen und Schönheitsreparaturen, Maßnahmen zur Energieeinsparung, Vorgaben für einen maximalen Energie- und Wasserverbrauch sowie besondere – auf die grünen Zielsetzungen – abgestimmte Nebenkostenregelungen. Die meisten Klauseln enthalten dabei zwei Versionen, in Abhängigkeit davon, ob eine Zertifizierung angestrebt ist oder schon vorliegt. Es sind auch Klauseln aufgenommen, die ein außerordentliches Kündigungsrecht der Mieter vorsehen, wenn die Zertifizierung nicht erreicht wird.

Beispielhaft sind aus dem umfassenden Katalog zwei Klauseln herausgenommen worden.

Präambel:[315]
„Die Parteien sind sich ihrer Verantwortung für den Schutz der natürlichen Lebensgrundlagen und des Klimas im Interesse der zukünftigen Generationen bewusst, sie sind sich darüber einig, dass sie die Durchführung des Mietverhältnisses an möglichst nachhaltigen Kriterien ausrichten wollen."

---

310 Vgl. Freshfields, Bruckhaus Deringer, green Lease, S. 7.
311 Vgl. Freshfields, Bruckhaus Deringer, green Lease, S. 7.
312 IVG (Hrsg.), Nachhaltigkeitsbericht, S. 49.
313 Teilnehmer: alstria office, Reit, Daimler Real Estate, Deutsche Bank, EPM, Assetis, Ernst & Young Real Estate, Freshfields Bruchhaus Deringer, IREBS, JLL, Union Investment Real Estate und ZIA.
314 Vgl. IZ Nr. 25 v. 21.6.2012, S. 15.
315 Vgl. Freshfields, Bruckhaus Deringer, green Lease, S. 11.

7.4 Green Building und Nachhaltigkeit: Die Themen der Zukunft?

Bei dieser Klausel handelt es sich zwar zunächst einmal um eine unverbindliche Absichtserklärung, sie gibt aber den grundsätzlichen Gedanken der Regelungsempfehlung wider, weshalb sie aufgenommen wurde.

Die Klausel ändert nichts an der grundsätzlichen Aufteilung der Reinigung, nämlich, dass der Vermieter üblicherweise die Reinigung der Gemeinschaftsflächen und der Mieter die Reinigung der exklusiv von ihm genutzten Flächen übernimmt. Wichtig wäre es für den Vermieter wie Mieter, diese Standards in Verträge mit dem Dienstleister oder dem Vermieter aufzunehmen und an diese weiterzugeben. In diesen Verträgen müssten die Auftraggeber dann auch die Nachweisform festlegen, so z.B. Vorlage von Einkaufsbelegen oder schriftliche Bestätigungen des beauftragten Reinigungsunternehmens.

Reinigung und Abfall[316]
„Für die Reinigung der Mietobjekte gilt Folgendes:
Soweit für die Reinigung Reinigungsmittel verwendet werden, muss es sich um ökologisch unbedenkliche Reinigungsmittel (z.B. Umweltzeichen Blauer Engel, Umweltsiegel des Typs I im Sinne der ISO 14024) handeln. Von mehreren gleich wirksamen Reinigungsverfahren ist das umweltschonendere anzuwenden (z.B. mechanische statt chemische Rohrreinigung), und zwar auch dann, wenn dies zu Mehrkosten führt.
Diese Vorgaben sind den beauftragten Reinigungsunternehmen entsprechend aufzuerlegen und der jeweils anderen Partei ist die Einhaltung dieser Vorgaben jährlich nachzuweisen."

7.4.3 Zertifizierungssysteme im Überblick bzw. im Vergleich[317]

Neben dem bereits erwähnten Zertifizierungsstandard nach DGNB gibt es eine Vielzahl internationaler Zertifizierungen, von denen die wichtigsten das BREEAM- und das LEED-Zertifizierungssystem sind. Diese beiden sollen im Folgenden betrachtet werden.

In England gibt es bereits seit 1990 ein vom U.K. Green Building Council ins Leben gerufenes BREEAM-Zertifizierungssystem, wobei BREEAM für Building Research Establishment Environmental Assessment Method steht. Es gibt diese Zertifizierung in den Stufen: „Silver", „Gold", „Platinum". BREEAM stellt das älteste Zertifizierungssystem im Markt dar, entsprechend sind hier die meisten Registrierungen und auch Zertifizierungen (ca. 200.000) zu verzeichnen. Der Schwerpunkt dieses Systems liegt bei der ökologischen Qualität, der ökonomischen und technischen Qualität kommt demgegenüber eine geringe Bedeutung zu.

Neben der Neubauzertifizierung gibt es auch eine Zertifizierungsmöglichkeit für Bestandsgebäude. Dieses Siegel nennt sich BREEAM In-Use" und geht von den gleichen Hauptkriterien wie bei der Neubauzertifizierung aus, wobei die Hauptkriterien um Brandschutz und Sicherheitsrisiken ergänzt sind.

In den USA hat der US Green Building Council 1995 das LEED-Zertifizierungssystem („Leadership in Environmental and Energy Design") ins Leben gerufen, das die Stufen: „certified", „good", „very good", „excellent" umfasst. Schwerpunkt bei der Zertifizierung ist ebenfalls die ökologische Qualität, während die ökonomische Qualität ohne Bedeutung ist, die technische Qualität nur in geringem Maße. Es gibt über 10.000 LEED-Zertifizierungen im Markt. Für Bestandsgebäude wurde das „LEED for Existing Buildings: Operations & Maintenance"

---
316 Vgl. Freshfields, Bruckhaus Deringer, green Lease, S. 29.
317 Vgl. Kummert, K. u.a. (Hrsg.), Nachhaltiges Facility Management, 2012, S. 68 f.

ins Leben gerufen, dessen Bewertungsgegenstand das gesamte Gebäude ist, wobei die Hauptkategorien der Neubaubewertung primär Anwendung finden. Dabei wird der Gebäudebetrieb zu 50 % berücksichtigt. Im Blickpunkt steht deshalb weniger die physikalische Gebäudequalität.

Demgegenüber ist das deutsche Siegel DGNB das jüngste, erste Zertifizierungen gab es 2009. Es werden Bronze, Silber und Goldstandards unterschieden. Das DGNB-System versucht, in der Bewertung die Nachhaltigkeitsaspekte (soziale, ökologische und ökonomische Aspekte, technische Qualität sowie Prozess- und Standortqualität) ganzheitlich zu betrachten. Eine Bewertung von Gebäuden im Bestand („Bestand") steckt noch in der Pilotphase und hat den Gebäudebetrieb und Gebäudebestand im Fokus, wobei hier die Ist-Kosten im Mittel der letzten drei Jahre sowie der bauliche und technische Zustand der Immobilien bewertet werden.

Bisher überwiegen auch im deutschen Markt die Zertifizierungen nach LEED, zumal die dort geforderten Standards leichter zu erreichen sind, als die nach DGNB und das deutsche Siegel internationalen Investoren bislang noch weniger bekannt ist. Die weitere Entwicklung bleibt aber abzuwarten.

Literaturverzeichnis

Adam, D., Investitionscontrolling, 3. Aufl., München 2000.

Backhaus, K., (Investitionsgütermarketing) Investitionsgütermarketing, 4. Aufl., München 1995.

Bahr, C., Realdatenanalyse zum Instandhaltungsaufwand öffentlicher Hochbauten, Ein Beitrag zur Budgetierung, Karlsruhe 2008.

Baum, H.G./Coenenberg, A.G./Günther, T., Strategisches Controlling, 12. Aufl., Stuttgart 2010.

BDO (Hrsg.), Praxishandbuch Real Estate Management, Stuttgart 2005.

Behnke, M., Einführung eines integrierten Kundenmanagements (CRM) als Schlüsselfaktor für die Zukunftsfähigkeit der Bau- und Immobilienbranche am Beispiel eines mittelständischen Unternehmens, Masterthesis Groningen 2010, S. 9.

Berens, W./Brauner, H.U./Strauch, J. (Hrsg.), Due Diligence bei Unternehmensakquisitionen, 3. Aufl. Stuttgart 2002.

Berens, W./Hoffjan, A./Strauch, J., Planung und Durchführung der Due Diligence, in: Berens, W./Brauner, H.U., Strauch, J. (Hrsg.), Due Diligence bei Unternehmensakquisitionen, 3. Aufl., Stuttgart 2002, S. 121–171.

Belz, C. (Hrsg.), Realisierung des Marketing, Bd. 2, St. Gallen u.a. 1996.

Belz, C., (Direct Marketing) Strategisches Direct Marketing: Vom sporadischen Direct Mail zum professionellen Database Management, Wien 1997.

Belz, C., u.a., (Einführung) Einführung, in: Belz, C., u.a., Management von Geschäftsbeziehungen: Konzepte – Integrierte Ansätze – Anwendungen in der Praxis, St. Gallen/Wien Bentele, G. u.a. 1998, S. 9–15.

Belz, C./Schuh, J./Groos, A./Reinecke, S., Industrie als Dienstleister, Fachbuch für Marketing, St. Gallen 1997.

Belz, C./Schuh, J./Groos, A./Reinecke, S., (Leistungssysteme) Erfolgreiche Leistungssysteme in der Industrie, in: Belz, C./ Schuh, J./Groos, A./Reinecke, S., Industrie als Dienstleister, Fachbuch für Marketing, St. Gallen 1997, S. 18 ff.

Belz, C., u.a., (Erkenntnisse) Erkenntnisse zum systematischen Beziehungsmanagement, in: Belz, C.; u.a., Management von Geschäftsbeziehungen, Wien, u.a. 1998, S. 17–125.

Belz, C., u.a., Management von Geschäftsbeziehungen, Wien, u.a. 1998.

Boutonnet, B., u.a. (Hrsg.), Geschlossene Immobilienfonds, 4. Aufl., Stuttgart 2004.

Berti, D.A., Im Boden verborgene Kosten, in: Facility Management Solutions 4/04, S. 34–35.

Blahusch, M.O., Lausberg, C., Prozessorientierte Weiterentwicklung des Risikomanagements, in: Zeitner, R.; Peyinghaus, M. (Hrsg.), Prozessmanagement Real Estate, Methodisches Vorgehen und Best Practice, Beispiele aus dem Markt, Berlin, Heidelberg 2013, S. 75–91.

Bohn, T, Heinzmann, O., Projektmanagement bis zum Realisierungsbeginn, in: Schäfer, J./Conzen, G. (Hrsg.), Praxishandbuch der Immobilienprojektentwicklung, Köln 2002, S. 293–342.

Bone-Winkel, S., Immobilien-Portfolio-Management in: Schulte, K.W. (Hrsg.), Immobilienökonomie, Band 1, Betriebswirtschaftliche Grundlagen, 2. Aufl., München, Wien 2000, S. 765–811.

Bosch, M., BWL-Praxiswissen für die Immobilienwirtschaft, unveröffentlichtes Skript, Stand: Januar 2007.

Brauer, K., Funktion und Aufbau eines Frühwarnsystems für immobilienspezifische Risiken, Leipzig, books on demand 2007.
Brauner, H.U./Grillo, U., Due Diligence aus strategischer Sicht, in: Berens, W./Brauner, H.U./ Strauch, J. (Hrsg.), Due Diligence bei Unternehmensakquisitionen, 3. Aufl. Stuttgart 2002, S. 271–291.
Brede, H., Proaktives Risikomanagement internationaler Immobilieninvestments, in: Zeitner, R., Peyinghaus, M. (Hrsg.), Prozessmanagement Real Estate, Methodisches Vorgehen und Best Practice, Beispiele aus dem Markt, Berlin Heidelberg, 2013, S. 93–99.
Bruhn, M., Qualitätssicherung im Dienstleistungsmarketing – eine Einführung in die theoretischen und praktischen Probleme, in: Bruhn, M./Stauss, B. (Hrsg.), Dienstleistungsqualität, Konzepte, Methoden, Erfahrungen, Wiesbaden 1991, S. 24 ff.
Bruhn, M., Kommunikationspolitik, 6. Aufl., München 2010.
Bruhn, M./Stauss, B. (Hrsg.), Dienstleistungsqualität: Konzepte, Methoden, Erfahrungen, Wiesbaden 1991.
Caytas, J.G./Mahari, J.J., Im Banne des Investment Banking, Fusionen und Übernahmen überleben den Crash ´87, Stuttgart 1988.
Dalder, T./Kalaitzis, D., Organisationshaftung von Führungskräften, in: Facility Managemen, Heft 6/2003.
Däumler, K.-D., Grabe, J., Grundlagen der Investitions- und Wirtschaftlichkeitsrechnung. NWB Verlag, Herne 2007.
Doll, G.F., Gewerbliche Immobilien-Finanzierung, Liquiditäts- und Zinsmanagement, Wiesbaden 2008.
Eber, G., Controlling in der Wohnungs- und Immobilienwirtschaft, in: Mändle, E./Galonska, J. (Hrsg.), Wohnungs- und Immobilienlexikon, Hamburg 1997, S. 207–209.
Eichener, V. u.a. (Hrsg.), Die unternehmerische Wohnungswirtschaft, Emanzipation einer Branche, Frankfurt 2000.
Eilers, S., Steuerliche Strukturierung der Transaktionen, in: Picot, G. (Hrsg.), Handbuch Mergers and Acquisitions, Stuttgart 2000, S. 53–87.
EPRA, Best Practice Recommendations on Sustainability Reporting, Brüssel 2011.
Fahlbusch, H., Total Customer Care bei Schott – Unternehmensveränderung für eine umfassende Kundenzufriedenheit, in: Reinecke, S./Sipötz, E./Wiemann, E.-M. (Hrsg.), Total Customer Care, Kundenorientierung auf dem Prüfstand, St. Gallen, Wien 1998, S. 184–200.
Feldhaar, B., Balanced Scorecard, Strategische Planung und Steuerung in mittelständischen Unternehmen, Eschborn 2000.
Fraunhofer Institut, INQA.-Studie, München 2006.
Freshfields, Bruckhaus Deringer, Green Lease, Hamburg 2012.
Galitz, L.C., Financial Engineering: Tools and Techniques to Manage Financial risk, Burr Ridge 1995, S. 63 ff.
gif e.V., Richtlinie, Definition und Leistungskatalog REIM, gif Unterarbeitskreis REIM, Wiesbaden 2004.
Georgi, C., Ansätze zur Neustrukturierung von Wohnungsunternehmen, Prozessmanagement, Berlin 2006.
Glauche, U., Betreiberverantwortung, in: ecomed, Handbuch Facility Management, 1. Erg.-Lief. 7/04, S. 1.

Glauche, U.; Schielein, J., GEFMA 190, Betreiberverantwortung im FM (Neufassung 2018, Teil 1), in: Der Facility Manager, Heft 12, Dezember 2017, S. 34–36.

Gleißner, W.; Wiegelmann, T., Immobilienrating im Zusammenhang mit der Risikoanalyse, in: Immobilien & Finanzierung, Heft 10-2012,. S. 23–25.

Gondring, H./Wagner, T., Facility Management Handbuch für Studium und Praxis, München 2007.

Gondring, H./Wagner, T., Real Estate Asset Management, München 2010.

Gräfer, Horst, Rolf Beike und Guido A. Scheld, Finanzierung, 5. Aufl., Berlin 2001.

GRI, Sustainability Reporting Guidelines Construction and Real Estate Sector Supplement, Version 3.1., Version 3.1/CRESS Final Version Amsterdam 2011.

Grimscheid, G., Strategisches Bauunternehmensmanagement, Prozessorientiertes Management für Unternehmen in der Bauwirtschaft, Berlin u.a. 2010.

Grooterhorst, J., u.a. (Hrsg.), Rechtshandbuch Immobilien Asset Management, Köln 2009.

Grünert, L., Wertorientierte Steuerung betrieblicher Immobilien, Wiesbaden 1999.

Haber, G./Hellerforth, M., Wandel der Märkte – Anpassung der Mitgliedsunternehmen des Bundesverbandes Freier Wohnungsunternehmen, in: Eichener, V. u.s. (Hrsg.), Die unternehmerische Wohnungswirtschaft, Emanzipation einer Branche, Frankfurt 2000, S. 194–227.

Hardebusch, C., Vernetzt und einfach, Immobilienmanager, Heft 6-2012l, S. 18–19.

Helbling, Managementletter, Steigerung von Unternehmenswerten, Zürich 2004.

Heinrich, S., Technisches Gebäudemanagement in der Praxis, Leitfaden für den technischen Gebäudebetrieb, Saarbrücken 2010.

Heller, U., Immobilienmanagement in Non-Pprofit-Organisationen, Analyse und Konzeptentwicklung mit Schwerpunkt auf kirchlichen und sozialen Organisationen, Wiesbaden 2010.

Hellerforth, M., Schnelleinstieg Immobilienbewirtschaftung, München u.a. 2014.

Hellerforth, M., Marketing für Immobilienverwalter, München 2013.

Hellerforth, M., BWL für die Immobilienwirtschaft, Eine Einführung, 2. Aufl., München 2012.

Hellerforth, M., Gebäudemanagement, Hamburg u.a. 2010.

Hellerforth, M., Immobilieninvestition und -finanzierung, München u.a. 2010.

Hellerforth, M., Die globale Finanzmarktkrise, Ursachen und Auswirkungen auf die Immobilien- und die Realwirtschaft, Hamburg 2009.

Hellerforth, M., Was bringt die Lebenszyklusorientierung für Immobilienunternehmen?, in: Taschenbuch für den Wohnungswirtschaft 2009, Hamburg 2009.

Hellerforth, M., Handbuch Facility Management für Immobilienunternehmen, Berlin u.a. 2006.

Hellerforth, M., Due Diligence, in: FWW, Heft 3/2003, S. 5–8.

Hellerforth, M., Outsourcing in der Immobilienwirtschaft, Berlin u.a. 2004.

Hellerforth, M., Praktikerleitfaden Marketing II, Hamburg 2001.

Hellerforth, M., Was ist aktives Immobilienmanagement?, in: Immobilien PUR, Heft 03/2001, S. 61-66.

Hellerforth, M., Controlling von Facilities-Management-Prozessen, in: Schulte, W., Pierschke, B. (Hrsg.), Facilities Management, Köln 2000.

Hellerforth, M., Immobilien-Controlling während der Nutzungsphase, in: FWW Heft 6/2000, S. 161 ff.;

Hellerforth, M., Risikomanagement bei Projektentwicklungen, Frankfurt 2000.

Hemmsen, J., Ansätze zur Qualifizierung des Immobilienmarketing-Erfolgs für den Schweizer Wohnimmobilienmarkt, Masterthese, Weil am Rhein 2011, S. 11, www.bfuzh.ch/Churmapplication/Masterthesen2011, 07.02.2013.

Heussen, B., Vertragsdesign, Rz. 288, in: Heussen, B. (Hsrg.) Handbuch Vertragsverhandlung und Vertragsmanagement, München, 3. Auflage. 2007.

Heussen, D. (Hrsg.), Handbuch Vertragsverhandlung und Vertragsmanagement, 2. Aufl., Köln 2007.

Heyden, F., Immobilien-Prozessmanagement, Gestaltung und Optimierung von immobilienwirtschaftlichen Prozessen im Rahmen eines ganzheitlichen Prozessmanagements unter Berücksichtigung einer empirischen Untersuchung, Köln 2008.

Hodel, M., Outsourcing-Management kompakt und verständlich, Braunschweig/Wiesbaden 1999.

Hoerr, P., Real Estate Asset Management, in: Rottke, N.B., Thomas, M. (Hrsg.), Immobilienwirtschaftslehre Management, Wiesbaden 2017, S. 635–668.

Hoffmann, U. (Hrsg.), Frühwarnindikatoren und Risikomanagement, 1. Forschungssymposium an der Leuphana Unversität Lüneburg, Oktober 2009.

Homann, K.; Schäfers, C., Immobiliencontrolling, in: Schulte, K.; Schäfers W. (Hrsg.), Handbuch Real Estate Management, Köln 1998, S. 187–211.

Horchler, H., Outsourcing. Eine Analyse der Nutzung und ein Handbuch der Umsetzung, Köln 2000.

Horvath, P., Das Controllingkonzept, Der Weg zu einem wirkungsvollen Controllingsystem, München 1991.

IVG (Hrsg.), Nachhaltigkeitsbericht 2012, o. O.

Jacob, M., Asset-Management. Anlageinstrumente, Markteilnehmer und Prozesse, Wiesbaden 2012.

Jugan, M., Erfassung, Analyse und Dokumentation des Gebäudes und seiner technischen Ausstattung, in: Kippes, S.; Sailer E. (Hrsg.), Immobilienmanagement, Stuttgart u .a. 2005.

Kälberer, W., Anforderungen von Basel II an die Immobilienwirtschaft, in: BDO (Hrsg.), Praxishandbuch Real-Estate-Management, Stuttgart 2005, S. 371–386.

Keitsch, D. Risikomanagement, Stuttgart 2000.

Kippes, S.; Sailer E. (Hrsg.), Immobilienmanagement, Stuttgart u.a. 2005.

Klausner, H., Herausforderungen im Corporate Real Estate Management, Swiss Real Estate Journal, Nr. 2/2011.

Krimmling, J., Facility Management, Strukturen und methodische Instrumente, Stuttgart 2005.

Kotler, P., Marketing: Märkte schaffen, erobern und beherrschen, München 1999.

Kotler, P./Bliemel, F., Marketing-Management: Analyse, Planung, Umsetzung und Steuerung, 8. Aufl., Stuttgart 1995.

Kroliewicz, H.J., Hopfensperger, G., Spötz, H., Der Instandhaltungsplaner, München 2009, S. 256.

Kummert, K., u.a. (Hrsg.), Nachhaltiges Facility-Management, Berlin 2012.

Kyrein, R., Immobilien − Projektmanagement, Projektentwicklung und -steuerung, Köln 1997.

Lauritzen, C., Auswirkungen von Basel II auf die Immobilienwirtschaft, S. 1, www.http.//deutscher-verband.org/downloads/rede_lauritzen.pdf.

Literaturverzeichnis

Lehner, C., Erfolgreiches Portfolio- und Asset Management für Immobilienunternehmen, Die 6 Werthebel, Wiesbaden 2010.

Lennertz, U./Schriefer, V., Die Balanced Scorecard, in: Facility Management, Heft 3/99, S. 22–26.

Leutert, R., Kostenmanagement im Immobilienlebenszyklus durch Facility Management, Hamburg 2008.

Lück, W., Internes Überwachungssystem (IÜS), in: Lück, W. (Hrsg.), Lexikon der Internen Revision, München 2001.

Lück, W., Risiko-Managementsystem – Internes Überwachungssystem, Controlling und Frühwarnsystem, Teil I, in: StbG 1998, Nr. 3., S. 129–131, S. 130.

Lück, W., Der Umgang mit unternehmerischen Risiken durch ein Risikomanagementsystem und durch ein Überwachungssystem, in: Der Betrieb, 51. Jg., Heft 39 v. 25.9.1998, S. 1925–1930.

Maier, K. M., Risikomanagement im Immobilienwesen, Leitfaden für Theorie und Praxis, Frankfurt 1999.

Mändle, E./Galonska, J. (Hrsg.), Wohnungs- und Immobilienlexikon, Hamburg 1997.

Mentzel, W., Praxiswissen BWL: Crashkurs für Führungskräfte und Quereinsteiger, Freiburg u.a. 2007.

Metzner, S., Immobiliencontrolling, Leipzig 2002.

Möbius, M./Zerres M., Der Kunde ist König, in: Zerres, M. P. (Hrsg.), Kooperatives Marketing Controlling, Instrument einer marktorientierten Unternehmensführung, Frankfurt 1998, S. 191–203.

Monjau, G., Risikomanagement, Teil 2, Aufbau und Organisation, S. 2; http://www.perspektive-mittelstand.de/Risikomanagement_Teil2_Aufbau-und_Organisations 11.02.2013.

Morgenroth, M., Kreditfonds als Fremdkapitalgeber – Alternative oder Ergänzung zum Bankkredit?, in: Immobilien und Finanzierung, Heft 3/2014, S. 92–93.

Nagels, N., Keine Angst vor externer Hilfe, Gestaltung und Steuerung von ergebnisorientierten FM-Verträgen, Teil 1, in: Facility Management, Heft 5/2000, S. 37–40.

Nagels, N., Organisation ist alles ... Gestaltung und Steuerung von ergebnisorientierten FM-Verträgen, Teil 2, in: Facility Management, Heft 6/2000, S. 49–52.

Nagels, N., Organisatorische Konsequenzen ergebnisorientierter FM-Verträge, Gestaltung und Steuerung von ergebnisorientierten FM-Verträgen, Teil 3, in: Facility Management, Heft 7/2000, S. 34–37.

Neumann, G., Mit Benchmarking zu Führungskennzahlen im Asset-, Real-Estate-, Property- und Facility Management, Potsdam 2011, www.creis.net/downloades/Benchmarking-Leistfaden-2011.pdf, 17.02.2014.

Neumann, S., Probst, C., Wernsmann, C., Kontinuierliches Prozessmanagement, in: http://udoo.uni-muenster.de/downloads/publications/809.pdf, S. 299.

Niebling, J., Outsourcing, Rechtsfragen und Vertragsgestaltung, 2. Aufl., Stuttgart u.a. 2002.

Oasin, G., Grundlagen und Methoden des Prozessmanagements und der Organisationsentwicklung, in: Zeitner, R., Peyinghaus,. M. (Hrsg.), Prozessmanagement Real Estate, Methodisches Vorgehen und Best Practice, Beispiele aus dem Markt, Berlin Heidelberg, 2013, S. 23–55.

Otte, M., Nachhaltiges Wirtschaften!, in: Facility Management, Heft 3/2012, S. 28–29.

Pellens, B./Füllbier, R.U./Gasse J./Sellhorn, T., Internationale Rechnungslegung, 7. Aufl., Stuttgart 2008.
Peyinghaus, M./Zeitner, R. (Hrsg.), Prozessmanagement Real Estate, Methodisches Vorgehen und Best Practice Beispiele aus dem Markt, Berlin Heidelberg 2013.
Peyinghaus, M./Zeitner, R., Prozesse strukturieren, steuern, transformieren, in: Peyinghaus, M./Zeitner, R. (Hrsg.), Prozessmanagement Real Estate, Methodisches Vorgehen und Best Practice Beispiele aus dem Markt, Berlin Heidelberg 2013, S. 3–15.
Pfnür, A., Modernes Immobilienmanagement, Facility Management und Corporate-Real-Estate-Management, Berlin 2002.
Pfnür, A, Heyden, F., Prozessmanagement & -optimierungen in der Immobilienwirtschaft 2003, Arbeitsbereich öffentliche Wirtschaft am Fachbereich Wirtschaftswissenschaften der Universität Hamburg, No. 029, Hamburg 2003.
Picot, G. (Hrsg.) Handbuch Mergers and Acquisitions, Stuttgart 2000.
Quante, R., Praxishandbuch Immobilien Asset Management, Köln 2011.
Quetting, M., in Search of Excellence in Real Estate Management, Masterthesis, Zürich 2009, http://www.bf.uzh.ch/cureapplications/masterthesen/2009/... 08.02.2013.
Raschper, N., Portfolio-Management für Zukunftssicherung, In: Modernisierungs-Magazin, Heft 6/2002, S. 46–47.
Reinecke, S./Sipötz, E./Wiemann, E.-M. (Hrsg.), Total Customer Care, Kundenorientierung auf dem Prüfstand, St. Gallen, Wien 1998.
Reisbeck, T., Schöne, L.B., Immobilien-Benchmarking, Ziele, Nutzen, Methoden und Praxis, Berlin u.a. 2006.
Riedmüller, H., Ernst & Young Business Report 2009: Einsatz des Business Risk Radar und der Risk Impact Matrix im Rahmen des strategischen Risikomanagements, in: Hoffmann, U., (Hrsg.), Frühwarnindikatoren und Risikomanagement, 1. Forschungssymposium an der Leuphana Universität Lüneburg, Oktober 2009, S. 78–101.
Röhrich, Martina, Wirtschaftlichkeitsanalysen kommunaler Investitionen am Beispiel Eigentum versus Miete: Ein Plädoyer für die gesetzliche Festschreibung der Kapitalwertmethode, in: Zeitschrift für Kommunalfinanzen 44 (1994), S. 4–8.
Rotermund, U.; Nendza, S., Lebenszykluskostenberechnung nach DIN 18960, in: Facility Management, Heft 3/2012, S. 34–37
Rottke, N. B., Immobilienwirtschaftslehre, Band 1: Management, München 2011.
Rottke, N.B., Thomas, M. (Hrsg.), Immobilienwirtschaftslehre Management, Wiesbaden 2017.
Santomero, A.: (Revolution) Die Revolution des Risikomanagements, in: University of Chicago Graduate School of Business, London Business School, Wharton School of the University of Pennsylvania (Hrsg.), Mastering Finance, Das MBA-Buch zum Finanzmanagement, Stuttgart 1999, S. 327–334.
Schäfer, J./Conzen, G. (Hrsg.), Praxishandbuch der Immobilienprojektentwicklung, Köln 2002.
Scharp, M.; Galonska, H. Knoll, M., Benchmarking für die Wohnungs- und Immobilienwirtschaft, Entwicklung einer Balanced Scorecard, Werkstattbericht Nr. 53, Berlin, 2002
Scheifler, O., Analyse und Bewertung von Prozessmessgrößen am Beispiel der Immobilienwirtschaft, Berlin 2010.

Schiedermair, Rechtsanwälte, Immobilienrecht, Nr. 6, November 2010, Green Lease – Eine möglich Antwort auf das Energiekonzept der Bundesregierung? – www.schiedermair.com v. 24.06.2012.

Schmid, W., Risikomanagement durch den Vorstand, in: Dokumentation der WSF-Tagung: Risikomanagement in der Umsetzung, 23.10.2000 in Frankfurt.

Schneider, H., Facility Management planen – einführen – nutzen, Stuttgart 2001.

Schneider, H., Internes Facility-Management in der Unternehmensstrategie, Einführung oder Neuordnung der FM-Organisation, Dokumentation der Euroforum-Tagung: Fi im Facility Management, Düsseldorf, 17. und. 18.4.2002.

Schüz, M., (Werte) Werte – Risiko – Verantwortung, Dimensionen des Value Managements, München 1999.

Schulte, K.-W. (Hrsg.), Immobilienökonomie, Band 1, Betriebswirtschaftliche Grundlagen, 2. Aufl., München, Wien 2000.

Schulte, K.- W., Pierschke, B. (Hrsg.), Facilities Management, Köln 2000.

Schulte, K.; Schäfers W. (Hrsg.), Handbuch Real Estate Management, Köln 1998.

Schulte, K.-W., u.a. (Hrsg.), Handbuch Immobilien-Banking, Köln 2002, S. 657–672.

Schulte, K.-W./Walbröhl, V., Immobilien Asset Management: Grundlagen – Rahmenbedingungen – Produkte – Prozess, in: Schulte, K.-W., u.a. (Hrsg.) Handbuch Immobilien-Banking, Köln 2002, S. 657–672.

Schulz, H./Löw, J., (Projektcontrolling) Systemgesteuertes Projektcontrolling in: Schäfer, J./Conzen, G., Praxishandbuch der Immobilien-Projektentwicklung, München 2002, S. 137–155.

Scott, C. (Hrsg.), Due Diligence in der Praxis, Risiken minimieren bei Unternehmenstransaktionen, Wiesbaden 2001.

Scott, C., Vorwort, in: Scott, C. (Hrsg.), Due Diligence in der Praxis, Risiken minimieren bei Unterneh-menstransaktionen, Wiesbaden 2001, S. 5–7.

Seilheimer, S. , Immobilien-Portfoliomanagement für die Öffentliche Hand, Ziele, Nutzen und Vorgehen in der Praxis auf der Basis von Benchmarks, Wiesbaden 2007.

Sieben, G./Sielaff, M., Unternehmensakquisition, Stuttgart 1989.

Spannagel, T., Risikomanagement in der praktischen Umsetzung, in: Dokumentation der WSF-Tagung: Risikomanagement in der Umsetzung, 23.10.2000 in Frankfurt.

Steiner, M./Bruhns, C., Wertpapiermanagement, 4. Aufl., Stuttgart 1995.

Steiniger, H., Die SWOT-Analyse: http://www.edditrex.de/scripts/consulting/swot-analyse.pdf (09.05.2006), 2006.

Von Stengel, R.; von der Brüggen, S. Nußbaum, J., Kompetenz versus Kapital – worauf achten Immobilienfinanzierer?, in: Immobilien und Finanzierung Heft 3 2014, S. 86–87

Thomczak, T./Reinecke, S. (Hrsg.), Best Practice in Marketing, St. Gallen, Wien 1999.

Thomeczek, H., Wellenbrecher im Bau, Immobilienmanager, Heft 6 – 2012, S. 22–23.

Tibes, B., Seminar Projektmanagement im Bauwesen, Schnittstellen, Prozessmanagement, Technische Akademie Esslingen, 200, o. S.

Tröndle, R., Strategische Zielsysteme und Entwicklung von prozessorientierten Balanced Scorecards, Berlin u.a. 2013.

Trübestein, M. (Hrsg.), Praxishandbuch Immobilieninvestments, Anlagevehikel, Märkte, Strategien in Deutschland und Österreich, Wiesbaden 2012, S. 23.

University of Chicago Graduate School of Business, London Business School, Wharton School of the University of Pennsylvania (Hrsg.), Mastering Finance, Das MBA-Buch zum Finanzmanagement, Stuttgart 1999.

Urschel, O., Risikomanagement in der Immobilienwirtschaft, Ein Beitrag zur Verbesserung der Risikoanalyse und -bewertung, Karlsruhe 2010.

Weinstock, M.; Scibbe, P., Unternehmerisches Handeln als Management von Chancen und Risiken, in: Zeitner, R.; Peyinghaus, M. (Hrsg.), Prozessmanagement Real Estate, Methodisches Vorgehen und Best Practice Beispiele auf dem Markt, Berlin, Heidelberg, 2013, S. 117–136.

Welling, P., (Immobilien) Wirtschaftliche Immobilien Due Diligence, Dokumentation der Management Forum Starnberg Konferenz Immobilien-Due Diligence, 21. und 22.8.2001 in Wiesbaden.

Wendler, M., Flächenoptimierungs-Maßnahmen bei Büroimmobilien, Fallstudie am Beispiel eines Büroobjekts der Sireo Real Estate GmbH, Saarbrücken 2012.

Wiehle, U., u.a., 100 Finanzkennzahlen, Wiesbaden 2011.

Wiemann, E.-M., Tuffentsammer, M., (Customer) Let's go Customer, Die Kundenorientierung von Lufthansa Air Plus, in: Reinecke, S./Sipötz, E./Wiemann, E.-M. (Hrsg.), Total Customer Care, Kundenorientierung auf dem Prüfstand, St. Gallen, Wien 1998, S. 132–146.

Zerres, M. P. (Hrsg.), Kooperatives Marketing Controlling, Instrument einer marktorientierten Unternehmensführung, Frankfurt 1998.

Zimmer, A., Unternehmenskultur und Cultural Due Diligence bei Mergers & Acquisitions, Band 7, Schriftenreihe Institut für europäische Wirtschaftsstudien an der European School of Business, Aachen 2001.

ZIA e.V., Nachhaltigkeit in der Immobilienwirtschaft: Kodex, Berichte und Compliance, Berlin 2012

Ziola, J., Akteure und Leistungsbereiche am Immobilienmarkt, in: Zeitner, R., Peyinghaus, M. (Hrsg.), Prozessmanagement Real Estate, Methodisches Vorgehen und Best Practice, Beispiele aus dem Markt, Berlin Heidelberg, 2013, S. 57–72.

Zoller, E., Die Bank als Fremdkapitalgeber – Anforderungen an Objekt und Partner, in: Immobilien und Finanzierung, Heft 3-2014, S. 83–85.

Zoller, M.A., (Customer Focus) Customer Focus, Total Customer Care bei ABB Schweiz, in: Reinecke, S./Sipötz, E./Wiemann, E.-M. (Hrsg.), Total Customer Care, Kundenorientierung auf dem Prüfstand, St. Gallen, Wien 1998, S. 26–52.

Zünd, A., Revisionslehre, Zürich 1982.

Stichwortverzeichnis

80:20-Regel 223

A

Abgrenzung
- -smerkmale zwischen Gebäudemanagement und Flächenmanagement 33
- zwischen Portfolio- und Asset-Management 148

Ablauf der Due Diligence-Prüfung 130
Absicherung einer variabel verzinslichen Verbindlichkeit durch einen Swap 196
Abwartestrategie 75
Acquiror Due Diligence 110
Altlasten 123
Amateuranbieter 6

Analyse
- des Makrostandorts 113
- des Mikrostandorts 114

Analytische Berechnungsmethode 81
Änderungsvereinbarungen 86
Angemessenheit der eingeleiteten Maßnahmen der Risikosteuerung 216
Ansatzpunkte des Controlling 186

Anteil
- der Leistungskomponenten 165
- der WE in guten Wohnlagen 163
- der WE mit positiven Merkmalen 163

Anweisungsverschulden 50
Anzahl der in den letzten fünf Jahren modernisierten WE 163
Arbeitsplatzfläche 105
- Ermittlung 105

Architekten- und Ingenieurverträge 120
AS-Fonds 4
Aspekte der Nachhaltigkeit 233

Asset-Allocation 20
- strategische 20
- taktische bzw. operative 20

Asset-Management 17, 18, 19, 20, 21, 23, 25, 26, 27, 28, 70, 95, 157

Asset-Manager 19, 22, 23, 24, 25, 26, 28, 80, 96, 167, 184
- Aufgaben 25

Aufbauorganisation 53

Aufgaben
- -beschreibung 53
- des Vertragsmanagers 94

Auflassungsvormerkung 134, 136
Aufschiebende Bedingungen 136
Auftragnehmerrisiko 208
Ausschnitt einer Risikomatrix 218

B

Back up Team 89
Balanced Scorecard 39, 138, 156, 171
- Beispiel eines bestandhaltenden Wohnungsunternehmens 176
- Dimensionen 172
- für einen langfristig orientierten Investor der Immobilienwirtschaft 177
- in der Unternehmensorganisation unter organisatorischen Aspekten 179

Bankenanforderungen an unterschiedliche Immobilientypen 194
Basel II 189, 200, 242
Basel III 190, 200
- Immobilienfinanzierung 190

Baufolgekosten 225
Baukosten 225
Baulasten 123
Bauordnungsrecht 121
Baurechtliche Situation 121
Bauunterhalt 73
Bauverträge 120
Bearbeiter je Vorgang 164
Bearbeitungsdauer 164
Beauftragung des REAMs 96
Befähigte Person 55
Beispiele für Risiken von Immobilienorganisationen 208
Beispielhaftes Gesamtportfolio bestehend aus zwei Geschäftsfelder-Portfolios 149
Belegungsdaten 107
Beleihungswert 194
Benchmarking 166
- Arten 167
- Daten für das Controlling der Dienstleister 168
- Erfolgskriterien 171
- Funktionen des Immobilien- 167
- in einer Auftraggeber-Auftragnehmerbeziehung 167
- -projekt 171
- Technik 166
- Voraussetzung 166

Benchmarks 156
Berechnung nach DGNB 228

Bereiche der Balanced Scorecard und deren Konkretisierung 172
Bereinigter Cashflow 162
Berichtswesen 180
– Gestaltung 181
– internes 180
– Ziel 180
Beschwerdeindex 163
Beschwerdemanagement 42
Besitzübergang 134
Betreiber 44
– gesetzliche Anforderungen 54
Betreiberpflicht 54
– Grundanforderungen 47
Betreiberverantwortung 43, 44, 48
– als Risiko- und Steuerungsthema 49
– Aufgabenverteilung 46
– GEFMA 190 51
– Inhalt 46
– Nichteinhalten 56
– örtlicher Umfang 50
– sachlicher Umfang 49
Betriebskosten 159
– -benchmarkings 159
– -pyramide 159
– Vorauszahlung 86
Betriebsvergleich 166
Beurteilung des Konjunkturrisikos 112
Beweislastumkehr 44
Beziehungsmanagement 35, 36, 239
– operatives 35
– strategisches 35
Beziehungspflege 35
Bindungswirkung grüner Klauseln 236
Bonität der Mieter 117
Brandschutz 127
– baulicher 128
– betrieblicher/organisatorischer 128
– technischer 128
BREEAM 237
Büroarbeitsplätze 105
Business Reengineering 166
Buy 60

C
Cap 136
– -Partner 196
CapEx 25, 110
Cashflow-Rendite 7
C-/D-Paradigma 40

Close 60
Compliance 204
Confirmation/Disconfirmation Paradigma 40
Controlling 93, 181
– als Linienstelle 186
– als Querschnittsbereich 186
– als Stabstelle 186
– Ansatzpunkte 186
– bei Non-Property-Companies 188
– im Lebenszyklus 183
– -konzept 182
– Module 183
– operativ 181
– Planungsfunktion 185
– strategisches 181
– -system 183
– und Reporting im Immobilienmanagement 180
Controllinginstrumente 138
– operative 138
– strategische 138
Cooperate 60
Core 11, 12
– -Strategie 12
Corporate Rating 200
Corporate-Real-Estate-Asset-Management 30
– Kunden 30
Corporate-Real-Estate-Management 29
– strategische Ziele 29
Corporate Social Responsibility 233
Countercyclical Buffer 190
Credence Qualities 41
CREM 29
CRESS 234
Crowd-Finanzierungen 198
Crowdfunding
– Crowdsponsoring 199
– -Modelle 199
Crowdlending 199
CSR-Berichte 234
Customer-Relationship-Management 35, 36
– Ziele 36

D
Darstellung der gesamten Risikosituation des Unternehmens 215
Deal Introduction Template 235
Debt Funds 197
Delegation 52
Delphi-Methode 214

Denkmalschutz 124
Deutsche Gesellschaft für nachhaltiges Bauen 228
Deutsche Rechnungslegungsstandards 202
Development-Fonds 10
DGNB 231, 237
Dienstleistungsverträge 118
– Vertragsklauseln 97
Dimension
– ökologische 233
– ökonomische 233
– soziale 233
DIN
– 277 104
– 18960 228, 231
Direkte Immobilienanlagen 14
Discounter 193
Discretionary Mandat 96
Diskontinuitäten im Lebenszyklus 224
Distressed-Debt-Fonds 198
DIT 235
Diversifikationsstrategie 219
Dokumentationen 56
Dokumente
– anweisende 57
– nachweisende 57
DRS 5 213
Due Diligence 110, 234
– aus der Sicht eines langfristig denkenden Investors 131
– kaufmännische 115
– Marktwert- 129
– Organisation 131
– Portfolio- 128
– Real Estate 110
– rechtliche 119
– Report 129, 131
– steuerrechtliche 124
– -Team 130
– technische 126
– Umwelt 125
– -Untersuchung 111
– wirtschaftliche 116
Du-Pont-Kennzahlensystem 160
Durchführung
– einer Grundreinigung 52
– von Schulungen zum Verhalten im Brandfall 52

E
Economies of Scale 39

Eigentümer 3
Eigentumsübergang 134
Eigentumsübertragungsabsicherung 133
Einbeziehung des Risikomanagements im Ankaufsprozess 215
Einfache und multiple Regression 213
Einflussfaktor in Prozent der Reinigungskosten 227
Einführung einer Verschuldungsgrenze 191
Einordnung der immobilienwirtschaftlichen Managementdisziplinen 3
Einzelhandel
– -simmobilien 193
– stationär 193
Elektronische Archivierungsquote 165
Entsorgungskosten 170
Equity based Crowdfunding 199
Equity-Kicker 197
Erbbaurechtsverträge 118
Erlösschmälerungsquote wegen Leerstands 162
Ermittlung des Flächenbedarfs 108
Errichtung eines Früherkennungs- bzw. Risikomanagementsystems 201
Ersatz des Asset-Managements 24
Erschließungsverträge 120
Erstprüfungen 54
Exkulpation 56

F
Facilities 33
Facility-Management 33
– -Verträge 87
Faktoren für die Reinigungskosten 227
Family Office 7
Feuerwehrstrategie 75
Financial Engineering 18
Finanzierungen 189
– Mezzanine 197
– strukturierte 195
Finanzierungsobjekte
– Anforderungen 192
Finanzmarktkrise 190, 192
Flächen
– -analyse 107
– -arten 103
– -bereitstellungskosten 106
– -bewirtschaftungskosten 107
– -kosten 106
– -management 102
– -maße im Wohnungsbau 104
– nach der DIN 276 106

- -nutzungskosten 106
- -optimierung 107
- -planung 107, 108

Flächenbedarf 107
- Determinanten 108

Flow-Charts 67
Friedensneubauwert 82
Führungspflichtverletzungen 50
Fund-Management 18
Fund-Raising 18, 19
Funktionen des Immobilien- und Risikomanagements 206

Fußbodenbelag
- Auswahl 226

G

Garantie 136
Gebäudekosten
- Kostenbeeinflussbarkeit 184

Gebäudemanagement 33
GEFMA
- 108 73
- 122 73
- 190 47, 51, 52, 53, 55
- 190, Wasserfallprinzip 51
- 220 228, 231
- -Richtlinie 122 „Betriebsführung im FM" 73
- -Richtlinie 502 98

Gegenseitige Geschäftsbeziehungen 191
Gemischtes Kapitalanlageportfolio 4
Generalvollmacht 96
Geplante Strategie
- Beispiel 27

German Real Estate Investment Trust 9
Gesamtprozesskostensatz 68
Gesamtrisiko
- einer Investition 208
- -schau 209
- -situation des Unternehmens 215

Geschäftsfelder 59, 145, 147, 148
- Einordnung der Immobilien 152
- Wahl 149

Geschäftsraummietverhältnis 85
Geschlossene Immobilienfonds 4, 9, 239
Gewährleistung 135
Gif-Normen 104
Gläubigerperspektive 200
Global Reporting Initiative 234
GoB 202
Green Lease 235

- Standard 236

G-REIT 9
GRI
- Construction & Real Estate Sector Supplement 234
- -Leitlinien 234

Große Instandsetzung 73
Grundbuch 121
- -rechtliche Informationen, Rechte und Lasten 121

Grundstück
- Mängel 135
- -bezogene Rechte und Lasten 122
- -skaufvertrag 133

Grundstücksbesitzer
- Haftung 44

Grüner Mietvertrag 235

H

Haftung 135
- des Auftraggebers im Rahmen von Instandhaltungsleistungen 82
- des Grundstücksbesitzers 44
- -sausschlüsse 136

Herstellungswertorientierung 82
High Net Worth Individuals 6
Historische Analogie 214
Hold 60
Horizontale Diversifikation 219
Hotelimmobilien 194

I

Immobilien
- -AG 4, 9
- -akquisition 22
- -aktiengesellschaften 9
- -allokation 22
- anlageformen 2
- -Benchmarking 167
- -controlling 183
- -desinvestition 24
- -investition 23
- -investoren 3
- Lebenszyklusphasenmodell 222
- öffentliche 151
- -Portfolio-Management 145
- -projektcontrolling 183
- -rating 199, 200
- Ratingskala 201
- -spezialfonds 4

Stichwortverzeichnis

Immobilienanlagen
- direkte 14
- indirekte 14

Immobilien-Asset-Management 19, 148
- Aufgaben 19

Immobilien der Öffentlichen Hand
- Punktbewertung für den relativen Wettbewerbsvorteil 154

Immobiliendominiertes Kapitalanlageportfolio 4

Immobilienfinanzierung
- vor und mit Basel III 190

Immobilienfonds
- geschlossene 9
- offene 8

Immobilienkonjunktur
- Indikatoren 113

Immobilienmanagement
- Definition 1
- Funktionen 206
- -leistungen auf unterschiedlichen Ebenen 64
- Voraussetzungen 1
- Wertschöpfungshebel 58

Immobilienorganisation 34
- Risiken 208
- Unternehmensrisiken 205

Immobilienwirtschaftliche Risiken 212
Indirekte Immobilienanlagen 14
Informationen zu Rechtsstreitigkeiten 123
Informationsdeckungsgrad 165
Innerstädtische Geschäftshäuser 193
Inspektion 71

Instandhaltung 21, 25, 26, 47, 57, 65, 66, 69, 70, 71, 72, 73, 79, 80, 151, 157, 171, 173, 231, 233
- Budget 80
- ergebnisorientiert 75
- Haftungsrisiken 82
- intervallabhängige 75
- in Zusammenhang mit unterschiedlichen Service-Levels 77
- Kosten nach wertorientierten Budgetierungsverfahren 81
- nach DIN 31051 72
- Normen 72
- -scontrolling 183
- -smanagement 69
- -sorganisation 77
- Strategie 75
- Ziele 75

Instandhaltungsaufgaben
- typische 73

Instandhaltungsbudget
- Berechnungsmethoden 80

Instandhaltungsstrategien 75
- für die Instandhaltungsorganisation 79
- in Abhängigkeit von der Verwendung der Immobilie 78

Instandsetzung 71
Institutionelle Investoren 4
Integration des strategischen und operativen Controllings 182
Interner Papierverbrauch 165

Investition
- Gesamtrisiko 208
- Nachhaltige 234

Investitionsstrategien 7, 11, 26

Investment
- -Management 18, 20
- -strategien der Debt Funds 198
- -Vehicle 18

Investoren 3
- -gruppen 4
- institutionelle 4

ISO 26000 233
IT- und Datenmanagement 221
IVG 235

K

Kapitalsammelstellen 4
Kaufmännische Mietvertragsanalyse 116

Kaufpreis
- Fälligkeit 134

Kaufvertrag
- Gegenstand 133
- Vereinbarungen 135

Kennzahlen
- Gebäudeökonomische 169
- -orientierte Budgetierungsverfahren 81

Kennzahlenauflistung
- Beispiel für eine wohnungswirtschaftliche 165

Kennzahlenbeispiel
- durchschnittliche Restlaufzeit der Mietverträge 158

Kennzahlensystem 156, 158
- des Zentralverbandes der Elektrotechnischen Industrie 161
- von Reichmann und Lachnit 161

Kernprozesse 32, 66, 102
Key-Account-Management 42
Key Performance Indicators 156

Key Success Factors 141
Kirchliche Institutionen 6
Kleine Instandsetzung 73
Konjunkturanalysen 112
Konkurrenzanalyse 166
Kontaktanteil Telefon 164
Kontaktwachstum E-Mail/Internet 164
Kontinuierlicher Verbesserungsprozess 166
Kontinuierliches Prozessmanagement 64
KontraG 132
Kontrollsystem
 – intern 205
Kosten
 – -anteile an den Lebenszykluskosten eines Aufzugs 70
 – -beeinflussbarkeit von Gebäudekosten 184
 – der Altlastenentsorgung 119
 – der Immobilie je m² bzw. Mitarbeiter 160
 – -kennzahlen 169
KPI 156, 157
Kredit
 – -fonds 197
 – -rating 199, 200
Kriterien nach DRS 15 für die Aufstellung des Lageberichts 202, 203
Kunden
 – -beziehungspflege 35
 – -nutzen messen 39
 – und Marktorientierung 34
 – -zufriedenheitsindex 163
Kündigungsquote 162

L
Langfristigkeit der Kundenbeziehung 36
Laterale Diversifikation 219
LCC
 – und Prozessdenken 223
 – und Stoffströme 232
Lean Management 166
Lebenszyklus
 – Beispiele für Diskontinuitäten 224
 – -berechnung 228
 – -kostenmanagement 224
 – linearer 222
 – -orientiertes Immobiliencontrollingsystem 183
 – -phase 219
 – -phasenkonzept 223
 – -phasenmodell 222
 – -phasenmodell von Immobilien 222

Lebenszykluskostenberechnung 228
 – angewendete Verfahren 228
Lebenszyklusmodell
 – unter Berücksichtigung der Stoffströme 232
LEED 237
Leerstandsquote 26, 157
Legal Due Diligence 119
Leistungsspektrum des Real-Estate-Asset-Managements 24
Leitbild 2
Life Cycle
 – Analysis 232
 – Costing 223, 225
Liquidität 191
Liquidity Coverage Ratio 191
Loan to Value 194
Logistikimmobilien 193
LTV
 – Formel 194
LZK-Berechnungen 228

M
Make-or-Buy 41
Makrostandort 113
Management der Immobilienorganisation 34
Mängel des Grundstücks 135
Marktattraktivität 156
 – einer Wohnimmobilie 155
Marktwert-Due Diligence 129
Mathematisch-statistische Verfahren 82
Matrixprozessorganisation 65
Matrixstruktur in einem Immobilienunternehmen 66
Messung des Erfolgs zusätzlicher oder erweiterter Dienstleistungen 39
Methode der gleitenden Durchschnitte 213
Mezzanine
 – -Finanzierungen 197
 – -Fonds 9
 – -Kapital 10, 197
MF-G 104
Mietbeginn 85
Mieteraus- und -rückbauverpflichtungen 86
Mietermix 117
Miethöhe 85
Mietobjekt 85
Mietvertrag 84, 121
 – grün 235
 – -sanalyse 116
 – -slaufzeiten 85

- Werthaltigkeit 117
Mietzweck 85
Mikrostandort 114
Mitarbeiterzufriedenheitsindex 165
Mixed Debt Funds 198

N

Nachhaltigkeit 233
- Aspekte 233
- -sberichte 234

Nachträge 86
Naturkatastrophen 217
Net Stable Funding Ratio 191
Netto-Cashflow 162
Neun-Felder-Matrix 149

Neuvermietung
- -sprämienindex 165
- -squalität 164
- -srate 163

Nichtbeachtung der Betreiberpflichten 48
Non-Discretionary Mandat 97
Non-Profit-Organisationen 150
Non-Property-Companies 7, 29, 30, 156, 169, 188
Non-Recourse-Finanzierungen 192
NPL 10
NPO 150, 151
Nutzungskonzeptanalyse 115
Nutzungskostencontrolling 184

O

Offene Immobilienpublikumsfonds 4
Öffentliche Hand 6, 153
Operatives Prozessorientiertes Risikomanagement 221
Opportunistic 11
Opportunistische Strategie 13
Opportunity-Fonds 10

Organisation
- des Due Diligence-Teams 130
- -s-Benchmarking 167
- -sverschulden 50

Organisatorische Implementierung der Prozessorientierung 65
Outsourcingentscheidungen 171

P

Pachtverträge 84, 121
Pensionskassen 4, 11
Performance-Kennzahlen 171
Persönliche Haftungsrisiken 48

Persönliche Pflichten 50
Perspektiven mit und ohne Balanced Scorecard am Beispiel 174
Pflichtenübertragung 52
Planungsfunktion des Controlling 185

Portfolio
- -Due Diligence 128
- -kennzahlen 168
- -segmentierung 152

Portfolio-Management 18, 27, 28, 58, 103, 108, 115, 138, 145, 147, 148, 200, 219
- am Beispiel eines bestandshaltenden Unternehmens 146
- im Zusammenspiel mit anderen Disziplinen 148
- kurzfristiges 151
- und Gesamtunternehmensstrategie 148
- zur Steuerung von Immobilienbeständen 149

Portfolio-Modell
- Ziel 155
- zweidimensionale 150

Post completion Due Diligence 110
Pre-Check mithilfe von fünf Kriterien im Rahmen grundsätzlicher Ankaufsüberlegungen 235
Prinzip der Überführung des Wertreibermodells in die Perspektiven der BSC 180
Private Investoren 6
Private Placement 9
Privatplatzierung 9
Produkt- und Dienstleistungsqualitäten aus Kundensicht 41
Projektentwicklung in einem Immobilienunternehmen 67

Property-Management 20, 24, 27, 28, 45, 70
- Vertrag 95

Prozess 61
- Ablauf in einer funktionalen Abteilungsorganisation im Immobilienunternehmen 63
- -Benchmarking 167
- Beschreibung besonders kritischer Abläufe 69
- -entwicklung 62
- Erfolgsfaktoren 68
- Kostenermittlung 68
- -kostenrechnung 67
- -optimierungen 44
- -orientierung 65
- Teil- 66
- Übersicht 61

Prozessmanagement 44, 62, 69, 95, 202, 220, 239, 246
- Phasen 62

Prozessuale Verhaltensanalysen 221

Prüfer 55

Prüfpflichten 54

Prüfungen
- nach wesentlicher Änderung 54
- wiederkehrende 55

Prüfungsfelder 129

Public-Real-Estate-Management 31
- Kernprozesse 31
- strategische Prozesse 31
- Unterstützungsprozesse 32

Q

Quantitative Prognosegröße 214

Quote sofortige Erledigung 163

R

Rating 199

Raumbuch 107

Real Estate
- -Asset-Manager 95
- -Investment-Management 18
- Investment Trust Siehe REIT
- -Managementvertrag 95
- Private Equity 10, 197
- -Private-Equity-Fonds 4

Real-Estate-Asset-Management 24
- Leistungsbild 21
- Vertrag 95

REAM 19, 20, 21, 22, 25
- Aufgaben 23

Recapitalize 60

Rechte und Lasten 121, 134

Reduktion von Prozyklizität 191

Regeltreue 204

REIM 18

Reinigungskosten
- Einflussfaktoren 226

REIT 2, 4, 9

Relation Bearbeitungs- zu Durchlaufzeit 164

Relevanzbaum-Methode 214

Renditerechnung eines Investors 187

REPE 10

Reporting 69, 180

Responsibility Management 44

Restructure 60

RETT 125

Return on Capital Employed 147

Richtigkeit
- der Risikoanalyse 216
- der Risikobewertung 216

Risiko 22
- -analyse 207, 212
- Auftragnehmer- 208
- -bericht 202
- -berichterstattung 203
- -bewertung 213
- -bewertung in Abhängigkeit von Eintrittswahrscheinlichkeiten und Schadenshöhe 213
- -deckung 191
- -erkennung 167
- -frühwarnsystem 204
- -identifikation 211
- -inventur 211
- -matrix 218
- Objekt- 212
- Preis- 209
- Qualitäts- 209
- Standort- und Markt- 212
- -steuerung 214
- systematisches 207
- unsystematisches 207
- Vertrags- 208

Risikokarte 216
- Ausschnitt 217

Risikomanagement 201
- -erfolgsfaktoren 206
- Festlegung der Maßnahme 211
- Funktionen 206
- im Zusammenspiel mit dem Prozessmanagement 220
- -Prozess-Audits 221

Risikomanagementsystem 202, 204, 209
- Immobilienwirtschaftliches 203
- Übersicht 210

Risikosteuerung 214
- Hilfsmittel 216

Risikostrategie 210
- einer Immobilienorganisation 210
- im Zusammenhang mit dem Portfolio-Management 219

Risikostreuung in Immobilienportfolien
- Kriterien 220

Risk-Map 216

ROCE 147

ROI
- -Baum 160

Stichwortverzeichnis

– Formel 160
Rücktrittsrecht 137

S

Sachkundiger 55
Sachverständige 55
Sanierung 225
Schadensersatz 48
Schlüsselkennzahlen 156
Schnittstellenmanagement 68
Schriftform 84
Scoringmodell 152
Search Qualities 40
Selektionsverschulden 50
Sell 60
Senior-Debt-Funds 198
Service
    – -level 77
    – -verträge 118
Share Deal 125
Shoppingcenter 193
Single-Tenant-Objekte 115, 192
Soll-Ist
    – -Abweichungen 95
    – -Analyse 216
Solvency II 191
Sonderbauten 56
Sonstige Marktteilnehmer 5
Sozialimmobilien 194
Spenden-Crowdfunding 199
Spezialfonds 9
Standortanalyse 113
Stärken- und Schwächen-Analyse 143
Stärkung
    – des Eigenkapitals 191
    – von antizyklischen Puffern 191
Stellenbeschreibung 53
Stoffströme 232
Strategisches Benchmarking 167
Strategisches Management der Geschäftsfelder 147
Strategisches und operatives Controlling 181
Strukturierte Finanzierungen 195
Subordinated Debt Fonds 198
Swaps 195
SWOT-Analyse 139
    – auf Objektebene 142
    – Fragenkatalog 141
    – für ein Wohnobjekt 143
    – für ein Wohnobjekt der Luxusklasse 144

– im Strategieprozess der Immobilienorganisation einer Non-Property-Company 142
– Nutzen 139
Systemische Risiken 191
Szenario-Analyse in der Investitionsrechnung 119
Szenario-Technik 214

T

Technische Due Diligence 126
Tenant Improvement 110
Tier 191
    – -1-Kapital 191
    – -2-Kapital 191
    – -3-Kapital 191
Total Customer Care 37
Total-Quality Management 166
Touch Qualities 40
Track Record 192, 195
Transaktionsmanagement 23, 110
Transaktionsstandard 234
Trendextrapolation 213
Trends im Immobilienmanagement 222
Trennung von Liquidität und Zinsmanagement 195
Typische Kunden des CREAMs 30

U

Überwachungsverschulden 50
Umsatz
    – -anteil Region 162
    – -miete 86
    – -wachstum neue Sektoren 162
Umwelt-Due Diligence 125
Unternehmen
    – -spflichten 50
    – -srisiken einer Immobilienorganisation 205
    – -swert 58
Unterweisungspflicht 52

V

Value-Added 11, 12, 13
    – -Investitionen 13
    – -Strategie 13
Value-Enhanced-Fonds 10
Value Reporting 180
VDI-Richtlinie 2895 72
Vendor Due Diligence 110
Venture-Capital 10
Verantwortung
    – Begriff 49

– und Betreiben 49
Verbesserung 71
Vereinbarung des Zinscollars 197
Vergleich der Risikosituation des Unternehmens mit den Vorgaben der Risikostrategie 216
Verhältnis von Bau- zu Baufolgekosten 225
Vermietungszeit 164
Verschärfungen der Eigenkapitalanforderungen 194
Versicherungsunternehmen 4, 191
Versorgungskosten 170
Vertikale Diversifikation 219
Vertrag
- Abschlussphase 95
- Design 88
- Durchführung 90
- einzelne Bestandteile 98
- Grundsatz der Gestaltung 97
- Nachverhandlung 90
- Phasen 87
- -scontrolling 93
- -sdesign 88
- -sdurchführung 90
- -sdurchführung und -management 91
- -sklauseln für Dienstleistungsverträge 97
- -splanung 88
- Sprache 97
- -srisiko 208
- -sverhandlung 89
- -svorbereitung und -planung 87
- über Gebäudedienstleistungen 97
- Verhandlung und Organisation 89
- Vorbereitung und -planung 87

Vertragsbestandteile
- Checkliste 98

Vertragsmanagement 83, 86
- im engeren Sinn 90, 91
- wichtige Leistungen 93

Vertragsmanager
- Aufgaben 94

Verwaltungskostenanteil am Umsatz 162
Verzahnung zwischen Unternehmens- und Immobilienstrategie in einer Non-Property-Company 30
Vielführungsquote 165
Vier-Felder-Matrix 149
Vollmachtserteilung 96
Von Kunden angestellter Vergleichsvorgang gemäß dem C-/D-Paradigma 40

Vorauswahl zu untersuchender Prozesse 65
Vorbeugungs-Strategie 75

W
Wahl des Bodenbelages 227
Warteschleifendauer Callcenter 164
Wartezeit Kundenzentrum 164
Wartung 71
Weiterbildungsquote 164
Wertbasiertes Geschäftsfeldportfolio 147
Wertemanagement 58
Werthebel 26, 58, 60
Wertpotenzialgenerierer 148
Wertschöpfung 184
- -skette 35
- -smanagement 63

Wertvernichter 58, 148
Wesentlichkeitsgrenzen 217
Whole Loan Funds 198
Wiederbeschaffungswert 82
Wiederkehrende Prüfungen 55
Wiedermietquote 163
Wirtschaftlichkeit für Nichtimmobilienunternehmen 224
Wohnflächenverordnung 73
Wohnungs- und Immobilienunternehmen 4, 5, 192
Workflow-Dokumentation kritischer Pfade 221

Z
Zahlungsmodalitäten 133
Zentraler Immobilien Ausschuss 234
Zero-Cost-Collar 197
Zertifizierungssystem 237
Ziel der Instandhaltung 75
Zins
- -änderungsrisiko bei Festzinsvereinbarungen 217
- -cap 196
- -collar 196
- -derivate 195
- -floor 196
- -risikosteuerung 195
- -swap 195

Zug-um-Zug-Geschäft 134
Zurückhaltungsansprüche der Mieter 117
Zustandsstrategie 75